CHUANBO GUANLI
(SHIWU PIAN)

船舶管理

（实务篇）（第2版）

主 编 // 贾在明 成海涛
主 审 // 陈秋妹

大连海事大学出版社
DALIAN MARITIME UNIVERSITY PRESS

图书在版编目(CIP)数据

船舶管理．实务篇 / 贾在明，成海涛主编．— 2 版
．— 大连：大连海事大学出版社，2022. 12
ISBN 978-7-5632-4318-1

Ⅰ．①船…　Ⅱ．①贾…②成…　Ⅲ．①船舶管理—技
术培训—教材　Ⅳ．①U692

中国版本图书馆 CIP 数据核字(2022)第 213947 号

大连海事大学出版社出版

地址:大连市黄浦路523号　邮编:116026　电话:0411-84729665(营销部)　84729480(总编室)

http://press. dlmu. edu. cn　E-mail:dmupress@ dlmu. edu. cn

大连天骄彩色印刷有限公司印装　　大连海事大学出版社发行

2018 年 6 月第 1 版　　2022 年 12 月第 2 版　　2022 年 12 月第 1 次印刷

幅面尺寸:184 mm×260 mm　　印张:21. 5

字数:533 千　　印数:1～2000 册

出版人:刘明凯

责任编辑:于孝锋　　责任校对:王　琴　宋彩霞

封面设计:解瑶瑶　　版式设计:解瑶瑶

ISBN 978-7-5632-4318-1　　定价:60. 00 元

内容提要

本书根据青岛远洋船员职业学院《航海技术专业人才培养方案》,按照“船舶管理”课程标准编写。

本书共有七个项目:船员职务职责、船舶安全作业规章制度、船舶安全航行规章制度、船舶应急与管理、船舶检验与行业检查、风险控制与危机管理以及甲板保养和作业的基本知识。

本书的内容主要考虑船舶实际工作的需要,注重船舶实务操作和实际案例分析,力求符合船舶实际工作的真实状态,是理论篇的支撑和补充。本书既可作为航海类院校航海技术专业的教材或教学参考书,也可作为海船驾驶员“船舶管理”培训或考试的参考书。

第2版前言

在STCW公约2010年修正案生效实施以后,近几年陆续又有许多修正案和国内外新的法律法规生效。另外,随着船舶科学技术的进步和新设备的出现,船舶管理的理念和内涵发生了很大变化。为此,我们组织编写了本套教材。

本套教材是基于青岛远洋船员职业学院学分制改革的《航海技术专业人才培养方案》,按照"船舶管理"课程标准,采用职业院校教材要求的"任务驱动"方式编写而成的,内容涵盖STCW公约2010年修正案及其之后有关修正案要求操作级海船驾驶人员掌握的"船舶管理"知识点,及最新《中华人民共和国海船船员培训大纲》关于海船二/三副"船舶管理"的考点,并适当考虑到船舶工作的实际需要,增加了部分船舶实务内容。

本套教材重点介绍了有关国际公约、国内法规以及航运企业内部的各种规章、制度对船舶及船员管理的要求,参照有关船舶管理体系的内容,结合实际介绍实践工作中应如何做好海船及船员的管理工作。教材中引用了大量最新国际公约和国内海事行政法规,并适当考虑了近几年将要生效的部分,基本上可以反映当前国际和国内对海船管理的要求。教材主要针对海船操作级驾驶员编写。为突出适用性、实践性、针对性以及少而精的原则,教材重点介绍操作级驾驶员在远洋船舶管理方面应知应会的知识和实践要求。而对一些虽然属于船舶管理范畴,但根据大纲要求单独进行培训和其他科目已经讲解的内容,教材只做基本的介绍。

本套教材分为两册,即《船舶管理(理论篇)》和《船舶管理(实务篇)》。两册教材在形式上互为补充,内容上单独成册:《船舶管理(理论篇)》主要介绍公约、法律、法规和相关行业标准的理论知识;《船舶管理(实务篇)》主要介绍相关职务职责和规章制度等知识在船上的应用,是理论篇的重要支持和补充。

《船舶管理(实务篇)》由青岛远洋船员职业学院贾在明高级船长和成海涛船长主编,陈秋妹副教授主审。编写具体分工如下:成海涛编写项目一、项目二、项目三、项目五和项目七;贾在明编写项目四和项目六。李春生也参与了本书的编写。全书由贾在明统稿、修改并定稿。

由于编者的水平有限,书中难免会存在不足之处,还望读者见谅和指正。

编 者

2022年9月

第 1 版前言

在 STCW 公约 2010 年修正案生效实施以后,近几年陆续又有许多修正案和国内外新法规生效。另外,随着船舶科学技术的进步和新设备的出现,船舶管理的理念和内涵发生了很大变化。为此,我们组织编写了本套教材。

本套教材基于我院(青岛远洋船员职业学院)学分制改革的《航海技术人才培养方案》,按照“船舶管理”课程标准,采用职业院校教材要求的“任务驱动”方式编写而成,内容涵盖 STCW 公约 2010 年修正案要求操作级海船驾驶人员掌握的“船舶管理”知识点及《海船船员培训大纲(2016 版)》关于海船二/三副“船舶管理”课程的考点,并考虑到船舶工作的实际需要,适当增加了部分船舶实务的内容。

本套教材重点介绍了有关国际公约、国内法规以及航运企业内部的各种规章、制度对船舶及船员管理的要求,参照有关船舶管理体系的内容,结合实际介绍实践工作中应如何做好海船及船员的管理工作。教材中引用了大量最新国际公约和最新国内海事行政法规,并适当考虑了近几年将要生效的部分,基本上可以反映当前国际和国内对海船管理的要求。教材主要针对海船操作级驾驶员编写。为突出适用性、实践性、针对性以及少而精的原则,教材重点介绍操作级驾驶员在远洋船舶管理方面应知应会的知识和实践要求;而一些虽然属于船舶管理范畴,但根据大纲要求单独进行培训和其他科目已经讲解的内容,教材只做基本的介绍。

本套教材分为两册,包括《船舶管理(理论篇)》和《船舶管理(实务篇)》,两册教材在形式上互为补充,内容上单独成册。《船舶管理(理论篇)》主要介绍公约、法律、法规和相关行业标准的理论知识;《船舶管理(实务篇)》主要介绍相关职务职责和规章制度等知识在船上的应用,是对理论篇的重要支持和补充。

《船舶管理(实务篇)》由青岛远洋船员职业学院贾在明船长和成海涛大副主编,张晓教授主审,陈秋妹副教授、李春生大副和王建胜船长参与编写。编写具体分工如下:贾在明编写项目一的任务五,项目二的任务一和任务二,项目三的任务一和任务六,项目四的任务一至任务三,项目五的任务四,项目六的任务四;成海涛编写项目二的任务三至任务五,项目三的任务二至任务五和任务七至任务九;陈秋妹编写项目六的任务一至任务三;李春生编写项目一的任务一至任务四;王建胜编写项目五的任务一至任务三。全书由贾在明统稿、修改并最终定稿。

由于编者的水平有限,书中难免会存在错误和不足之处,希望读者批评指正。

编　者

2018 年 5 月

目　录

项目一　船员职务职责

【项目介绍】

货船通常由甲板部和轮机部两个部门组成，客船增设客运部（酒店业务部），各部门均有本部门明确的职责分工，每名船员也都有各自确定的岗位职责。船员的职责分工以及船上各项工作的分工在船舶安全管理体系中均有具体规定。

本项目主要介绍在一般货船上部门的划分与部门的职责分工，以及船员组织构架与船员职务职责，重点熟悉二副和三副的职务职责。

【教学目标】

- 了解船舶部门的划分和各部门职责分工。
- 了解船舶基本配员要求。
- 了解船上管理级、操作级、支持级船员的基本职务职责。
- 熟悉二副的职务职责。
- 熟悉三副的职务职责。

【学习重点】

船舶部门的划分；各部门职责分工；船舶基本配员要求；船员组织结构；二副的职务职责；三副的职务职责。

任务一　船舶部门划分与部门职责

【任务分析】

通过框架结构图展示船舶各部门划分，要求学生掌握船舶部门划分以及各部门职责分工。

【相关知识】

货船上通常按船员职务与职能分设甲板部和轮机部两个部门，部分船舶还单独设有事务部，客船上设有专司旅客事务的客运部（酒店业务部）。船舶各部门均有明确的职责分工，船员组织结构如图 1-1-1 所示。

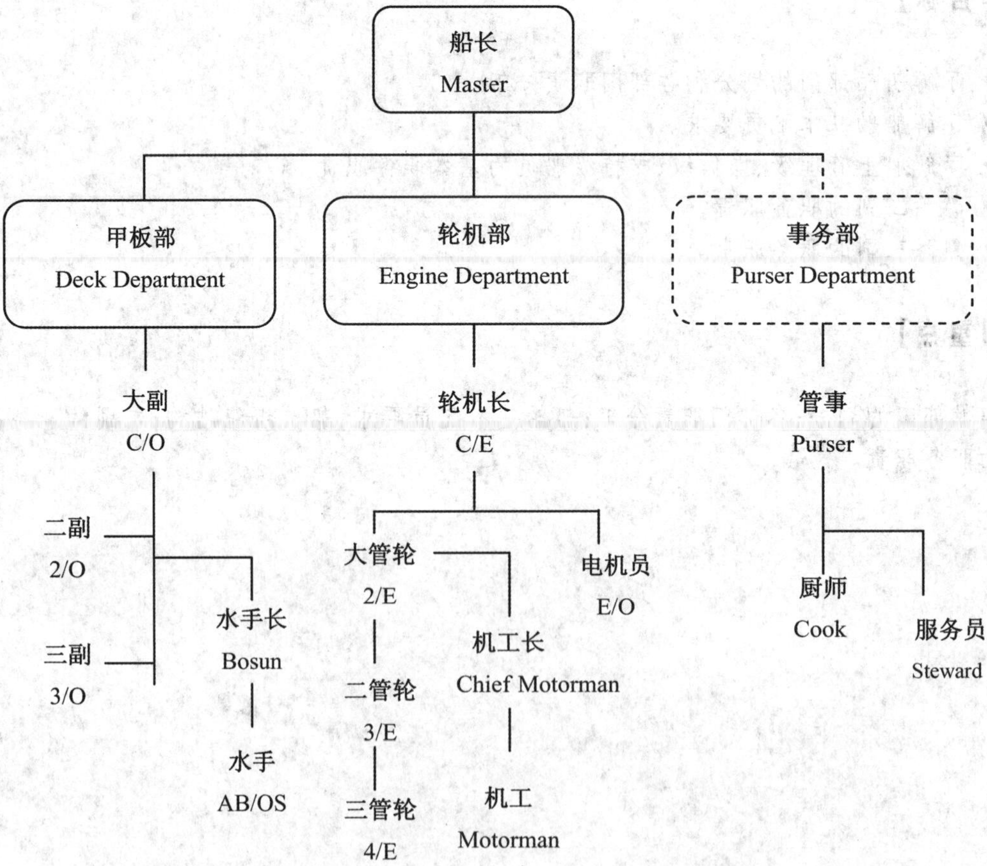

图 1-1-1　船员组织结构

一、甲板部(Deck Department)

①负责船舶航行、停泊安全。

②负责货物运输,包括货物装船、积载、运送、保管、照料与卸载。

③负责船体和船舶锚设备、舵设备、系泊设备、装卸设备、货舱、淡水舱、压载水舱等的维护保养。

④负责驾驶设备、助航仪器、通信设备、号灯、信号、旗帜、航海图书资料的管理、使用、维护、保养,以及必要时的添置、更换。

⑤负责救生、消防设备的维护、保养。

⑥负责船舶对外通信联络。

⑦负责全船人员的伙食、卧具、医疗、公共卫生等。

二、轮机部(Engine Department)

①负责为船舶提供推进动力和电力。

②负责主机、副机、锅炉、各类辅助机械、泵、管系的管理、使用、修理和保养。

③负责全船电力系统及用电设备的管理、检修和维护保养。

④负责甲板机械转动部分的检修。

任务二 船员组织结构与船员职务职责

【任务分析】

本任务要求掌握船舶上船员组织构成、STCW 规则关于船员三个责任级别的划分以及各不同职务船员的基本职责。

【相关知识】

一、船员组织结构与船员职务等级

1. 船员组织结构

目前，海船中的货船上一般配备 15~25 名船员，船员组织结构如图 1-1-1 所示。根据船员职务和服务部门分为：

(1)船长。

(2)甲板部船员：大副、二副、三副、水手长、木匠、高级值班水手、值班水手、厨师、服务员等，其中大副、二副、三副统称为驾驶员。

(3)轮机部船员：轮机长、大管轮、二管轮、三管轮、电子电气员、机工长、高级值班机工、值班机工、电子机工等，其中大管轮、二管轮、三管轮统称为轮机员。

根据《中华人民共和国船舶最低安全配员规则》，满足条件的船舶可以减免某些职务的船员配备。但在实践中，为了保证安全营运、满足工作需要，除了符合船舶最低安全配员证书的要求外，船舶通常会多配一些船员。另外，目前多数船上的无线电操作人员是由驾驶员兼任的。根据我国的国情，目前在我国国有公司远洋船上设政委一职，为船舶主要领导之一，负责船上的思想政治、精神文明和船舶保安工作。

2. 船员职务等级划分

STCW 公约规定了不同等级船员的最低适任标准，值班船员必须按规定接受培训并取得适任证书。STCW 公约将船员分为“航行，货物操作和积载，船舶作业和人员管理，轮机工程，电气、电子和控制工程，维护和修理，无线电通信”七个职能块和“管理级、操作级和支持级”三个责任级别。

管理级船员：船长、大副、轮机长、大管轮，我国国有公司远洋船上还包括政委。

操作级船员：二副、三副、二管轮、三管轮、电子电气员。

支持级船员：除管理级和操作级以外的船员。

其中,管理级和操作级船员在习惯上被称为高级船员,支持级船员在习惯上被称为普通船员。

二、船员基本职务职责

1. 甲板部船员基本职务职责

(1)船长(Master/Captain)基本职务职责

船长受船公司委托,负责驾驶船舶和管理船舶。船长作为船舶最高行政长官,负有下列基本职责:

①对船舶安全、人员安全、货物安全、船舶保安以及防止海洋环境污染负领导责任。有权根据自己的专业知识与经验采取一切必要措施,以保证船舶、货物、人员的安全,以及防止水域环境受到污染,防止船舶受到保安威胁。在处理海上交通安全、防治污染和保安等方面,具有独立的判断和决策权。

②熟悉并严格遵守有关国际公约以及国内强制性法律、海事行政法规。

③执行船公司的安全和环境保护方针,并激励船员执行该方针,履行船舶安全管理职责。

④保证船舶适航、货舱适货、船员适任,保证船舶最低安全配员以及正常值班,保证船舶和船员携带符合要求的证书、文书以及资料。

⑤督促船员自觉遵守有关组织纪律、劳动纪律、涉外纪律和海关规定,维护船舶良好的生产秩序、工作秩序和生活秩序。

⑥审批大副编制的货物配载计划,拒装违反运输规则的货物,严格履行租约规定。根据需要,签订救助合同,宣布共同海损,提交海事声明或海事报告等。

⑦审核并签署船舶应变部署表。认真审阅并签署航海日志、无线电日志、油类记录簿、垃圾记录簿和压载水管理记录簿等法定记录。监督航海日志、轮机日志、无线电日志和车钟记录簿的记载情况。

⑧组织本船船员进行日常训练并对其进行考核,在本船船员的服务簿内如实记载船员的服务资历。对船员的提升、考核、任免等事项提出建议。

⑨熟悉船舶应急计划并保证其有效实施,负责组织、指挥船舶各种应急行动。

⑩对船上的病人及工伤事故予以妥善处理,对船上人员的出生、死亡进行公证,对偷渡、犯罪、海盗、军事威胁等进行处置,对在船上进行违法、犯罪活动的人采取禁闭或者其他必要措施,防止疫病传入或传出国境等。

(2)大副(Chief Officer/Mate)基本职务职责

大副为甲板部部门长,除参加航行和停泊值班外,在船长的领导下全面负责甲板部的工作,主管货运工作和甲板部的维修保养工作。大副还要制订并落实甲板部各项工作计划,保证本部门工作的高效、优质、安全和部门间的良好协作。

大副除从事驾驶员的一般工作外,还应:

①主持甲板部的安全活动,负责甲板部的安全生产,督促二副、三副做好本职工作,保证本部门安全管理体系的有效运行。

②负责航海日志、船舶垃圾记录簿的正确记载和保管,以及甲板部其他图纸、资料和文件

的保管。

③主管货物运输工作。负责货物的配载、装载、交接和运输途中管理。保证货舱适货，合理积载，正确批注大副收据，安全装卸和妥善对运输中的货物进行保管、照料，防止货损、货差。

④熟悉本船船体结构、甲板机械性能和正确操作方法，负责安排甲板部船员完成船体、上层建筑、货舱、淡水舱、压载水舱、装卸设备和属具、救生设备、消防设备等的日常维护保养。

⑤汇总本部门修船项目，领导厂修时甲板部的监修和自修。负责编制甲板部年度、季度和航次维修保养计划，经公司审批后执行。

⑥应变演习时担任现场指挥（在机舱和溢油时除外）并负责将应变演习的情况记入航海日志。

⑦靠离泊及抛起锚时在船首指挥现场作业。

⑧负责甲板部船员及实习生的技术业务培训。

⑨保管全船的通用、备用钥匙。

⑩航行和锚泊时，值0400—0800、1600—2000班；系泊时，值白班。

（3）二副（Second Officer）基本职务职责

在船长和大副的领导下，履行规定的航行和停泊值班职责，主管船上的航海仪器和航海图书资料。详见本项目任务三。

（4）三副（Third Officer）基本职务职责

在船长和大副的领导下，履行规定的航行和停泊值班职责，主管船舶救生和消防设备。详见本项目任务四。

（5）水手长（Bosun）基本职务职责

负责领导木匠和水手做好船体、货舱以及锚、缆、装卸设备的维护保养工作，带领水手做好油漆、帆缆、高空、舷外、起重、操舵及其他船艺工作。

（6）木匠（Carpenter）基本职务职责

负责锚机的操作和养护，负责淡水舱、压载舱、污水舱（机舱的除外）的测量。

（7）水手基本职务职责

①一水（AB：Able Seafarer Deck或Able-bodied Seaman）履行航行和停泊值班职责，并参加甲板部的日常维护保养工作。

②二水（OS：Ordinary Seaman）参加甲板部的日常维护保养以及各种劳动。

（8）厨师（Cook）基本职务职责

负责船舶伙食工作以及厨房和伙食库的管理。

（9）服务员（Steward）基本职务职责

负责对船员和船上人员的生活（后勤）服务，保持船舶生活区卫生的工作。

2. 轮机部船员基本职务职责

（1）轮机长（Chief Engineer Officer）基本职务职责

①轮机长是船舶主要领导之一，为轮机部部门长，在船长的领导下，负责轮机部的全面工作。

②轮机长是全船机械、动力、电气（无线电通信、导航以及航海电子仪器除外）设备的技术总负责人。

③指导并监督轮机部值班人员严格遵守机舱工作制度。保持各种机电动力设备处于随时可用的良好状态,保持各项安全装置和应急设备处于良好工作状态。

④船舶进出港口、靠离移泊、通过狭水道或在其他困难条件下航行时,在机舱领导和监督值班人员操作。当轮机员、电子电气员、冷藏员等有疑难问题唤请时,及时前往现场具体指导处理工作。

⑤经常审阅各种机电动力设备的检修记录。负责制订本部门具体的防污染措施。负责审阅签署轮机日志及车钟记录簿。正确记载和保管油类记录簿,每页记满后交由船长签署。

⑥负责会同轮机人员制定修理、保养项目,并参加检修、验收工作。负责保管属于轮机部门的图纸和技术资料及贵重仪器、仪表。

⑦如遇特殊情况或发生海事,必须亲临机舱指挥、组织抢救。接到船长弃船命令时,应携带轮机日志、监控系统数据记录和车钟记录簿等最后离开机舱。

(2)大管轮(Second Engineer Officer)基本职务职责

①大管轮是轮机长的主要助手,在轮机长的领导下进行工作,履行规定的航行和停泊值班职责,负责领导轮机部人员进行机电设备管理、操作、保养和检修工作,负责维护机舱安全。

②主管推进装置(主机及轴系),负责管理锅炉、舵机、冷藏(冻)机械等。

③负责制订由其主管的机械设备的检修计划。负责检修和维护保养由其主管的机械设备,记载并保管检修记录簿。

④负责安排航行和停泊时的检修工作。

⑤若非无人机舱,航行中值 0400—0800、1600—2000 班;停泊时,与二、三管轮轮值停泊班。

(3)二管轮(Third Engineer Officer)基本职务职责

①在轮机长和大管轮的领导下,履行规定的航行和停泊值班职责。

②主管船舶发电机原动机(副机)及其辅助设备和系统。负责应急发电机原动机及舱柜速闭系统。负责燃油舱柜、燃油分油机、空气压缩机及淡水制造系统等。

③负责加装燃油,进行燃油的测量、统计及记录工作。

④若非无人机舱,航行中值 0000—0400、1200—1600 班;停泊时,与大、三管轮轮值停泊班。

(4)三管轮(Forth Engineer Officer)基本职务职责

①在轮机长和大管轮的领导下,履行航行和停泊所规定的值班职责。

②主管辅锅炉及其附属系统,负责使用和检修各种泵与管系。负责检修和维护保养甲板机械、救生艇发动机、应急消防泵、空调装置等。负责油水分离器、焚烧炉、生活污水处理装置、污油柜等的使用和维护保养工作。

③若非无人机舱,航行中值 0800—1200、2000—2400 班;停泊时,与大、二管轮轮值停泊班。

(5)电子电气员(Electro-technical Officer)基本职务职责

电子电气员在轮机长的领导下,主管电机、电子、电气和控制系统,确保其主管的设备适航。

(6)机工长(Chief Motorman/Master Mechanic)基本职务职责

机工长在大管轮的领导下,负责车、钳、焊等机械加工操作,带领机工进行机舱日常工作。

值班机工不能值班时，代替机工履行值班职责。

(7)机工(Motorman/Able Seafarer Engine)基本职务职责

参加航行和停泊值班，在轮机长和(或)轮机员的带领下参加机舱各种机械设备的检修和维护保养工作。

(8)铜匠(Fitter)基本职务职责

负责全船的电气焊修理工作，通常隶属于轮机部，有的老旧船上的甲板部也会配有专门的铜匠。

任务三　二副职务职责

【任务分析】

本任务将船舶二副的职责分为基本职责和具体职责，并分别进行了详细的叙述，要求同学们熟悉。

【相关知识】

一、二副的基本职责

①在船长、大副的领导下，履行规定的船舶航行和停泊值班职责，并主管航海仪器设备（包括驾驶台各种助航仪器、操舵装置、气象仪表和 GMDSS 设备等）和航海图书资料。

②熟悉并遵守值班、联系制度，以及航行安全、技术操作方面的规章。

③管理驾驶台航海仪器设备，并负责其正确使用和养护，排除一般故障。

④向新到任的船舶驾驶人员介绍航海仪器设备的性能和操作注意事项。

⑤负责在驾驶台张贴有关图表、资料，如驾驶台规则、航海仪器设备操作说明等。

⑥负责提出所管航海仪器设备及其备件、耗材的添置、更新、申领报告。

⑦负责管理天文钟和船钟，及时校正船钟。

⑧管理国旗、信号旗、号灯、号型和白昼信号灯、应急航行灯等设备。

⑨负责保持驾驶台、海图室和所管库室的整洁。

⑩负责保持在驾驶台内存放的救生信号和器材的充足及有效。

⑪负责申领并管理海图、航海图书资料及各种驾驶台记录簿等，并及时登记、改正。

⑫开航前，按船长指示备妥所需的国旗、海图及有关资料，设计计划航线。

⑬航行和锚泊时值 0000—0400、1200—1600 班；系泊时，与三副轮值夜班。

⑭进出港口、靠离移泊时，在船尾瞭望，并按船长的指示指挥船尾系解缆作业。

⑮每天填写并与机舱交换正午报告，航次结束后及时填报航次报告。

⑯装卸货期间，按配载计划和大副的具体布置，现场监督货物装卸、积载、系固等。

⑰修船时，做好所管航海仪器设备修理项目的自修、监修与验收工作。

⑱如被指定为船上 GMDSS 操作员，按规定履行相应的无线电通信和遇险报警职责。

⑲完成大副指派的其他工作。

⑳当大副因病或其他原因不能履行职务时，临时代理大副职务。

二、二副的具体职责

1. 开航准备职责

二副在开航前应:

①按照"离港准备工作检查表"或"开航前检查表"做好各项开航前的准备工作。

②备齐航次所需的国旗及改正好的海图、航海图书资料(航路指南及其补篇、进港指南、灯标表、潮汐表、航海天文历及其附表等)和其他航海出版物。

③检查确认驾驶台已按规定张贴布置船舶操纵要素图表、磁罗经自差表、重要航海仪器设备的操作规程、驾驶台规则、驾机联系制度等。

④检查确认已按规定在指定场所放置航海日志、车钟记录簿、VHF 守听与通话记录簿、狭水道航行记录簿、测天记录簿、磁罗经自差记录簿、天文钟误差记录簿、雷达使用记录簿、陀螺罗经工作保养记录簿等文书。

⑤检查确认驾驶台救生信号均在有效期内。

⑥根据船长指示在船舶开航前完成航次计划,交船长审核。将经船长签字确认的航次计划存放在驾驶台专用文件夹内。

⑦按船长审核批准的航次计划,在海图上画妥计划航线,并标出每一段航程的航向和航行距离以及转向点的经纬度。在拟定计划航线时,如有疑问,应及时请示船长。

⑧检查和试验驾驶台航海仪器设备、气象仪表,开启并调整好雷达、GPS 等助航设备, AIS 录入航次信息。如需负责管理和使用 GMDSS 设备,开启并调整好相关该设备。

⑨取出望远镜、EPIRB 等在停泊时暂时收藏的设备和物品,放置于规定处所。

⑩将需在国外购置的海图、仪器备件、记录纸以及救生信号等的清单以书面形式交给船长。

⑪向大副和(或)船长报告开航准备情况。如有程序文件要求,填妥"开航准备报告"后交船长。

2. 靠、离、移泊时的专项职责

靠、离、移泊时,二副在船尾指挥。这要求二副:

(1)靠、离、移泊前应了解船长或引航员的靠、离、移泊计划和要求。

(2)靠、离、移泊前做好以下准备:

①为对讲机充足电并将其调至商定频道,试验对讲机通话质量。

②督促水手长检查船尾绞缆机是否工作正常,检查导缆滚筒和挽缆桩有无异常。

③督促水手长和水手备妥撇缆、系缆、拖缆、回头缆、卸扣、碰垫、防鼠挡等,并检查各设备状态。

④检查参加靠、离、移泊人员穿戴是否符合安全操作要求。

⑤向参加靠、离、移泊人员交代船长靠离移泊计划和自己的执行方案,确定人员分工。

⑥根据靠泊计划,指挥人员预先在甲板上铺放好一定长度的系缆。

⑦离泊前检查船尾系缆状况,保证能顺利解除。

⑧联系港方遣离船尾附近影响离泊的船只和岸上机械。

⑨报告驾驶台船尾靠、离、移泊准备情况。

(3)在靠、离、移泊过程中:

①根据船长指示和现场情况,正确指挥现场操作,注意现场操作人员和船舶的安全。

②及时向船长报告:船尾有无影响动车的障碍物;距他船、码头、浮筒的距离;船尾附近他船的动态及距离;缆绳系带情况或收绞情况;现场操作情况等。

③靠、离、移泊时严格按照船长命令送出或解除船尾系缆。第一根缆上桩或最后一根缆解除后应立即报告船长,最后一根缆绳绞离水面后也应立即报告船长。在收绞缆绳的过程中应随时向船长报告缆绳收绞情况。

④根据船长指示以及靠、离、移泊时现场实际情况,保持与船首的协调。

⑤根据船长指示,及时系、解协助靠、离、移泊的拖船缆绳。

(4)靠、离、移泊后,督促水手长关闭相关电源,收藏好靠、离、移泊操作使用的器材并清理好现场。

(5)靠泊后,督促水手挂好防鼠挡,调整系缆,使其均匀受力。

(6)离泊后应盘放好缆绳(自动绞缆机上已盘好的缆绳除外),加罩并系固或将缆绳收入专用舱室。

(7)经船长同意后方可离开船尾的靠、离、移泊操作现场。

3. 航行中的专项职责

二副除认真履行航行值班职责,保证船舶航行安全外,还应:

①每天中午与机舱对时,并互换正午报告。

②每天中午统计航行时间和累计航程,并将其填入航海日志。

③按船长指示准备临时要用的海图和航海图书资料。

④正确设置 C 站 EGC 和 NAVTEX 航海警告接收信息,阅签无线电航行警告。如有重要的无线电航行警告,应立即报告船长,同时用铅笔标注于海图上,并提醒其他驾驶员注意。负责将航行警告装订备查,保存 1 年。

⑤负责航行中航海仪器设备出现的一般故障的排除。

⑥在被指定履行无线电操作员的部分职责时,按规定完成无线电通信任务。

4. 驾驶台管理职责

二副的驾驶台管理职责有:

①负责保持驾驶台、海图室的整洁、有序。

②禁止无关人员擅动置于驾驶台内的各种航海仪器设备以及航海图书资料。除非经船长批准,禁止任何人将置放于驾驶台的航海图书资料及有关文件销毁或携带出驾驶台。

③靠泊中,驾驶台无人值守时,应将可携带走的贵重物品妥为收藏,锁闭驾驶台门窗。

④未经船长批准,禁止无关人员随意进出、参观驾驶台。如需外来工程师检修、安装位于驾驶台内的航海仪器设备,应陪同并予以协助。

⑤负责在驾驶台内张贴驾驶台规则和驾驶台操作指南、驾驶与轮机联系制度、操舵装置使用说明方框图、船舶破损控制图、船舶操纵资料、航海仪器设备操作规程、磁罗经自差表、引航员登船装置布置图、船舶号灯号型示意图、中国沿海港口信号规定、值班安排表等。协助三副

在驾驶台内张贴应变部署表、救生衣穿着示意图等。

5. 航海仪器设备的管理职责

（1）为了保证航海仪器设备（包括气象仪表，下同）处于正常的技术状态和得到有效的管理，二副应：

①按照仪器说明书，建立航海仪器设备的使用、养护、检修记录簿和误差校测记录簿，认真做好相关记录。

②负责各种航海仪器设备的正确使用和养护，并定期对其进行清洁、加油、检查。及时更换驾驶台内各种记录仪器的记录纸，及时更换航海仪器设备的损坏部件，检查并根据需要更换陀螺罗经支撑液体。及时排除航海仪器设备的一般故障，保持其处于良好工作状态。

③负责编制主要航海仪器设备的操作规程，妥善保管各种航海仪器设备的使用、操作说明书。

④将驾驶台主要航海仪器设备的操作规程张贴或悬挂在操作岗位附近醒目位置，提醒值班驾驶员严格按照操作规程和安全注意事项进行操作。

⑤负责向新来的驾驶员详细介绍主要航海仪器设备的性能、特点、技术现状、误差情况、操作规程、使用方法等。禁止无关人员擅自动用航海仪器设备。见习人员学习使用航海仪器设备时，应亲自或要求其他驾驶员现场指导。

⑥船舶开航前，应对位于驾驶台的主要航海仪器设备进行一次检查和工作试验，发现不正常现象，应予消除或报告船长及时申请修复。

⑦如某航海仪器设备故障或误差过大，以致不能正常工作，应及时查找原因，排除故障；若不能排除，应及时申请修理。必要时，在征得船长同意的情况下，通知其他驾驶员停止使用该仪器设备。

⑧保证标准罗经、陀螺罗经复示器、雷达、无线电定位仪等在不用时罩上防潮、防尘的罩盖。保证望远镜、六分仪和方位仪等非固定或手持使用的精密仪器，在停港时锁存在柜内并在框内放置干燥剂。保证陀螺罗经主体周围清洁、干燥、通风。保证磁罗经周围无铁质及磁性物质。

⑨定期养护操舵仪，经常核对装在驾驶台而属于轮机部管理的仪表的正确性，发现异常现象，应立即通知轮机部有关人员检修。

⑩负责全船公共场所的船钟拨时、上弦、换电池、校正和检修。负责管理天文钟，按时上弦、换电池、校正和记录误差。发现天文钟误差过大时，应立即报告船长，若出现不规则快慢变化，应及时检查修理。

⑪修船期间，做好所管航海仪器设备修理项目的验收工作。进坞后和出坞前，应对测深仪和计程仪发射接收体的水下部分进行检查、保养，并做好记录。外来工程师上船检修航海仪器设备时，应陪同、协助，并做好监修和验收工作。

⑫建立自己所管的仪器、设备、备件、工具和资料的清册，交接时按册清点。负责向大副提出所管航海仪器设备及其备件、耗材的添置、更新、申领、修理报告。

（2）如因船上没有专职的无线电操作员，而指定二副履行无线电操作员的部分职责时，二副还应：

①负责无线电通信设备有关资料的申领、改正、保管工作，保持其齐全有效。

②负责 GMDSS 通信设备和其他通信设备的周期性试验、检查、保养、维修工作，并记入无线电日志。

③在无线电通信设备经修理、安装或更新后，做好调试、验收工作。

④负责 GMDSS 设备和其他通信设备有关物料、备件的申领、保管工作，并建立台账。

⑤开航前，保持通信设备处于良好工作状态，保证 GMDSS 各种设备打印纸齐全。

⑥负责通信费用的统计工作。

⑦负责保管有关文件、图纸、说明书、报底、电稿、账单和无线电日志。

⑧负责对船员进行无线电遇险通信设备使用的培训，并记入无线电日志。

6. 航海图书资料的管理职责

在航海图书资料的管理方面，二副有下列职责：

①负责管理、登记、保管、改正、清点和领、退航海图书资料（包括海图、航海书籍、航海参考资料、航行通告、航行警告、航海仪器技术说明书、各种记录簿等）。负责登记并保管航海图书资料清册，职务交接时移交该清册。

②根据本船情况，负责将全部海图分成中文版图、外文版图、专用图、常用图和其他图等几类，按图号顺序，妥善地存放在不同的海图抽屉内。航次结束后，将不再使用的海图根据图类和海图号插回原存放位置。作为海事证明的海图应交船长保管。

③经常检查、清点航海图书资料，熟悉各种航海图书资料在驾驶台或海图室内的具体放置位置，如发现遗失，查找原因并立即报告船长。未经船长同意，不允许其他人将航海图书资料携带出驾驶台或海图室。督促他人将从驾驶台或海图室临时借出的航海图书资料及时送回。

④尽可能从船公司领取航次所需的各种航海图书资料，来不及从公司领取且急需的航海图书资料，可先报船长批准后通过代理购买，事后补办申领手续。

⑤收到新的中、外文版航行通告及补篇后，应立即在海图卡片中进行登记，然后根据轻重缓急，首先改妥本航次所用海图，尽快改妥常用海图，抓紧改正其他海图。

⑥将航行通告及补篇按年份及中、外文版分别装订保管。航行通告内所涉及的其他图书资料也应建立修改卡片，并参照修改海图的精神，区别轻重缓急，予以改正。

⑦阅签收到的无线电航行警告，并根据内容和需要用铅笔在相关海图上标注，然后将无线电航行警告专卷装订备查，保存 1 年。

⑧执行公司文件规定，报经船长批准，对更新后的废旧航海图书资料进行处理。

7. 应急职责

二副在应急中的职责有：

①航行中无论发生何种应急情况，应继续在驾驶台负责航行值班，并协助船长应急。如正在休息，听到应急警报后，应立即上驾驶台接替值班驾驶员负责航行值班，并协助船长应急。

②若船舶在航行中发生火灾应急，二副应负责操控位于驾驶台的 CO_2 施放控制系统，并在大副确认具备施放条件以后按船长的命令一次性施放。

③若在航行中发生触礁、搁浅、漏水等应急，二副应在驾驶台负责瞭望、定位、记录重要事项，负责应急现场、船长（驾驶台）和机舱之间的通信联络以及船岸间的 VHF 联系，并按船长指示协助做好其他工作。

④航行中发现有人落水时，应立即向人落水一侧操满舵甩开船尾，就近抛投救生圈，派人

在高处瞭望并跟踪落水人员，停车并鸣放人落水警报，记录人员落水船位。停泊中发现有人落水时，就近抛投救生圈，鸣放人落水警报。

⑤弃船时，在驾驶台协助船长定位、记录、通信联络、发出遇险警报。在证实机舱锅炉熄火、机电设备全部停止运行、海底阀和应急遥控阀全部关闭后向船长报告。协助船长降下国旗并携带国旗、航海日志、相关海图、重要文件与物品等离船。检查各救生艇是否携带 VHF 及雷达应答器。

⑥若船舶正在搜救遇险船舶，应立即上驾驶台协助船长执行协调搜救任务。

【相关案例】二副值班疏忽导致船舶搁浅

1. 案例描述

2014 年 1 月 3 日 1521 时，利比里亚籍液化气船 Navigator Scorpio 搁浅在北海的 Haisborough Sand，2. 5 h 后涨潮，船舶自行脱浅。

2013 年 12 月 30 日，船东通知 Navigator Scorpio 轮修改靠泊计划去爱尔兰 Braefoot Bay。船长向船东申请北海沿岸的海图并修改航线。大约在 2014 年 1 月 2 日 1500 时，新申请海图在法国 Le Havre 港送上船，这些海图没有被修改到最新。同日 1848 时，船舶以压载状态起航，开航前二副没有完成新申请海图的修改工作，航次计划也没有完成。

2014 年 1 月 3 日早，船长和二副检查航次计划。当船长看到航向为 283°T 的航段经过 Haisborough Gat 时，他建议应该将航线向南调整以远离危险。但是，经过与二副商议后，船长同意不修改航线，但此段的定位间隔应从原来的 15 min 改到 5 min。船长决定将航速减小 4 kn，以大约 11 kn 的航速航行。船舶配备了电子海图，但是没有投入使用，原因是船东对电子海图履行程序，包括船员培训及海图许可等正在办理中。因此，纸质海图是主要的航行参考资料。航次计划完成后，二副手动将转向点输入 S 波段雷达里。

2014 年 1 月 3 日 1200 时，二副到驾驶台接班，他没有复查航线的潜在危险。在值班期间，二副每 15 min 记录并定位一次。定位期间，他继续完善航次计划，画航线及修改新送船的海图。1430 时，船舶航向为正北，二副在海图上定位，但没有计算到下一转向点转向到 283°T 航段的预计时间。1437 时，雷达警报响起，显示距离转向 283°T 的转向点还有 0. 5 n mile。二副确认警报，并通过 GPS 和方位距离定位法在海图上定位。随后，二副继续海图作业。1441 时，雷达警报再次响起，这次警报显示，船舶已经越过航路北侧的偏离报警线，即偏离航线 0. 5 n mile。二副确认警报，并意识到错过了转向 283°T 的转向点，二副马上打左舵转向。1448 时，船舶保持航向 270°T。1500 时，二副再次记录船位并在海图上定位，发现船位偏在计划航线的右侧。于是，二副调整航向到 267°T。1515 时，二副再次记录船位并在海图上定位。虽然记录船位是正确的，但是定位出现错误，偏离正确船位南方 1 n mile。1521 时，船速开始下降，船舶搁浅在 Haisborough Sand。

2. 案例分析

①船舶的航次计划没有做到泊位到泊位。船长没有完全检查确认船舶航次计划，而且当船长发现航路存在潜在危险时，没有采取降低危险的措施。

②二副接班后没有评估前方航行潜在危险，没有计算下一转向点的时间。没有关注雷达

警报。

③作为唯一的值班瞭望人员，二副因做大量的海图作业而分心，没有有效评估航行风险，这导致他错过转向点并失去船位意识。

④在 283°T 的航段上，二副没有按照船长的指示每 5 min 定位一次。但是，二副并不是只负责定位，船长的这种指示是不合实际的，除非驾驶台增加值班人员。很明显，在受限制的区域航行时，船舶的驾驶台配员不足。

⑤二副转向到 270°T 后，没有有效地监测船位；当船舶稳定在新航向后，二副没有定位。后续的转向到 267°T 不足以使船舶恢复到计划航线上。

⑥1515 时，二副定位发生错误，主要原因是二副没有意识到船位明显偏北。二副认为船舶已经回到计划航线上，错误的评估导致船舶定位错误。

⑦开航前，船长知道二副没有完成航次计划、海图没有被改正到最新，但是，仍然开航。从船舶减速可以看出船期并不紧，船长完全可以开出去锚泊，待二副完成航次计划再开航；或者，不安排二副一人去驾驶台值班，而是安排其他驾驶员替代二副值班，给二副足够的时间去完成航次计划和海图作业。

3. 经验教训

①进一步评估船舶驾驶台管理，集中在船员航线设计、航行监控及驾驶台资源管理上。

②受限水域的航行指南应在安全管理体系中明确。

③强调驾驶台值班分心做其他作业的危险，尤其在航行值班中，二副禁止进行海图作业。

④制定可操作的程序，强调航次计划及航行监控的重要性。

任务四 三副职务职责

【任务分析】

本任务将船舶三副的职责分为基本职责和具体职责,并分别进行了详细的叙述,要求同学们熟悉。

【相关知识】

一、三副的基本职责

①在船长、大副的领导下履行规定的船舶航行和停泊值班职责,并主管船舶救生、消防设备。

②熟悉并遵守值班、联系制度,以及航行安全、技术操作方面的规章。

③负责管理消防设备和器材以及火灾探测和报警系统,定期养护、检查、换剂。

④负责管理并能熟练地操作固定式灭火系统。

⑤负责管理救生(助)艇、救生筏及其属具、备品,定期更换淡水和食品等。

⑥负责保持各种救生信号在有效期内(驾驶台由二副管理的除外)。

⑦对船上各处配置的救生衣应经常检查,如发现损坏,应及时修复或更换。

⑧负责船舶各种救生、消防设备及器材的登记并做好检查、修理、更换的记录。

⑨负责救生、消防设备及器材的更新、添置、定期检验和厂修的申报。

⑩按规定向船员讲解救生、消防知识和各种救生、消防设备与器材的操作使用方法。

⑪按规定向接班船员及第一次上船的新船员介绍其应急岗位、应急职责和主要消防、救生设备及器材的使用。

⑫开航前,如有船员变动,重新编制新的船舶应变部署表和船员应变任务卡。

⑬张贴或悬挂经船长批准的新的船舶应变部署表。

⑭按规定在船上有关场所布置船舶救生、消防的操作规程、示意图、符号和标志。

⑮航行和锚泊时,值 0800—1200、2000—2400 班;系泊时,与二副轮值夜班。

⑯进出港口,靠、离、移泊和抛、起锚时,在驾驶台瞭望和传达船长的指令。

⑰装卸货期间,按配载计划和大副的具体布置,现场监督货物装卸、积载、系固等。

⑱修船时,做好所管项目的自修、监修和验收。

⑲完成大副指派的其他工作。

⑳当二副因病或其他原因不能履行职务时，临时代理二副职务。

二、三副的具体职责

1. 开航准备职责

三副在航次开航前应：

①按照离港准备工作检查表或开航前检查表做好各项开航前准备工作。

②当船上人员发生变动时，重新编制并布置妥船舶应变部署表和船员应变任务卡。

③对在救生、消防设备日常检查中发现的缺陷的纠正情况进行必要的开航前复查。

④对可能在开航前移动过的救生、消防设备和送岸检验（修）设备进行检查，及时复位。

⑤巡视检查救生艇、救生筏及其降落设备的状况。

⑥检查救生艇内属具（包括淡水、干粮、救生信号等）的情况。

⑦检查救生圈是否按规定配备齐全，自亮浮灯及救生绳情况是否正常。

⑧检查灭火系统是否正常；检查所有通风筒上的防火挡板是否活络；检查所有消火栓是否活络，消防皮龙等是否放置在规定位置。

⑨对船舶火灾探测和报警系统进行必要的检查、试验。

⑩巡视检查下列图表及规章的布置情况：

消防布置总图、防火控制图，船舶应变部署表、应变任务卡，训练手册，防火安全操作手册，消防安全培训手册，日常防火防爆守则，安全防火巡回路线图，固定灭火系统操作规程，救生艇起落操作规程，救生筏释放示意图，救生衣穿着示意图，逃生路线标志，其他有关救生、消防的重要须知和图解、标志等。

⑪向大副和（或）船长报告开航准备情况。如有程序文件要求，填妥开航准备报告交船长。

2. 靠、离、移泊时职责

三副在船舶靠、离、移泊时应：

①在驾驶台协助船长、引航员瞭望，维持驾驶台秩序。

②执行船长、引航员的车钟令，记录过浮时间、车钟令、重要船位和有关情况。

③传达船长、引航员给船首、尾的指令及逆向报告。

④负责驾驶台与机舱的联系以及 VHF 通信。

⑤督促一水及时地显示有关号灯、号型和旗帜，并检查是否正确。

⑥监视有关仪器、仪表的工作情况及有关数据，监视操舵装置的工作情况及操舵情况。

⑦执行船长的其他指示。

⑧将靠、离、移泊全过程的主要情况记录在航海日志记事栏内。

3. 消防设备的管理与检查职责

三副在船舶消防设备管理与检查方面的职责有：

（1）负责对由甲板部管理的消防设备、器材进行养护、检查和换剂，按规定定期申报岸基检验，若发现故障，及时修复或报修。

(2)负责保持火灾探测和报警系统工作正常，发现故障及时修复或报修。

(3)负责保持固定灭火系统的管系以及分路阀的铭牌、标志鲜明，分路阀阀门活络。

(4)保证各种消防设备、器材色泽鲜明醒目，放置地点有明显的标志，且便于取用。

(5)冬天负责检查并排放甲板消防管路中的残水。

(6)经常对消防设备、器材以及消防员装备进行检查，以保证：

①CO_2 间内整洁、干燥、通风设施良好、无影响操作的杂物；室内有适当的照明和有效的通信设备，应急灯工作正常，门上贴有 IMO 标识，门外备有备用钥匙；所有 CO_2 气瓶放置牢固；瓶中的 CO_2 重量符合规定，气瓶没有渗漏现象；CO_2 气瓶称重与管路吹通证书均在有效期内；CO_2 气瓶管道连接正确，管道接头和放气喷头完好，没有堵塞；CO_2 专用施放扳手均放置在固定位置处；瓶头阀销正确放置，大型灭火系统管系控制阀门活络，分路阀铭牌标志鲜明。

②消防总管通畅并正确标识，消防泵或应急消防泵启动后能正常向消防总管送消防水；消防总管上放水阀与减压阀（如装有）状况良好，可以随时排出管中的存水；所有消火栓阀门活络，手轮转动自如，无滴漏现象；所有消防皮龙（水带）无破裂、磨损和漏水现象，皮龙表面清洁，卡箍无锈蚀；所有消防皮龙能被迅速连接和断开，接头处垫圈完好；消防皮龙箱编号、IMO 标识齐全，箱内配有 F 形扳手，消防皮龙在箱内盘放正确。

③消防员装备符合要求。呼吸器性能良好且保持有足够的气压；呼吸器面具不漏气，在低压区有报警声；防护服、头盔、手套、靴子等消防员装备完好无损；安全索摆放整齐，没有任何缠绕；防爆电筒内电池有足够的能量。

④太平斧、火钩完好无损，随时可用；消防水桶保持足够且无杂物；沙桶、沙箱保持盛有足够的沙且保持干燥、松散、无杂物。

⑤通风系统挡火（烟）闸开关正常；自闭式防火门工作正常；测爆仪或可燃气体指示器可正常使用；货舱、机舱及各舱室的烟火探测装置及火灾报警系统工作正常。

(7)定期进行船舶消防布置的检查，以保证：

①特定的场所已按船舶防火控制图的要求配置了消防设备、器材和（或）消防员装备。

②消防设备、器材没有被挪作他用；使用过的消防器材已按规定经过检查、晾晒、充剂、保养后放回了原位。

③消防皮龙和水枪放置在一起，国际通岸接头存放在防火控制图中指定的地方，并和配套工具存放在一起，船上的消防员装备被分别放置在两处存放。

④防火控制图及安全防火巡回路线图已按规定编制，并在有关场所张贴；防火控制图上的设备标识与实际相符；防火控制图的副本或一本含有防火控制图的小册子，已装入甲板室外有醒目标志的风雨密盒（筒）内。

⑤舷梯口已悬挂禁烟、禁带火种的警告牌，货舱内“NO SMOKING”字样清晰。

⑥CO_2 灭火系统标志清楚并附有操作说明，管系阀门上标明所通往的舱室。

⑦存放消防装备、器材的储藏间有明显标志。

(8)负责解决在维护保养和检查中发现的一般问题。对在维护保养和检查中发现的重大问题，应立即向大副或船长报告，并在他们的安排和协助下解决。

4. 救生设备的管理与检查职责

三副在船舶救生设备、救生器材以及其属具和备品管理与检查方面的职责有：

(1)负责管理救生(助)艇、救生筏、救生圈、救生衣、保温救生服等救生设备及其属具、备品。

(2)负责管理救生信号(驾驶台内由二副管理的除外),保证各种救生信号在有效期内。

(3)负责救生设备及其属具、备品的清点、登记、保养,以及更新、添置、修理、检验的申报。

(4)保证所有救生设备标记正确、清晰,保证所有救生设备都配置或保存在规定的场所。

(5)做好以下工作(如有需要,可请求水手长和水手配合):

①按照公约规定进行救生艇的周检查与月度检查,并按时申请岸上检验;定期进行救生艇、吊艇架、吊艇机的除锈、刷漆工作;经常清除救生艇内的污秽和积水;严寒时,做好淡水箱和艇用磁罗经的防冻工作;发现救生(助)艇、救生筏、救生圈、救生衣等的标志不再清晰时,应予以重新喷刷。

②定期给吊艇架、吊艇机、滑车等活动部分以及吊艇索和其他钢索加(抹)油,必要时应对滑车做拆装检查。

③如发现救生艇反光带破损、脱落、反光效果不佳时,应予以更换。

④救生艇用各种缆、索平时均应用帆布罩盖,避免裸露,发现磨损、腐蚀应及时调换。救生艇的吊艇索应按规定进行换新。

⑤保持救生衣、保温救生服的清洁干燥,标识正确,并按要求进行配备;受潮后应予以晾晒,避免高温烘烤。

(6)三副应经常对救生设备进行检查,以保证:

①救生艇艇身油漆以及船名、船籍港、艇号、定员、规格等标志清晰并符合有关规定。

②救生艇燃料和润滑油已按有关规定备足。

③救生艇淡水、食品、属具、备品等已按有关规定配足或配齐,并保持有效。

④救生艇、吊艇装置、脱钩、脱缆装置和艇机状况良好。

⑤气胀式救生筏的静水压力释放器已按要求连接好。

⑥救生衣、救生服、救生圈等已按规定配备,救生圈、救生衣的标志清晰并符合有关规定。

⑦抛绳器、救生信号等已按规定配备且有效。

(7)三副应经常对船舶救生的布置进行检查,以保证:

①救生艇存放位置周围没有堆放会妨碍救生艇起落及操作的物件。

②除 VHF 无线电话和搜救雷达应答器平时需存放在驾驶室内外,所有艇用属具均放置在救生艇内并系固,没有被挪作他用。

③救生艇旁的救生艇起落操作规程已布置,张贴于应急照明下并清晰。

④救生筏旁的救生筏释放示意图已布置并清晰。

⑤单舷配置可移动救生筏时,在连通甲板上没有影响该救生筏移动的障碍物。

⑥救生圈、救生衣、救生信号、抛绳器、保温服等放置在规定位置。

⑦有关场所及船员居室已布置救生衣穿着示意图。

⑧大风浪航行时临时加绑的救生圈不妨碍其紧急取用,风浪过后已及时恢复原状。

(8)三副应提醒船长安排将气胀式救生筏及静水压力释放器按规定的时间间隔送检修站检修。

(9)对在维护保养和检查中发现的一般问题,三副应负责解决;对在维护保养和检查中发现的重大问题,应立即向大副或船长报告,并在他们的安排和协助下解决。

5. 应急职责

三副在应急中的职责主要有:

(1)航行中无论发生何种应急情况,应将航行值班职责移交给二副,并立即履行应变部署表中规定的职责。

(2)发生火灾时,在火灾现场协助现场指挥(大副或轮机长)工作。如需使用 CO_2 等大型固定式灭火系统,按船长命令负责施放,并解决施放中遇到的技术问题。如需使用来自岸上的消防水时,负责准备好国际通岸接头,操纵隔离阀。

(3)发生船体漏水时,协助大副寻找漏损部位。按大副指示带领水手关闭属于甲板部舱室的水密门、窗,加固薄弱的水密舱壁。

(4)航行中发现船上有人落水时向人落水一侧操满舵甩开船尾,就近抛投救生圈并派人在高处瞭望并跟踪落水人员,停车并鸣放人落水警报,记录人员落水船位;停泊中发现有人落水时,就近抛投救生圈,鸣放人落水警报。

(5)弃船时,如释放两艘救生艇,担任其中一艘救生艇的艇长,并履行下列职责:

①带好对讲机迅速赶到应变部署表中规定的救生艇登乘处。

②做好放艇前的检查工作,并在准备就绪后向船长报告。

③协助船长检查有关人员是否按应变部署表的规定携带其应携带的物品登艇。

④在登艇前,向船长请示:

本船遇险地点,是否发出遇险求救信号及遇险求救信号是否有回答,可能遇救的时间、地点,驶往最近陆地或交通线的航向、距离,释放多艘救生艇后的救生艇集合地点,是原地等待还是驶向指定的地点,各艇筏之间的通信联络约定,其他有关救生方面的指示。

⑤按船长命令放下救生艇(筏),组织船员和旅客有秩序地登艇。

(6)若船舶正在搜救遇险船舶,应按船长的命令备妥救生艇,在必要时放下救助艇前往搜救遇险船舶和人员。

【相关案例】三副误操作 CO_2 灭火系统导致多人伤亡

1. 案例描述

某船从 2019 年 5 月 17 日开始,停靠修船厂进行维修,计划修理 22 天。

2019 年 5 月 25 日,该船计划由国际航行船舶变更为国内航行船舶。为做好该船初次入级检验及初次法定检验准备工作,2019 年 5 月 25 日上午,船级社验船师要求提供船上消火栓和水龙带数量、CO_2 气瓶水压试验压力值、CO_2 气瓶铭牌及 CO_2 气瓶数量等信息情况。11 时 1 分至 11 时 30 分左右,公司机务通过微信和电话联系该船船长,让他们落实验船师有关要求。随后,船长通过微信安排三副查看 CO_2 间气瓶铭牌(如图 1-4-1 所示)有关参数等情况。

14 时 42 分,三副到 CO_2 间查看气瓶顶部铭牌,由于气瓶顶部距离 CO_2 间甲板 187.5 cm,三副看不清楚气瓶铭牌(三副身高 170 cm),于是三副脚踏气瓶支架,手扳气瓶顶部,攀附在气瓶上进行查看。在此过程中,三副触碰到瓶头阀的开启压柄,意外开启瓶头阀(如图 1-4-2 所示),导致气瓶中的 CO_2 气体进入集流管,并发出气体释放声响,三副见状后将瓶头阀关闭(因其不了解瓶头阀结构,实际并未关闭)。此时,三副走出 CO_2 间,向在甲板上工作的水手长和值班水手连续数次寻求帮助，让他们寻找船长，但无人去找船长。

图 1-4-1　气瓶铭牌(采自气瓶间)

图 1-4-2　瓶头阀(采自气瓶间)

14 时 43 分至 15 时 6 分，三副两次与某救生防护用品有限公司负责人微信通话联系，咨询处置措施。该公司负责人告诉三副，要用扳手将增压阀上两个驱动管(与集流管相通)拆掉，将进入集流管的 CO_2 排出。三副在操作过程中，因慌乱误抓了增压阀上的压柄，意外将增压阀(如图 1-4-3、图 1-4-4 所示)打开，导致集流管内的 CO_2 进入驱动管路，瞬间将 84 个 CO_2 气瓶的瓶头阀及通往机舱的总阀开启(另外 16 个 CO_2 气瓶没有打开)，大量 CO_2 气体被排放至机舱内。

图 1-4-3　增压阀(采自气瓶间)

图 1-4-4　增压阀连接驱动管路局部

由于非正常启动 CO_2 灭火系统，没有事先预警和预留人员疏散时间（正常启动 CO_2 灭火系统有 30 s 声光报警），导致机舱内人员瞬间中毒窒息。因机舱内的甲板梯狭窄（60 cm），现场没有人员进行统一指挥和协调，造成抢救现场混乱，甲板梯多次发生堵塞，延长了机舱维修人员和施救人员在机舱内的时间，多数救援人员未佩戴有效防护装备进入机舱，增加了中毒窒息死亡和受伤人员数量。

事故发生时，机舱中共有作业人员 38 人，其中 8 人当场死亡，2 人经医院抢救无效死亡，19 人受伤（其中 6 人是进入机舱施救人员），共造成经济损失 1 903 万元。

2. 案例分析

（1）三副对 CO_2 灭火系统工作原理及释放程序不熟悉，紧急应对措施不当。

①三副因为抄写气瓶相关钢印，不小心将固定 CO_2 间一个 CO_2 气瓶的瓶头阀打开。此时该瓶 CO_2 气体已进入释放总管，但因为主阀没有打开，CO_2 不会进入保护处所。

②在没有专业人士在场的情况下，三副又误将三通阀打开，造成总管储存的高压气体将大部分的瓶头阀打开并通过高压管路（Boosterline）将释放总阀打开。

③在没有提前预报警的情况下，高压 CO_2 气体迅速释放到机舱，造成了重大的人员伤亡事故。

（2）船公司安全生产主体责任落实不到位。

①安全生产规章制度不到位落实。船长安排三副进入 CO_2 间作业未通报船上其他可能受到影响的单位；三副误操作导致 CO_2 释放后，未及时向船长报告，未通报其他单位。

②安全生产教育培训不到位。船上安全日常教育培训，尤其是对新上船人员实际操作培训流于形式，船长、大副、前三副等人员对三副的 CO_2 灭火系统现场实际操作培训不到位；三副对职责范围内的消防救生重点设施使用、管理和风险处置能力欠缺；三副不掌握 CO_2 灭火系统原理、操作规程，也无法正确处置 CO_2 瓶头阀的意外开启。

③船舶灭火设备违规操作。三副独自进入 CO_2 间作业，并违规从气瓶释放 CO_2 气体进入机舱总管路，违反了公司《CO_2 间作业安全管理规定》中的“严禁单人进舱作业，作业人员之间相互监护”和“除试航、交接船项目组安排外，禁止气瓶接入总管路”等有关规定。未落实“CO_2 间作业签字登记表”制度。三副对 CO_2 灭火系统驱动管进行的拆卸作业，属于船舶消防设备的专业拆装作业，应当由持有中国船级社资格认可的船用灭火设备和系统检测与维护保养操作员进行，三副不具备该资格，属于无证操作。

④风险意识淡薄。多名船员风险意识淡薄，防控能力不足。水手长和值班水手在 CO_2 间遇到紧急情况时，面对三副多次提出的向船长报告的紧急救援指令在 10 多分钟的时间里无动于衷、置若罔闻，违反了公司文件《不符合、事故和险情报告分析程序》“所有人员均有上报、纠正缺陷、不符合、事故和险情的权利和义务”和“体系内所有人员对发现的安全隐患、安全风险或者外部发生可能影响安全的突发情况等都有报告的义务；可以逐级上报，也可以越级上报”的有关规定，错过了有效制止事故发生的最佳时机。

⑤违反修船安全协议。在船舶修理期间，船方未通知修船厂及其主管，自行安排三副进入 CO_2 间进行作业，致使修船厂大量修船工人在不知情、无防范状况下进入高度危险境地并导致事故发生。

⑥应急救援能力不足。CO_2 释放至机舱后，船舶应急救援现场组织混乱，没有有效协调组

织开展逃生和救援，甲板梯多次发生堵塞，延长了受伤和抢救人员在机舱内的时间，未能及时采取通风措施，部分救援人员未戴呼吸器就进入含高浓度 CO_2 的舱内及底层甲板进行施救，导致人员受伤后果扩大。

3. 经验教训

①加强安全教育培训。将船载固定 CO_2 消防设施发生异常状况的处置措施列入培训计划，增加船载固定 CO_2 消防设施发生突发状况处置措施内容。

②落实安全质量管理体系到位。相关管理人员应进一步熟悉体系规定的岗位职责，制定船舶修理期间船方交叉作业管理制度。

③健全应急预案体系。补充船载 CO_2 消防设施意外释放处置措施，建立船舶修理期间多个单位应急救援统一指挥机制。

任务五　船员职务交接

【任务分析】

船员职务交接是船员在工作中经常遇到的。新上船的船员交接不充分往往导致对部分设备或分管业务不熟悉，并进而造成一些误操作，甚至引发事故。

本任务主要介绍船舶职务交接制度，并重点介绍三副和二副在进行职务交接时通常需要交接的内容。要求学员在今后的工作中重视职务交接过程，并熟练掌握二、三副的职务交接内容。

【相关知识】

一、船员职务交接制度

船员公休、事假、因故奉调离船或在船职务变动，有接替船员到船接任时，应按职责将分管工作认真交接清楚，保证船舶正常工作秩序。

1. 基本要求

(1) 对交班船员的要求

①交班船员接到交班通知后，应做好交接准备，在休假离船前必须按“交接班报告表”的内容向接班人员交代清楚与职责相关的所有情况，操作级和管理级船员还应备妥“交接班备忘录”，将船舶营运情况、设备存在的问题、未完成的工作等在备忘录中详细说明。

②交班船员应帮助接班船员熟悉本船安全、消防、救生、应急设备与设施，应变部署和本人在应变部署中的职责、任务。

(2) 对接班船员的要求

①接班船员应按交接班报告表所列内容和交接班备忘录的内容逐项确认，对机械设备的性能和所存在的问题应做好详细记录，只要条件允许，应进行试操作。

②接班船员应尽快熟悉所主管的设备、操作程序以及为正确履行其职责应熟悉的其他安排。

2. 岗位交接

船员岗位交接一般包括情况介绍和现场交接两部分。

(1) 情况介绍

交班船员应向接班船员介绍以下情况：

①本船、本部门的概况、总体技术状况和主要存在问题。

②与本岗位相关的体系文件和记录报表。

③本岗位或本部门的工作计划及完成情况，各种遗留问题和重要待办的事项等。

④下航次任务和开航准备情况。

⑤本岗位在应变部署中的岗位和职责。

⑥船长、政委、轮机长还应向各自的接班人员介绍本船有关人员的技术业务、工作能力及综合表现等情况。

⑦涉及事故处理及保险索赔等手续的，原则上由当事者和有关负责人亲自办理完毕。不能完成处理的应向接班人员详细介绍情况，在交接记录上做好备注，并向公司有关部门负责人汇报。

⑧其他应介绍的情况。

(2)现场交接

交接班双方应共同到工作现场，由交班方详细介绍：

①主管设备、附属设备、装置、属具、专用仪表(器)和工具的位置、运转状况、常见故障、应急措施和注意事项等情况。

②有关管系、(电)线路的各种阀门、开关、操纵控制装置和监测指示仪表的位置。

③油、水柜的分布，各柜容量和残留量，测量管或测量装置的位置。

④当接班船员认为必要时，交班船员应对某些设备或仪器进行现场操作或试验。

⑤交班船员应现场交代救生衣、应携带或操作的设备、器材的位置等。

⑥实物交接按有关清单清点，发现一般物品短缺应在“交接报告书”中注明。重要物品短缺，或一般物品短缺数量较多的，应报告船舶领导处理，必要时也可由船舶请示公司解决。

⑦主管图纸、资料及公用用品。

3. 其他规定

①交接班的操作级以上(含操作级)船员必须填写交接班报告表，双方同意后在报告表上签字，由船长或轮机长签署。

②船长、轮机长、大副完成交接后，应分别在航海日志、轮机日志上共同签署。其他船员交接完毕后报告部门长。

③接班船员在交接班过程中，对本岗位工作如有不明白或有异议时，应及时向交班船员提出。

④凡接班船员到船而交班船员已先离去，未能对口交接者，应由船长或由其指定人员代为交接。

二、三副职务交接

1. 情况介绍

交班三副应向接班三副介绍并交代以下情况：

①救生和消防设备、器材的分布情况及技术状况。

②救生和消防设备、器材的检查、养护情况。

③救生艇筏、CO_2 气瓶等重要设备检修、检验等情况及有关记录。

④船舶应变部署表、船员应变任务卡等编制或更新情况。

⑤开航前救生和消防设备、器材的检查、准备情况。

⑥向新来船员介绍应变岗位和职责的情况。

⑦与停泊值班、装卸值班以及开航准备有关需特别交代的事项。

⑧上次 PSC 检查发现的与本职有关的设备、器材等方面的缺陷和纠正情况以及需要关注的其他问题。

⑨正在进行的和待办的工作以及船长、大副交办的事项等。

上述有关介绍最好是书面的(交接班备忘录),以备接班三副查考。

2. 物品和清单移交

交班三副应向接班三副移交由其本职负责的以下物品和清单:

①救生和消防设备、器材清册。

②救生和消防设备、器材检查养护登记簿。

③CO_2 气瓶称重和管路吹通记录。

④本职负责的有关制度文件。

⑤本职所使用的工具、物品及库房钥匙等。

3. 交接记录

职务交接完毕后,按本船 SMS 文件的要求,双方共同完成交接班报告或职务交接单,并将交接情况记入航海日志记事栏。交接过程中如有疑问或其他异常情况,及时向大副或船长报告。

三、二副职务交接

1. 情况介绍

交班二副应向接班二副介绍并交代清楚以下情况:

①所管航海仪器设备的技术性能、现状及操作注意事项。

②海图及航海图书资料的改正情况。

③所管航海仪器设备的维护保养计划以及近期修理计划。

④驾驶台救生信号和器材的存放位置及有效期。

⑤应申请或正在申请购买的海图及航海图书资料、航海仪器备件及耗材等。

⑥已报修或正在修理的仪器、设备进展情况。

⑦上次 PSC 检查发现的与本职有关的仪器、图书等方面的缺陷和纠正情况以及需要关注的其他问题。

⑧与停泊值班、装卸值班以及开航准备有关,需要特别交代的事项。

⑨下一航次任务以及开航前航线设计、海图改正、仪器设备检测等工作的准备情况。

⑩正在进行的和待办的工作以及船长、大副交办的事项等。

上述有关介绍最好是书面的(交接班备忘录),以备接班二副查考。

2. 物品和清单移交

交班二副应向接班二副移交由其本职负责的以下物品和清单：

①海图登记卡片和登记簿。

②航海仪器设备清册、航海仪器说明书清单。

③航海图书资料清册。

④驾驶台书籍与记录簿清单。

⑤本职负责的有关制度文件。

⑥本职所使用的工具、物品及库房钥匙等。

3. 交接记录

职务交接完毕后，按本船 SMS 文件的要求，双方共同完成交接班报告或职务交接单，并将交接情况记入航海日志记事栏。交接过程中如有疑问或其他异常情况，及时向大副或船长报告。

【相关表格】

船员交接报告
Crew Handover Report

日期 Date:　　　　　　　　　　　　　　　　　　　　　　　　　　编号 No.:

船舶 Ship:		职务 Rank:		港口 Port:	

兹证明离任船员__________________,在_________年____月____日____时,于_____________________________港将如下职务交接项目移交给接任船员____________________,并已经介绍、移交清楚完整。

This is to testify that the off-sign or had intensively handed over his duty to the joining crew at_______LT on______ DD_____ MM_______ YYYY at port of____________________.

1. 所有船员文件交接及熟悉内容确认
Confirmation of File Handover & Familiarization

(1)本人所管理的工具、物料、钥匙和备件清单
Inventory of tools, stores, keys & spare parts □

(2)岗位职责和职务所要求的操作
Operations required by the position □

(3)职责范围内工作的所有相关记录
Relevant records of the position □

(4)设备缺陷和工作中的注意事项说明
Description of deficiency of equipment □

(5)本人的劳保用品是否齐全
Integrity of articles for personal protecting aid □

(6)安全用品(手电筒、救生衣等)是否齐全
Integrity of safety articles (flashlight/life jacket, etc.) □

(7)起居用品(毛毯、被褥、枕头等)是否齐全
Integrity of living articles (carpet/bedding/pillow, etc.) □

(8)正在进行的工作以及船舶领导交办的未完成的工作说明
Description of ongoing and planned work □

(9)接班船员已熟悉船上情况
Familiarization of the ship □

2. 高级船员交接事项备注 Officer Handover Items:
(按 QSMM 附件二中相应职务的"交接班事项"另加附页进行说明交接) □
(Refer to Handover Items in Appendix Ⅱ of QSMM)

3. 其他项目 Others:

交班船员签字/日期 Off-Sign Crew/Date		接班船员签字/日期 On-Sign Crew/Date	
部门长签字/日期 Head of Dept./Date		船长签字/日期 Master/Date	

注:本报告由交班船员填写,并由交接班船员在完全交接清楚之后共同签字确认,副本留船,正本交公司船员部审核、保存。

Remark: This report should be filled up by off-sign crew and signed by both parties after handover. The copy should be kept on board and the original verified and kept by CRD.

二副交接报告书

Second Officer Duty Handover Statement

船 名:	港 口:	日 期:

各类海图	英版海图____张,通告收至____期,改正至____期 中版海图____张,通告收至____期,改正至____期 美版海图____张,通告收至____期,改正至____期 日版海图____张,通告收至____期,改正至____期 其他海图____张,通告收至____期,改正至____期 空白海图____张,通告收至____期,改正至____期 英版海图目录改正至____期 中版海图目录改正至____期 美版海图目录改正至____期 日版海图目录改正至____期 蓝图____张 其他:________
图书资料	潮汐表(英版) □ 潮汐表(中版) □ 无线电信号书 □ 灯台表 □ 航行警告(518) □ 航行警告(C站) □ 航行警告(中文) □ 天文历 □ 船舶操纵特性图 □ 美版资料一览表 □ ITU书籍 □ 雷达盲区阴影扇形图 □ 船舶航海图书登记表 □ 通导设备说明书 □ 航路指南(美版)清单 □ 航路指南(英版)清单 □ 航路指南(中版)清单 □ 其他/说明:________
助航仪器	雷 达 □ 测深仪 □ 六分仪 □ 气压计 □ 综合导航仪 □ 计程仪 □ 望远镜 □ 作图用具 □ 航迹记录器 □ 应急航行灯 □ 电罗经 □ 天文钟 □ 对讲机 □ 失控信号 □ 手提摩斯灯 □ 磁罗经 □ 船 钟 □ 信号旗 □ 操舵装置 □ 风向风速仪 □ VHF/DSC □ GPS □ 国 旗 □ 测深手锤 □ 手持风速仪 □ 号锣 □ 干湿温度计 □ S-VDR/VDR □ 磁罗经自差测定日期
通信设备	卫通B/F站 □ 卫通C站 □ 气象传真机 □ AIS □ 卫通-MINI站 □ NAVTEX □ 应急蓄电瓶 □ SART □ 组合电台 □ 天线布置 □ 双向对讲机 □ EPIRB □ GMDSS设备、GPS交直流电源切换 □
测试保养	卫星应急示位标电池有效日期 双向无线电话电池有效日期 卫星应急示位标释放器有效日期 雷达应答器电池有效日期 卫星应急示位标五年岸基保养有效日期 雷达磁控管更换日期 S-VDR/VDR备用电池有效日期 电罗经液体更换日期 S-VDR/VDR信标电池有效日期 罗经球更换日期
台账	电台日志 □ 维修保养记录簿 □ VHF使用记录簿 □ 雷达/ARPA使用记录簿 □ 工具登记簿 □ 电报、航行警告签收簿 □ 应急电瓶维护保养记录簿 □ 船舶电台通信导航设备管理登记簿 □ AIS记录簿 □
其他需交接的事项:	

交班人:	接班人/日期:	监交人(大副):

注:1. □内填写:"√"表示已做了交接,"×"表示未做交接,"—"表示不适用。

2. 填写不下时可另附页补充。本表由船舶留存,保存期3年。

三副交接报告书

Third Officer Duty Handover Statement

船 名:	港 口:	日 期:
记录	CO_2 气瓶称重记录 □　　CO_2 管路吹通记录 □ 船舶救生消防设备检查养护登记簿 □　　物料清册 □ 下次救生筏检修日期________　　下次静水压力释放器检修日期________	
救生设备	救生圈只带烟雾信号________只　带自亮灯浮________只　带救生索________只 救生衣________件　舱室________件　驾驶台________件　集控室________件　备用________件 抛绳装置________套　有效期:________　存放位置:________ 驾驶台存放红光降落伞火箭________支　有效期:________ 救生艇存放红光降落伞火箭(每艇)________支　有效期:________ 手持红光火焰信号(每艇)________支　有效期:________ 橙色烟雾信号(3 min)每艇________支　有效期:________ 驾驶台两翼橙色烟雾信号有效期:左________右________ 救生艇淡水有效期:________　救生艇药品有效期:________ 吊艇钢丝换新日期:________　吊艇钢丝调头日期:________ 救生艇属具(参阅国际救生设备规则第Ⅳ章救生艇筏 4.4 节或见养护检查记录簿) 其他:____________________	
消防设备	消防员装备________套　存放位置:________　防化服________套　存放位置:________ 大型 CO_2 ________瓶　备用钥匙 □　中英文施放说明 □　水枪 □　水龙箱 □ 水带 □　消火栓 □　室内________只　室外________只 泡沫灭火机________只　检查日期:________有效期:________ 干粉灭火机________只　检查日期:________有效期:________ CO_2 灭火机________只　检查日期:________有效期:________ 机舱大型灭火机____只　检查日期:________有效期:________ 烟雾探测系统 □　火警报警系统 □　通岸接头 □　机舱门窗应急关闭 □ 风机紧急停止 □　油路应急切断 □	
其他需交接的事项:		
交班人:	接班人/日期:	监交人(大副):

注:1. □内填写:"√"表示已做了交接,"×"表示未做交接,"—"表示不适用。

2. 填写不下时可另附页补充。本表由船舶留存,保存期 3 年。

项目二　船舶安全作业规章制度

【项目介绍】

船舶的生产工作以安全为前提,船舶安全是在从事各项工作的时候需要考虑的主要问题。船舶在漫长的生产工作中形成了诸多安全生产规章制度,这些制度有的来自公约规章,但更多的是从实际的经验教训中总结出来的。这些规章制度对于船舶的安全生产具有重要的指导意义。

本项目主要介绍船舶安全作业规章制度,包括船舶防火,救生艇安全操作以及关于二、三副应该掌握的关键性操作的有关规定。

【教学目标】

- 熟悉船舶安全会制度。
- 熟悉船舶防火原则和防火具体规定。
- 熟悉救生艇安全操作规定。

【学习重点】

船舶安全会制度;船舶日常防火须知;救生艇使用规定。

任务一　船舶安全会制度

【任务分析】

船舶安全是船舶生产运营的主线。为了保持船上良好的安全生产环境，除了要求船员遵守有关的规章制度以外，船舶还要经常进行相关的检查和督促，船舶安全会就是其中之一。

【相关知识】

船舶安全会制度，也被有的公司叫作安全活动日制度，是船舶定期检查安全生产和各项规章制度执行情况，保证工作质量、稳定安全形势，加强安全生产宣传教育的一种行之有效的制度。

1. 活动时间

船公司可在体系文件中规定船舶安全会的时间。因故不能进行时，船舶安全会可适当提前或推迟进行。船舶可根据具体情况决定活动的日期、范围和内容。

2. 活动内容

（1）船舶安全会一般由船长统一安排，并组织全船性的活动。如无全船性的活动，各部门长可按船长的布置或本部门的具体情况安排本部门的活动。

（2）安全会的活动内容包括：

①分析一个月来的安全生产情况，总结经验。如有事故，包括事故隐患，应按照船舶体系文件的有关规定，坚持“四不放过”（即事故原因未查清不放过、事故责任者和其他船员没有受到教育不放过、事故责任人未得到处理不放过、没有落实类似事故的预防措施不放过）的原则，认真分析原因、吸取教训，并采取必要的纠正和预防措施。

②学习船公司近期发船的有关安全生产方面的文件、材料，结合本船或本部门的实际情况进行讨论，开展安全自查活动。安全自查内容包括：是否有违章指挥、违章操作、违反劳动纪律的“三违”现象，安全制度落实情况，机器、设备的工作状况，是否存在隐患、缺陷，发生险情后的整改措施是否到位等。

③结合本船的实际情况，有针对性地组织学习有关公约、法规、条例、规章制度、体系文件等。

④查找本部门安全工作中的薄弱环节及隐患，研究并制定改进措施。根据近期实际工作情况，布置任务和提醒安全生产注意事项。

⑤对应变器材、应急设施、防污染措施及船员的应变能力进行实物检查、操作示范和专门训练等。

【相关表格】

船舶安全会议记录
Safety Meeting Minute

编号 No.：________________

船舶 Ship：		会议召开日期 Date：	
参加人员 Participants：			
姓名/职务 Name/Position：	签名 Signature：	姓名/职务 Name/Position：	签名 Signature：
会上讨论的事务摘要 Agenda of the Meeting			
自上次会议以来 QSMS 运行效果及船舶的安全状况 Review of the QSMS performance and safety situation since the last meeting			
自上次会议以来 PSC 检查、FSC 检查和公司人员登船检查情况和发现的问题及采取的措施 Findings and deficiencies raised by PSC, FSC and shore staff attendance and follow-up actions taken since the last meeting			
不合格、事故、险情的报告以及纠正措施及风险预防措施的实施情况 Implementation of corrective actions on reported N/C, accident or hazardous occurrence and preventive actions on identified risks			
自上次安全会议以来识别和评估的潜在风险 Potential risks identified and assessed since the last meeting			
自上次会议以来收到的公司的安全指示、通函 The company's safety instruction/circular letter received since the last meeting			
船长签字/日期：________ Master Signature/Date		指定人员签字/日期：________ DPA Signature/Date	

注：本记录由船长填写，正本报 DPA 评审并收存，副本由船长保存。

Remark: This form should be filled up by the Master. The original should be verified and kept by DPA, and the copy should be kept by the Master.

任务二 船舶日常防火守则和船舶明火作业安全规定

【任务分析】

明火作业也叫动火作业，在船上，明火作业是指使用电焊、气焊、气割等手段进行焊接、切割与烘烤等热工作业，作业地点可以在甲板、货舱、深舱内，也可以在机舱内，其特点是在作业过程中有明火焰产生。本任务主要介绍船舶日常防火守则和船舶明火作业的相关安全规定。

【相关知识】

一、船舶日常防火守则

1. 防火原则

船舶消防工作应坚持“防消结合，以防为主”的原则，并从船舶日常工作和日常防火抓起，有效控制火灾发生的源头，减少和杜绝重大火灾事故的发生。

2. 防火规定

①船上应建立防火巡视、检查制度，制定防火巡视路线图并在驾驶台张贴。每班至少按规定的防火巡视路线巡视检查一次，检查情况记入航海日志。

②船舶应在货舱、机舱、油漆间、氧气间、乙炔间、电瓶间以及甲板上等禁烟场所设立明显的禁烟标志，禁止在上述场所吸烟和进行未经许可的明火作业。

③禁止躺在床上吸烟，烟头必须放在注水烟缸里，禁止向舷外乱丢烟蒂。禁止在船上燃放烟花爆竹，禁止玩弄、施放过期救生信号。

④废弃的棉纱头、破布必须放在指定的金属容器内，不得乱丢乱放。潮湿或油污的棉毛织品应及时处理，不能放在闷热的地方。船上使用的垃圾桶应不燃、有盖、可封闭，桶内需注水。船员不得私自存放易燃易爆物品，船用油漆等易燃易爆液体应存放在油漆间或专门处所。

⑤人员离开居住舱室、工作场所要随手关灯。禁止使用任何物品遮盖照明装置或取暖装置，禁止在电热器具上烘烤衣物。不准任意接、拆、移船舶电气线路，不得擅自拉线装灯或乱拉收音机天线。

⑥电水壶、电暖瓶、电磁炉等加热装置使用时不得离人，严禁使用明火电炉（封闭式电炉仅限工作使用），禁止船员携带电热杯等电热器具上船使用。严禁私自拉接电源线，各类电源线头必须进行绝缘包扎，不得暴露，防止漏电或短路。

⑦室外各类照明灯具应保持水密，防止因上浪、下雨致使电线短路引发火灾，物料仓库照

明灯具垂直下方不得放置易燃物。

⑧安全通道、应急通道、逃生孔必须保持畅通，照明、应急照明保持良好。自闭式防火门必须保持正常使用状态，禁止人为将其长期固定并敞开。

⑨船舶进厂修船前，全船应进行一次防火安全教育。厂修期间甲板和机舱值班人员应按照规定进行安全巡视并做记录，每天收工后值班人员负责检查和清理施工现场。

⑩明火作业应遵守船舶劳动作业安全操作规范和“明火作业审批表”的要求。船舶在港期间若需进行明火作业，必须向主管机关申报，得到批准后方可进行。

二、船舶明火作业安全制度

1. 明火作业申请

船上在进行明火作业前应填写明火作业申请并征得船长同意，进行港内的明火作业，还需按规定提前向海事管理机构书面报备。

2. 明火作业前的环境考察

①对不属于危险区域的开敞甲板，必须考查以作业点为中心、10 m 为半径，向上 2 m，向下至平台或甲板的柱形空间。

②对危险区域的开敞甲板，必须考查以作业点为中心、15 m 为半径，向上 2 m，向下至平台或甲板的柱形空间。

③对不属于危险区域的舱室内，必须考查以作业点为中心、5 m 为半径的空间。

④对危险区域的舱室内，必须考查作业舱室及毗邻的舱室。

3. 明火作业必须满足的技术条件

①可燃气体浓度不大于爆炸下限的 1%，相对风速小于 13.8 m/s。

②施工现场，须清除易燃易爆物品，备妥足够有效的消防器材，并有防止火花扩散的安全措施。

③明火作业前，应拆除作业现场内有影响的电缆或切断其电源并对其安全遮盖。

④在隔热舱壁或间架板上进行明火作业前，必须拆除距焊割边缘 0.5 m 内的一切可燃物，对 0.5 m 以外的可燃物，应采取防止焊割热传导的措施及进行有效遮盖。

⑤可以拆除的管子等机件，应移至电焊间或安全地点焊补；对无法拆除的油管、污水管等，应进行有效清洗，使管内可燃气体达到要求，或采取充满惰性气体、水，或拆开管子接头对作业点两端进行有效隔堵。

⑥在长期封闭的舱室或空间狭小通道内进行明火作业前，应提供足够的通风，使空气中含氧量达到 19.5%~21%，并且人员进入后无明显不适感。作业期间应保持连续通风。

⑦进行明火作业前，必须查清作业面的反面和周围，并确认无易爆物品。

⑧燃油、润滑油舱（柜），油船供油舱、泵舱、隔离舱、压载舱等进行明火作业前，必须封闭与其相连的所有管系、阀门，并经洗舱、除气，铲除硫化铁锈皮、油泥，取得船舶检验部门签发的“船舶可燃气体清除证书”。

⑨测爆合格的舱室或处所，明火作业必须在 4 h 之内开工，否则，应重新进行测爆认可。

作业前和作业中，应有专人对施工区域及有影响处所，随时复测可燃气体浓度。

⑩明火作业的设备在使用前，必须确认其技术状况良好。

⑪焊工必须持有主管机关认可的合格证书。

⑫进行明火作业时，必须有人负责监护。作业完毕，必须彻底清理现场，在确认无残留火种时，监护人员方可撤离。

4. 不可进行明火作业的情形

①进行加油、涂刷油漆等有火灾危险的工作现场。

②盛有或残存易燃易爆油、气的容器或管道及未经泄至正常气压的压力容器。

③正在装卸易燃易爆或可能产生易燃易爆气体或粉尘货物的船舶。

④油船在装卸、洗舱、除气和压载作业（专用压载舱压载作业除外）时。

⑤航行中的油船的货油舱和货油管。

⑥未经测爆合格的油舱、油柜周围以及距离该油舱、油柜的空气管 1 m 范围内。

⑦未经测爆合格的可能产生或积聚可燃气体、粉尘的其他场所。

【相关表格】

参见项目五“风险评估记录”。

【相关案例】船员躺在床上吸烟致船舶生活区失火

1. 案例介绍

2013 年 4 月 26 日 0315 时，英国籍杂货船 CC 轮船员房间发生火灾。此时，CC 轮正装载水泥从直布罗陀驶往贝尔法斯特。

着火处所为水手 A 的房间。失火前，水手 A 喝了酒并且抽着烟，当他上床后，继续躺在床上抽烟，睡着时手里仍然握着燃着的香烟。很可能是燃着的烟头熔化了沙发上面的乙烯基沙发垫，点燃了里面的泡沫垫子导致火灾。当水手 A 醒来发现着火，他立即跑到驾驶台告知二副，二副启动火警警报。船员集合并进行灭火。但是，经过一番努力后，在 1010 时，火势失去控制。后来，西班牙海军的两个消防队到船上协助灭火，大火最终被扑灭。

火灾造成三个船员房间内物品完全化为灰烬；引起电路损坏导致舵机不能启动；生活区大部分被大火释放的热、烟及灭火的消防水破坏。

2. 事故经过

（1）发生火灾

2013 年 4 月 25 日，CC 轮靠泊直布罗陀装货。水手 A 到陆地上喝了几罐啤酒，于 1700 时回船上吃晚餐。1800 时，船舶离港，水手 A 在船尾协助二副解缆。船舶离港后，水手 A 独自一人到餐厅看电视，直到 2300 时才回房间。2000 时，大副交班给三副回房间休息。2200 时，大厨睡觉前进行了“防火巡视”。2400 时，二副接班，三副回房间休息。他们都经过生活区，没有发现任何问题。

水手A回到房间后，打开舷窗坐在沙发上喝冰镇啤酒，并点着一支烟。过了一会，他把房间的门关上脱掉外套，拿过来一个玻璃烟灰缸放在沙发上。随后，打开床头灯坐在床上继续喝酒抽烟，右手可以将烟灰弹到沙发上的烟灰缸里。不知不觉他就睡着了。4月26日，大约0315时，水手A被其右手和右腿内侧的剧烈疼痛惊醒，他看到很多火焰和浓烟从沙发上冒出来。于是，他立刻跳下床用毯子将沙发上的火焰盖住，但很快毯子被点燃，毯子上的火烧了上来。水手A惊恐中扔掉毯子，打开房间门，光着身子跑出房间，通过走廊开着的门到达旋转楼梯，爬到驾驶台。当他离开时，没有关上自己房间的门。

(2)启动火警

约0319时，水手A冲到驾驶台并大声喊道他的房间着火了。二副立即从生活区内的旋转楼梯下到水手A房间所在的第二层甲板，他看到满走廊都是浓烟。二副又跑回到驾驶台并告诉水手A到船尾甲板集合。随后，二副启动火警并停车。大约0323时，没有人到驾驶台，二副不愿意再进入生活区，就从生活区外的楼梯下到船尾甲板。

(3)船员反应及逃生

加油被火警警报叫醒，看到自己房间有烟。他就从床上跳了下来，没来得及穿外套，就穿着T恤衫、短裤、光着脚，随手抓了一块布捂住嘴屏住呼吸从生活区内楼梯跑到船尾甲板。

水手B被小的爆炸声及电路短路的声音吵醒。他闻到塑料燃烧的味道，随后听到火警警报。房间电路烧坏了，漆黑一片。他打开房间门，发现走廊里一样很黑而且满是浓烟。他立即退回房间关上门，打开房间的舷窗，穿着睡衣从舷窗爬到外面甲板，跑到船尾集合。轮机长和大副分别在自己的房间被火警叫醒。他们打开门发现走廊里全是烟，又关上门后回到房间穿好衣服，并将毛巾沾湿捂住口鼻从生活区内走廊跑到后甲板集合。随后，其他船员陆续到达后甲板。船长被火警叫醒后，他立即从内部楼梯进入驾驶台，发现驾驶台无人值班。随后，三副来到驾驶台告诉他生活区失火了。

(4)灭火

船员架设了三个消防皮龙：两个在主甲板(Main Deck)右侧，一个在船尾甲板左侧。消防皮龙水用于对船尾甲板右侧及失火区域外侧降温。轮机长、大管轮及加油从位于船尾甲板左前方的应急逃生孔(Emergency Escape Hatch)进入机舱集控室(Engine Control Room)。轮机长关掉生活区通风机、切断生活区电路。大管轮启动消防/压载泵和应急发电机(Emergency Generator)。大厨关闭生活区通风防火挡板。二副从船头拿来两套自给式呼吸器(Self-contained Breathing Apparatus，SCBA)。水手A房间火势发展迅速，火焰及浓烟从他房间的舷窗窜出来。

(5)第一次再进入生活区探火并控制火势

二副征得大副同意后，决定进入生活区探明火情。加油协助二副和水手B分别戴上自给式呼吸器，大副查看空气瓶的压力。水手B在前，二副在后，从船尾紧急逃生口进入生活区。水手B系着安全绳，两人拿着一条消防皮龙。他们通过厨房进入失火层甲板走廊。二副和水手B发现走廊温度很高，浓烟导致能见度不足2 m。水手B持续向甲板及墙壁喷水大约10 min进行降温。二副查看空气瓶的压力，发现空气所剩不多，于是他们决定撤出去。当他们刚刚返回到船尾甲板，空气就耗尽了。更换了空气瓶后，水手B再次进入生活区，但是由于下面温度太高，不一会儿就出来了。船员们竭尽全力通过外围冷却控制火势。

大副和二副商议决定从水手A房间开着的舷窗将消防皮龙喷嘴(Fire Hose Nozzle)扔进

去,喷射消防水灭火。于是,水手B穿着消防服爬到水手A房间舷窗前准备将皮龙喷头扔进去。同时,船长一直在驾驶台,大副和二副不时向他报告灭火情况。由于水手A房间热辐射很强,水手B尝试了很多次才将消防皮龙喷嘴通过舷窗投入房间,经过一段时间的喷射消防水,已经看不到火焰和烟从水手A房间舷窗冒出了,但透过加油房间关着的舷窗玻璃可以看到里面有红色火苗,加油房间门关着。

轮机长一直规律性地通过紧急逃生口查看机舱情况。大约0600时,他发现大量的消防水从生活区灌入机舱。轮机长立即将情况向大副和船长汇报,再继续喷水可能导致船舶沉没。于是,船长决定关闭消防泵,等到天亮后再进一步检查生活区失火情况。在此期间,由于电路被损坏,舵机不能启动。

(6)第二次再进入生活区探火

大约0800时,仅有水蒸气从水手A房间的舷窗冒出来。船长和大副、轮机长商议后决定再次进入生活区探火。为了进入安全,船长命令打开船尾甲板通往生活区的水密门,并将生活区的通风防火挡板打开,重启生活区通风风机。二副和水手B又穿上自给式空气呼吸器,检查了钢瓶压力后从船尾甲板水密门进入生活区。他们没有携带消防皮龙和任何便携式灭火器。由于开启了通风机,生活区内的能见度明显提高,而且温度已经降了下来。二副和水手B到达二层甲板走廊,水手B打开水手A房间门,发现一片狼藉,房间内物品几乎燃烧殆尽,房间内仍然很热。二副离开水手B,独自一人去他自己的房间,将笔记本电脑和一些现金拿了出来,随后就通过内部楼梯回到船尾甲板。水手B又打开他自己房间的门,发现没有任何火灾损坏,家具等完好无损。但他感觉隔壁加油的房间有强烈的热辐射出来,所以他立即返回船尾甲板。0904时,船长告知船东,CC轮船员房间失火,目前火已被扑灭,但生活区内有大量的消防水,而且舵机不能运转。船东告知船长会尽快安排拖船协助。

(7)火灾复燃

大约1 h以后,加油房间火灾复燃。船员立即停止生活区风机,关闭通风防火挡板。他们试图将消防皮龙喷嘴通过舷窗扔进加油房间,但是由于舷窗关着、玻璃难以击碎,尝试了多次都没有成功。1005时,火势失去控制,船长通知船东火灾复燃,情况非常严重。同时,船长发送失火求救警报。大副在甲板组织船员准备救生筏、浸水衣、SART和火焰信号等以备弃船。1025时,二副启动EPIRB,随后在1046时被船长取消。

(8)外部救援

1050时,西班牙海军船A31到达CC轮船边,两组消防队员登船,每组6人。1133时,海军船上消防设备全部搬上CC轮。船员向消防队员提供CC轮的消防控制图(Fire Control Plan),消防队员准备分两队,分别从船尾甲板紧急逃生口和船尾水密门进入生活区。1150时,消防队员到达失火区域。消防员击碎加油房间舷窗玻璃,将消防泡沫从舷窗喷入房间,并将与其邻近的两个房间也喷入泡沫。1226时,火势得到控制,随后被扑灭。1740时,拖船UOS到达现场,将CC轮拖到Cadiz港。

3. 案例分析

(1)水手A躺在床上吸烟,手持燃着的香烟睡着引起火灾

水手A手持燃着的香烟睡着,烟头熔化了乙烯基材料的沙发套,点燃了沙发里面的泡沫,直接导致火灾。在床上吸烟无论何时都是十分危险的,烟头一不小心与卧具接触就可能导致

卧具闷燃。产生的烟雾可能含有毒性或窒息性的气体,如果未及时发现就可能酿成重大事故。尤其是睡前过量饮酒,导致深睡眠,危险性会大大增大。对于在床上吸烟的行为应严令禁止。如果对此疏忽大意、漠视必将导致伤亡事件。

CC轮安全管理体系(Safety Management System,SMS)对船员吸烟有相关的规定,其中包括:

①仅允许在船长指定的区域吸烟。

②确保完全熄灭烟蒂。

③严禁任何时候在床上吸烟。

虽然,CC轮安全管理体系对船员吸烟有所规定,并且不允许在厨房和餐厅吸烟,但船长没有为船员指定专门的吸烟区域。因此,甲板、驾驶台、驾驶台两翼及沙龙间成了船员常常吸烟的区域,船长也默许了船员可以在自己的房间吸烟。

由于船员躺在床上吸烟引起的火灾事故屡有发生,血淋淋的教训警示船公司培训船员时应着重强调严禁在床上吸烟,甚至像对待一场战役一样重视,但火灾还是屡屡发生。船公司应进一步对船员加强教育,严令:

①禁止船员在货舱、甲板、物料间、机舱内吸烟。

②禁止躺在床上吸烟;烟头、火柴杆必须放在注水烟缸里。

③禁止向舷外乱丢烟蒂,航行中不得锁门睡觉。

(2)水手A在船舶航行期间过量饮酒,导致判断及反应迟缓

水手A回房间后喝了8罐啤酒(330 mL/罐),加上船舶离泊前他在岸上又喝了些酒,明显饮酒过量。不知水手A平时是否也在床上吸烟,但很可能醉酒影响了他做出上床吸烟的决定,甚至直接导致拿着燃着的香烟躺在床上睡着。过量饮酒影响他的反应能力,导致他不能及时醒过来,火势进一步发展,同时影响了他的分析处理问题的能力,发现着火后不能采取有效的措施及时灭火。幸运的是,剧烈的疼痛使水手A醒了过来,否则,他将有生命危险。

CC轮安全管理体系对船上毒品及酒精控制管理有相关的规定,严禁公司船上任何形式的酒精滥用的情况。其中包括:

①每个船员每天最多允许饮用4个单位的含酒精的饮料;

②每个船员在值班前的8 h内不准饮酒;

③严禁船员在船上酗酒。

从表2-2-1分析,公司SMS规定的每天4个单位相当于4罐330 mL的啤酒。水手A喝了8罐,已达到规定数量的2倍,加之在岸上又喝了酒,明显超出了公司SMS的规定。另外,第二条的规定似乎有些苛刻:值班前8 h不能喝酒,这对于驾驶台值班的船员来说就意味着不准喝酒。这种苛刻僵化的规定也导致SMS不能被很好地执行。我国的《中华人民共和国海船船员值班规则》规定“值班人员在值班前4 h内禁止饮酒”,这似乎更合理一些。但无论怎样,值班期间必须满足相关公约的规定:“值班期间血液酒精浓度(BAC)不高于0.05%或呼吸中酒精浓度不高于0.25 mg/L。”

表 2-2-1　概略的酒精含量单位换算表

酒的种类	酒精含量〔酒精重量(g)/酒体积(mL)〕	饮用量	单位	酒的种类	酒精含量〔酒精重量(g)/酒体积(mL)〕	饮用量	单位
高度啤酒	(>4.0%,<6.0%)	10 oz 30 cl	2.5 2.5	雪利酒、高度葡萄酒	(>12%,<16%)	6 cl 10 L 瓶装	1.0 16.0
中度啤酒	(>1.0%,<4.0%)	10 oz 30 cl	1.0 1.0	白酒类(1)	(>40%,<60%)	1 oz 3 cl	1.0 1.0
低度啤酒	(>0.05%,<1.0%)	10 oz 30 cl	0.5 0.5	白酒类(2)	(>16%,<40%)	1 oz 3 cl	2.5 2.5
葡萄酒	(>6.0%,<12.0%)	10 oz 1 L 瓶装	1.0 10.0	其他含酒精饮料	(>0.05%,<1.0%)	10 oz 30 cl	0.5 0.5

注:1 oz(盎司)= 28.35 g; 1 cL = 10 mL。

(3)水手 A 房间存放了物品及电炉等

事故后调查发现在水手 A 房间内存放了很多易燃易爆物品,其中包括:

①在沙发边的地板上,存放了用 1 L 的塑料矿泉水承装的大约 500 mL 的油漆稀释剂(Paint Thinners)。

②桌子上放了 3 个打火机、1 罐打火机液体充填剂,还有一些报纸。

③卫生间梳妆架上放了 1 个打火机、1 瓶刮胡水和 1 瓶防臭喷雾剂。

④墙壁柜橱里存放了 2 瓶空气清新剂、2 瓶刮胡水。

⑤地板垃圾桶内存放了很多废纸。

⑥房间正在使用便携式电热器(Portable Electric Heater)。

水手 A 房间内存放这些易燃易爆物品助长了火势,而且在房间里放油漆稀释剂是极其危险的。这些做法完全不符合船舶日常防火的规定。英国海事与海岸警卫署出版的《商船船员安全工作守则》(*Code of Safe Working Practices for Merchant Seamen*,COSWP)中对防火安全有如下推荐的做法:

9.2.1　在船舶上禁止吸烟的场所永久性地显示明显的“禁止吸烟”的标志,并严格遵守。在授权吸烟的场所提供注水的烟灰缸或其他的合适的容器。

9.3.1　所有电器应尽可能牢固地固定,如可能,通过永久连接提供服务。

9.3.9　应尽可能避免使用便携式加热器。但是,如果船舶在港口时需要(在修理期间作为临时供暖,在恶劣天气中作为额外供暖),应提供一种不易燃材料的保护片隔绝地板或舱壁、地毯或地毡等。便携式加热器应配备适当的防护装置,不应靠近家具或其他易燃物品。这些加热器绝不能用来烘干衣服等。

12.5.1　良好的内务管理是促进船上健康和安全的重要因素。如:设备和其他物品应当安全、可靠地储存;垃圾和废弃物应当及时正确地清理并处理等。

12.5.2　许多喷雾剂类物品含有挥发性、易燃性物质。不应在明火或其他热源附近使用或放置,即使是空瓶。这类物质的空瓶应妥善处理。

(4)CC 轮船员缺乏对紧急情况的准备和应对

①水手 A 因疼痛惊醒后发现着火,对着火的紧急情况应对不当

水手 A 发现着火,情急之下用毯子盖到火焰上,结果毯子也被点着了。他就立即扔掉毯子跑去驾驶台,而没有关上房间的门。水手 A 睡觉时打开了房间的舷窗和门,而沙发就在舷

窗的下面。加之开着的房间门提供了持续充足的氧气，使火势迅速发展。水手 A 正确的做法应是立刻关闭房间的舷窗和门，到走廊大声呼喊“着火了”向其他船员报警，同时可叫另一位船员帮忙到驾驶台报告二副启动火警。随后，水手 A 应迅速在走廊拿便携式灭火器灭火。即使火势过大无法扑灭，水手 A 只要关闭舷窗和门，减少氧气供应量，就可以限制火势的发展。

在《商船船员安全工作守则》(COSWP)中对此有相关的说明：

10.1.3 火灾在最初的几分钟通常最容易被扑灭，及时正确的行动是必不可少的。

10.1.6 应关闭通往房间的开口，以减少火灾中的空气供应，防止火势蔓延。

②所有船员紧急集合都没有穿救生衣，没有船员使用应急逃生呼吸器(EEBD)

火警响起后，所有船员都听到并紧急到船尾甲板集合。根据 CC 轮应变部署表(Emergency Muster List)规定，船员紧急集合时应携带保温服和救生衣。在逃出各自房间前，船员有足够的时间携带救生衣(最好穿着救生衣)。但是，到船尾甲板集合时，没有一个船员穿着或携带救生衣。

水手 B 甚至认为从舷窗逃生要比从二层甲板走廊逃生安全。火警响起时，二层甲板走廊已经充满了浓烟，但是没有一个船员想到在逃生时使用 EEBD 保证呼吸(如图 2-2-1 所示)。也没有船员关闭二层甲板走廊内部通往楼梯的防火门来防止火势蔓延。船员大多是从熟睡中突然被叫醒的，睡眠惯性(Sleep Inertia)可导致突然醒来后的运动和认知能力下降。但这也不能完全成为 CC 轮船员对紧急情况应对不足的借口。

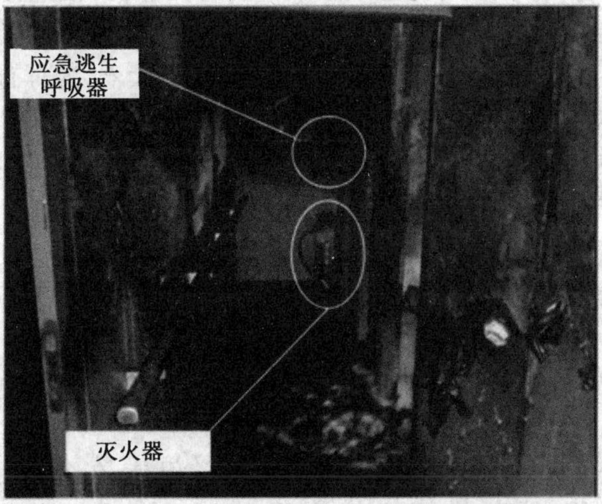

图 2-2-1 二层甲板走廊的 EEBD 和便携式灭火器

CC 轮上的中央空调系统运作不良，噪声很大，还会把灰尘吹入房间。因此，在许多房间，船员都用毛巾或棉质的衣服将通风口围上以减少灰尘进入。为了便于空气流通及人员进入方便，生活区每层甲板内部通往走廊的防火门通常都开着，并用绳子挂在门后的栏杆上。每个船员的房间门平时也都开着。航行期间，很多船员还会打开自己房间的舷窗(如图 2-2-2 所示)通风。这样的做法明显违反了 SOLAS 公约的要求。公约要求应时刻保持防火门关闭，尤其在船舶航行中。

③二副和水手 B 在先后两次进入生活区探火的过程中应对不当

二副和水手 B 第一次进入生活区探火时，由于浓烟和高温，他们没有到达水手 A 的房间。

图 2-2-2　水手 A 房间火灾后开着的舷窗图

二副发现自给式呼吸器内的空气快耗尽了，他们就退了出来。但是，无论如何他们已经到达生活区二层甲板，他们在撤退时应寻找机会关闭二层甲板通往外面的门，防止火势蔓延。

第二次进生活区探火，由于采取不当的灭火措施，二副和水手 B 面临极大的生命危险。首先，第一次进入后不足 3 h，在没有完全掌握火情的情况下就决定重新打开生活区通风是很危险的。其次，虽然开启通风改善了失火区域的能见度并降低了温度，但也增加了火灾复燃的风险。再次，二副和水手 B 没有携带消防皮龙和便携式灭火器，这样他们没有办法灭掉任何还在燃烧的明火，无法对过热的区域进行冷却，万一火灾复燃，不能用消防皮龙"水墙"来保护自己。最后，二副离开水手 B 单独回到自己的房间取笔记本电脑并直接返回船尾甲板而不顾水手 B 的安危，明显缺乏团队意识。水手 B 没有用手背试水手 A 房间和自己房间门的温度就直接打开门看里面的情况是十分危险的，使自己面临烧伤的危险，同时也可能导致房间内火灾复燃。还有，水手 A 发现加油房间有热辐射出来，却没有将这种情况报告大副和船长。如果及时报告，船长可能会决定再次采取灭火措施。

④CC 轮船长和大副对灭火的计划和执行缺乏必要的指导，导致灭火指挥和控制结构混乱。

应变部署表明确列明在处理应急情况的组织结构。但是，在组织灭火过程中，船长和大副缺乏应有的组织和领导，没有制订灭火计划和具体灭火措施。相反，他们只扮演了传话员的角色。人员到船尾甲板集合时，大副没有组织清点人员，万一还有人员没有逃离是十分危险的。在船员组织灭火时，船长在驾驶台，他没有依据消防操纵检查表（Firefighting Operational Checklist）指挥船员灭火操作。实施灭火的决定几乎都是由二副提议、其他船员商议决定的。

⑤CC 轮航海日志伪造应急演习记录

事故后，在对 CC 轮的调查中发现，应急演习执行和航海日志记录簿不一致，航海日志上的应急演习记录是伪造的。航海日志记录应急舵演习和保安演习分别于 2013 年 2 月 26 日和 28 日举行，但实际并没有进行演习。船长解释的原因是船期紧张，没有足够的时间。同样，航海日志虽然也记录在 3 月 28 日和 30 日分别做了弃船演习、密闭处所救援演习、机舱失火演习，但也都没有实际操作。

从CC轮对失火的紧急情况的应对也可以证明,CC轮平时缺乏紧急演习的演练。规律、全面的应急演习可以增强船员应对紧急情况的信心。应急演习不仅能使船员学会处理各种紧急情况的知识,而且可以提高管理能力、团队合作能力及领导能力。这些宝贵的技能通过伪造记录是得不到的。

4. 预防措施

(1)CC轮事后采取的预防措施如下:

①禁止船员在房间吸烟。

②在船上指定出吸烟区域。

③移除船上便携式电热器。

④加强船员日常消防及应对紧急事故的培训。

⑤强调ISM规则理念,在航海日志上如实记录应急演习。

(2)为了有效避免类似事故发生,公司应该加强安全文化(Safety Culture)建设。依据国际海事组织(International Maritime Organization,IMO)核准的实施ISM规则指南,切实审核船舶安全管理体系,加强船员安全培训。应做到:

①确保船员完全能够满足ISM规则的要求。

②建立企业安全文化,允许和鼓励船员识别和报告不符合项(Non-conformities)和危险事件,推动公司的安全管理体系不断改进。

任务三　救生艇安全操作规定

【任务分析】

救生艇主要是在弃船时用于船员撤离遇险船舶的。当需要救助落水人员时，救助艇会被使用。救生艇是在关键时刻保障人命安全的救命稻草，因此，船舶需要定期进行救生演习，对救生艇进行收放操作演练，确保救生艇状态良好并处于随时可用状态。救生艇在收放过程中存在一定风险，船员需要严格按照操作规程进行释放和回收，确保不会发生意外。

本任务介绍了救生艇操作的相关知识。

【相关知识】

1. 救生艇的使用

①除演习及应急外，不得随意使用救生艇。使用救生艇须经船长同意，港内用艇还应征得港口主管当局的批准。

②大副应根据本船吊艇架和动力装置的具体情况，制定救生艇起落操作规程，经船长批准后张贴于救生艇附近，并严格执行。

③每次使用救生艇，均应将艇号、使用原因及经过详细记入航海日志。

2. 放艇前的检查

①操作人员应穿工作服、工作鞋，戴安全帽、手套，随艇上下人员应穿救生衣。

②放艇前，应检查、备齐艇内属具及备品，塞上艇底塞，检查艇首缆绳以及定位索的固定情况，检查其他属具与物品的固定情况。机动艇应检查储油是否充足，并发动艇机一次。吊艇机械应进行检查试验，制动器应完好，稳艇索、保险钩等已处于无妨碍位置，艇摇把已取下，每个导向滑车、吊艇滑车、钢丝缆及吊艇钩均应检查确认无损，艇下方至水面清爽。

③按船舶应急部署同时放艇时，由各艇长分别负责检查和指挥。放一艘艇时，大副和水手长负责检查指挥，机械部分由轮机长派人检查。

④负责检查和指挥放艇的艇长，应向船长报告放艇前的准备工作情况。经认可并确认艇下方无障碍物，在船长下达放艇指令后，方可放艇。

3. 救生艇释放的一般规定

①按船舶应急部署同时放艇时，各艇长分别负责检查和指挥。负责检查和指挥放艇的人，应向船长报告放艇前的准备工作情况，经认可并确认艇下方无障碍物后方可放艇。

②在使用救生艇时，应严格按起落操作规程进行救生艇的起落。任何人员不应站在艇下

方无护栏保护的甲板边缘以及吊艇钢丝一旦绷断可能回甩伤人的地方。

③航行中放艇，船长应掌握放艇时机，要在停车后余速不大时，才可放艇入水。一般情况下应放大船下风舷的艇，大船偏顶浪 20°~30°，稳定航向，将艇放至水面后，迅速解脱吊艇钩。

④应尽可能做到同时解脱前后钩。大船有进速时应避免先脱前钩。目前大多救生艇上配备有联动脱钩装置，当艇着水后拉动脱钩装置，前、后吊艇钩同时解脱。

⑤救生艇在降落时应备有碰垫，同时用艇篙支撑，防止艇与大船之间发生碰撞。

⑥对吊艇索下的滑车，脱钩后应及时拉紧，防止其晃动伤人。

⑦机动救生艇的艇机应在落水之前启动起来，脱掉吊艇钩后立即驶离大船。为防止沉船浪掀翻救生艇，救生艇降落入水后应驶离大船至足够远的安全距离，与大船保持 3 倍于大船总长或 500 m 的距离。

⑧放艇时，随艇下的人员应不多于 3 人，而且一定要握牢保险绳，其余人员由软梯上下艇，旅客均应由登乘甲板登艇。

4. 封闭式救生艇的释放操作程序

封闭式救生艇的吊艇架一般都为重力式，放艇操作程序为：

①解除救生艇的稳索，打开救生艇的舱门，松开外接充电电源插头，打开吊艇架的安全插销。

②全体登艇人员依次登艇坐好并系好安全带，只留 1 人在艇甲板。

③留下的 1 人解开外面的系索后登艇。

④艇长检查全体艇员登艇后关闭救生艇舱门。

⑤艇长再次检查确认登艇人员的就位情况后，于驾驶位发动艇机，挂空挡。

⑥艇长发出放艇指令和警报并提示登艇人员注意。

⑦拉动艇内释放手柄或钢丝，使吊艇机闸松动，降下救生艇。

⑧救生艇降到水面后，采用承载或正常释放方式脱开艇钩。

⑨拉动艇缆脱离装置的控制杆，解掉艇缆，操纵救生艇离开难船。

5. 自由降落式救生艇的释放操作程序

自由降落式救生艇的释放规定与封闭式救生艇的释放规定基本相同，其放艇操作程序为：

①解除救生艇的稳索，打开救生艇尾部舱门，松开外接充电电源插头，摘除艇尾部的释放钩，检查确认放艇通道和艇落水区域无障碍物。

②全体登艇艇员依次登艇，由前至后顺序坐好，系上安全带。

③艇长最后登艇并在艇内关闭尾部舱门。

④艇长再次检查确认登艇人员的就位情况后，于驾驶位发动艇机，挂空挡。

⑤艇长发出放艇指令和警报并提示登艇人员注意。

⑥艇长启动液压释放装置，救生艇靠自身重力沿滑道自由下滑降落入水，然后从水中浮起。

⑦艇长开动艇机，操纵救生艇离开难船。

6. 其他要求

①救生艇在行驶中应保持与大船的联系，大船值班人员应加强瞭望，注意救生艇动态。

②救生艇返回大船后应立即吊起,放尽积水。救生艇不准在水上过夜。

③使用救生艇,应将艇号、使用原因及时间详细记入航海日志。

7. 特殊环境和条件下释放救生艇应注意的事项

在大风浪等恶劣天气条件下放艇以及船舶在有较大横倾时的放艇注意事项:

①大风浪中应放大船下风一舷的艇。大船尽量减速,把定航向,利用下风舷海面比较平静时放艇。应避免横风横浪导致的剧烈横摇,必要时可使用镇浪油。

②救生艇放至登乘甲板时,系上止荡索,带上艏缆、艉缆(艏缆、艉缆可适当带远点),使用碰垫和艇篙,以避免救生艇撞击大船船舷,保证人员安全登艇。

③大船横摇较大时,应等待有利时机。在两三个大浪过后海面相对比较平静时立即解除止荡索,降艇下水,保证艇在大船横摇至中间位置时,艇已放至水面。必要时可撒放镇浪油镇浪,经验表明,植物油和动物油(包括鱼油)最适合用于镇浪,也可以使用滑油作为镇浪油。

④艇处于波谷时做好准备,当艇身被波峰抬起,利用大船向救生艇一侧横摇,前后吊艇索都松弛时,立即解脱吊艇钩。在解吊艇钩时尽可能做到前、后同时脱钩,防止先脱前钩。恶劣天气中解除吊艇钩有一定困难,受到大船横摇和波浪起伏的综合作用,负责脱钩者应有一定经验,在吊艇索刚松弛之际立即操作脱钩。如遇吊艇钩发生故障或显然难以解脱,为保证安全,可用短斧砍断吊艇索。

⑤若大船一舷不止一艘救生艇,大船顶浪时应先放靠近船尾的救生艇。

【相关案例】弃船演习事故,造成了船员 2 死 1 伤

1. 案例描述

2021 年 7 月,一艘散货船在靠近港口等待进港时,船长计划进行船舶演习。根据船舶演习计划,2021 年 7 月需要进行 SOLAS 要求的救生艇落水及水上操纵演习。船长在综合考虑锚地水域、天气、洋流情况后,决定马上组织救生艇演习。

大副组织船员在甲板集合并进行了工作安排后,决定由 3 名船员登艇。结果在即将进行救生艇落水操纵时,救生艇突然滑落,在多次翻滚后,从 15 m 高的船上重重摔落至海面。

船长随即联系港口当局,请求救援。但遗憾的是,经医学判定,2 名船员由于伤势过重不幸失去生命体征。另一名船员也身受重伤而昏迷,全身多处骨折,并且头部受到撞击。

2. 案例分析

①直接原因是救生艇的下降装置和其连接的下水设备的挂钩出现了问题,导致救生艇突然脱钩,从高空坠落。

②船员日常训练不足,不熟悉设备的操作步骤或设备操纵程序。根据 SOLAS 公约的要求,为使船员尽快熟悉救生设备,至少需要进行应急训练演习(Emergency Training and Drills)。实际工作中,参与演练的人员没有做到全部熟悉操纵设备、操纵步骤。

③演练安排仓促,事前准备不足。没有采取足够防范措施、预案保证船员安全。

④重视程度不够,演习流于形式,船员麻木机械地进行操作。

⑤对风险的分析不足,没有全面进行包括港口水域、风力、洋流、水深等因素的综合风险评

估,对一些风险没有统筹考虑,未观察判断好环境是否允许船员安全降落、操作和回收救生艇。

⑥船员释放操纵的疏忽或意外,造成致命错误,导致出现伤亡事故。

⑦违规操作。没有正确使用规定属具,没有按照操作指南操作。

⑧救生艇及其降落设备的维护不足(多发生在要维护的项目因其位置不易接近而维护不到位)。

3. 经验教训

①提高安全意识,对救生设备的维修保养工作要引起足够重视,制订详细的救生设备维护保养计划,按计划做好船上救生设备的维修保养工作。

②使所有船员都接受同样的救生演习培训,熟悉设备的操作步骤或设备操纵程序。

③平时操练认真对待,不能流于形式。

④关键设备的试验操作务必按一定周期认真执行,及时发现设备中存在的潜在风险和问题。

⑤演习前应充分做好风险评估,全面分析外部及内部情况,统筹考虑,制订方案后方可实施。

⑥公司应做好船舶管理工作,提升安全文化建设,增强船员安全意识。

【拓展知识】

救生艇艇钩系统的发展

自 SOLAS 1974 公约生效以来,救生艇艇钩系统主要经历了 5 代的历史演变,满足安全的需求。

第一代艇钩系统主要适用于符合 SOLAS 1974 公约的船舶。SOLAS 1974 公约适用于 1974 年 11 月 1 日以后安放龙骨或处于相应建造阶段的船舶。其中,对于艇钩的要求主要是 S74/CⅢ/R36 中的有关要求。该公约生效后满足要求的救生艇以开敞式救生艇为主。此种艇钩系统在无负荷的情况下艏、艉方能同步脱钩,其释放装置是靠救生艇重力保持释放装置的锁闭。随着全封闭式救生艇的出现,以及海难意外情况的突发,常常会有救生艇悬于半空中不上不下,难以用人力进行脱钩的情况,于是便出现了第二代艇钩系统。

第二代艇钩系统适用于符合 SOLAS 公约 1983 修正案〔MSC. 6(48)〕船舶。该修正案适用于 1986 年 7 月 1 日以后安放龙骨或处于相应建造阶段的船舶,要求每艘必须用单根或多根吊艇索降落的救生艇应设置符合下列要求的脱开机械装置:

①该装置的布置应能同时脱开所有吊艇钩。

②该装置应具有两种脱开能力,即正常脱开能力和受载脱开能力。

③脱开控制手柄应有明显标志,且与手柄周围颜色有明显的差异。

第二代艇钩系统可以带负荷并通过联动转杆实现艏、艉同步释放,然而,其没有静水压力释放装置保护,仅设有一个卸载状况下的保护装置(即安全销,如图 2-3-1 所示),一旦船员发生误操作,很容易发生艇钩系统意外脱开的事故。

第三代艇钩系统(如图 2-3-2 所示)适用于 1998 年 7 月 1 日及以后安放龙骨或处于相应建造阶段的船舶。在第二代的基础上,其最明显的变化是引入了静水压力释放装置和复位联

图 2-3-1　释放装置及安全销

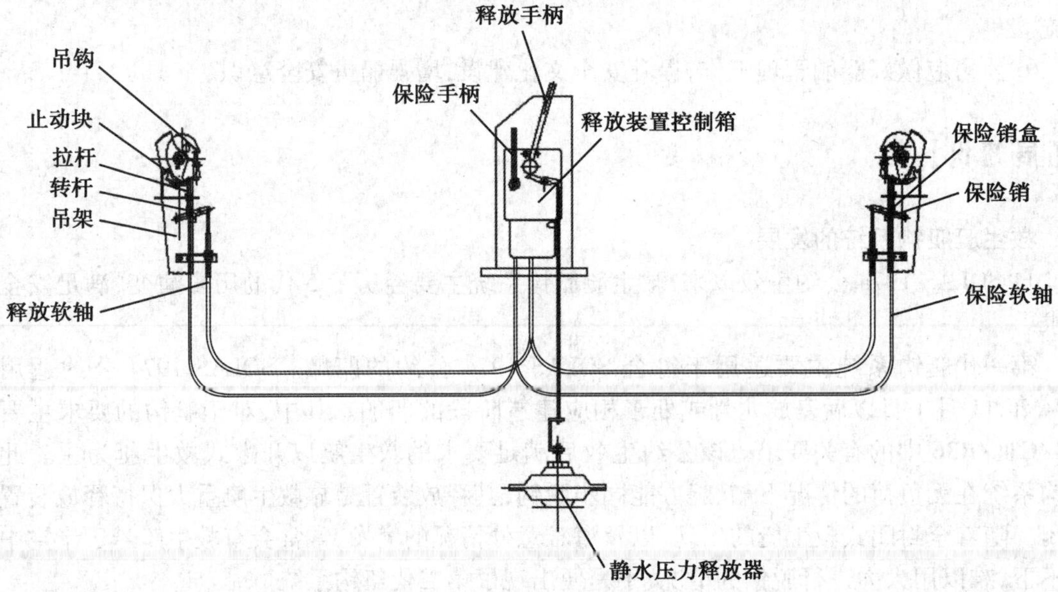

图 2-3-2　第三代艇钩系统

锁。其特点有：

①同时能脱开艇首、尾艇钩。

②能无负荷和带负荷释放。

③在无负荷或当救生艇浮于水面时起吊环与吊钩无须人工分离。

④带有静水压力释放装置。

⑤释放控制为红色。

⑥设有辅助吊板（至今已有三种型式）。

⑦吊钩未复位时，不能承受载荷。

但是该时期艇钩系统还存在难以判断艇钩是否完全复位等不安全的因素导致意外脱钩事故。2008 年对 LSA 进行了相应修改，也就相应出现了第四代艇钩系统。

第四代艇钩系统（如图 2-3-3 所示）适用于 2008 年 7 月 1 日及以后安放龙骨或处于相应建造阶段的船舶，为防止救生艇在回收过程中意外脱开，机械保护（连锁装置）只在脱开装置适当地、完全地复位时才啮合。第四代艇钩系统在原有的基础上增加了：

①吊钩设有可视的锁定指示。

②吊钩设有可视的复位指示。

③艇内贴有视图的操作说明。

④辅助吊板的负荷是根据救生艇满载燃油和属具的质量加 1 000 kg。

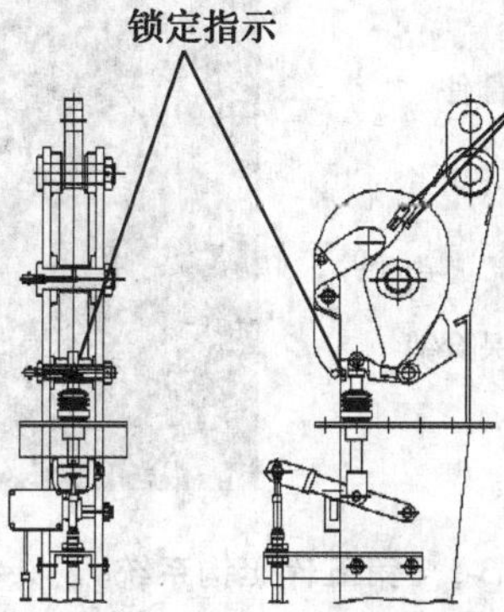

图 2-3-3 第四代艇钩系统

为了防止意外脱钩事故，IMO 于 2009 年还通过《防止坠落装置的安装和使用指南》。同时船舶设计和设备分委会在第 52 届会议上对防止坠落装置（FPDs，如图 2-3-4 所示）做了以下建议：FPDs 的使用应该被看作是缓解风险的临时措施，在船长的监督下，仅与现有承载释放钩一起使用，直到释放钩采用充分改进的加强安全的设计。防止坠落装置的设计主要采用锁紧销和带索或吊索两种。该设计或措施被认为是临时性的，所以救生艇钩还需继续改进。

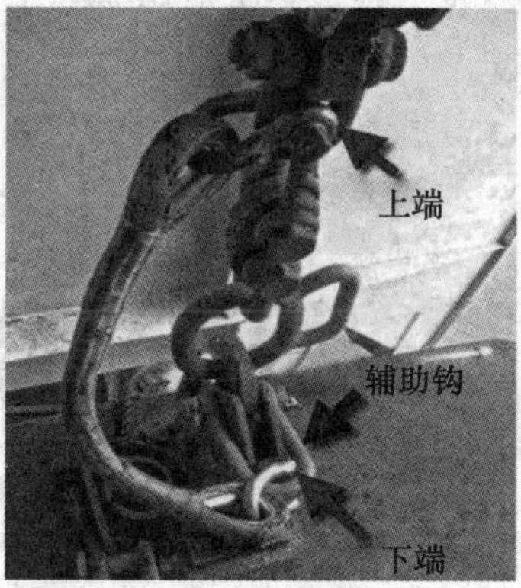

图 2-3-4 防止坠落装置

第五代艇钩系统（如图 2-3-5 所示）适用于 2013 年 1 月 1 日及以后安放龙骨或处于相应建造阶段的船舶，其中比较关键的有三条要求：

①为使艇钩具备稳定性，释放装置须设计成当其完全复位至锁闭位置时，救生艇的重力不应导致任何力被传递到操纵装置。

②钩锁部件应设计成不能由于活动钩体载荷引起的力而导致开启。

③如设有静水联锁，该联锁应在救生艇从水中被提升时自行复位。

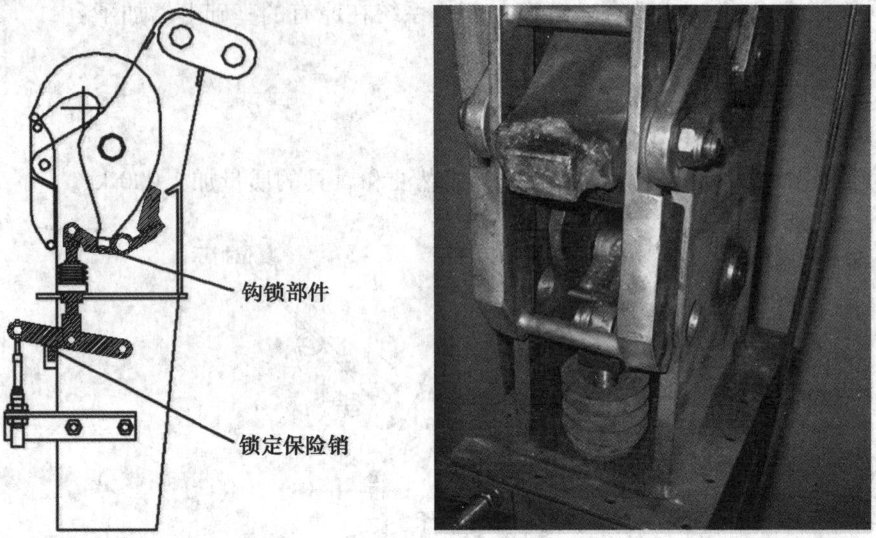

图 2-3-5　第五代艇钩系统

项目三　船舶安全航行规章制度

【项目介绍】

船舶驾驶是船舶驾驶员的主要工作,航行安全对于船舶驾驶员来讲非常重要。驾驶技艺和良好船艺在其他项目中详细讲述。本项目主要讲述在整个航行过程中应该遵守和注意的安全航行规章制度。

本项目主要介绍船舶的安全航行规章制度,包括船舶开航前准备,各种法定记录的记载以及关于二、三副应该掌握的关键性操作的有关规定。

【教学目标】

- 熟悉船舶在开航前要做好哪些准备和检查工作以及相应的标准。
- 熟悉系离泊作业规定。
- 熟悉驾驶台规则,掌握对在驾驶台里张贴各种图表、资料以及操作程序等的规定。
- 熟悉船长夜航命令簿规则。
- 熟悉车钟记录簿的记载与管理规定。
- 熟悉航海日志记载与管理规定,能正确记载航海日志。
- 熟悉自动舵使用规定。
- 了解船舶在能见度不良水域和大风浪中航行安全操作的主要规定。

【学习重点】

船舶开航前的准备和检查;系离泊作业规定;驾驶台规则;船长夜航命令簿的发布与执行;车钟记录簿的记载与管理要求;航海日志的记载与管理要求;自动舵使用规定;船舶在能见度不良水域和大风浪水域中航行安全制度。

任务一　船舶开航前的准备和检查制度

【任务分析】

开航是船舶离开码头泊位、锚地或者装卸点开始航行的起点，开航前的工作准备情况关系着船舶是否适于航行，能否安全、顺利地完成接下来的航程。本任务介绍了在船舶开航前需要做好的准备工作。

【相关知识】

为满足船舶适航（Seaworthiness）要求、保证船舶航行安全，每次开航前，船长和船员都应根据SMS文件的规定，按照职责分工，对照“航前检查表”认真做好各项开航准备工作。

为保证船舶航行安全及适航要求，履行相关公约的规定。开航前，船舶应做好以下开航准备和检查工作：

1. 证书

检查并确认船舶和船员证书齐全有效。检查并确认船员配备符合最低安全配员要求。

2. 航海出版物

备齐本航次所需海图，并改正到最新版。备齐本船应配备的航海出版物，并改正到最新版。

3. 航次计划

①根据航路指南和有关航海图书资料提供的所经海区的水文、气象、助航标志、危险障碍物、分道通航制、航行规章以及航区的政治情况等，结合本船性能、设备技术状态和人员的技术水平及经验，制订航次计划、航行计划和计划航线。

②检查并确认已备妥足够的燃油、淡水、伙食和物料等。

③及时接收航行警告并阅签与标识。及时接收天气预报，并进行气象分析。

4. 救生、消防设备

①检查并确认救生艇外观良好；艇内属具及备品齐全、救生信号在有效期内；救生筏外观良好、证书有效；救生圈、救生衣及保温服齐全并无破损。

②检查并确认大型灭火系统处于有效工作状态；灭火器放置在规定位置，可以随时使用；消防管系、消火栓、消防水带无破损、泄漏、锈死；国际通岸接头及配件齐全；消防员装备齐全并分开放置；探火、失火警报装置正常；防火门自闭装置及通风筒防火挡板开闭正常。

③船员有变更时，修改应变部署表并报船长批准后公布。

5. 航海仪器、信号设备

(1)检查、试验、测试并确认:

①雷达调试图像清晰正常。

②陀螺罗经的主、分罗经误差不超过±0.5°。

③磁罗经经校正后的剩余自差,标准磁罗经不超过±3°,操舵磁罗经不超过±5°。

④测深仪测试零点显示准确,其深度误差浅水不超过±1 m,深水不超过±5 m,或指示深度的±5%,取其大者。

⑤卫星通信设备功能正常。

⑥GPS 工作正常。

⑦AIS 已输入本航次相关数据,工作正常。

⑧GMDSS 中高频收发信机功能正常。

⑨DSC 能在 70 频道上正常工作。

⑩双向 VHF 无线电话收、发信正常,有备用电池。

⑪EPIRB 检测正常。

⑫NAVTEX 接收、打印清晰。

⑬SART 测试正常。

⑭VDR/SVDR 测试正常。

⑮ECDIS 工作正常。

⑯各类报警装置测试正常。

(2)检查、试验并确认:

①航行灯、号灯及其报警功能正常。

②号型、信号旗齐备。

③音响信号齐备,汽笛使用正常。

④遇险求救信号及抛绳器齐备并在有效期内。

6. 锚、缆、舵等装置

①开航前 12 h 内,对操舵装置进行检查和试验。

②开航前 1 h 进行备车、对舵和试车,校对船时。试车前应确保船尾螺旋桨、舷梯清爽。驾驶台整理清洁,准备茶水,迎接引航员。

③检查确认锚链舱孔盖封固、甲板水密装置、大舱进水报警装置及排水系统无异常。

④备妥缆机,收回各缆绳上的挡鼠板,准备撇缆等应急工具。

⑤检查确认吊货索具已固定,舱盖已关严并密封。

⑥收回舷梯安全网、检视船边及船体状况,捡回岸边船上工具、系固设备等。

⑦依据引航员要求备妥引航员软梯、确保引航员登、离船装置及照明均正常。

7. 船舶开航状态

①检查确认船舶吃水没有超过当时季节、航行水域相适应的载重线标志。

②确认船舶稳性符合稳性规范或港口当局对稳性的要求。

③确认船舶总纵强度(Longitudinal Strength)、剪力(Shear Force)合乎安全要求。

④检查确认船舶横倾角不超过1°,吃水差适当。

⑤检查确认舱内货物已采取必要的防止移动的措施。

⑥检查确认装载机械、车辆、集装箱、卷钢、大件货及甲板货已采取可靠的绑扎、固定或防止移动的措施。

8. 其他

①确认PSC、FSC检查缺陷项及影响航行安全的缺陷均已纠正。

②确认对主管机关开出的其他缺陷均已制定出纠正措施。

【拓展知识】

船舶适航

船舶适航是指船舶各个方面能够满足航行、作业中一般的安全要求,能够克服可预见的风险而安全航行。1924年《关于统一提单的若干法律规则的国际公约》(即《海牙规则》)的第3条第1款以及《中华人民共和国海商法》第四十七条都规定:"承运人在船舶开航前和开航当时,应当谨慎处理,使船舶处于适航状态,妥善配备船员、装备船舶和配备供应品,并使货舱、冷藏舱、冷气舱和其他载货处所适于并能安全收受、载运和保管货物。"

从事海上航运的船舶必须是适航的船舶,只有适航的船舶才被允许开航出海。船舶的适航性是指船舶在各个方面都必须适合预定航程。它除了要求船舶具备在海上航行的浮性、稳性、抗沉性、操纵性、快速性和耐波性等各种性能的结构以外,还要求配备合格的、技术熟练的和有高度责任心的船长和船员,充足的燃料和给养,以及适于载运和积载货物的货舱。可以把这四个要件概括为"四适",即适船、适人、适航和适货四项。船舶只有达到了这"四适",或者说船舶具备了适航的四个要件,才能被认为是适航船舶。

【相关表格】

开航 / 抵港检查表
Pre-departure/ Pre-arrival Check List

船舶 Ship:			航次编号 Voy. No.:		
开航港口 Dept.Port:			抵达港口 Destination Port:		
检查日期 Date:			检查日期 Date:		
No.	开航检查内容(Pre-departure Check)		No.	抵港检查内容(Pre-arrival Check)	
1	航行计划是否准确制订? Is route plan developed?	☐	1	到港航行计划是否周详? Are following included in route plan?	
2	所需海图和其他资料是否改正并备好? Is nautical charts and publications corrected?	☐		(1) 港口资料/航行指令/气象报告/潮流计算 Port info/Sailing instruction/Weather/Tide	☐
3	下列设备是否检查并处于可用状态? Following equipments tested and good?	☐		(2) 进港航道和泊位的最大/小吃水、吃水差 Max/Min Draft and Max/Min Trim Enroute	☐
	(1) 锚机、锚链和刹车带 Windlass/Anchor Chain/Brake	☐		(3) 进港时间调整 Adjusting Arriving Time	☐
	(2) 辅助航行设备(如双筒望远镜) Nav Aids Including Binoculars	☐		(4) 海图和航海资料情况 Charts and nautical publication corrected	☐
	(3) 航向和主机转速指示器 Course and M/E RPM indicator	☐		(5) 所收到最近航行信息(电报) Latest Nav info received	☐
	(4) 雷达/测深仪/计程仪 Radar/Echo/Log	☐	2	ETA和有关信息是否发送? ETA and related information sent?	☐
	(5) 电子设备(GPS,AIS,SSAS, LRIT,SVDR, BNWAS 等) Electronic Sys. (GPS,AIS,SSAS,LRIT,SVDR, BNWAS,etc.)	☐	3	所有航行设备包括舵机、应急舵机是否试验? All nav equipments and FU/NFU steering tested?	☐
	(6) 引航员登乘装置 Pilot Boarding Equipment	☐	4	下列设备是否已检查? Are following equipments tested?	
	(7) 陀螺罗经/磁罗经和分罗经 Gyro/Magnetic Compass and Repeater	☐		(1) 航向和主机转速指示器 Course and M/E RPM indicator	☐
4	下列设备是否进行试验并处于可用状态? Following equipments tested and good?			(2) 内部通信设备(电话、手提对讲机等) Internal Communication Equipment (Phone, VHF RT,etc.)	☐
	(1) 内部通信设备(电话、手提对讲机等) Internal Communication Equipment (Phone, VHF RT,etc.)	☐		(3) 航行灯/号型/号笛/莫尔斯信号灯 Nav lights/Signal lights/Shapes/Whistle/Aldis lamp	☐
	(2) 主机转速指示器、舵角指示器是否一致? M/E RPM and rudder angle indicator checked?	☐		(4) 甲板灯/缆绳 Deck light/Manrope	☐
	(3) 航行灯/号灯/号型 /号笛/莫尔斯信号灯 Nav lights/Lights/Shapes/Whistle/Aldis lamp	☐		(5) 系泊设备 Mooring Equipment	☐
	(4) 手动、自动和应急操舵装置 Manual/Auto/Emergency Steering Equipment	☐		(6) 消防总管压力 Pressure of Fire main pipe	☐
	(5) 核对车钟 Main engine telegraph check	☐	5	引航卡是否完成? Is the pilot card completed?	☐
5	货舱舱盖和下舱人孔是否有效封闭? Hatch cover and manhole sealed/closed?	☐	6	手操舵是否进行了足够时间的试验? Is the manual steer tested by enough time?	☐
6	水密门的水密窗是否能有效关闭? Watertight doors/windows checked?	☐	7	是否通知船员做好进港准备? Are all crew at station?	☐
7	甲板量油孔和量水孔是否塞紧和水密? Opening of sounding pipes capped?	☐	8	VHF频道是否设定? VHF Channel Set?	☐
8	机舱的机电及防污染设备是否良好? M/E, A/E, Power plant, IOPP equipments in good order?	☐	9	是否获得下列泊位资料? Following berth information available?	
9	防偷渡、防毒品检查是否正常? Stowaway and drug search conducted?	☐		(1)哪一舷靠泊? Which side?	☐
10	是否通知船员做好出港准备? Are all crew at station?	☐		(2)使用船舶舷梯还是岸梯? Accommodation ladder/shore ladder?	☐
11	货物绑扎得牢不牢? Are cargo well secured?	☐		(3)带缆艇/系缆 Mooring boat/Mooring lines	☐
值班驾驶员/轮机员签字/日期: Signature/Date			值班驾驶员/轮机员签字/日期: Signature/Date		
船长签字/日期: Master Signature/Date			船长签字/日期: Master Signature/Date		

注:本表由值班驾驶员/轮机员在开航前/抵港前逐项填写,经船长审核签字后收存。检查结果还应记入航海日志。

Remark: This form should be filled up by duty driver/engineer and kept by master. The check result should be filled into Deck Logbook.

任务二　系离泊作业安全规定

【任务分析】

系离泊作业（Berthing and Unberthing）是船舶一项常规但又非常复杂和危险的作业，作业过程中容易发生安全事故。为此，系离泊过程中驾驶台、船首、船尾要保持良好沟通，密切协作，监督码头带解缆工人、船艇和拖船作业，确保系离泊作业安全顺利进行。二、三副应熟悉系离泊作业流程，掌握作业过程中存在的安全隐患，保证系离泊作业安全。

【相关知识】

系离泊作业是船舶到达或离开港口的首要作业。系离泊时，通常三副在驾驶台协助船长完成车钟操作、指令传达、信息记录等工作，大副和二副带领相关人员分别在船首、尾负责系解缆作业。在船长的指挥下，大家按照职责分工，协调配合，确保船舶系离泊安全。

一、系离泊准备

（1）船舶在确知进、出港的时间后，应认真做好系离泊准备工作：

①有关人员应认真检查主机、副机（发电柴油机，下同）、舵机、锚机、绞缆机。

②驾驶和轮机值班人员要密切配合，按驾驶、轮机部门联系制度，做好对时、对车钟、对舵、冲车、试验汽笛、检查号灯号型和备车等工作。

③系泊所需的撇缆、引缆、制动索（链）、卸扣、碰垫、锚球等用品应提前备妥，系缆、拖缆均应置于随时可用之处。

④三副应会同大副、二副试验对讲机以保证联系畅通。

⑤离泊前，值班驾驶员在观察船舶开航水尺的同时，应检查船首、尾系缆情况，以保证能顺利解除。

（2）船长应确保船首、尾系解缆人员配备充足，将确定了的系离泊操作步骤和有关安全注意事项向大副、二副交代清楚。船长如需改变原定的系离泊的操作步骤，应尽可能及早通知大副、二副。船长应将和引航员共同商定的靠离泊计划及时通知大副、二副和机舱，以便提前做好系离泊的准备工作。

（3）船舶首、尾作业前建议先进行风险评估并制订操作计划，尤其进行非常规作业形式时。

二、系离泊操作要求

(1)系离泊操作时,全体操作人员必须戴安全帽、防护手套,穿防滑工作鞋。操作人员要提前到达现场,做好准备工作,要严肃认真、精神集中、严格执行操作命令,禁止无关人员进入现场。

(2)确保船首、尾与驾驶台联系的畅通,驾驶员应测试船舶广播系统(Public Addressor System),当使用对讲机进行联络时,下达命令或回复时应加上船名,以免与他船发生误解。

(3)撇缆(Heaving Line)的撇缆头结(Monkey Fist)应仅用绳子结成,里面不可加重物,或使用木质、硬橡胶、砂囊等非金属制作。投撇缆前应先观察好周围情况并向现场人员打招呼,以免撇缆头伤人。

(4)任何情况下,带解缆人员严禁跨于缆绳的正上方和站在缆绳拉伸的方向、弯曲的内侧。缆机应由经验丰富人员操作,避免过载。避免缆绳在甲板转向出现锐角的情形,避免缆绳和钢丝缆使用同一缆桩或导缆孔。

(5)缆绳松放出船外时,应缓慢送出,采取适当增加其与甲板摩擦力受力的方法,如用脚踩住缆绳等。当缆绳过重时,应先绕在缆桩上,使其缓慢松出。

(6)当缆绳受力时,所有现场人员应站在安全位置,尤其要避开回弹区(Snap-back Zone)。

(7)大副在船首指挥,木匠协助。应注意船速、有无障碍物及其与船舶的距离,并随时将上述情况通知驾驶台。

(8)二副在船尾指挥,水手长协助。应注意有无障碍物、障碍物与船舶的距离、船尾是否清爽等,并随时将上述情况通知驾驶台。

(9)三副在驾驶台按船长或引航员命令操纵车钟、汽笛、记录船舶动态,传达船长的车、舵令并监视有关仪器、仪表的工作情况及有关数据,监视操舵装置的工作情况及水手操舵情况。

(10)系解缆作业的操作手要正确执行命令,平稳操车,同时注意缆绳的松紧程度和机械运转情况,随时调整车速。如有意外和听到现场任何人发出停车信号都应立即停车。当船贴近码头时,船首、尾应注意配合,不要盲目快绞,以使船舶在最后靠泊阶段平行贴近码头。

(11)缆绳上桩前须用制缆索,将缆绳临时定位,然后才能挽桩。缆绳挽桩前应先慢车松至制缆索吃力后,再从绞缆滚筒上松下迅速挽桩,切不可贸然开快车或从滚筒上解除,以防制缆索突然受力崩断伤人。当使用制缆绳(Stopper)时需注意:

①天然纤维缆绳应使用天然纤维材质的制缆绳。

②人造纤维缆绳应使用人造纤维材质的制缆绳。

③钢丝缆绳应用铁链作为制缆绳。

缆绳挽桩时应先慢车松至制缆绳受力后再从绞缆筒上松下并迅速挽桩,切不可贸然开快车或突然从滚筒上解除,防止制缆索突然受力崩断伤人。

(12)船舶靠妥后,缆绳必须上桩(自动缆除外)。若系于双系桩上,需挽"8"字形花,钢丝缆挽绕不得少于5道。最后还应在"8"字形交会处最上面三根钢丝上打一活结缚住。纤维缆挽绕不少于4道,并不得与钢丝缆同系在一个缆桩上。挽缆时缆绳不得压叠,以防弹出伤人,上桩操作最好由两人协同进行。

(13)任何情况下均不允许以绞缆机、锚机的滚筒当作缆桩使用;不允许以双缆桩的单桩进行挽缆。收缆时注意缆绳尾端将要通过导缆孔、导缆钳(如有时)时应放慢绞缆速度,防止缆绳受阻而甩动伤人。

(14)夜间在不影响驾驶台操作的情况下,必须有足够的照明,以防止人员被绊倒、跌入锚链孔等。在雪、雨天进行系解缆作业时,由于视线不好、视野窄,要注意相互照应,密切配合,并采取防滑措施。

(15)当有拖船协助靠离泊时,应按要求将拖船系固挽牢,如果使用船舶缆绳作为拖缆,要保证缆绳质量可靠,并随时注意拖缆的受力情况,防止拖缆破断后弹跳伤人。拖缆系带作业时,应尽量选择系带在绞缆机能操作的位置;禁止用细撇缆绳拖缆,应选用强度足够的引缆牵引拖缆;在无绞缆机位置进行人力系带时,须特别注意安全,增加拉缆人手,防止人员滑跌和被缆绳拉伤。

(16)根据船舶的吨位、装载情况、风流等因素决定系缆的根数。系泊缆绳应有足够的安全强度,并应有一定数量的备用缆绳。在风大、流急的情况下,应停止使用自动张力绞缆机的自动张力装置。在台风季节,凡有可能受到台风威胁的船舶,应酌情加带系缆。如有必要,应申请离泊抗台或避台。

三、系离泊作业善后

(1)系离泊作业完成后,应清理现场,将工具收回放妥。

(2)靠妥泊位后,在缆绳和导缆孔接触处应垫衬帆布或麻袋,以防磨损缆绳,并在每根系缆上装妥防鼠挡。

(3)离泊后,锚机刹车要刹紧,合上制链器并盖好防浪盖。

(4)离泊绞回缆绳时,应经缆绳在缆车上依次盘好,不要出现挤压的情况。

(5)如需长时间在海上航行,应将缆绳收藏到库房里保存,或用帆布罩盖并绑扎牢固。

(6)经船长确认同意后方可离开现场。

【拓展知识】

缆绳断裂回弹区(Snap-back Zone)

缆绳断裂回弹区即缆绳在受力状态下突然断裂,其末端反弹扫过的甲板区域。当缆绳受力时会被拉伸,里面积蓄了大量的能量。如果缆绳突然断裂,这些能量会被快速施放,缆绳的末端会以惊人的力量扫过回弹区域。因此,作业人员站在缆绳断裂回弹区是极其危险的。船员在进行系离泊作业时,应时刻保持机警,有安全意识。当缆绳受力时,应走到安全区域,尤其在船舶移动时。举行系离泊作业前的安全会议时,负责的驾驶员除了讲解作业计划外,还应强调船员作业时应离开本船的缆绳及拖缆的断裂回弹区。船舶首、尾甲板应以与甲板颜色不同的醒目的颜色标记缆绳断裂回弹区(如图3-2-1所示)。

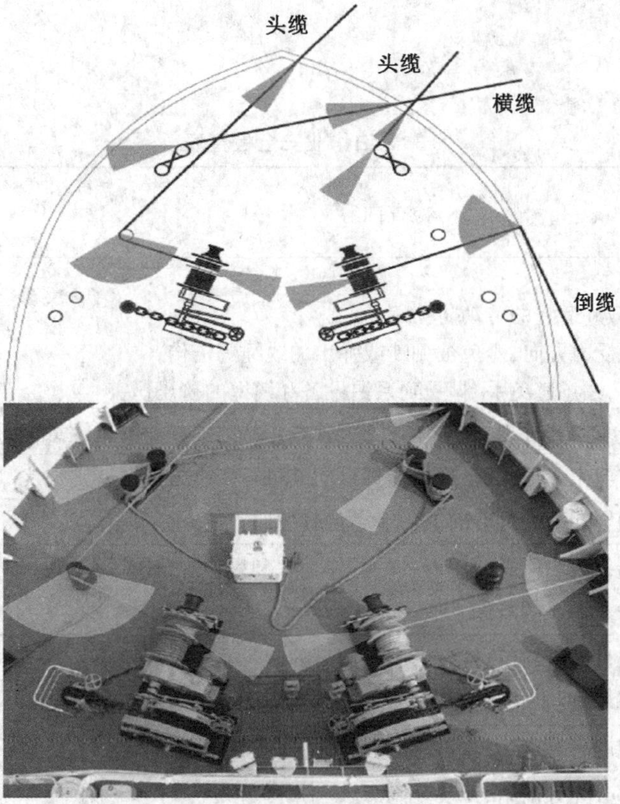

图 3-2-1　缆绳断裂回弹区

【相关表格】

靠离泊作业安全检查表

序号	检查内容	检查结果		备注
		是	否	
安全作业要点： • 参加作业人员已穿戴好适宜的劳动防护用品； • 合理站位,注意缆绳受力方向,避免被绷断或弹出的缆绳等击伤； • 听从大副、二副指挥,注意避免手、脚受到系泊设备和缆绳的挤压伤害				
1	已对作业进行严密组织和分工,并对作业人员强调了靠离泊作业安全注意事项			
2	如有上船不久的实习生参加作业,现场指挥已向其进行安全方面的特别交代			
3	作业人员对作业内容和个人在靠离泊作业中的具体职责已充分领会			
4	作业人员熟悉本船靠离泊所需使用设备的操作程序和操作规定			
5	作业人员无影响安全作业的身体不适			
6	作业人员精神状况良好,没有过度疲劳和饮酒后症状			
7	作业人员已戴安全帽、皮手套,穿连体工作服、防滑工作鞋等劳动防护用品			
8	绞缆机工作正常,其操作控制装置可靠、无故障			
9	导向滚轮的转动部分充分活络,无安全隐患			
10	缆绳、撇缆、制动索等有足够强度,安全可靠,放开的缆绳无扭结和绳圈			
11	作业现场整洁,无妨碍作业的杂物,无容易导致滑跌、磕碰的危险			
12	作业现场劳动安全标志以及危险区域警示标识清晰			
13	夜间作业现场照明良好			
14	已考虑海况、气象等对安全作业的影响,并已采取了必要的安全措施			
15	作业人员站位合理,没有人站立在受力缆绳的弯曲内侧或太靠近受力缆绳			
16	作业人员持握缆绳动作正确,手、脚距绞缆机滚筒、缆桩、导缆孔等距离适当			
17	对以前靠离泊作业中出现过的危险或隐患已分析,并已采取适当的防范措施			
18	对可能发生的工伤有相应的医疗/急救准备			
19	对可能发生的劳动安全事故有相应的应急计划/措施			

注：1. 本检查表由水手长或大副、二副在作业前负责检查填写。

2. 本检查表为提示性检查表,用以提示在作业前应进行哪些检查,具体检查项目由负责检查的人员根据实际情况确定;部分不方便每次作业前都检查的项目,可采取作业中观察或定期检查的形式。

3. 如检查结果为“否”,表明存在劳动安全风险,应采取消除风险的措施。

4. 对本表所列安全作业要点,应在作业过程中经常检查是否已遵照执行。

检查人：________________ 检查时间：________

【相关案例】

案例一 木匠错误使用缆车导致身亡

1. 案例描述

2012 年 10 月，某散货船在准备靠泊带拖船的过程中，木匠被引缆（Messenger Line）击中，颈骨骨折导致死亡。

拖船准备带在船尾正后方，船舶引缆与拖船的钢丝拖缆连接好后，木匠将引缆拉过船尾中部的缆桩，与甲板成对角线方向通过甲板右侧缆机前方的导向滚轮（Pedestal Fairlead）外侧引向的缆机滚筒（Warping Drum）上。木匠将引缆从滚筒下方拉过来缠绕在滚筒上，缠到滚筒上 8~10 圈。

由于缆绳绞进方向与滚筒不垂直，导致滚筒上缠绕的引缆向滚筒外侧堆积。松弛的缆绳与吃力的缆绳缠绕在一起，继续绞时，引缆多次从滚筒上滑下来，拖缆又掉回到拖船甲板。船员建议木匠把引缆从滚筒上都移下来重新绞进。木匠坚持自己的做法，并说服他们帮忙一起把滑下来的引缆又推上滚筒。二副操纵缆机，既没有制止木匠的做法，也没有给出正确做法的建议。当二副慢慢绞进引缆时，突然，他听到尖叫声，立刻停止缆机跑到对面查看。他看到木匠倒在地上，引缆松散地套在他的脖子上。

2. 案例分析

二副缺乏必要的领导技能，缺乏用缆车带钢丝拖缆的知识和经验。二副的专项职责之一是靠、离、移泊时在船尾指挥，该船靠泊过程中导致木匠死亡，二副难辞其咎。具体表现在以下几个方面：

①木匠选择的使引缆从船尾中部导缆孔到缆车滚筒路径不恰当（如图 3-2-2 所示），二副没有制止。导向滚轮的设计是用于改变船上缆绳的方向的，如果用于引缆，要注意引缆正确的方向和适当的角度。当引缆从导向滚轮的内侧引向外侧上滚筒时，引缆与滚筒轴线不垂直，这样直接导致当滚筒绞进引缆时，引缆向滚筒外侧堆积。此船船尾带钢丝拖缆的推荐做法如图 3-2-3 所示。

②木匠将引缆盘在滚筒上 10 圈，使用类似于缆车绞进缆绳一样绞进引缆是不正确的做法，但二副没有制止。使用滚筒绞进引缆应采用推荐的安全做法。一般引缆在滚筒上缠绕 3~4 圈即可提供足够的摩擦力，然后，一手持引缆的尾端，随着缆车的绞进，将引缆顺盘在甲板上。

③当引缆从滚筒上滑落数次后，二副没有制止木匠，仍按照木匠的意愿操作。

④当木匠说服其他水手帮忙将引缆由推回到滚筒上继续绞时，二副没有制止。

由此可以看出，由于二副缺乏足够的使用缆机带拖缆的知识和经验，即使当他发现带缆操作出现问题时，也缺乏自信，并未去制止他的队员的错误操作。

3. 经验教训

①为了避免类似的事故再次放生，船舶管理者应公正和正确地评估船舶团队的操作。找出事故发生的根本原因，更重要的是，以此端正船员的工作态度并改善他们日后的工作表现。

图 3-2-2　事故发生时木匠布置的引缆走向图

图 3-2-3　船尾带钢丝拖缆的推荐做法

②提供船员培训项目，培训船员良好的船艺，确保有必要的技能，可以完成危险的作业，如：缆绳操作技能；锚泊作业技能；货物作业技能等。

③提高管理级和支持级船员的领导力能力及团队合作的技能。

④鼓励船员养成良好的作业习惯，在进行任何危险作业前应制订计划及执行有效的风险评估。

案例二　靠泊过程中二副被断裂缆绳击中身亡

1. 案例描述

2017 年 11 月 3 日 0130 时，Hyundal 公司所属马绍尔群岛籍集装箱船 Hyundai Courage 轮在靠泊蛇口集装箱码头 5 号泊位时，船上二副在艉甲板进行靠泊作业时，被断裂的艉倒缆击中头部后身亡。

根据船舶 VDR、航海日志、轮机日志、车钟记录及当事人讯问笔录，事故经过如下：

2017 年 11 月 1 日 0730 时（当地时间，下同），Hyundai Courage 轮装载 3 890TEU、载货 52 604. 5MT 驶离宁波港，驶往深圳。抵达蛇口港时，艏吃水 12. 0 m，艉吃水 11. 9 m。

11 月 3 日 0042 时，蛇口港引航员登船。引航员与船长交流靠泊计划。计划左舷顶流靠泊，前后均先带倒缆，前后各一条拖船协助靠泊。

0100 时，“蛇港拖 8”在 Hyundai Courage 轮右舷船尾带妥。

0103 时，“蛇港拖 2”在 Hyundai Courage 轮右舷船首带妥。引航员通过 VHF（甚高频）13 频道与船首、尾两艘协助靠泊的拖船联系。

0112 时，停车减速。

0120 时，微速退，以降低速度。

0121 时，停车。

0122 时，微速进，调整驾驶台位置。

0122 时，船舶第一根缆绳上岸。大副、水手长、2 名一水和 1 名二水在船首带缆，二副、2 名一水和 2 名加油在船尾甲板带缆。艏倒缆和艉倒缆同时抛出。事发时，船上一共完成了 4 条缆绳的操作，2 条艏倒缆、2 条艉倒缆。

0123 时，停车。

0124 时，微速退以降低船舶前进速度。微速退持续十几秒后停车。

0125 时，根据船长命令，收紧艏倒缆，放松艉倒缆，以便将船位向后调整 4 m，以对齐驾驶台位置。其间，船长通过对讲机，用英语先后下达“We want to go backward 4 meters; fore spring tight, poop spring slack; C/O keep tight fore spring, 2/O slack spring; 2/O hold your position, spring tight.”的命令，每个命令间隔 10～30 s 不等。在此过程中，前后两拖船均采用中速顶住船舶。

0130 时，船位基本调整到位，在此之前，船首大副根据船长命令保持两根艏倒缆收紧状态，并要求船尾的二副 hold your position, spring tight。随后，接到船尾水手报告，一条艉倒缆断裂后击中二副头部。船长安排三副和轮机长到艉楼甲板查看。

0132 时，三副和轮机长报告，二副死亡，尸体位于船舶左舷绞缆机控制台旁边。

0143 时，引航员向深圳交通管理部门报告。

0206 时，所有缆绳带妥。

0249 时，引航员离船。

2. 案例分析

(1) 二副新履职，对船尾带缆作业缺乏经验

二副，韩国籍，1992 年 7 月出生，持有韩国签发的驾驶员证书。2017 年 8 月 24 日开始在 Hyundai Courage 轮上任三副，9 月 1 日取得二副证书，并持有 STCW 公约所要求相关证书。同年 10 月 11 日开始任职二副职务，直至事发时。公司提供的“Crew Shipboard Familiarization (2/O)”显示二副于 2017 年 10 月 10 日完成新任二副岗位熟悉检查表，在熟悉检查表最后一部分手工填写“mooring equipment; to be avoid the snap zone of mooring rope during mooring & unmooring operation including tug line”。事发时其正式任职二副仅 24 天，诸多工作尚在熟悉中。虽然熟悉检查表记录表明二副参加了熟悉培训，但新提任的二副有关船上带缆操作，尤其作为高级船员作为现场指挥参与船尾带缆作业的培训尤显不足。可从以下几点看出二副指挥不当：

①现场带缆操作人员安排不妥。

在靠泊带缆操作这一关键性操作中，二副作为船尾带缆操作指挥人员，原本不应直接参与

某一具体操作，以便对全局有全面掌握。事实上，二副直接参与了船舶带缆操作，其自身不仅操作绞缆机远程操控台还要背身查看缆绳受力情况，以至于二副未能全面掌握艉甲板所有人员及带缆活动的情况，违背了船上安全操作规程 MSC P26. 3. 16 相关要求。

②绞缆操作不当，造成缆绳受力不均。

现场勘查发现，收紧两条艉倒缆的 3 号绞缆机，其两个滚筒上缆绳一个绞缠均匀，另一个绞缠不均匀（如图 3-2-4 所示）。在绞缆机同时收紧两条艉倒缆时，绞缠不均匀将会导致两根缆绳受力不均。受力不均将致使老旧、维护保养不当的缆绳受到的绞缆机作用的张力大于它的破断拉力，从而引发老旧缆绳断裂。此外，两条艉倒缆因导缆孔位置不同，所伸出舷外距离势必不同，为避免受力不均，绞紧时应分别操作，应避免同时绞紧，以防受力不均。

图 3-2-4　缆车上的缆绳

③二副缺乏安全意识，站在反弹区内。

缆绳断裂会产生巨大的反弹力，站在断裂缆绳的反弹区域内的船员在被巨大动能的缆绳扫到后，轻则摔倒骨折、重则死亡。事发时二副所站立的位置，正好位于断裂缆绳的反弹区域内。

（2）事故艉倒缆破旧且使用年限较长

破断缆绳的破断强度小于当时所承受船舶惯性力相比较船上其他缆绳，断裂的缆绳装配时间最早、使用时间最长，且为破断强度最小的一根缆绳（104T）。事故缆绳破损程度较另一艉倒缆程度较高，在受力不均情况下，事故缆绳无法承受当时船舶惯性力以致断裂。

缆绳从设计、制造、检验到最终使用以及日常保养，涉及多个环节。事发后虽然已无法判断该缆绳断裂是否本身存在质量问题，但通过现场勘查残余缆绳发现，断裂的缆绳呈现破旧、老化的状态（如图 3-2-5 和图 3-2-6 所示），并比对该船状况良好的缆绳（如图 3-2-7 所示）。通过检查该船缆绳保养记录发现，事发船舶一共配备了 14 根缆绳。维护保养记录显示，水手长根据大副指令，每间隔 6 个月左右对船上缆绳进行检查。水手长检查时将缆绳逐一摆放检查，主要查看缆绳刮痕和破损部位。根据检查情况，会对缆绳进行掉头或申请换新。缆绳一般使用超过 5 年需换新，使用 2. 5 年进行掉头。但是，水手长进行缆绳检测时，仅从外观对缆绳刮痕及老化程度进行判断，对于缆绳内部尤其是琵琶头接头部位，因外层附包裹材料，其内部破损或老化程度难以检查，而事故缆绳破断部位恰为琵琶头插接部位。

图 3-2-5 断裂的缆绳 1

图 3-2-6 断裂的缆绳 2

图 3-2-7 新旧缆绳对比

(3)船尾带缆甲板未清晰标识“Snap-back Zone”等危险区域(如图 3-2-8 所示)

船方认为整个带缆甲板均属危险区域,为避免工作人员对非标识区域的误解故未对带缆甲板的危险区域予以标识。为特别提醒工作人员处于反弹区的危害性,应对带缆甲板的反弹区予以明确标识。事实上,事发所在位置,没有明显的危险区域的标识(如图 3-2-9 所示)。

(4)带缆操作过程中船长与船首、尾操作人员未能保持有效沟通

事发时,船舶已与泊位调整到位,但船舶仍有轻微后退趋势,船长指令船首收紧艏倒缆,同时收紧艉倒缆,艉倒缆必将承受船舶后退惯性力和艏倒缆向后拉力。正是因驾驶台船长与船首大副、船尾二副沟通不到位,导致船首、尾收绞缆绳不同步,艉倒缆承受过大强度,诱发缆绳破断。

图 3-2-8 缆绳反弹区

图 3-2-9 船尾甲板

3. 经验教训

(1)加强对新提任人员的熟悉培训

为尽量避免或减少因经验不足、操作不当导致的意外事故，提高船员防范风险的意识，重点对新到岗、新任职船员或经验不足的实习生进行指导和培训，尤其带缆操作时船员必须清楚自己所站位置以及周围的情况，无关人员应尽量避免进入危险区域。

(2)加强缆绳的检查保养

缆绳有老化、断股等情况，及时换新。该公司调整了缆绳养护操作规程：用作倒缆的缆绳，换新期限设定为最长 5 年（事故前公司的规定是 5 年换新，但最多可用至 7 年）。

(3)开展风险评估

船舶靠泊期间操作前，开展风险评估，识别风险因素并采取防范风险的措施，至少包括：如何调整船舶靠泊速度和位置；缆绳布置和反弹区位置等。

(4)加强驾驶台资源管理

带缆操作期间，驾驶台应与船首、尾人员加强信息沟通，确保船舶靠离泊期间船首、尾的操作协调。

任务三 驾驶台规则

【任务分析】

驾驶台是船舶的指挥中心。因此,对驾驶台进行有效管理,维持驾驶台秩序,对船舶安全尤其重要。本任务介绍船舶驾驶台管理方面的工作。

【相关知识】

一、驾驶台范围

驾驶台是船舶航行的指挥中心,属保安限制区域,其范围包括操舵室、海图室、GMDSS 设备室、两翼甲板和标准罗经甲板等处所。航行中,除当值人员外,其他人员非工作需要不得进入驾驶台。

二、驾驶台管理

①驾驶台必须保持内外整洁。航行中,每天 0400—0800 班的值班水手负责驾驶台内外清洁。到港时,应彻底清洁;离港前 1 h,值班驾驶员应通知值班水手进行全面的清洁和整理。

②航行中,驾驶台的门窗任何时候不可全部关闭,尤其在能见度不良时,瞭望人员应在两翼甲板值守。夜间航行时,严禁有碍正常航行和瞭望的灯光外露。锚泊中,值班人员应根据船长指示,保持 VHF 无线电话 24 h 值守。

③驾驶台各种仪器、仪表、设备、航海图书资料、来往报文等,无关人员不得擅动。未经船长许可,不得销毁或更改航海图书资料或将资料携带出驾驶台。

④操舵装置和标准罗经附近,不可放置铁质或磁性物件。必要的航行用具和物品,应在规定地点放置整齐。

⑤驾驶台无人值守时,二副应将可携带的贵重仪器和重要物品收藏于柜内并加锁,驾驶台所有门窗均应闭锁。未经船长批准,驾驶台不准外人参观;倘有外人参观、检修、检查时,应派有关人员专门陪同。

⑥值班驾驶员有责任维持驾驶台秩序,保持驾驶台的整洁,严格执行驾驶台规则。

⑦驾驶台当值人员必须严肃认真,集中精力工作:不做与值班无关的事;不得嬉笑闲谈、大声喧哗或收听广播、玩手机等,以免妨碍指挥操作;除船长和引航员外,任何人不得坐着值班,也不得在驾驶台用餐和睡觉。

三、驾驶台常规命令

航行期间,以下驾驶台常规命令中对值班驾驶员的要求,应视为驾驶台规则的一部分:

①经常检查和确认号灯、号型以及其他航行设备、操舵装置、标准罗经和陀螺罗经、GMDSS设备、AIS设备等的工作状况和误差情况。

②始终遵守海上避碰规则、港口规章及特殊水域的特别规定,严格执行船长的常规命令和特殊指示,确保船舶航行安全。

③保证对在值班期间获悉的所有与船舶航行安全有关的每一条信息进行处置。

【相关案例】二副没有遵守驾驶台值班规则导致船舶搁浅

1. 案例描述

2006年1月4日,某集装箱船在从圣彼得堡到鹿特丹的途中搁浅。1月3日2345时,二副到驾驶台与三副进行简单的交接后接班。天气状况良好。1月4日0030时,二副让值班水手回房间休息,一人值班。大约0045时,二副用手机发送信息聊天,并时而检查船位。当他查看电子海图时,发现还要等一段时间才到下一转向点时,就又用手机开始聊天,并且十分专注。0115时,错过转向点。0147时,船舶搁浅。

2. 案例分析

①二副没有保持安全的瞭望,使用手机发送信息超过40 min。

②晚上只有二副一人值班,不符合公司管理规定及相关公约的要求。

③电子海图没有正确设置警报,如到达转向点报警等。

3. 经验教训

①船公司应当制定船员正确使用手机及其他个人电子设备的方案,如在驾驶台不得使用手机做与工作无关的事宜等。

②培训船员正确使用电子海图,确保掌握电子海图的相关功能并正确使用。

③强化驾驶台的管理,使船员严格执行避碰规则,保持正规瞭望,不做与值班无关的事。

任务四 船长夜航命令簿规则

【任务分析】

船上设置船长夜航命令簿是船长对驾驶员进行指导,保证船舶夜航安全的重要手段。驾驶员应理解船长夜航命令簿的重要性,认真执行和遵守。

【相关知识】

为了保证船舶夜间航行以及锚泊期间的安全,正确地执行航次计划,应设置船长夜航命令簿(目前有部分船公司设置船长命令簿,其作用与船长夜航命令簿相似)。使用中的夜航命令簿放在驾驶台,由二副保管。用完后的船长夜航命令簿由船长或二副负责保存,保存期为1年。

1. 命令的发布

①在夜间航行、锚泊或其他必要时,船长应在就寝前将有关航行、锚泊要求及注意事项详细而明确地写入船长夜航命令簿中,并放在海图室内规定的地点。

②当发现船长夜航命令簿上有写错的字或内容时,应按航海日志要求改正,内容不得随意涂改。

③临时增改命令内容时,船长应通知值班驾驶员,并在更改处签字。

2. 命令的执行

①值班驾驶员接班时必须阅读并充分理解船长夜航命令簿内各项指示,阅读后用钢笔签字,并严格执行。

②值班驾驶员如对船长夜航命令有疑问时,应立即请示船长。

③值班驾驶员在执行船长夜航命令簿内指示时,如遇情况变化,执行有困难,应及时报告船长,以便船长修改命令。

④船长应经常检查驾驶员对夜航命令簿的执行情况,如有不当之处,应及时提出并纠正。

任务五　车钟记录簿的记载与管理规则

【任务分析】

车钟记录簿的记载是驾驶员和轮机员的重要工作之一，必须要熟悉其记录的要求和方法，严格执行。

【相关知识】

车钟记录簿是船舶的重要法定文件之一，发生海事时，可供海事调查之用。

1. 车钟记录簿记载的基本要求

①车钟记载符号应按记录簿首页规定的符号记录（见表 3-5-1）。

表 3-5-1　车钟记载符号

符号	符号内容	符号	符号内容	符号	符号内容
⊙	校对时钟、车钟		微速前进		微速后退
⊗	备车		慢速前进		慢速后退
×	停车		半速前进		半速后退
○	完车		快速前进		快速后退
	定速				

②每次备车前，驾驶台与机舱应准确对时，航行中，驾驶台应在正午时刻与机舱对时，以避免驾驶台与机舱车钟记录簿所记载的时间存在差异。

③记录车钟的时间，驾驶台以摇车钟令的时间为准，机舱以回车钟令的时间为准。时间应以船钟显示的时间为准，用时和分来表示，精确到 1/4 min。

④在使用车钟记录簿时，不能留有空格，更不能随意涂改。若填写错误，应用笔清晰划掉，并重新更正后签名。每次车钟使用完毕后，值班驾驶员和值班轮机员应及时在各自的车钟记录簿上签名。

⑤凡有车钟自动记录设备的船舶，在使用该设备时，应对时间进行校准，以保持与船时一致，并认真检查自动记录设备工作是否正常。在驾驶台操纵主机时，有车钟自动记录设备的船舶，允许车钟记录簿上只记录对钟（包括对时钟和车钟）、备车（包括冲车和试车）以及完车或定速航行的时间，不必记录每一车钟令。车钟记录纸每卷用完后应进行整理，并妥善保存。

2. 车钟记录簿的管理要求

①每艘船舶应配备 2 本车钟记录簿，驾驶台和机舱各 1 本，同时启用和使用。

②启用新的车钟记录簿之前，应认真检查记录簿的页数，如有空白、缺页等，则不能使用。

③车钟记录簿启用前应在封面填上船名、部门，并盖上船章。

④车钟记录簿用完后，由船长、轮机长负责保存，保存期为2年，如涉及海事，需保存至海事处理完毕。

任务六　航海日志的记载与管理规则

【任务分析】

航海日志是船上的法定文件，是判定和处理海事的重要依据。因此，要保证其记录内容及时、准确、完整和真实，既是船员适任能力的体现，也是船员的职责。本任务介绍航海日志的记载与管理工作。

【相关知识】

航海日志是船舶重要的法定文件之一。航海日志既是船舶运行全过程的原始记录，又是分析、总结航海经验和判断处理海事的重要依据。船长和驾驶员必须严格、认真地做好航海日志的记载与管理工作。

1. 航海日志记载的基本要求

①航海日志的记载必须真实，不得弄虚作假、隐瞒重要事实，不得故意涂改内容。

②航海日志的记载，应当明确反映出船舶航行、停泊、作业或修理的基本情况。

③船舶主要资料经船长审查后，由大副或二副负责填入航海日志簿首。

④值班驾驶员应使用不褪色的蓝色或黑色墨水，用中文（地名、人名、船名等可写原文）和规定的航海名词缩写代号或符号记载，字体要端正，字迹要清晰，词句要准确、简练，不得随意删改或涂抹。如果记错或漏写，应将错误字句用红墨水笔画横线删去，被删字句仍应清楚可见，改、补字句写在错漏字句的上面，改正人在其后加括号并在括号内签字。

⑤航海日志的左、右页应依时间顺序进行记录，不得间断，每日终了，左、右页应同时换新页后继续记录。

2. 航海日志左页和右页的记载

(1)航海日志左页的记载

航海日志左页记载的内容包括：航行记录、气象和海况记录、舱水测量记录、中午测量四个部分。

①航行记录

除每班记录一次外，当航向、风流压差值、罗经改正量有变动时，也应记录。如航向、航速变动频繁时，可写“船长（或引航员）领航，航向、船速不定”。

②气象和海况记录

正常情况下，航行及锚泊中每 4 h 记录一次。如遇恶劣天气或天气突变，应增加观测和记录次数。

③舱水测量记录

航行或锚泊时,正常情况下每日记录两次(0800 时、1600 时),必要时可增加测量次数。木匠负责测量。大副负责记录。

④中午测量

航行中,每天中午由二副负责记载前一天中午至当天中午的统计。实际航程是指根据实测所得的航迹线上的实际里程。轮机长应提供主机的平均转速,燃料的消耗与存量。

(2)航海日志右页记事栏的记载内容

①无论航行、停泊或修理,凡有关船舶的动态、现象及动作,值班驾驶员均应按时间顺序在航海日志右页记事栏内逐行详细记载,交班时应紧接本班记载之后签字以示负责。

②航海日志记事栏内具体记载内容包括:

A. 抵离港前的准备情况,如对影响航行安全的主要航行设备的核对或检查时间与结果;船舶备车情况;船舶抵离港时的船舶首、尾吃水等。

B. 靠离码头(浮筒)泊位时的船舶操纵措施,如引航员姓名及其上下船时间及地点;拖船船名及靠上和解拖时间及动态;系上第一根缆和靠妥时间;开始解缆和解掉最后一根缆的时间;抛锚及锚抛妥或开始绞锚及锚离底的时间;泊位名称;锚位以及水深;抛左锚还是右锚以及出链长度;备车、完车和定速时间及船位等。

C. 航行中与航行安全及船舶定位有关的情况,如船位,包括观察与推算时间、定位手段、位移差等,测天、卫星定位和交接班船位用精确到分以下小数点后保留一位的纬度和经度记载,陆测、测深、雷达和无线电助航仪器等船位,应记录其观测数据,若出现位移差时,应记录其数据以及采取的措施;经过重要物标的时间、方位和距离;经过重要航标的时间、正横距离;进出通航分道、船位报告点、交通管制区的时间;改变航向的时间、船位和计程仪读数;开始或停止使用风流压差的时间;气象和海况发生突变的时间以及按章所采取的安全措施;舵工作情况检查及结果;货舱的检查结果和已采取的保管货物措施;船舶安全巡回检查的情况;日出、日没、开关航行灯、升降国旗及各种信号的时间;发生海事的时间、船位、经过情况;自救或救助他船的经过、措施及效果等。

D. 停泊时与停泊安全及装卸作业有关的情况,如货物装卸的开工、停工、复工、完工时间;开工舱口数、工班数及变化情况;停工原因及停工舱室;各舱货物装卸情况;他船靠离本船时间、来由;燃油、淡水、物料补给时间及数量;压载水的排注时间、舱别及数量;货舱检验及通过时间;升降国旗时间以及显示号灯、号型时间;船舶首、尾吃水;船舶系泊安全巡查时间及情况等。

(3)航海日志右页重大事项记录栏的记载

航海日志右页重大事项记录栏,记载船上非经常性及较重大事件以及国际公约要求航海日志记载的内容。重大事项记录栏由船长、大副填写,航海日志记载中严重错漏的更正应由船长亲自填写。

下列情况应填写航海日志重大事项记录栏:船舶交接与试航的情况;发生海事、人员伤亡事故、船员严重失职和违纪现象;自然人的出生与死亡;海难救助与共同海损措施;船舶遭遇司法扣押或被主管机关滞留的基本情况;对救生、消防器材检查的时间和情况;应急演习的时间、地点及详细情况;到离港时的货物、燃料、淡水、压载的总数(如有旅客,包括旅客人数),以及到离港时的船舶六面吃水、初稳性高度值;船长和大副职务交接情况概述及交接手续办理完毕的时间；航海日志记载中有严重错漏的更正等。

3. 航海日志的管理

①中国籍国际航行船舶和500总吨以上的沿海船舶必须使用我国国家海事局监制的航海日志，由国家海事局统一编号，船舶每次可申请签发4册。空白航海日志需经国家海事局授权机构签发（盖章）后才可投入使用。

②航海日志每册为100页，启用前大副应对其进行认真检查，保证漆封完好，没有漏页、重页和装订错误。启用新本航海日志时，应与轮机日志核对页数，并保持一致。

③船舶驾驶员负责按规定记载航海日志。大副应每天查阅航海日志记录是否符合要求，并应逐日签署。船长对航海日志的记载全面负责，应经常检查、指导航海日志的记载，并应及时逐页签署。

④大副负责用完的航海日志的保管。航海日志用完后留船保存2年，然后送公司保存。

⑤船舶发生海事时，船长必须将航海日志及有关海图妥善保存，弃船时要将航海日志带下船，以供海事调查之用。

【拓展知识】

航海日志是重要的法定文件，也是执法人员重点检查的文件，那么检查航海日志时，他们都在关注些什么呢？执法人员的关注点一般如下：

①是否按首页规则记载，书写字迹、符号是否端正。

②记载是否规范、整洁、认真，是否有错记、漏记，是否按规定整改。

③船位记录是否正确反映了海图上的轨迹。

④是否反映了主要航线和值班活动情况。

⑤大副、船长是否按规定审核并签名，每班驾驶员是否签名。

⑥救生、消防演习是否用红笔记录清楚。

⑦船舶在锚泊时，对锚地的潮汐、流向、水深、底质、周围情况及当地气象是否记入航海日志。

⑧每次开航前1 h，航海日志是否计入了核对船钟、车钟、试舵等情况，每天中午驾驶台和机舱校对时钟并互换正午报告是否记入航海日志。

【相关案例】船员未如实记载航海日志遭罚款

1. 案例描述

2016年11月，宁波海事执法人员对靠泊在××码头的A轮进行安全监督检查时发现，该轮于2016年11月6日计划从某泉州港空载开往宁波，但该轮于2016年11月7日航行至福州港外锚地装载黄沙，此次装载黄沙作业情况未如实记载在该轮的航海日志上，同时查明船长×××在上述作业时段为驾驶室的值班人员。

该行为违反了《中华人民共和国船员条例》第二十条第三款的规定。依据《中华人民共和国船员条例》的相关规定，给予责任船员×××罚款人民币1 500元的行政处罚。

2. 案例分析

《中华人民共和国船员条例》第十六条第三款明确指出，船员在船工作期间，应“如实填写有关船舶法定文书，不得隐匿、篡改或者销毁有关船舶法定证书、文书”。

GB 18093—2000 也规定了航海日志记载的基本要求、保管要求、制作、登记和签发、格式、页面设计、记载内容、常用船位及其缩写代号、记录符号、云状、常用船位及其对应符号以及印刷要求。

3. 经验教训

①船公司应当培训船员如何正确记录并管理航海日志。

②强调依法正确记录船舶法定文件的重要性。

【练一练】

20____年____月____日　星期______

航行记录													气象海况记录													值班	
时间		罗经航向					真航向	风流压差	计划航迹向	计程仪读数	实测时速	推进器转速	观测时间	天气现象	能见度	气压	气温		海水温度	风		云		波浪		驾驶员	水手
		陀螺		磁罗经																							
时	分	航向	改正量	航向	磁差	自差											干	湿		向	级	状	量	向	级		
													0400														
													0800														
													1200														
													1600														
													2000														
													2400														

舱水测量记录																			
		饮水柜和压载水舱												污水沟					
上午8时	左																		
	中																		
	右																		
下午4时	左																		
	中																		
	右																		

中午测算						
船位					两港间统计	
		纬度		经度	昼夜航程	
实测					昼夜平均航速	
推算					航行时间	
油水存量		消耗量	添加量	现存量	实际航程/计程仪	/
	重油				距下港航程	
	轻油				日出时间	
	淡水				日没时间	

（续表）

第____航次　自________　迄________　停泊港名____________

记　事　栏	重大事项记录

大副________　船长________

任务七　自动舵的使用规定

【任务分析】

自动舵从出现到普遍应用经过了一个漫长的过程。现在船用自动舵系统已经非常成熟，可靠性也很高，但是自动舵还是不能完全替代手操舵，这也是将来发展无人船必须要解决的一个主要问题。本节主要熟悉使用自动舵的权限及有关规定。

【相关知识】

1. 自动舵使用时机

(1)自动舵的使用由船长根据船舶所处的通航环境和情况等视情决定，必须确保航行安全。值班驾驶员和水手未经船长同意，不得擅自使用自动舵。

(2)在下列情况下，不论昼夜均不得使用自动舵：

①能见度不良时。

②进出港口，航经狭水道、分道通航区、冰区和船舶密集水域时。

③船舶处在避让状态、改变航向或他船追越距本船较近时。

④其他不宜使用自动舵时。

2. 自动舵使用规定

①自动舵使用中，船长或值班驾驶员根据需要可以随时下令终止使用，改用手操舵，操舵水手必须坚决迅速执行。

②操舵水手和驾驶员必须能够正确和熟练地进行手动/自动/应急舵的转换操作。在转换操作时，值班驾驶员应认真进行监督和检查，如有不当，应立即予以纠正。

③值班水手要认真监督自动舵的运转情况，密切注意陀螺罗经、磁罗经航向和舵角的变化，发现不稳定或异常情况应立刻报告值班驾驶员并换转为手操舵。

④使用自动舵期间，值班人员更应认真瞭望，需要避让时，应及时改换手操舵。

⑤值班驾驶员至少每小时检查自动舵的运转情况并核对陀螺罗经、磁罗经航向是否正确。

⑥每班至少进行一次手操舵、自动舵转换试验，并记入航海日志。

⑦抵港或过运河前，应进行手操舵试验，并记入航海日志。

⑧使用手操舵的应是一位合格的值班水手。水手如要练习手操舵，应先征得值班驾驶员同意。

【相关案例】

1. 案例描述

(1)案例一

2010 年 5 月 20 日 2225 时左右,一外籍货轮满载驶往舟山途中,与“宏鑫 1 号”轮在雾中发生碰撞,导致“宏鑫 1 号”轮驾驶台严重损坏。

(2)案例二

2009 年 4 月 16 日 0207 时,甬江口浓雾。“江甬 6”轮进口后驶入出口航道,随后与出口船“隆腾 6”轮碰撞。事故导致“江甬 6”轮沉没,1 名船员死亡。

2. 案例分析

①遇浓雾后,仍全速航行,想冒险冲过雾区。

②船长不上驾驶台指挥,也没有加派值班人员。

③不开启航行灯,因为嫌太吵也不鸣放雾号。

④不通知机舱备车航行,仍用自动舵航行。

⑤疏于高频的值守,不提前与来船进行联系。

⑥不交替变化雷达量程,对当时船舶间的动态不连续观测。

⑦遇到危险后,行动不果断,连续小角度转向。

3. 经验教训

①应严格执行雾航及自动舵使用操作规程。

②增加对自动舵导航局限性的感知,并加强对国际规则的认识。

任务八　船舶在能见度不良水域航行的安全制度

【任务分析】

“能见度不良”是指任何由于雾、霾、雪、雨、沙暴等使能见度受到限制的情况。它使船舶驾驶人员的瞭望受到严重限制，极易造成紧迫局面并导致船舶碰撞事故。能见度不良导致事故屡有发生。本任务介绍了船舶在能见度不良水域中航行要做好哪些准备工作及应如何采取措施。

【相关知识】

1. 进入能见度不良水域航行前的准备

①严格执行安全管理体系文件中的相关规定，并按照“能见度受到限制水域航行检查表”认真进行检查，完成各项安全准备工作。

②及时抄收天气预报、气象传真、航海警告和雾航警报。

③船长和驾驶员应充分掌握雾情资料、航区特点、潮流情况、通航密度和选用合适的定位方法等。

④船长应督促驾驶人员对各种航行仪器、雾号和航行灯进行检查，以确保在能见度不良水域中航行时能够正常使用。

⑤船长应督促有关人员检查排水和水密设备，使之处于良好状态。

⑥轮机长应按船长要求备足供主机变速的燃油。

⑦值班驾驶员在雾袭来以前，应抓住时机测定船位并观察海面周围情况。

2. 在能见度不良水域航行

①驾驶人员应保持正规瞭望，仔细观察，从灯光、水天线、目标等的变化中判断能见度是否正在恶化，船舶是否正在进入能见度不良水域。

②当能见度小于 5 n mile 并且在进一步降低时，即认为能见度不良，船舶应处于航行戒备状态，并做好一切船舶在能见度不良水域中航行的准备，驾驶员应报告船长并通知机舱，并正确使用雷达，调整到最佳工作状态，选择合适的量程，并远近交替使用，注意守听 VHF 16/70 频道并加强瞭望。

③当能见度小于 3 n mile 时，即认为能见度严重不良，应按规定施放雾号，通知船长上驾驶台，不得以任何理由迟叫或不叫船长。通知机舱备车，进行雷达标绘、系统观测。不论白天、夜间必须开启航行灯。

④能见度严重不良时，船长必须立即到驾驶台指挥或指导船舶操纵，坚持在驾驶台值守。

值班驾驶员应将船位、四周环境和已采取的措施报告船长。船长应研究核实能见度不良水域航行安全措施的实施情况,督促值班驾驶员认真瞭望,勘测船位。

⑤机舱接到备车航行通知后,应立即报告轮机长,轮机长应下机舱检查核实机舱操纵的一切准备,并严格执行驾驶台的备车、用车命令。

⑥每一艘船舶在任何时候均应使用安全航速行驶,以便能采取适当而有效的避碰行动,并能在适合当时环境和情况的距离内把船停住。

⑦全船应保持肃静,禁止喧哗,以免干扰驾驶员的听觉。船舶在能见度不良水域中航行,必须利用一切有效手段保持正规瞭望,禁止进行与工作无关的交谈,打开驾驶台门窗,充分利用视觉、听觉观察可疑动向和音响。

⑧当航经近岸、船舶密集、狭水道等复杂水域遇雾时,应视情加派瞭头。瞭头应及时将所发现或听到的情况及疑点报告驾驶台。

⑨连续守听 VHF 16/70 频道,并使用 VHF 16/70 频道在通话空隙中发布本船雾航警报。雾航警报用中、英文交替发出,力求简明,内容包括船名、时间、船位、航向、航速、意向并提醒过往船舶注意,并充分利用 AIS 相关功能获取来船的动态与信息,以便协调避让。

⑩能见度不良水域中航行,严禁使用自动舵。

⑪船长和值班驾驶员应对危险来船进行雷达连续观测和标绘,以判断来船动向及最近会遇距离,对危险来船实施预操作。

⑫为确保船舶能见度不良水域航行安全,当视线恶劣、渔船密集、避让困难、航道复杂及船长对航行安全无把握时,在条件许可的情况下,船长有权择地锚泊或滞航,切勿盲目航行。

【拓展知识】

能见度不良的情况下造成航行事故的原因分析:

①未能正确理解和使用安全航速。
②未对碰撞危险做出充分估计和判断,避让行动迟缓或疏忽。
③未保持正规瞭望。
④连续值班导致船员疲劳、反应迟钝、操作失误。
⑤对船舶操纵性能不熟,未能及时减速、停船。
⑥对雷达目标判断失误或盲目转向。
⑦两船避碰行动不协调。
⑧航行海区航行环境差,船舶适航条件受限。
⑨未能对周围环境和情况的突然变化保持应有的戒备。

【相关案例】能见度不良导致船舶碰撞

1. 案例描述

2012 年 12 月 11 日,两艘集装箱船 A 轮和 H 轮在接近新加坡海峡东分道通航处碰撞。当时正下大雨,能见度不良,两船值班驾驶员在大雨中互相能看到的近距离内才采取避让行动,但为时已晚，避碰行动没有产生效果。两船皆严重损坏，但没有造成人员伤亡和环境污染。

2. 案例分析

①A 轮大副在能见度不良且没有核实转向是否安全的情况下向左朝着 H 轮转向。即使在本船三副提醒雷达图像受干扰，捕捉的物标都丢失以及对方大副通过 VHF 警告危险的情况下，A 轮大副继续转向。A 轮大副没有正确使用雷达，调节雨雪抑制将杂波去掉，也没有使用 AIS 设备查看附近的船舶。

②H 轮的大副发现 A 轮开始转向时是在两船相撞前 4 min。这么短的时间很难对突发的情况进行有效的分析并采取避碰措施。

③两船都没有遵守避碰规则第 19 条关于能见度不良航行的规定。如：都没有鸣放雾笛，没有考虑安全航速，备车航行等。A 轮大副没有叫船长到驾驶台。H 轮船长碰撞前断续地到驾驶台，虽然要求减速，但仅是为了调整到达引航站的时间。两船都没有使用机动航速航行，没有加强瞭望，没有鸣放雾笛。

④A 轮的大副在碰撞事故发生前的 24 h 内工作了 19 h。调查报告认为大副疲劳是导致事故的关键因素之一。

⑤A 轮的船长和大副都没有判定出大副受疲劳影响，不适合在能见度不良及交通密度大的区域值班。如果船长能恰当地考虑大副之前的工作时间，就应该意识到大副在这种情况下很难保持有效的值班。他应该一直在驾驶台直到大副下班，或者安排一名休息良好的驾驶员代替大副。

⑥A 轮的大副仅在看到 H 轮时才采取避碰措施，但为时已晚，碰撞已经不可避免。

⑦事故证明，使用 VHF 避碰很难保证成功。VHF 通话容易造成误解，而且会浪费宝贵的时间，对于大型集装箱船，如果遇到这种情况，每一秒钟都很关键。

3. 经验教训

①完善安全管理体系，培训、评估船长及值班驾驶员对避碰规则的理解及遵守情况，包括在能见度不良条件下航行的预防措施。

②完善安全管理体系，严格要求船员工作休息时间符合公约的规定，避免船员疲劳。

③培训船员正确使用航海仪器，包括雷达、AIS 及 VHF 设备等。如，VHF 设备一般用于值班驾驶员在航行中询问他船意图及明确他船动态。不能使用 VHF 设备进行避碰，这样会浪费宝贵时间，延误避碰措施的采取。

④培训船员如何在近距离等紧急情况采取措施避让，以及其他紧急情况的预防措施。

【相关表格】

雾航安全检查表

Checklist for Safe Navigation in Poor Visibility

日期： Date：	航次： Voyage：	航线： Route：
能见度小于 3 n mile 时间： Time of visibility is less than 3 n miles：	船位： Position：	
报告船长时间： Timc of rcporting to master：	船长上驾驶台时间： Time of master on bridge：	
通知机舱时间： Time of informing to E/R：	主机备妥时间： Time of M/E standby：	

	检查项目 Items inspected	是 Yes	否 No
1	执行避碰规则第 19 条和第 35 条 Execute collision regulation clauses No. 19 and No. 35		
2	使用安全航速 Keep a safe speed		
3	与机舱确认主机、副机、锅炉、舵机、应急发电机、锚机、绞缆机工况正常 Confirm the M/E, auxiliary engine, boiler, steering gear, emergency generator, windlass, and mooring winch all in good condition		
4	自动舵改手操舵 Change the autopilot into hand steering		
5	是否加派瞭头(进出港、狭水道、复杂水域时) Additional lookout arranged(entry/leaving port, narrow channel, complex water)		
6	开启航行灯 Switch on the navigational light		
7	施放雾号 Switch on the fog signal		
8	守听 VHF 16 频道 Keep watch on VHF Ch. 16		
9	发布雾航安全信息 Broadcast the fog safe information		
10	开启雷达,使用 ARPA Switch on radar and use ARPA		
11	增加定位频率,条件许可时使用不同定位方式 Increase position fix frequency, use different means to position fixing		
12	选择最近会遇距离(DCPA 小于 2 n mile) Select DCPA (less than 2 n mile)		

（续表）

	检查项目 Items inspected	是 Yes	否 No
13	校对驾驶台/机舱船钟时间 Check the time of bridge/engine room		
14	自动车钟打印仪工作状况，校对时间 Automatic telegraph printer working condition, check the time		
15	开启航向记录仪 Turn on the course recorder		
16	各种记录规范（航海日志、轮机日志、车钟记录簿等） Various records should be standardized (Deck/Engine Logbook, Telegraph Record, etc.)		
17	浅水区，开启测深仪 Shallow water, switch on the echo sounder		
18	打开驾驶台侧门 Open the side doors of bridge		
19	保持全船肃静 Keep silence of the vessel		
20	关闭水密门 Close watertight doors		
21	其他需要确认的项目 Other required items		
值班驾驶员（签名）： Duty officers (Signature):		船长（签名）： Master (Signature):	

任务九 船舶在大风浪水域航行的安全制度

【任务分析】

船舶在大风浪水域的操作是一项关键操作，稍有不慎就可能造成严重的后果。本任务不探讨具体的操作方法，主要熟悉有关的注意事项和相关规定。

【相关知识】

1. 进入大风浪水域航行前的准备

①严格执行安全管理体系文件中的相关规定。根据气象报告，预计在 24 h 内，将遭遇 8 级或以上大风，应按“大风浪航行风险控制检查表”内容进行检查确认并记入航海日志。

②根据本船情况、航次任务、航区、货种特点，认真做好大风浪航行前的各项准备工作。

③高度重视大风浪中的航行安全，力戒麻痹和松懈思想，研究安全措施，明确各自的职责。

④合理配载和积载，使船舶在离港、途中和到港停泊时均保持良好的稳性，满足完整稳性规范所规定的各项衡准值，并根据季节、海区和气象预报考虑大风浪中稳性的大量损失，应保留适当的安全余量。船舶应以本船稳性计算书为依据，尽量调整本船稳性以适宜大风浪航行。

⑤及时抄收天气预报、气象传真、航海警告和大风浪警报。密切注视气象变化，制订周密的航行计划。

⑥做好货物的绑扎加固，对甲板和舱内的货物进行再检查、再加固。尤其是装运重大件或易移动货物的绑扎和撑垫，以全面满足“船舶系固手册”有关积载、堆装、系固的要求，确保货物安全。

⑦将吊货设备、锚设备、舷梯、救生艇筏以及一切没有固定的物件绑牢；对机舱可以移动的设备进行加固；将所有堆放的大缆放入舱室内。

⑧检查甲板开口封闭的水密性；检查各水密门是否良好；关闭大舱舱盖、天窗、舷窗、道门；将通风筒关闭并加盖防水布；盖好锚链筒，防止海水灌进锚链舱。检查排水管系、排水泵、分路阀、按规定配备的潜水泵等，保证处于良好工作状态；清洁污水沟（井），保证黄蜂巢、甲板的排水孔畅通。

⑨在甲板装设甲板扶手绳，保证甲板巡视人员和其他作业人员安全。

⑩检查日常通信设备和应急通信设备，保障通信畅通。检查助航仪器，确保其在正常状态。

⑪备妥和查阅航线附近的海图以及航海图书资料，预选适当的避风锚地。

⑫对主机、副机和舵机进行认真检查，防止其在大风浪中发生故障。

⑬检查并保证驾驶台和机舱、船首、舵机室在应急情况下的通信畅通。

⑭合理压载,满足浮态衡准,提高抗风浪能力,改善船舶操纵性能,各水舱和燃油舱应尽可能抽空或注满,减少自由液面的影响,避免增加船体的额外负荷。

2. 在大风浪中航行

①及时抄收天气预报、气象报告、气象传真等气象资料,根据获取的气象信息,科学分析航行区域当时的天气情况和大势。如天气恶劣,每天要加收天气报告,以便及时地掌握天气变化要素。

②每天至少2次测量油水舱,以便及时发现隐患并采取措施。

③加强检查,保证主机、副机、舵机的正常运转。

④根据实际海况及船舶当时的具体情况,正确地选择航向和航速,以防止出现大倾角的横摇或出现谐摇。应避免全速顶着较大涌浪航行。顶浪航行时,采取降速是一项很有效的措施。大风浪中如果航速很快,船首经常穿到波峰里去,波浪的冲击力剧烈,对船体结构的影响很大,甚至造成主机超负荷或飞车并导致主机停车。因此,应视船舶具体情况适当降低主机转速,以减小船体受波浪的冲击力。

⑤坚持安全巡回检查,检查结果记入航海日志。

⑥停止甲板工作,严格限制在甲板上的活动。

⑦如船舶稳性欠佳,横摇周期长,有条件者应立即向双层底压进足够的压舱水,以改善稳性。

⑧加强甲板设备、货物绑扎情况的检查,对可能发生移动或倒塌的物件必须及时采取有效措施,消除安全隐患。定时检查货物情况,防止因货物移动而影响船舶安全。

⑨避免大舵角旋回或避让。一旦发生因操舵引起的船舶倾斜,应避免急速回舵。

⑩合理地操纵船舶,减小船舶在波浪中的弯矩和剪力。

⑪必要时调整航线,以避开恶劣海况区域。

⑫定时检查并保证甲板开口的水密性,检查排水管系,保证排水畅通。

⑬大风浪中掉头应慎重,时机应恰当,避免盲目、不顾后果的行动。

3. 大风浪过境后

①应组织船员检查船舶、货物、索具等受损情况,保留证据,备妥海事声明,抵港后递交港口海事机构签证,并确认是否需要申请检验。

②为避免由于港口国检查而引起滞留,应确认是否有影响船舶适航及港口国检查关注的意外损伤。船舶应按IMO《港口国监督程序》要求,在抵港前将船舶遭受的意外损伤报告给公司,并通知船旗国主管当局。

【相关案例】甲板上浪导致船员伤亡

1. 案例描述

(1)案例一

挪威当地时间2020年1月2日1100时左右,一艘名为Stara Planina的干散货船舶在航经挪威博德外大约 210 n mile 的海域时,2 名保加利亚籍海员被大浪卷入了海中。

本航次该轮从俄罗斯的摩尔曼斯克到罗马尼亚的康斯坦察。2 名海员落水前正在开敞甲板上工作,身上并没有穿着救生衣。船上其他海员在发现人员落水后向海中抛下了 2 个救生圈。事故发生后,挪威方面向现场派出了 2 架直升机进行搜救,但恶劣的天气和海况——大风和 8 m 高的大浪阻碍了救援行动。

大约 1545 时,搜救直升机发现 2 个救生圈,一个有灯,另一个没有灯,但并没有找到失踪者。保加利亚外交部表示,挪威当局在 1824 时暂停了对 2 名保加利亚船员的更大范围的搜救行动,2 架直升机返岸。当晚 2100 时,挪威搜救有关部门宣布他们已经搜索了所有可能区域,但没有任何发现。

挪威国防部在一份声明中说:“根据挪威联合救援协调中心的说法,在目前的气候条件下,那些落水的人不可能存活这么长时间。”

(2)案例二

2018 年冬季,某一满载散货船舶在地中海航行。由于刚装完货,该船舱盖及甲板上都布满了残灰及一些洒落的货物。到开阔水域后,该船大副指示水手长和甲板实习生尽快将甲板舱盖等冲洗干净。当时海况天气如下:东南风 7 级,海浪 6 级。

当 2 名海员正在该船右舷准备皮龙管的时候,一个大浪打上来,横扫主甲板,将 2 人直接拍上附近货舱舱口围,导致 2 人多处受伤。该轮不得不绕航到就近港口,将 2 名受伤人员送往医院紧急救治。

2. 案例分析

远洋航行船舶可能会经常遭遇到令人恐怖的大风大浪,尤其是在冬季的北太平洋、比斯开湾、好望角,季风季的印度洋,台风季的中国南海等海域。在大风浪的情况下,即使是 30 万 t 的超大型船舶在海中也是一叶扁舟,尤其是在满载低干舷的情况下,船舶极易上浪,而在这样大风浪的恶劣的天气条件下安排船员到甲板作业,做一些不那么要紧的工作是非常不谨慎的,而这样的指令也应该是不被允许的。

3. 经验教训

①除非有对本船海员人命、船舶安全有更大的危险将发生,在恶劣天气海况下,所有海员不得出生活区。

②如果情况允许,相应的工作尽量等天气海况转好后或在下一港进行。

③如果因为重要情况必须进行甲板工作,也须经过全面的安全评估,并做好相应的防范准备以及防护措施,如应穿好救生设备,船长到驾驶台操船调整适当的航向,减小船舶上浪及横摇等。

④甲板工作人员须和驾驶台保持紧密联系,有突发情况须及时通知驾驶台。

⑤适当更改航线或航速以减少甲板上浪的可能性。

【相关表格】

大风浪航行安全检查表

Checklist for Safe Navigation in Heavy Weather

预计在 24 h 内可能遭遇大风浪，应检查确认下列工作：

The following work should be checked and confirmed in case the heavy weather expected in 24 hours.

船名 Ship's Name		日期 Date			
船位 Position		航向/航速 Crs/Spd			
天气 Weather		预计风力 Expected Wind Force		海况 Sea	
货载/箱量 Cargo wt/TEU	Ton/TEU	甲板层高 Tiers			
初稳性 GM		艏、艉吃水 Drafts			
上港/下港 Last port/Next port		预计抵达时间 ETA			

	检查项目 Item inspected	是 Yes	否 No
1	通知大副、轮机长 Inform C/O, C/E		
2	驾驶台与机舱、舵机间、船首通信畅通 Keep a good communication between bridge and E/R, steering room, forecastle		
3	通知全体船员做好大风浪航行的准备 Inform all the crew to prepare for heavy weather		
4	必要时对船舶的航向和航速及航路做出调整 Adjust the course and speed of the ship as necessary		
5	货物装载、堆装和系固符合《船舶系固手册》规定 Cargo loading, stowing and securing are complying with the *Ship's Securing Manual*		
6	艏尖舱通向侧推间的门是否关好？ The door from forepeak to bow thruster is well closed?		
7	尽量适当压载以适合大风浪航行 Try to keep the vessel in ballast loaded condition suitable for sailing in heavy weather		
8	绑扎固定甲板、机舱和舱室的移动物品（重大件货物、备件、物料、系固索具、缆绳、舷梯、艇筏等） Lash and secure deck/engine movable materials (heavy cargo, spare, material, securing rigging, mooring rope, gangway ladder lifeboat/raft, etc.)		
9	关闭所有水密门、舷窗和对外开口 Close all watertight doors, side scuttles and opens to outside		

（续表）

	检查项目 Item inspected	是 Yes	否 No
10	盖紧所有燃油舱、水舱的甲板测量孔盖 Fasten down all fuel oil tanks and covers of the sounding pipe of water tanks		
11	有效关闭空气管关闭装置 Disconnect closing devices of the air pipe effectively		
12	关闭并检查所有货舱或可能进水的通风筒水密情况 Inspect the condition of watertight of all cargo hold or possible water inlet ventilators and turn off the inlet ventilators		
13	锚及锚链已经加固，锚链孔加盖并罩紧帆布罩 The anchor and anchor chain has been secured, hawse pipe covered and tightened by canvas		
14	锚链舱排水设备正常 The chain locker drainage equipment in good condition		
15	尽可能注满或排空各油、水舱，减少自由液面 Fill or empty the tank as much as possible and reduce the free surface		
16	接收、分析气象预报 Receive and analysis the weather report		
17	需要岸基提供支持（气象信息、规避建议） Shore-based support is needed (weather information, suggestion for shelter)		
18	船舶局部强度、船体弯矩和剪力是否超过允许值（如是，应另加说明）？ Whether the ship's local strength, hull bending moment and shear force exceed the allowable value (if yes, please notify respectively)?		
19	船体或结构是否有变形、折皱、凹陷、过度腐蚀、裂缝等影响强度的缺陷（如有，应另加说明）？ Whether the hull or structure has the defects of deformation, creasing, sag, excessive corrosion, crack, etc. (if yes, please notify respectively)?		
20	大风浪过后，检查船舶和货物情况 Inspect the condition of ship and cargo after the heavy weather		
21	其他行动或需要说明的事项 Other actions or matters require explanation		
值班驾驶员（签名）： Duty Officers(Signature):		船长（签名）： Master(Signature):	

注：1. 此表由值班驾驶员填写，船长签字确认。

This form should be filled by duty officers and confirmed by master.

2. 此记录留船存档。

This record should be kept on board.

项目四　船舶应急与管理

【项目介绍】

船舶在海上航行、停泊和作业所处环境复杂多变，各种紧急状况随时可能发生并可能会危及船舶、人命、财产的安全和海洋环境，为减少事故的发生，控制损失，每一艘船舶应当根据船舶类型、人员状况、设备的配备以及货物装卸等情况编制各种应变计划，明确规定在紧急情况下每个人的应急岗位、应急职责和应具体执行的应急任务，并定期进行训练和演习，使每个船员在船舶发生紧急情况时，能根据已熟悉的应急程序采取有效措施，正确使用各种应急设备，有效地控制危险局面，把事故数量和损害降低到最低限度。

船舶消防和救生设备的配置情况与可用状态直接影响着船上人命和财产安全。三副主管船上消防和救生设备，应当熟练掌握公约、法规中关于船舶消防和救生设备的配置要求，并在工作中对其进行认真维护和保养，确保本船上的消防和救生设备的配置符合要求、状态良好并处于随时可用状态。

本项目主要介绍船舶应急的组织与准备，船舶可能遇到的主要应急情况和相应的应急计划的制订及演练等；本项目还介绍了SOLAS公约要求的主要船舶消防和救生设备的配置标准以及维护保养周期和内容。

【教学目标】

- 了解船舶应急的种类，熟悉船舶应急警报信号。
- 熟悉操作级以上船员，特别是二副和三副在各类应急中的岗位及职责。
- 熟悉船舶应变部署表编制原则、主要内容，以及编制和公布规定。
- 了解应急任务卡、船上油污应急计划。
- 熟悉船舶应急演习与训练方面的规定，特别熟悉对弃船和消防演习的要求。
- 了解船舶自救以及保护人命安全的基本原则及行动要点。
- 了解船舶应急行动基本程序。
- 熟悉弃船时应采取的应急行动。
- 了解在船舶发生火灾、爆炸、碰撞、搁浅、溢油、人落水后的应急行动要点。
- 了解救助遇险船舶、人员的应急行动要点。
- 掌握主要船舶消防设备的维护保养要求。
- 掌握主要船舶救生设备的维护保养要求。
- 掌握有关消防、救生设备检查及维护保养的记录要求。

【学习重点】

船舶应急的概念、种类，熟悉船舶应急警报信号；熟悉操作级以上船员，特别是二副和三副在各类应急中的岗位及职责；熟悉船舶应变部署表编制原则、主要内容，以及编制和公布规定；了解应急任务卡、船上油污应急计划；熟悉船舶应急演习与训练方面的规定，特别熟悉对弃船和消防演习的要求；了解船舶自救以及保护人命安全的基本原则及行动要点；了解船舶应急行动基本程序；熟悉船上主要应急应采取的应急行动要点等。

船舶保持消防和救生设备状态良好的必要性；船舶保持消防和救生设备状态良好的方法；公约要求的相关消防、救生设备检查的记录要求等。

任务一　船舶应急概述

【任务分析】

本任务要求同学们掌握船舶应急的概念和种类以及相应的报警信号，了解在船舶应急中主要岗位的安排和职责，以及船舶应急准备工作的要点等。

【相关知识】

一、船舶应急的概念

1. 船舶应急的概念

船舶应急又称为船舶应变，是指在船舶发生各种意外事故和紧急情况时的紧急处置方法和措施。

2. 船舶应急的种类

①按目前多数船上配置的船舶应变部署表中的应急部署，船舶应急分为消防、救生（包括弃船和人落水）以及油污应急。

②根据ISM规则的要求，船舶应对船上可能发生的各种紧急情况做好应急准备，并建立相应的应急反应程序。这些紧急情况包括碰撞、触礁、搁浅、火灾、爆炸、人落水、船舶油污、船舶丧失操纵能力、船体结构损坏、船舶严重横倾、货舱进水、货物移动、货物撒漏污染、进入封闭舱室、临近战争危险、遭遇海盗、遭遇保安威胁、船员伤病、弃船等。

二、船舶应急警报信号

1. 应急警报信号的发出

船上通常采用发出应急警报信号的方式通知全船人员发生紧急情况以及紧急情况的类型。需要注意的是，单纯发出应急警报信号是不够的，特别是对于载有大量旅客的船舶，多数旅客对张贴的告示并不关心，更不会去记应急警报信号的含义和应急行动。所以，单纯的应急警报信号并不能告诉旅客如何行动，还必须在发出应急警报信号的同时，立即以广播的形式进行指示和说明，并且在进行广播说明的时候应先进行指示，再进行解释说明，即先下达动作指令再给予理由进行说明。

2. 在船舶应变部署表中的各类应急警报信号

①消防：警铃或汽笛短声连放 1 min 后，另加火灾部位指示信号，一声表示在船前（首）部；二声表示在船中部；三声表示在船后（尾）部；四声表示在机舱；五声表示在上层建筑居住区域。

②堵漏（漏损）：警铃或汽笛两长一短声，连放 1 min。

③人落水：警铃或汽笛三长声，连放 1 min。

④弃船：警铃或汽笛七短声继以一长声，连放 1 min。

⑤油污：警铃或汽笛一短两长一短声，连放 1 min。

三、操作级以上船员在各类应急中的岗位职责

船舶应变部署应根据应急的性质，船员的职务、特长、工作能力以及是否有相应的培训合格证书等来安排每个人的岗位和职责。

船长是船舶各类应急的总指挥。大副是船舶各类应急的现场指挥。当事故现场在机舱时，通常由轮机长担任应急现场指挥，大副在现场协助指挥。

①在船舶消防应急时，船长担任应急总指挥，在驾驶台负责指挥应急和操纵船舶；大副在火灾现场担任现场指挥，二副在驾驶台值班，负责通信联络、传达船长指令、执行船长的操船指令、记录应急过程；三副带领消防队负责灭火，并根据火情进入大型灭火系统控制站做好释放准备。

②当有人落水需要应急时，船长担任应急总指挥，在驾驶台负责指挥应急和操纵船舶；大副在主甲板（放艇时在救生艇甲板）担任现场指挥，组织对落水人员的施救；二副在驾驶台值班，负责通信联络、传达船长指令、执行船长的操船指令、记录应急过程；三副准备救生器材，并做好释放救生（助）艇的准备，放艇时，随艇下，担任艇长。

③撤离船舶或弃船时，船长担任应急总指挥，在驾驶台负责指挥应急；货船上的大副和三副担任指定救生艇的艇长，做好救生艇的释放准备工作；二副在驾驶台值班，负责通信联络、传达船长指令、执行船长的操船指令、记录应急过程；轮机长应率领轮机员做好弃船前的机舱设备的规定保护动作。

④油污应急时，船长担任应急总指挥，在驾驶台或现场负责指挥应急；轮机长担任油污现场指挥，组织清除溢油；大副在油污现场会同轮机长担任现场指挥；二副在驾驶台值班，负责通信联络、传达船长指令，或在现场做好记录；三副在油污现场，准备消防和防污器材与设备，如需要，指挥放艇回收溢油。

四、船舶应急准备工作要点

船舶应急准备工作要点包括：

1. 编制应急计划

根据本船的类型、配员情况等，编制相应的应急计划，包括船舶应变部署表、船舶油污应变部署表、应变任务卡、船舶油污应急计划、船上海洋污染应急计划、船舶应急响应计划等。其中

船舶应变部署表、船舶油污应变部署表等应按规定在船上有关场所张贴布置。

2. 制定应急反应程序

根据ISM规则的要求，结合本船的类型、航线、挂港、货物情况等，制订相应的应急反应程序，包括船舶火灾应急反应程序，船舶爆炸应急反应程序，船舶碰撞应急反应程序，船舶触礁搁浅应急反应程序，船舶破损进水应急反应程序，船舶油污应急反应程序，弃船应急反应程序，人员落水应急反应程序，货物移动应急反应程序，船舶严重倾斜应急反应程序，临近战争危险、遭遇海盗、遭遇保安威胁、船员伤病等情况下的应急反应程序等。

3. 熟悉应急岗位职责

通过制订船舶应急计划和应急反应程序，明确规定船员的应急岗位和应急职责，并采取船舶应急演习（练）等适当的方法，使船员熟悉各自的应急岗位和应急职责。

4. 组织各种应急演习（练）

按照有关规定，以一定的时间间隔进行应急演习（练），包括消防演习、人落水演习、弃船演习、油污演习、应急操舵演习、保安演习等。通过应急演习（练），船员提高安全意识，熟悉自己的应变岗位与职责，熟练掌握各种应急设备的操作技能，同时检验各类应急器材、设备的技术状态，验证演习（练）应急程序的适应性和可操作性，发现问题并及时解决。

5. 进行应急训练和授课

按照规定对船员进行船舶救生、消防设备用法的船上训练，并向船员讲授船舶消防、救生设备用法和海上救生须知方面的课程。

6. 保持应急设备和器材的有效

按照计划和一定的周期对船上的应急设备和器材进行维护保养、检查和试验，确保这些应急设备和器材处在有效、随时可用的状态。

任务二 船舶应变部署表和应急反应计划

【任务分析】

本任务要求同学们掌握船舶应变部署表的编制原则和主要内容,了解应变任务卡、船上相关的应急反应计划。

【相关知识】

一、船舶应变部署表和应变任务卡

1. 船舶应变部署表

(1)船舶应变部署表的概念

船舶的一些主要应变部署被统一编制在一张表格上,并在船上相应的公共场所张贴,我们将这张表格称为船舶应变部署表。

现在船上张贴的应变部署表主要是货(客)船应变部署表和船舶油污应变部署表。

(2)船舶应变部署表的配置要求

我国规定200总吨及以上的中国籍船舶应配备由国家海事管理机构认可的统一印制的货船或客船应变部署表。

(3)船舶应变部署表的编制原则

船舶应变部署表的编制应考虑以下原则:

①应结合本船的船舶条件、船员条件、客货条件以及航区自然条件。

②关键岗位与关键动作应指派技术熟练、经验丰富的人员负责。

③根据本船的具体情况,可以一职多人或一人多职。

④人员的安排应有利于应急任务的完成。

(4)船舶应变部署表的主要内容

①按照SOLAS公约的要求,船舶应变部署表应写明:

A. 通用紧急警报信号和有线广播的细则;发出警报时船员、乘客应采取的行动;弃船命令如何发出。

B. 指派给不同船员的应急职责,在客船上还应标明船员在组织旅客应急时的相关职责。

C. 有关救生、消防设备的配备。

D. 指明各高级船员负责保证维护救生、消防设备并使其处于完好和可用状态。

E. 职务与编号、姓名、艇号、筏号对照一览表。

F. 消防应急、弃船救生、放救生艇(筏)的详细分工内容和执行人编号。

G. 航行中驾驶台、机舱、电台固定人员及其任务。

H. 指明关键人员受伤后的替换者,要考虑到不同的应急情况要求不同的行动。

I. 船舶及船公司名称,船长署名及公布日期。

②我国海事主管机关认可的统一印制的货船应变部署表包括以下内容:

A. 船名、船公司、船舶识别号。

B. 各类应急警报信号。

C. 救生设备(包括救生衣、救生服、救生圈、双向无线电话 EPIRB,SART,EEBD 等)所在位置。

D. 消防设备(包括消防员装备、CO_2 间、手提式泡沫枪、消火栓与消防皮龙、应急消防泵、手提式灭火器、国际通岸接头、消防控制站等)所在位置。

E. 船员姓名、编号、职务及其应登乘的艇号、筏号对照一览表。

F. 弃船救生动作及执行人。

G. 降放救生艇动作与任务及执行人。

H. 救生部署、消防部署。

I. 关键人员受伤后的替换者。

J. 船长签署及公布日期。

(5)船舶油污应变部署表

①船舶油污应变部署表其性质与船舶应变部署表相同,是针对船舶发生油污事故后参加应变的船员的职责和应采取的应急措施所作的明确分工和规定。各船应根据本船的具体情况来编制应变部署表。

②船舶油污应变部署表的主要内容包括:

A. 船名。

B. 油污警报信号。

C. 油污应变集合地点(通常为主甲板)。

D. 参加油污应变的船员的编号、职务、应变岗位以及应变职责。

E. 船长签署、公布日期等。

(6)船舶应变部署表的编制职责与公布要求

①船舶应变部署表应在船舶出航前制定。在船舶应变部署表制定后,如船员有所变动而必需变更应变部署时,应修订该表,或制定新表。

②船舶应变部署表由三副具体编制,大副负责技术指导,经船长审核、签署后公布实施。

③船舶应变部署表应张贴或用镜框配挂在驾驶台、机舱、餐厅和生活区走廊的主要部位。

2. 应急须知和应变任务卡

①应为船上每个船员配备一份在紧急情况时必须遵循的、明确的须知。如为客船,这些须知应使用船旗国的语言或船旗国要求的语言以及英语写成。

②三副应根据船长批准并公布的应变部署表以及船舶应急程序文件编制应变任务卡,分派给相应的船员,或将其制成床头卡,放置在每个船员床头边的专用卡槽内。

③应变任务卡或床头卡内应注明应变时相应船员的应急岗位、应急职责、应急时应携带的器材、弃船时应登乘的救生艇筏的编号,以及各种应急警报信号等。

④货船上的应变任务卡应包括消防、人落水、弃船、溢油、碰撞、失控、触礁、搁浅、船体破损、货物移动、船员伤亡、进入战区、遭遇海盗等需要应急情况下的相应船员的应急任务。

⑤客船上应在旅客舱室、集合地点及其他乘客处所,张贴图解和应急须知,向乘客介绍集合地点、应急时必须采取的行动、救生衣穿着方法等。

二、船舶应急反应计划

1. 船上油污应急计划

150总吨及以上的油船和400总吨及以上的非油船应备有经主管机关认可的船上油污应急计划(SOPEP)。该计划的编制应符合IMO制定的《船上油污应急计划编制指南》的要求,并使用船长和高级船员的工作语言编写。

(1)制订船上油污应急计划的目的及要求

①目的

制订船上油污应急计划的目的,是帮助船员在船舶发生意外排油时采取必要的措施,以控制或尽量减少排油量,减轻油污损害。

②要求

A. 计划应切实、可行、易于操作,应能被船上人员和岸上的船舶管理人员所理解。

B. 应对计划定期进行评估,检查和修改。

(2)船上油污应急计划的主要内容

根据MARPOL公约附则Ⅰ第26条的规定,船舶油污应急计划至少应包括四部分内容:

①油污事故的报告

船舶发生油污事故或可能发生油污事故时,船长或负责管理该船的其他人员需立即向最近沿岸国做出初始报告。然后,根据需要及时做出补充报告,以便对初始报告做进一步补充,或提供有关油污事态发展信息。此外,还要按照沿岸国的要求提供更详细的信息,即附加报告。

②需要联系的有关当局或人员的名单

发生油污事故的船舶必须以最迅速的方式与沿岸国(负责受理和处理油污事故的主管机关,或指定的海岸电台、船舶报告点,或海上搜救协调中心等)、港口(船舶代理人或公司航运代表)和船舶重要联系人(与船舶有重要利害关系的船公司、保险公司、救助单位、船舶岸上管理人员等)进行联系。有关联系人员的名单必须满足24 h都能联系上,并提供他们的替代人名单的条件。有关联系人员的名单根据人员和电话、电报、电传号码的变更及时更新。

③为控制或减少排油量应采取的应急措施

不同类型的船舶采取的应急措施可能有所不同,但船上油污应急计划至少应提供包括操作性溢油和海损事故性溢油两方面的应急措施的指导。

A. 操作性溢油应急措施

操作性溢油是指在正常装卸和内部驳运油的过程中所发生的管系渗漏、舱柜满溢以及船体渗漏所引起的溢油。船上油污应急计划应针对上述三种情况导致的溢油,分别制定应急措施和应急反应程序。

B. 海损事故性溢油应急措施

船上油污应急计划应针对搁浅、触礁、火灾爆炸、碰撞、船体损坏、严重横倾、浸水、沉没等海损事故造成可能引起的溢油，分别制定应急措施和应急反应程序。

C. 其他措施

船上油污应急计划还应就优先措施、稳性和应力影响、减载等问题提供相关指导。

④与沿岸国或地方当局的联系和协作

当发生油污事故，船舶在进行油污应急反应前，必须与沿岸国或地方当局取得联系，并提供相关资料，以便得到核准。船上与沿岸国或地方当局快速有效的协作对于减少污染事故的危害影响是至关重要的。因此，船上油污应急计划应提供与沿岸国或地方当局联系、请求协作的方式、注意事项，以及有关应急反应队伍的资料等。

(3)除上述四部分强制内容外，船上油污应急计划中还应有计划核查程序、培训和训练程序、记录保存程序、公关事务处理程序、应急反应设备等非强制性部分的内容。

2. 船上有毒液体物质海洋污染应急计划/船上海洋污染应急计划

(1)对船上有毒液体物质海洋污染应急计划的要求

每艘载运散装有毒液体物质的150总吨及以上的船舶，应备有主管机关认可的船上有毒液体物质海洋污染应急计划。该计划的编制应符合IMO制定的《船上有毒液体物质海洋污染应急计划编制指南》的要求，并使用船长和驾驶员的工作语言编写。该计划可以与船上油污应急计划合并使用。在此情况下，该计划的标题应为“船上海洋污染应急计划”。

(2)船上有毒液体物质海洋污染应急计划的主要内容

根据MARPOL公约附则Ⅱ第17条的规定，船上有毒液体物质海洋污染应急计划至少应包括以下四部分内容：

①船长或负责管理该船的其他人员报告有毒液体物质污染事故应遵循的程序。

②在发生有毒液体物质海洋污染事故时应与之联系的当局或人员的名单。

③在事故发生后，为减少或控制有毒液体物质海洋污染应立即采取的措施的详细说明。

④在处理污染时，为使船舶与沿岸国、地方当局协同行动取得联系的程序和要点。

3. 应急决策支持系统

①根据SOLAS公约的要求，客船应在驾驶台配置一个用于处理应急情况的应急决策支持系统。

②应急决策支持系统除包括一个或几个纸印的应急计划外，还可在驾驶室内采用以计算机为基础的支持系统，以便提供应急计划中所有的信息、程序、检查清单，并针对预计的应急状态提出拟采取的建议方案。

③应急决策支持系统中的应急计划应包括各种可以预见的需要应急的情况，如火灾，船舶破损，海洋污染事故，威胁到船舶和人员安全的非法行为，人员伤亡，应急援助其他船舶等。

④应急计划中的应急程序应向船长提供处理各种组合应急情况的决策支持方案。

4. 船上紧急情况应急计划综合系统

为了避免各种应急计划在紧急情况下可能出现的相互冲突，有必要建立一个综合的应急系统,以便对这些冲突加以协调。

(1)应急计划综合系统的作用

应急计划综合系统旨在将诸多不同的应急计划综合成一个紧急情况下的应急计划系统。

(2)应急计划综合系统的结构

应急计划综合系统应包括以下主要内容(模块):

①建立船上紧急情况应急计划综合系统的目的、最终目标以及改进要求。

②报告紧急情况时应遵守的程序,对潜在的船上紧急情况做出识别和反应的程序。

潜在的船上紧急情况包括但不限于火灾、船舶损坏、人员事故、货物事故、污染事故、威胁船舶及旅客和船员安全的非法行为、向他船提供紧急援助等紧急情况。

③使船上人员熟知本系统和计划,开展相关培训和教育的规定,以及演习和训练时间表。

④当船舶在航行、锚泊、靠泊、在港内或干坞中可能遇到的潜在的紧急情况时,为了保护船舶、人员、货物和海洋环境而应该采取的最佳行动。

⑤用于报告紧急情况的船方联络点、沿海国联络点、港口联络点,以及关于报告时间、报告方法、报告内容和联络人员等方面的指导。

⑥对紧急情况做出成功反应所需要的信息和执行本计划的其他要求等。

5. 船舶应急响应计划和应急手册

为了避免船舶在发生海事时引起灾难性的后果,MARPOL 公约要求有关船舶应制订船舶应急响应计划,以便在需要时能够立即获得基于岸基计算机系统支持的船舶应急响应服务(ERS)。

ERS 服务机构将为每艘 ERS 注册船舶编制应急手册。该手册内容包括:ERS 程序中的呼叫和应急响应程序;在启动应急响应服务后,船方应向服务机构提交的与事故有关的信息、资料;事故报告表的填写方法等。

6. 各种应急计划的复查

要保持各种应急计划的完整、有效和实用,船公司、船长应根据安全管理体系的要求,定期复查这些应急计划。复查后,应及时通过修改来纠正各应急计划中发现的缺陷,但对属于主管机关控制的内容(如油污应急计划中的强制部分)或公司控制的内容(如安全管理体系中的通用规定),修改的内容必须事先获得控制方的批准。

应急计划的复查可以通过下列四种方法完成:

①演习复查:每次演习后,应结合对演习效果的评估,复查应急计划编制的合理性和有效性,并做必要的修改。

②年度复查:船东或船舶经营人至少应每年复查各种应急计划一次。复查的主要内容为应急计划中联系人名称和联系方式;因船舶性能变化而需要对应急计划的修改;在应急计划的训练和演习过程存在的缺陷等,并对应急计划做出必要的修改和(或)更新。

③定期复查:配合主管机关对船舶安全管理体系进行每 5 年一次的换证审核,对船舶各种应急计划进行全面的复查和评估。

④事故复查:船舶发生事故,在执行了应急计划以后,船东或船舶经营人应适时评估应急计划的完整性、实用性和有效性,并做出相应的修改、补充和完善。

【相关表格】

货船应变部署表
MUSTER LIST FOR CARGO SHIP

救生装置位置	
救生艇	
救生筏	
救生衣	
保温服	
救生圈	
应急示位标	
双向无线电话	
雷达应答器	
抛缆器	

船名：　　　　IMO 编号：　　　　公司：

M/T：　　　　IMO　No.：　　　　COMPANY：

根据船长命令，用汽笛或报警器发出如下紧急报警信号，如有可能应伴随有线广播。船员听到报警信号后，应立即着装就位。

消防：●●●●●●●●●●●（短声连放一分钟）

船前：●●●●●●●●●●●■

船中：●●●●●●●●●●●■■

船后：●●●●●●●●●●●■■■

机舱：●●●●●●●●●●●■■■■

上甲板：●●●●●●●●●●●■■■■■

弃船：●●●●●●●■（七短一长连放一分钟）

人落水：■■■（连续三长声）

解除警报：■（一长声）

消防装备位置	
消防员装备	
紧急逃生呼吸装置	
二氧化碳间	
手提式泡沫枪	
应急消防泵	
消火栓、消防皮龙	
消防站	
手提式灭火器	
国际通岸接头	
固定式灭火系统	

船员编号	1	2	3	4	5	6	7	8	9	10	11	12	13	14	15	16	17	18	19	20	21	22	23	24	25	26	27	28	29	30
职　务																														
姓　名																														
艇　号																														
筏　号																														

（续表）

弃船救生动作 ACTIONS FOR ABANDONING SHIP			
弃船时任务 DUTIES	执行人 OPERATOR	弃船时任务 DUTIES	执行人 OPERATOR
降国旗，发出遇险信号		携带船舶证书和重要文件	
关闭有关机器，操纵遥控阀门和开关		携带相关海图、航海日志、轮机日志、电台日志	
关闭水密门、泄水孔、舷窗、天窗、舷门和其他类似开口		携带雷达应答器	
携带、管理应急无线电示位标		携带食品和毛毯	
携带双向无线电话			

左舷			放救生艇筏动作 ACTIONS FOR LAUNCHING SURVIVAL CRAFT			右舷		
2号艇	2号筏	4号筏				1号艇	1号筏	3号筏
执行人			开敞或部分开敞式救生艇	全封闭救生艇	救生筏	执行人		
			艇长：持有艇员名单，核对艇员，指挥放艇	艇长：持有艇员名单，核对艇员，指挥放艇，操纵放艇索	筏长：持有筏员名单，管理集合地点应急照明			
			副艇长：持有艇员名单，检查登乘人员着装和救生服、救生衣穿着，操纵放艇机	副艇长：持有艇员名单，检查登乘人员着装和救生服、救生衣穿着，操纵放艇机	解除救生筏系固索，将救生筏抛投水中拉动充气索			
			管理集合地点应急照明，救生艇电气设备和舷边护栏	管理集合地点应急照明，救生艇电气设备和舷边护栏	救生筏扶正			
			解除救生艇前系固索及保险插销	解除救生艇系固索	管理登乘梯，检查登乘人员救生服、救生衣的穿着			
			解除救生艇后系固索及保险插销	解除救生艇保险插销	抛投救生浮环，救助落水人员登筏			

（续表）

			管理救生艇前救生吊索，出艏缆、止晃索，脱前艇钩	放妥登乘梯	解除救生筏系缆，使筏脱离船舶			
			管理救生艇后救生吊索，出艉缆、止晃索，脱后艇钩，操舵	检查艇底塞和应急舵	管理海锚，控制救生筏漂流速度			
			携带救生圈，塞艇底塞，出艇靠把，操作艇钩脱开装置，撑篙	操纵救生艇艇钩脱开装置	降落式救生筏起吊处于降落位置，使救生筏充气成型（如有）			
			操纵救生艇艇机	关闭好所有水密舱口和其他出口				
			放妥登艇梯，带艏缆					

救 生 部 署

BOAT STATIONS

No.________救生艇兼救助艇

No.________Lifeboat is rescueboat

驾 驶 台

BRIDGE

驾驶员	协助船长，瞭望，操纵车钟，管理火灾探测器
值班水手	联络传令，悬挂、释放信号，管理抛绳设备，抛投带自发烟雾信号的救生圈，操舵，协助瞭望
无线电操作员	管理DSC/VHF/双向无线电话等通信设备。协助船长负责船内外通信联系，根据船长指示通知弃船集合地点

船长

MASTER

机 舱

ENGINE ROOM

轮机员	管理操纵主机、辅机和应急发电机

（续表）

消防部署 FIRE STATIONS					
消防队 FIRE-FIGHTING SQUAD			技术队 TECHNICAL SQUAD		
任务 DUTIES	执行人 OPERATOR	集合地点 MUSTER STATION	任务 DUTIES	执行人 OPERATOR	集合地点 MUSTER STATION
队长：现场指挥			队长：现场指挥		
副队长：协助队长工作			副队长：协助队长工作		
消防员：探火，抢险			管理固定灭火系统，按船长命令施放		
切断有关电路，关闭风机			管理、操纵应急消防泵		
关闭防火门窗、舱口、通道及通风筒			管理、操纵机舱固定灭火系统		
管理消火栓、水带及水枪			管理、操纵固定式局部灭火系统		
携带手提式灭火器			关闭机舱防火门、天窗、孔道及通风筒		
隔离火场附近易燃物			切断有关油路		
携带担架和急救药箱			管理国际通岸接头		

备注：

1. 应变部署表中的任务可以一人多职，也可一职多人。
2. 船长的接替人为大副，轮机长的接替人为大管轮，驾驶员互为替换人，轮机员互为替换人，艇长的接替人为持证人员。
3. 航行途中发生人落水时，驾驶室固定人员为：船长、值班驾驶员、一水；机舱固定人员为：轮机长、值班轮机员、机匠。
4. 当弃船时，如果应急部署的位置发生变化，与规定的登船位置不同，那么所有的船员听到警报声后应该穿上救生衣并且首先在应急集合地点集合。这种情况下的应急集合地点和岗位通常在甲板上。
5. 表中“执行人”一栏应填写船员编号。
6. 救生艇必须符合《国际海上人命安全公约》第 3 章第 5 节 47 条要求。救助艇的降落参照救生艇的降落，由船长现场决定增加救助、救护和担架人员。
7. 消防、救生设备维护保养责任人分别为：三副、大管轮、三管轮，大副、轮机长负责监督指导。

船长：　　　　　　　　日期：

MASTER: ________　　DATE: ________

任务三　船舶应急演习与训练

【任务分析】

本任务要求同学们掌握熟悉船舶应急演习与训练方面的规定,特别熟悉对弃船和消防演习的要求,掌握船上训练与授课的规定和内容。

【相关知识】

一、对船舶应急演习的组织

1. 应急演习的目的

组织船舶应急演习是为了:

①提高船员安全意识,树立居安思危、常备不懈的思想。

②使船员熟悉应变岗位及职责,避免应急时惊慌失措。

③使船员熟练掌握各种应急设备的操作技能,以便在应急时能正确操作这些设备。

④检查、试验各类应急器材、设备的技术状态,发现问题并及时解决,使其处于随时可用状态。

⑤验证演习(练)应急程序的适应性和可操作性,发现问题并及时解决。

2. 应急演习的时间间隔

根据SOLAS公约及国内的有关规定:

①应急演习应当以适当的时间间隔进行,既要保证全船处于良好的可随时应急的状态,又不至于干扰船上的正常工作。船长可根据情况和需要,酌情增加应急演习。例如,在前往油污控制严格的国家,或前往海盗活动频繁的海区时,可以临时增加油污演习或反海盗演习等。

②每个船员应在开航前熟悉其应急职责。

③每个船员每月应至少参加弃船演习和消防演习各一次,若有25%以上的船员未参加上个月的演习,应在该船离港后24 h内举行上述两项演习。

④客船每周进行一次弃船演习和消防演习,每次演习不必全体船员都参加,但每个船员应每月参加弃船演习和消防演习各一次。对于航行时间超过一周的客船,在离港前应举行一次全面的水密门、舷窗、泄水孔的阀及关闭装置、出灰管与垃圾管的操作演习,此后在航行中至少每周举行一次这样的演习。

⑤若乘客按行程将在船上停留24 h以上,从事此种航行的船舶须在开航前或开航后立即

集合新上船的乘客，并向乘客介绍救生衣的使用方法以及在紧急情况下须采取的行动。每当有新乘客上船时，应在船舶开航前或开航后向乘客做一次安全知识的简要介绍。介绍应包括应变须知，并应以一种或几种乘客易懂的语言进行宣讲。

宣讲应使用船上的公共广播系统或其他等效的方式，该等效方式至少应使在航行中尚未听到介绍的乘客易于听到。介绍可包括在上述的集合演习之内，可使用资料卡或标贴，或船上图像显示的视频节目作为简要介绍的补充，但其不可以替代宣讲。

⑥保安演习至少每3个月进行一次，若有25%以上的船员未在最近的3个月中参加过该船的演习，或者由于船舶处于修理和季节性延迟，则必须在发生变更的1周内进行演习。

⑦应急操舵演习每3个月应进行一次。

⑧油污应变演习每3个月，最长不超过6个月应进行一次。

⑨营救落水人员演习每3个月应进行一次。

⑩围蔽处所进入和救助演习每2个月应进行一次。

⑪堵漏演习每3个月进行一次。

3. 应急演习的策划

各类应急演习尽管有一定的时间间隔规定，但船长还是需要对在什么时间、什么地点、进行哪种应急演习予以适当的安排。需要考虑的因素包括：

①演习对人员、船舶、设备、环境的安全性，例如放艇操作应选择在遮蔽海区或平静海面进行。

②港内演习或在某些敏感区域举行演习，须事先经有关主管当局的批准。

③是否需要对某种应急情况增加演习次数，可能的演习效果和是否需要在演习前进行必要的培训。

④是进行单项演习、多项演习，还是综合演习等。

演习是用来保障应急能力和完善应急部署的，如果在当时情况和环境下演习会严重危及船舶或人员的安全，则应另择时间、地点进行，并将原因记录于航海日志。

4. 对应急演习的监督

(1)成功的应急演习必须具备的基本条件包括：

①训练有素的人员。

②完备的应急设备和器材。

③高效的应急预案。

④正确果断的组织和指挥。

(2)为使船舶能够成功地应急，在平时组织的应急演习过程中，船长应对演习的全过程进行监督，并注意检查下列事项：

①在施放应急警报信号后，参加演习的船员能否在2 min内到达指定地点；消防演习时，机舱能否在5 min内开泵供水；弃船演习时，能否由2名船员在5 min内完成救生艇降落和登乘准备，能否在船长下达放艇命令后5 min内将艇放至水面。

②参加演习的船员能否按应变部署表或应急计划的要求正确携带指定的器材。

③对参加演习的船员所规定的、布置的行动是否能切实有效地进行。

④参加演习的船员能否熟练地使用应急设备和了解应急设备的性能。

⑤船上应急系统、设备、器材等是否处于随时可用状态。

⑥针对不同的应急情况和船舶状况，所采取的措施的有效程度。

⑦应急逃生通道是否通畅；救生艇筏的释放是否无障碍；消火栓附近有无妨碍消防皮龙连接的货物或物品；消防控制站内有无堆放杂物；应急操作说明和示意图是否张贴良好和方便阅读等。

⑧参加演习的船员对应急初期所取得成果的有效性的认识如何。

⑨通信、联络、送电、送水等有关系统的有效性。

⑩参加演习船员的应变意识，重视程度；整体配合的协调程度；对任务变换的适应能力；接替人的适任性；应变部署表的有效性；船岸协同应急的效果如何等。

5. 应急演习总结

对演习监督过程中发现或暴露出来的问题，应及时总结并迅速制定整改措施，并应通过下一次演习（必要时可尽快组织补充演习）来验证整改措施的有效性。

6. 应急演习记录

由大副将演习的起止时间、地点、演习内容和有关情况，如实正确地记入航海日志的重大记事栏内。若在指定时间未举行全部应变演习或训练项目时，则应在航海日志内记述其原因和已举行演习或训练项目的范围。

7. 应急演习善后

演习结束后，演习中所使用过的应急设备应立即恢复到原状，以便能被立即用来应急。演习中发现的问题应尽快排除。

二、对船舶各类应急演习的要求

1. 消防演习

（1）消防演习应根据消防演习计划进行。在制订消防演习计划时，对根据船型和货物而实际可能发生的各种紧急情况，应给予充分考虑。

（2）SOLAS 公约规定，每次消防演习应包括下列内容：

①向集合地点报到，并准备执行应变部署表中规定的任务。

②检查是否按应变部署表上的规定携带指定的器材。

③检查消防员装备和其他人员的救助设备。

④启动一个消防泵，要求至少射出两股水柱，以表明该系统处于正常的工作状况。

⑤检查有关的通信设备。

⑥检查演习区域内水密门、防火门、防火闸和通风系统的主要进、出口的操作情况。

⑦检查供随后弃船用的必要装置。

（3）在每次进行消防演习时，可分别模拟机舱着火、厨房着火、生活区着火、货舱着火，进行相应的火灾报警、鸣放警报信号、集合、关闭通风、组织探火、灭火等消防程序的演练，以及演习结束后的讲评，最后宣布演习结束。

（4）演习中使用过的设备应立即恢复到完好的操作状况；演习中发现的任何故障和缺陷，

应尽快予以消除。

2. 弃船演习

(1)弃船演习应根据弃船演习计划进行。

(2)SOLAS 公约规定,每次弃船演习应包括下列内容:

①先使用报警系统,然后通过公共广播或其他通信系统宣布进行演习,将乘客和船员召集至集合站,并确保他们知道弃船命令。

②向集合地点报道,并准备执行应变部署表中规定的任务。

③查看船员和旅客的穿着是否合适。

④查看船员和旅客是否正确地穿着救生衣。

⑤在完成任何必要的降落准备工作后,至少降下一艘救生艇。

⑥启动并操作救生艇发动机。

⑦操作降落救生筏所用的吊筏架。

⑧模拟搜救几位被困于客舱中的乘客。

⑨介绍无线电救生设备的使用。

(3)每艘救生艇应每 3 个月在弃船演习时降落下水一次,并指定船员进行水上操纵(演习)。在这样的演习中,救生艇在降放时可不乘载操作的船员。

(4)从事短途国际航行的船舶,每艘救生艇至少每 3 个月下降一次,并每年降落下水一次。

(5)自由降落式救生艇,每 3 个月至少有一次船员应登上救生艇,在其座位中正确系固并开始降落下水程序,但不必实际释放救生艇(即释放钩不应松开);在不超过 6 个月的间隔期内,搭载操艇船员自由降落下水,或按 IMO 制定的指南进行模拟降落下水。

(6)在合理可行的情况下,专用救助艇应乘载被指派的船员每个月降落下水一次,并在水中操纵。无论如何,这个要求每 3 个月至少进行一次。

(7)航行中降落救生艇、救助艇下水演习时,应在遮蔽水域进行,并在有此项演习经验的驾驶员监督下进行。

(8)每次弃船演习应试验供集合和弃船用的应急照明系统。

(9)在每次进行弃船演习时,应进行鸣放弃船信号、完成弃船前的甲板和机舱自我保护动作、集合、放艇(筏)前的检查、放艇(筏)、回收艇(筏)等弃船程序的演练,以及演习结束后的讲评,最后宣布演习结束。

3. 人落水演习

(1)人落水演习应根据人落水演习计划进行。

(2)在船上举行的人落水演习应包括下列内容:

①向船长报告,鸣放人落水警报信号,模拟观察和抛掷救生圈。

②向集合地点报到,并准备执行应变部署表中规定的任务。

③检查是否按应变部署表上的规定携带指定的器材。

④做好救助艇的放艇准备。

⑤检查参加演习的人员是否熟悉自己相应的应急职责,能否按应变部署表中的规定进行人落水应急操作。

（3）在每次进行人落水演习时，应进行鸣放警报信号、操船甩尾、模拟观察和抛掷救生圈、集合、模拟放艇等人落水应急程序的演练，以及演习结束后的讲评，最后宣布演习结束。

4. 油污演习

（1）油污演习应根据油污演习计划进行。在制订油污演习计划时，应充分考虑油污应急计划中的要求。

（2）在船上举行的油污演习应包括下列内容：

①检查、试验有关油污警报和通信系统。

②发出油污警报，向集合地点报到，并准备执行应变部署表中规定的任务。

③检查参加演习的人员是否熟悉自己的油污应急职责，能否按应变部署表和船上油污应急计划中的规定进行油污应急操作。

④模拟向公司及有关主管机关报告。

⑤演练关闭阀门、堵塞甲板排水孔、甲板围栏和收集溢油、清除溢出舷外的溢油等油污应急行动。

（3）油污演习可以和其他演习联合进行。

（4）在每次进行油污演习时，应进行鸣放警报信号、集合、关闭阀门、堵塞甲板排水孔、模拟收集溢油等油污应急程序的演练，以及演习结束后的讲评，最后宣布演习结束。

5. 应急操舵演习

（1）应急操舵演习应按应急操舵演习计划进行。

（2）SOLAS 公约规定，每次在船上举行的应急操舵演习应包括下列内容：

①在舵机间对舵机的直接控制。

②驾驶台与舵机间的通信程序。

③转换动力供应的操作。

（3）具有应急舵操作职责的船员每 3 个月至少进行 1 次应急操舵演习（试验），每次演习前应对应急操舵装置各部件进行检查，在演习中应模拟舵机故障及模拟故障检查和排除、在舵机间进行应急操舵、在驾驶台与舵机间进行通信、进行操舵装置的动力转换的演练。演习结束后应进行讲评，最后宣布演习结束。

6. 围蔽处所进入和救助演习

（1）围蔽处所进入和救助演习应以安全的方式计划和执行。

（2）SOLAS 公约规定，每次在船上举行的围蔽处所进入和救助演习应包括下列内容：

①检查并使用进入所需的个人保护设备。

②检查并使用通信设备和程序。

③检查并使用测量围蔽处所内空气的仪器。

④检查并使用救助设备和程序。

⑤急救和复苏技术的指导。

（3）对于 500 总吨以上的散货船和油船，检验通道是围蔽处所，演习中加入检验通道的内容。

（4）具有围蔽处所进入或救助职责的船员应参加海上每 2 个月内至少举行 1 次的围蔽处

所进入和救助演习。

三、船上训练与授课

1. 训练与授课安排

①应尽快地(不迟于船员上船后的 2 周内)进行船舶救生、消防设备用法的船上训练。

②在装有吊筏架降落救生筏的船上,应在不超过 4 个月的间隔期内进行 1 次该设备用法的船上训练。

③应在与应急演习相同的间隔内,讲授船舶消防、救生设备用法和海上救生须知方面的课程。每一课程的内容可以是船舶救生和消防设备系统中的不同部分,但每 2 个月一期的课程应覆盖全部救生和消防设备。

④每次授课如有未参加听课的值班人员,应专门进行补课。

2. 授课内容

每个船员均应听课。课程内容包括但不限于:

①气胀式救生筏的操作与使用。

②低温保护问题。

③低温急救护理及其他合适的急救方法。

④在恶劣天气和海况中使用救生设备所必需的专门知识。

⑤消防设备的操作与使用。

3. 训练手册

(1)根据公约要求编写的训练手册应存放在每个船员餐厅和娱乐室,或在每个船员居住舱室内配备一本。

(2)目前船上通常在下列场所放置训练手册:驾驶台、机舱集控室、机舱工作间、船首仓库、消防系统控制室、餐厅、娱乐室、救生艇内等管理部门。

(3)国内船上通常配置由国家海事管理部门组织编写的训练手册,外国籍船上通常配置由国际海事组织编写的海员手册。大的船公司通常还制定自己的《船员训练手册》。

(4)训练手册应使用船舶的工作语言。

(5)船上训练应参考训练手册中的内容进行。这些资料的任何部分都可以用视听辅助教材形式提供。

(6)训练手册应包括(但不限于)以下内容:

消防:不同部位消防演习的程序和步骤;灭火系统和消防设备的操作与使用;消防员装备(包括自给式呼吸器)的使用方法;有关烟气的危害、电气火灾、易燃液体和船上类似的常见危险的一般防火安全实践和预防手段;有关灭火行为和灭火程序的一般性应知、应会的内容,包括火灾报告及使用手动报警按钮的程序;火的类型、灭火原理及应选用的灭火介质;如何辨别火源,判断火势的扩延和爆炸可能性;防火门、挡火(烟)闸的操作和使用;脱险通道系统和设备的使用;紧急逃生呼吸装置的使用;在注满烟气的封闭处所如何采取安全措施;厨房火灾的应急处理;机器处所火灾的应急处理等。

救生：弃船、救生演习程序和步骤；救生艇筏和救助艇的登乘、降落和离开，包括海上撤离系统的使用；封闭式救生艇在艇内的降落方法，如何从降落设备上脱开；救生艇筏和救助艇的回收，包括存放和系固；救生艇艇机启动及附件的使用方法；气胀式救生筏的操作与使用；暴露的危险和穿保温服的必要性；救生衣、救生服、浸水保温服和抗暴露服的穿着方法；低温保护、低温急救护理以及其他合适的急救方法；在恶劣气候和恶劣海况中，船舶救生设备的正确使用；降落区域照明和防护设备的用法；海锚及艇内所有救生属具的用法；无线电救生设备的用法；拯救的方法，包括直升机救助装置，连裤救生圈、海岸救生工具和船舶抛绳设备的用法；应变部署表与应急须知所列出的所有其他措施；救生设备的应急修理须知等。配有海上撤离系统的每艘船舶，应设有用于该系统的船上培训教具。

（7）根据公约要求，所有船舶必须配备《消防安全培训手册》和《防火安全操作手册》，便于船员掌握消防知识和技能，提高防火安全意识，做到在工作和日常生活中时时事事注意防火，并具备处理火灾应急情况的必要技能，一旦发生火灾，能运用良好的消防知识和技能将火灾扑灭，减少火灾损失。同时作为公司安全管理体系的一部分，上述资料纳入 ISM 审核员的审核范围和 PSC 检查官员的检查项目。

①《消防安全培训手册》主要包括：烟气等有毒气体对船员的危害；货舱灭火；生活区灭火；船员日常消防安全须知；机舱消防应急操作规程；船舶消防设备和装置的配备和使用说明；消防设备的维护保养；消防设备定期维护保养计划等。

②《防火安全操作手册》主要包括：消防知识；船舶日常防火和船舶防火安全操作；货物运输过程中的防火；船舶灭火设备的管理和火灾应急须知等。

任务四 船舶应急行动

【任务分析】

本任务要求同学们掌握船舶自救以及保护人命安全的基本原则及行动要点，了解船舶应急行动基本程序，熟悉船上主要应急应采取的应急行动要点。

【相关知识】

一、船舶自救行动

1. 船舶自救的基本原则

船舶发生海事，应尽最大努力采取自救。船舶是海上人命生存的良好基地，在尚未严重危及人身安全时，船长、船员必须采取一切有效行动保全船舶。当确认船舶的沉没或灭失无法避免时，船长应果断下令撤离船舶或弃船求生，以保证旅客、船员的安全。

2. 船舶在紧急情况下的自救行动要点

①不同种类的海事应采取不同的自救行动。对于碰撞、触礁等海事导致船体破损进水，进而有沉船危险时，首先应将主要精力放在堵漏和排水，以保证船舶有足够稳性、浮力及抗沉能力。如进水速度较快，难以控制时，则应考虑选择适当的水域实施抢滩。对于火灾或爆炸等海事，应立即按照应变部署表组织船员灭火，并尽可能驶离会危及邻近船舶和设施的水域。

②船舶自救重点因船而异。客船的自救重点永远是旅客安全；油船及液化气船的自救重点则在于灭火，防止发生爆炸，控制货油外泄，防止船体断裂和沉船。

③船舶自救组织工作应在准确地查清当时船舶所处的环境、受损情况以及可能面临的危险等基础上进行。情况不清就盲目地实施自救，可能会导致损失的扩大与险情的加重。

④一旦开始自救，应抓紧时机，按事先拟定的应急部署和应变程序进行。船舶自救是否能够有效实施，往往取决于能否抓住有利时机。而按事先拟定的应急部署和应变程序进行自救，是有条不紊地做好自救工作的保证，但不妨碍根据船舶实际受损情况以及可以参加应急的船员情况，临时调整应急方案。

3. 争取救援

船舶遇险时，船长若对本船自救保全的可能性持怀疑态度，则应在尽力自救的同时，争取其他船舶的救援。通常可采取：

①通过 GMDSS 设备发出遇险报警和求救信号。

②择机发送救生火箭等视觉求救信号，直到确认已引起邻近航空器或船舶的注意为止。

③当遇险船获悉有众多他船来救助本船时，应及时选定适当的救援船舶和通知这些船舶，并立即明确谢绝无须来救助的他船。

二、在紧急情况下保护船上人命安全的行动

1. 保护人命安全的行动应遵循的原则

船舶在紧急情况下，最优先的措施是保证人命安全，因此应遵循下列原则：首先检查是否有人员伤亡，然后判断是否需要救助，最后决定是否需要撤离船舶或弃船。

2. 保护人命安全的行动要点

（1）将人员撤离至安全区域

船舶发生碰撞、火灾、爆炸等紧急情况时，除迅速采取必要的应急措施外，应将旅客撤离事故现场，转移至安全区域。遭遇海盗袭击时，如有必要及可能，应将船员、旅客迅速撤至预先设定的安全区域（如安全舱）。对于武装海盗，在船员生命尚未受到严重威胁时，应审时度势，不应鲁莽地或盲目地进行抵抗，以避免遭受不必要的报复和人员伤亡。

（2）伤员救治

船舶发生紧急情况后，如有人员受伤时，若在港内，可立即联系送往医院治疗；若在海上，可根据船舶的具体情况，按照船舶医疗指南的指导，由负责的驾驶员进行治疗。当因伤势严重或船上条件限制等原因无法进行有效治疗时，应在请示船舶所有人后，选择申请直升机救助，或绕航驶往最近港口寻求医疗。

（3）争取外界援助

船舶发生紧急情况，特别是发生较严重的海事时，应首先立足于自救，即按应急部署表的规定尽力采取必要的应急措施进行自救。如果船舶受损程度已超出自救的可能范围，或经自救努力之后仍无转危为安的希望时，则应在继续采取自救措施以争取时间的同时寻求外界的援助。

（4）决定撤离船舶或弃船

当船舶遇险并严重危及船上人员的生命安全时，船长可以决定撤离船舶；在船舶可能沉没、毁灭的情况下，船长可以决定弃船。撤离船舶或弃船时，应按先旅客、后船员、最后船长的原则，有秩序地安全、迅速离船。客船决定弃船后，应按应变部署表的规定，指派船员专门负责指导、引导和保护旅客，包括：向旅客告警；指导、检查旅客穿好衣服和救生衣；召集旅客到各登乘点并登艇；维持通道及梯道上的秩序；控制旅客的动向；保证把毛毯送到艇上；检查旅客舱室有无遗漏人员等。

三、船舶应急行动基本程序

不论船舶发生哪种紧急情况需要应急，不论船舶在应急时采取哪种具体的应急方案，其应急行动的基本程序大体相同。

1. 初始阶段的应急行动基本程序

在船舶应急的初始阶段,应急行动的基本程序为:

①发现险情者报警。

②对险情进行初步控制。

③确定紧急情况的性质。

④通过一定手段获得与险情有关的信息以及应急所需要的信息。

⑤组建应急反应小组,准备应急设备和器材。

⑥确定应急方案。

⑦召集船员按应急预案或商定的应急方案进行应急行动。

2. 应急阶段的应急行动基本程序

在船舶应急阶段,应急行动的基本程序为:

①实施应急预案或商定的应急方案。

②对实施应急预案或商定的应急方案的效果予以评估。

③必要时调整应急方案和应急行动。

④必要时寻求外部援助。

⑤必要时,为保护人命安全而采取某些特别行动(如弃船等)。

3. 应急结束后的行动基本程序

①现场检查,消除隐患。

②记录与报告。

③恢复船舶的正常航行或停泊状况。

四、弃船时的应急行动

1. 弃船时的应急行动程序要点

(1)在决定弃船的情况下,船长应亲自发出弃船信号或宣布弃船命令。

(2)听到弃船信号或接到弃船命令后,船员应按应变部署表的规定进行弃船准备:

①降下国旗。

②销毁秘密文件。

③关停主机、发电机和机舱内正在运转的其他设备。

④关闭油舱(柜)在甲板上的透气孔、阀门。

⑤关闭海底阀、应急遥控油阀等。

⑥封死油舱在甲板上的呼吸口。

⑦做好降放艇筏的准备工作。

⑧利用 GMDSS 设备发出遇险求救信息和投放卫星 EPIRB。

(3)有关船员应检查并准备好携带下列物品登乘艇筏:航海日志、轮机日志、车钟记录簿、无线电日志;出事地点及附近的有关海图;国旗、船舶证书、机密文件;搜救雷达应答器;救生圈、望远镜、便携式双向 VHF 无线电话;现金、账册和货运单证(舱单、积载图、提单副本)等。

(4)机舱值班人员应坚守岗位,完成弃船前规定的保护动作,直至船长通知撤离为止。

(5)各艇筏负责人在做好救生艇筏的降放准备后报告船长,船长应立即通知值班人员撤离至救生艇筏登乘甲板,登艇筏前应认真检查清点人数。

(6)根据船长命令放下救生艇筏,船员有秩序地登乘艇筏,人齐后驾驶艇筏迅速驶离大船。

(7)在客船上,必须执行下列撤离顺序原则:

①先儿童和妇女,后成年男性。

②先旅客,后船员,最后船长。

(8)在客船上,还应指定船员负责保护和照顾旅客,并完成:

①向旅客告警并维持正常的秩序。

②指导、帮助并确认旅客正确穿好救生衣。

③有组织地集合旅客到达指定地点。

④引导旅客有序地登乘救生艇筏。

⑤清点旅客人数,确保所有旅客安全登乘艇筏。

(9)在弃船过程中、每个船员和指挥人员应保持镇定,确保旅客情绪稳定,防止惊慌和恐惧情绪出现及蔓延。弃船时,所有人员都必须正确穿着救生衣。

2. 登救生艇筏前的告知和请示

在登救生艇筏前,各艇筏负责人应向船长请示下列事项:

①本船遇险地点。

②是否发出遇险求救信号及遇险求救信号是否有回答。

③可能遇救的时间、地点。

④驶往最近陆地或交通线的航向、距离。

⑤放多艘救生艇筏后的救生艇筏集合地点。

⑥是原地等待还是驶向指定的地点。

⑦其他有关救生方面的指示。

五、船舶发生火灾时的应急行动

1. 初始阶段

①火灾发现者应大声呼叫报警。如火势不大,可用就近的灭火器材进行扑救;倘若火势较大,应按下就近的火灾报警装置,向全船报警。

②航行中,驾驶台接到火灾报警后,应立即发出消防应急警报信号。

③有关船员应立即按应变部署表规定的分工和职责,携带指定的器材赶到火灾现场。

④大副或轮机长(如火灾发生在机舱)担任应急现场指挥,现场指挥到达应急现场后应立即与驾驶台取得联系。

2. 应急阶段

①现场指挥应尽快查清以下情况,并向驾驶台报告:火源及火灾的类别;火场周围情况;有

无人员受困;是否威胁全船人员的生命安全等。如对火势、起火部位不明,可派出熟悉现场的探火员,身着消防员装备,携带必要的消防员用具,进入现场,探明火情。

②如发现有人员受困于火场,应在控制火势的同时及时设法解救。

③现场指挥应与船长尽快地商定具体的应急方案,确定拟使用的灭火剂和灭火方法等,并组织实施。

④在探明火情的基础上应立即控制火势。在确认着火处无人后应切断该处通风、关闭防火门窗;切断通往火场的电源、油路;转移或隔离火场周围的可燃物、贵重物品;喷水降低火场周围的温度;做好使用固定灭火系统的准备。

⑤在控制火势的同时,立即展开灭火。如探明为初起小火,应立即组织人员进行现场扑救。如为小面积油类火,用泡沫灭火器、干粉灭火器扑救;如为电器火,应立即切断有关部位电源,切断通风,然后扑救。

⑥如船长指示使用固定灭火系统,应立即撤出舱内人员,隔绝火灾现场的空气流通,然后根据船长的命令开启固定灭火系统,并根据火种,一次性向火灾舱室施放规定剂量的有效灭火剂。释放灭火剂后至少要封舱 24 h,开舱前必须派探火员探火,确认火已经被扑灭。

⑦如火势不能控制,危及船舶安全,应备妥救生艇筏,做好弃船的准备。

3. 应急结束后

①火被基本扑灭之后,应及时检查、清理现场,及时发现和扑灭余火以及隐蔽的燃烧物,防止死灰复燃。

②彻底检查紧靠火场的区域,确定火是否蔓延到其他地方。

③清点全船人数,并组织人员监视火场。

六、船舶发生爆炸时的应急行动

1. 初始阶段

①爆炸发现者若非值班驾驶员,则应立即向驾驶台报警。

②航行中,当船舶发生爆炸时,驾驶台应立即报告船长和通知机舱,并向全船发出警报。若爆炸引起火灾,应发出消防应急警报信号;若爆炸引起船体破损进水,应立即发出漏损(堵漏)应急警报信号。

③有关船员应根据发出的警报信号,按应变部署表中规定的分工和职责,携带指定的器材到现场参加应急。

④大副或轮机长(如爆炸发生在机舱)担任应急现场指挥。现场指挥到达应急现场后应立即与驾驶台取得联系。

2. 应急阶段

(1)现场指挥应尽快查清以下情况,并向船长报告:爆炸发生的地点;爆炸发生的可能原因;人员伤亡和被困情况;船体及设备损害情况;是否存在继续爆炸的可能;有无发生火灾的可能;有无可能隔离爆炸物;是否威胁全船人员的生命安全等。

(2)现场指挥应与船长尽快地商定具体的应急方案并组织实施。

(3)如情况允许,由大副或轮机长(如爆炸发生在机舱)亲自指挥隔离爆炸物。

(4)若爆炸后发生火灾、进水、油污染,则按相应的应急部署采取消防、堵漏、控制油污等应急反应行动。

(5)若出现下列情况,应根据船长命令,执行弃船应急行动计划:

①爆炸后船体发生严重倾斜。

②爆炸引起船舶迅速下沉。

③爆炸引起的火灾已经或将波及全船,火势无法控制,威胁到全船人员的生命安全时。

3. 应急结束后

①及时清查现场,查找隐患,避免再次发生爆炸。

②采取措施,设法保持或恢复船舶的续航能力,以便驶往挂靠港、目的港或避难港。

七、船舶发生碰撞后的应急行动

1. 初始阶段

①船舶发生碰撞后,驾驶台应立即报告船长和通知机舱。

②如碰撞造成船体破损、油污、火灾、人落水等,应立即发出漏损(堵漏)、油污、消防、人落水等应急警报信号。有关船员应根据发出的警报信号,按应变部署表中规定的分工和职责,携带指定的器材到现场参加应急。

③大副或轮机长(如碰撞部位在机舱)担任应急现场指挥。现场指挥到达应急现场后应立即与驾驶台取得联系。

④如碰撞后造成船体破损,应操纵船舶使破损部位不要对着水流,减少进水量。如本船撞入对方船体内,切忌立即倒车退出,应尽量设法保持原有态势,以免扩大破口和导致大量进水。

2. 应急阶段

①现场指挥应带领有关船员迅速查明碰撞的部位,测量本船的油、水舱以及压载水舱、污水沟(井),确定船体是否已破损进水以及进水情况。

②机舱应对由于碰撞而造成的主机、副机、舵机等机电设备的损害立即做出评估和抢修,并报告船长。机舱应根据船长指示将全部排水泵及应急发电机准备好,随时准备排水和送电。

③如碰撞导致船体结构损坏、船壳破损、进水等紧急情况,应立即组织力量排水、堵漏,进水严重应设法抢滩。如碰撞引起火灾,应立即启动消防应变部署。如碰撞引起油污,应立即按船上的油污应急部署和油污应急计划进行应变。如碰撞导致人员受伤,应立即组织抢救。

④在保证人身安全的前提下,大副应带领水手长检查货物有无移位、倒塌。

⑤如本船装有遇水燃烧或吸水膨胀的货物,应根据具体情况及时妥善处理(包括抛货)。

⑥在不严重危及自身安全的情况下,根据船长的指示救助对方船上的船员及旅客,并设法尽量减少对方船舶因碰撞而造成的损失。

⑦如本船有沉没危险,根据船长的命令迅速发出求救信号,并做好弃船准备。

3. 应急结束后

①与相碰船互相通报船名、国籍、船籍港、始发港、目的港。

②迅速向有关主管当局报告。

③检查确认船舶是否可续航，是否有能力驶往避难港。

④采取措施恢复船舶的续航。

八、船舶触礁、搁浅后的应急行动

1. 初始阶段

①航行中，船舶发生触礁或搁浅后，值班驾驶员应立即停车，并报告船长和通知机舱。

②如因触礁、搁浅造成船体破损、油污、人落水等，应立即发出漏损（堵漏）、油污、人落水等应急警报信号。有关船员应根据发出的警报信号，按应变部署表中规定的分工和职责，携带指定的器材到现场参加应急。

③驾驶台值班人员应详细记录触礁、搁浅的时间、船舶概位，并按规定显示号灯、号型。

④船舶触礁或搁浅后，为防止损失进一步扩大，应避免盲目用车、舵企图脱浅或摆脱礁石。

2. 应急阶段

（1）设法判断触礁、搁浅部位及船舶和货物受损害的程度：

①大副应在现场指挥有关人员做连续测量和记录；木匠负责观察（测量）淡水舱、污水沟（井）、双层底压载舱、干隔舱等有无进水以及水位变化情况；机舱有关人员测量各油舱（柜）的液位变化情况；水手长带领水手测量船舶周围水深，尤其是船首、尾的水深变化情况。

②轮机长应带领机舱人员检查主机、副机、舵机是否受损，能否正常工作，能否提供脱浅所需要的动力和电力。

③在保证人身安全的前提下，大副应带领水手长检查货物有无移位、倒塌。

（2）连续测定船位，检查、判断船舶触礁、搁浅后船位是否有移动，险情是否会进一步加剧。

（3）当船舶搁置在礁石上严重横倾时，应设法调整（如采用打排和移驳油水等方法）。为防止因大船严重横倾而无法放艇，应先将高舷救生艇放出，以备急需。

（4）如船体进水或漏油，应立即执行堵漏或油污应急部署。

（5）如触礁或搁浅导致火灾、人落水或需要弃船时，按相应的应变部署行动。

3. 起浮脱浅

①起浮脱浅方案必须考虑下列因素：可打排和移驳的油水、可移动的货物、本船主机功率和锚机的最大负荷、潮汐和风流、所需拖船的功率、船体强度、待救和脱浅所需的时间等。

②船舶低潮时搁浅且不严重时，可根据搁浅部位，采取调整船舶载荷沿纵向或横向分布来改变船舶的纵、横倾，或利用减少载荷（排出压载水、淡水、抛货等）来减少船舶吃水，以达到争取下一个高潮时自力起浮脱浅的目的。

③大型船舶在高潮前后搁浅，难以自力起浮脱浅，或自力起浮脱浅无效果时，船长应考虑并经船东同意，申请外援帮助脱浅。

④在等候自力脱浅的时机，或请求外援帮助脱浅期间，应根据天气、海况及等候时间的长短，适当采取固定船位的措施，包括用锚和向舱室灌水的方法，防止船体打横、严重横倾、断裂、

被推上高滩,甚至倾覆。

九、船体破损进水时的应急行动

1. 初始阶段

①发现者应立即向驾驶台报告,驾驶台应立即报告船长和通知机舱。

②发出漏损(堵漏)应急警报信号。有关船员应根据发出的警报信号,携带指定的器材到现场参加应急。

③大副或轮机长(如破损部位在机舱)担任应急现场指挥。现场指挥到达应急现场后应立即与驾驶台取得联系。

2. 应急阶段

①现场指挥应带领有关船员迅速查明漏损的部位,测量本船的油、水舱以及压载水舱、污水井,确定船体是否已破损进水以及其进水情况。

②立即关闭与进水舱室相邻舱室的水密门及其他水密装置。

③机舱人员除应保持主机、副机的良好工作状况以外,应按船长的命令全力排水。

④现场指挥应对船舶的进水量进行正确估算并报告船长。进水量与船速快慢、破损面积的大小及破损位置在水面下的深度有关,可按下式估算:

$$Q=4.43\mu S\sqrt{H-h}$$

式中:Q——破洞每秒进水量,m^3/s。

μ——流量系数,取0.6~0.75,破口越大系数越大。

S——破洞面积,m^2。

H——破洞中心位置到舱外海面距离,m。

h——破洞中心位置到舱内水面距离,m;当舱内水面未淹及破洞中心时,h取0。

根据本船的实际排水能力,对险情的发展做出充分估计,以便决策下一步的应急行动,包括排水状态下自力航行、请求援助、抢滩或弃船等。

⑤根据船体破损的具体情况,采用当时可行的方法,调整船舶的横倾和吃水差,以保证船舶具有适当的浮态。

3. 应急结束后

①继续观察和监视破损部位以及船舶的浮态。

②设法保持船舶的航行能力,以便驶往避难港。

4. 船舶进水的探测和判断方法

船舶进水可通过直接探测、观察,也可通过某些特征来分析判断。以下是一些探测和判断的方法:

①测量各油、水舱和污水井,根据液位变化来分析判断。测量时应注意倾听空气管中有无空气被挤压发出的啸声。

②对油舱和淡水舱,可用所取水样中是否含有盐分的方法来判断。

③舷侧破孔位置可在舷外用自制探测器（铁丝圈缝上帆布或铁丝缠绕泡沫板）进行探测，如发现某处有吸力产生，则破孔就在该处。

④在空舱的情况下，可以派人下舱查看。但当舱内有货时，禁止下舱查看。

⑤如果观察到舷侧有气泡从水线下冒出，或船舶吃水差发生异常变化，或船舶发生横倾，应考虑有破舱的可能。

5. 船体破损进水的类型

船体破损进水有以下三种类型：

①舱柜上部封闭，且在水线以下，破口位于水线以下。如双层底破损进水等，其特点是最终整个舱柜充满水，无自由液面，进水量为定值，即舱柜容积。计算破舱稳性时，可将进水量作为加载固体重量来处理。

②舱柜上部开敞，但与舷外水不相通。如甲板上浪时因甲板开口漏水引起的舱柜进水、船体破损进水后破口被堵住等，其特点是进水量不固定，存在自由液面。计算稳性时可将进水量作为装载液体重量来处理，要考虑自由液面的影响。

③舱柜上部开敞，且与舷外水相通。如水线以下船侧破损进水等，其特点是舱内水位与舷外水平面一致，进水量随船体下沉及倾斜的程度而变化，这是船体破损进水最常见的情况。计算稳性时一般采用浮力损失法或重量增加法，或查阅船厂或设计单位提供的《船舶分舱和破舱稳性报告书》。必要时，电请所属船级社计算稳性和评估本船的残存能力。

6. 保持船舶平衡的方法

船舶破损进水后会使吃水增加，引起纵倾、横倾，如果船舶没有一定的储备浮力和足够的破舱稳性，则将导致船舶迅速倾覆。为了调整严重横倾和纵倾，应根据本船的实际情况，慎重选择应对方法，以保持船体平衡。保持船体平衡的方法有：

①移驳法：向破损部位相反一侧调驳油、水。此法的优点是不增加船舶载荷，不损失储备浮力，但要考虑因移动载荷而可能给船舶稳性带来的不利影响。由于船上可供移驳的油、水往往数量有限，故此法有时效果不明显，只适用于调整纵、横倾不大的情况。

②对称注入法：向破损部位相反一侧注入海水。此法增加船舶载荷，损失储备浮力，只适用于水密舱室多而小的船舶（如客船、军舰等），一般船舶应慎用。

③减载法：将横、纵倾一侧的油、水排出，或将该侧的货物抛弃，或向他船驳载，以减轻该侧的重量。此法可减少船舶载荷、增加储备浮力，对船舶安全有利。但对排油、抛货这种行为应十分慎重，因为这样做，可能会对船舶的稳性和强度产生不利的影响，并可能造成海洋环境污染。

【拓展知识】

堵漏器械和堵漏方法

船舶可能会因为各种海损事故而破舱进水，因而根据船舶规范要求配备了各种堵漏器材。船舶发生漏损时，可根据破损的情况选用合适的堵漏器材，采用合适的方法进行堵漏应急。

1. 堵漏器材的种类

船上配备堵漏器材的种类、数量、规格根据船舶的大小、类型、航区等确定。常用的堵漏器材包括堵漏毯、堵漏板、堵漏箱(盒)、堵漏柱、堵漏螺杆、螺丝钩、木塞、木柱、木板、木楔、水泥和黄沙等。

(1)堵漏毯

堵漏毯又称堵漏席、堵漏垫(如图 4-4-1 所示),是进行舷外堵漏的有效工具。它虽不能完全将船壳水下破口堵严,但能大大减少破口的进水量。

①堵漏毯的类型

堵漏毯有重型和轻型两种,规格有 2.0 m×2.0 m、2.5 m×2.5 m、3.0 m×3.0 m^2、3.5 m×3.5 m、4 m×4 m 等。

重型堵漏毯用镀锌钢丝绳编成网眼直径约 30 mm 的网络,两面都装上双层防水帆布,毯的四角和每边中央都装有穿索具用的套环。

轻型堵漏毯无钢丝网,在上下两层帆布当中铺上粗羊毛毯,并每隔 200 mm 用帆线按对角平行方向缝牢。这种堵漏毯比较软,为了防止在堵大洞时海水将毯压入洞内,特在毯的一面用帆布缝上几道管套,可插入几根直径 25 mm 的镀锌钢管作为支撑,使用时无管的一面贴在船壳上。在船体弯曲较大的地方,带撑管的堵漏毯不适用,此时可采用一面缝有油麻绒的堵漏毯,堵漏时将有麻绒的一面转向破洞,靠水压将堵漏毯压紧在船壳板上,堵住破洞。

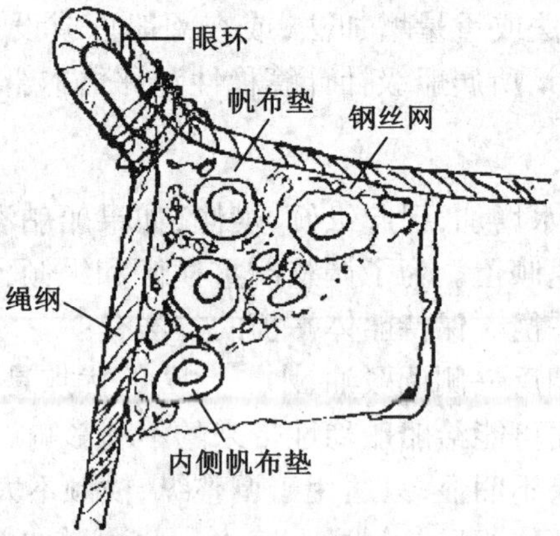

图 4-4-1 堵漏毯

②堵漏毯的索具

每张堵漏毯配有:

A. 顶索 2 根:用 16 mm,纤维绳,每根长 20 m,顶索上有深度标志。

B. 前后张索各 1 根:用 16 mm,纤维绳,每根长应为船长的一半以上。

C. 底索 2 根:用 12 mm,钢丝绳,每根长度应为船深与船宽之和的 2 倍再加上 5 m。

D. 卸扣 8 只:直径 19 mm,用来连接绳索和堵漏毯上的套环。

E. 导索滑车 4 只:用来把绳索引至车绞紧。

③堵漏毯的使用方法

A. 菱形挂法

菱形挂法只用 1 根底索(如图 4-4-2 所示),平直船壳及弯曲船壳处均适用。确定漏洞位置后,如用毛毯型堵漏毯,应将有毛的一面朝上,平放在漏洞上方的甲板上(如图 4-4-3 所示),接好前后张索,系好顶索,并将顶索放在堵漏毯下,将底索从船首前端兜过船底,沿两舷拉到漏洞处。底索的一端用卸扣接在堵漏毯上，一端在另一舷准备绞收，即可准备放毯堵漏。放时根据破洞深度，按标志将顶索固定好，再将堵漏毯推下水，在相对的一舷绞收底索，同时不断收紧张索，直到顶索标志指明已到达破洞时为止（如图 4-4-4 所示）。

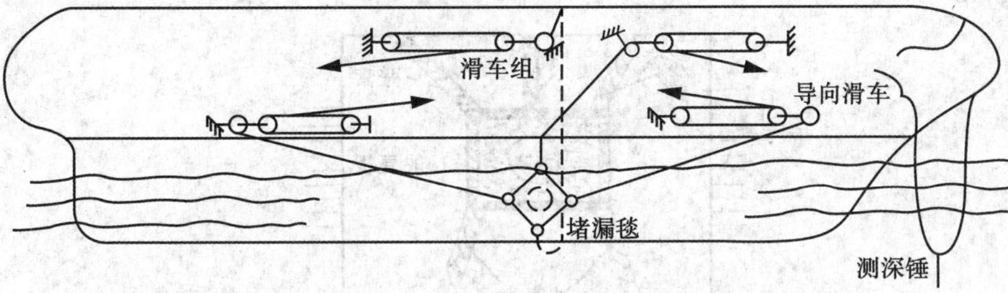

图 4-4-2 菱形挂法

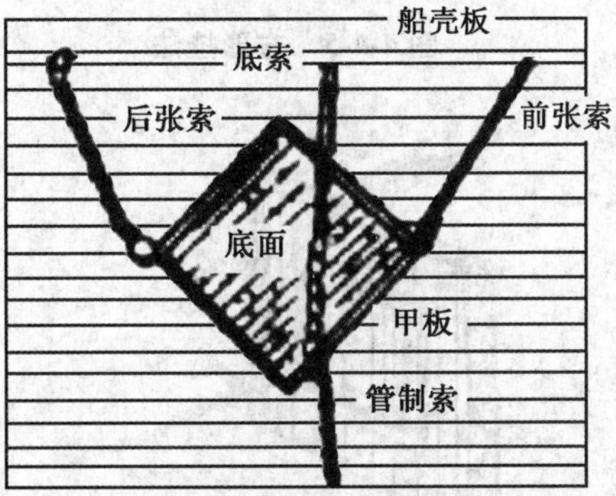

图 4-4-3 堵漏毯在甲板上准备放出舷外

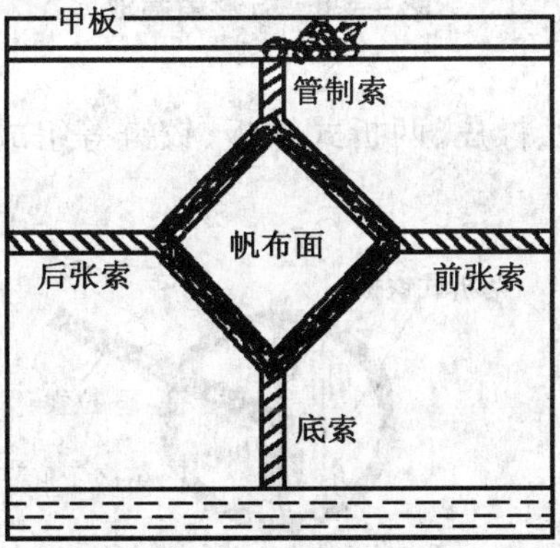

图 4-4-4 堵漏毯在破洞外

B. 方形挂法

方形挂法适用于平直船壳处，使用 2 根底索，操作方法和菱形挂法相似（如图 4-4-5 所示）。此法最适合于堵水线附近的破洞。

（2）堵漏板

堵漏板有方形、圆形折叠式、螺杆折叠式等。

①方形堵漏板

方形堵漏板由吊索、铁板、橡皮垫、拉索等组成（如图 4-4-6 所示）。它是从舷外向内堵的一种堵漏工具。

其使用方法是在拉索一端系一小绳，再用小绳系一木块从船内推出，待木块浮出水面后，从甲板上将它捞起并将垃索系在堵漏板的中央眼环上，然后边松吊索边将拉索拉进舷内，使堵漏板紧贴船壳。

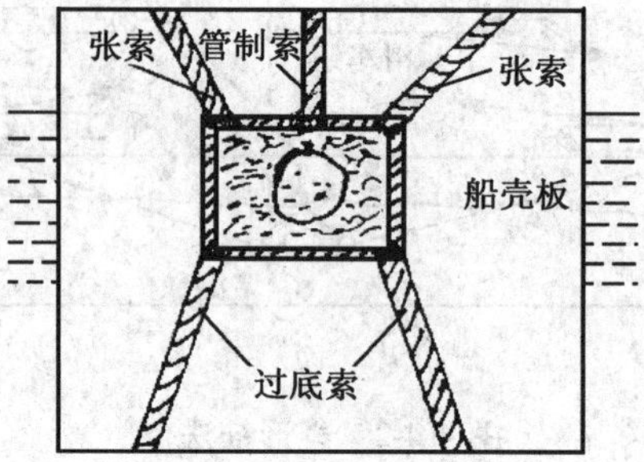

图 4-4-5　方形挂法

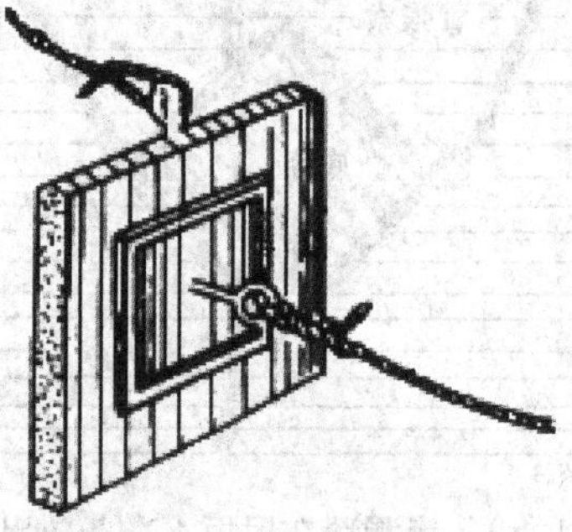

图 4-4-6　方形堵漏板

②圆形折叠式堵漏板

圆形折叠式堵漏板由拉索、橡皮、两折式铁板、铰链等组成（如图 4-4-7 所示）。它是一种简易型堵漏工具。

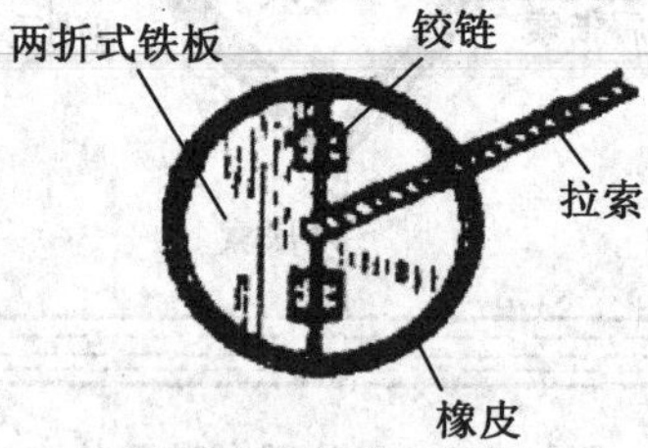

图 4-4-7　圆形折叠式堵漏板

其使用方法是先将堵漏板折叠好，从舷内破洞口伸向舷外展开（如图 4-4-8 所示），并拉紧压住破洞，然后靠拉索系紧于撑在肋骨上的木棍来支撑。

③螺杆折叠式堵漏板

螺杆折叠式堵漏板由螺杆、螺母、支架、铰链、三折式铁板、橡皮等组成（如图 4-4-9 所示），该堵漏板适合于堵住直径在 280 mm 以下的近似圆形破洞。

其使用方法是先把堵漏板折叠，以缩小面积，并与螺杆平行，从破洞舱内一边向舱外伸出，转动螺杆使堵漏板张开并与螺杆保持垂直，然后向舱内拉紧螺杆，抵上撑脚，旋紧蝶形螺母，使堵漏板贴紧壳板。

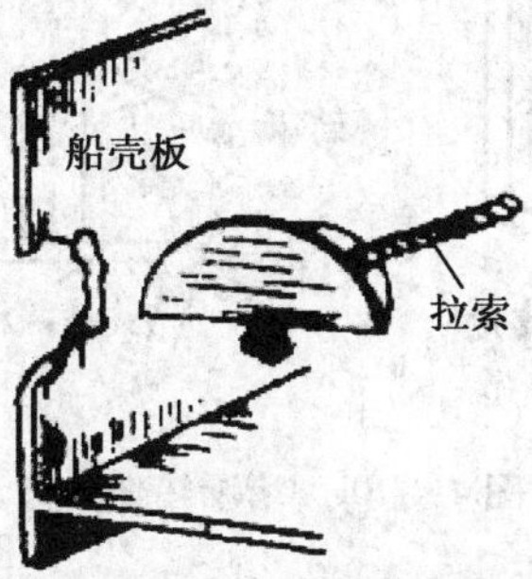

图 4-4-8 圆形折叠式堵漏板的使用

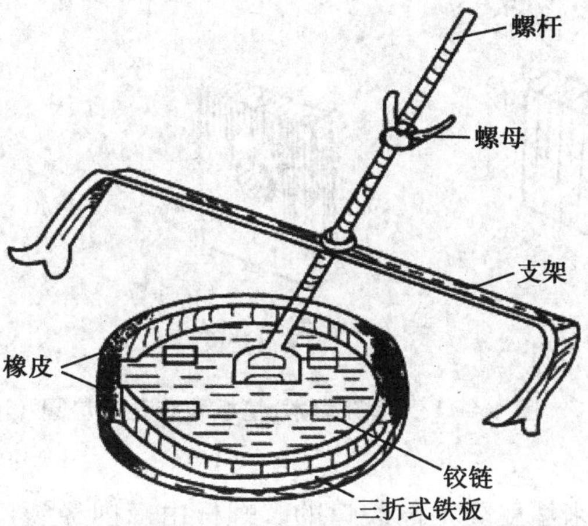

图 4-4-9 螺杆折叠式堵漏板

(3)堵漏箱

堵漏箱也称堵漏盒，它是一个方形铁箱，开口一面四周有橡皮垫条，是一种从船内进行堵漏的器材。它主要用于覆罩有较大向内卷边的洞口，或有一些小型突出物的舷壳裂口，或以木塞、木楔塞漏后四周仍不规则的缝孔等。其规格一般为 400 mm×400 mm×300 mm 的无盖铁盒，使用方法如图 4-4-10 所示。

(4)堵漏柱

堵漏柱是堵漏时做支撑用的，长度不一。配有一定数量的垫木和垫板，以便支撑时可垫至所需的长度，并使撑力分散。

①伸缩型堵漏柱

伸缩型堵漏柱由钢管或铁管制成，伸缩度为 0.5~1.2 m。

②堵漏木支柱

堵漏木支柱用松木或杉木制成，有圆形支柱和方形支柱，长度为 4~6 m。

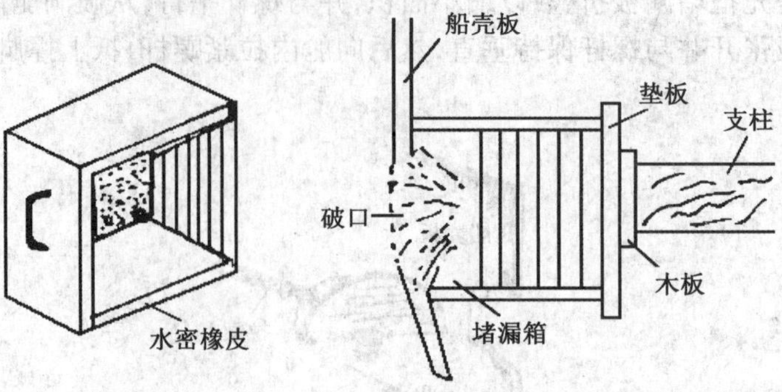

图 4-4-10　堵漏箱使用方法

(5)堵漏螺杆

堵漏螺杆适合堵中型破洞,并用如图 4-4-11 所示的有孔垫木、有孔垫板和有孔软垫圈配合。

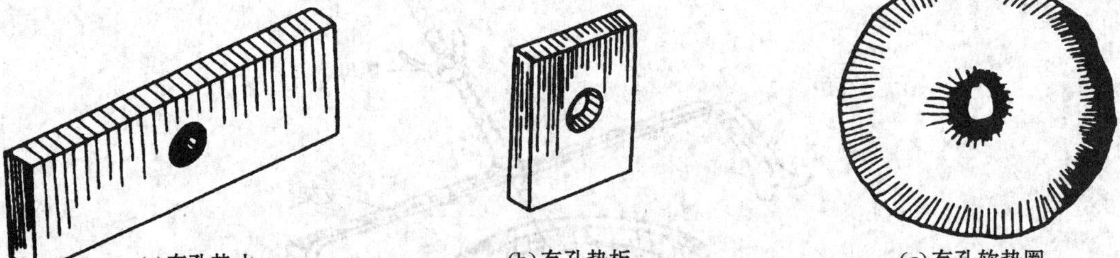

图 4-4-11　有孔垫木、垫板和有孔软垫圈

①T 形固定式螺杆

T 形固定式螺杆是用来堵船壳上的裂口的。螺杆由舷内经裂口伸出舷外后,将与螺杆垂直的横杆转到与裂口成直角(如图 4-4-12 所示),然后加有孔软垫和有孔垫木,再用螺母旋紧。裂口大时,可同时使用几根。

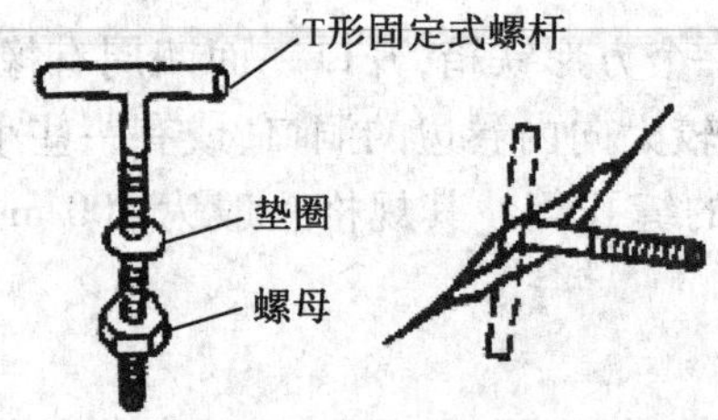

图 4-4-12　T 形固定式螺杆及其使用方法

②活动 T 形螺杆

活动 T 形螺杆和 T 形固定式螺杆不同的是螺杆头上的横杆是活动的,使用时将横杆折直后伸出舷外,更加方便(如图 4-4-13 所示)。

③钩头螺杆

钩头螺杆有 L 形和 J 形(如图 4-4-14 所示),适合于船壳裂口和破洞。

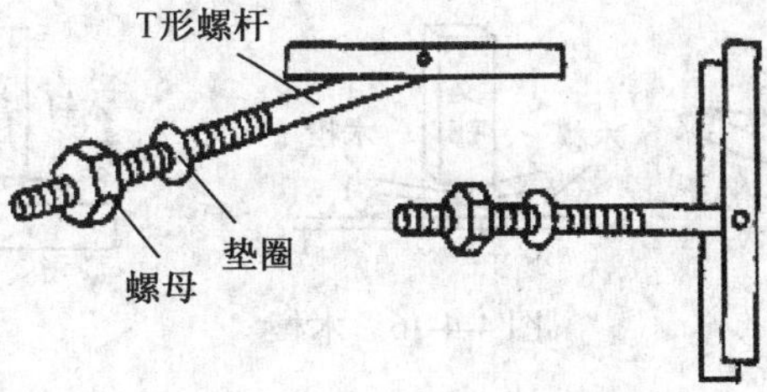

图 4-4-13 活动 T 形螺杆

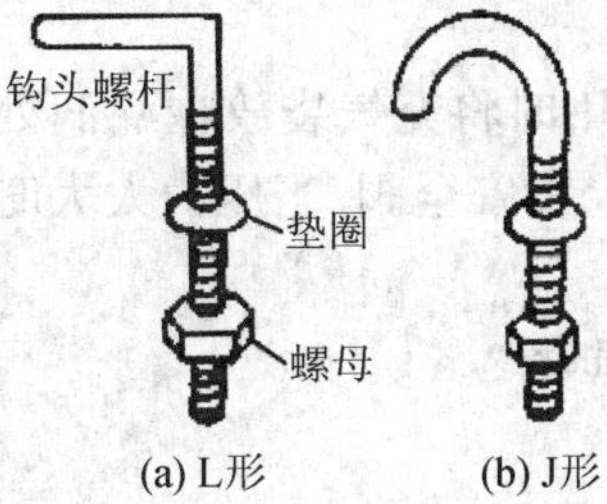

图 4-4-14 钩头螺杆

(6)其他堵漏器材

①木塞

大木塞可从舷外塞住中型破洞。塞法是在木塞两端旋上一个螺丝环,环上各系一根绳索,大的一端为吊索,小的一端为拉索。木塞用吊索吊到破洞处,由船内用带钩艇篙经破洞处钩入拉索,然后拉紧系牢(如图 4-4-15 所示)。

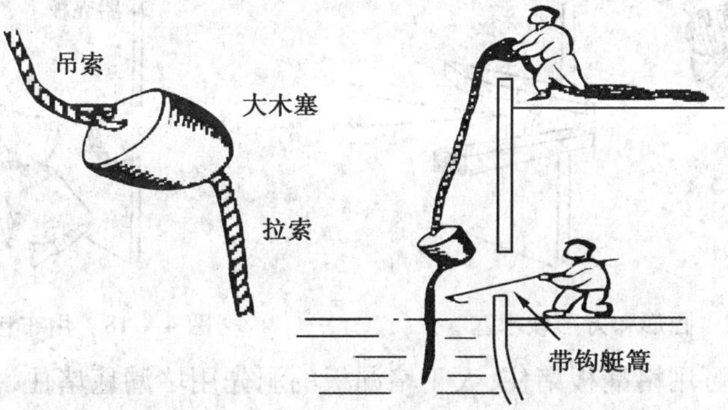

图 4-4-15 木塞及其使用方法

②木楔

堵漏木楔用来衬垫支柱,它的长度为厚度的 5~6 倍。衬垫时,将两块木楔的尖端相对,上下叠起(如图 4-4-16 所示)。为防止木楔滑出,可在两边用木钉钉住以便固定。

③堵漏用垫料和填料

堵漏用垫料和填料有软垫、浸油麻絮、橡胶垫等。

④水泥、黄沙、石子及催凝剂

一般应备有 10 包 500 号的高强度水泥,300 kg 洁净无杂物的粗粒黄沙,400 kg 直径 25 mm 以下的石子。催凝剂用苏打或水玻璃代替。

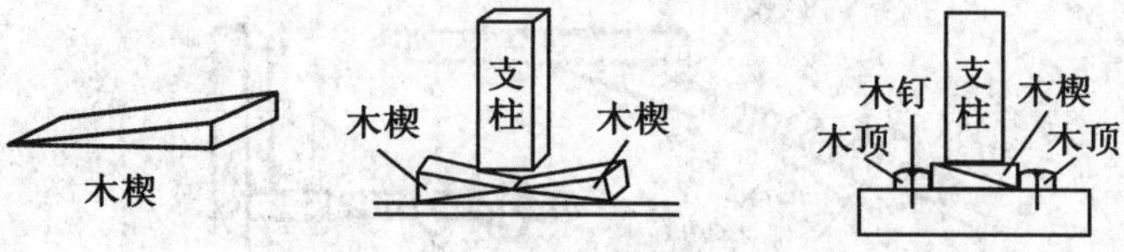

图 4-4-16　木楔

⑤堵漏用工具

堵漏用工具有锤子、锯子、电钻、扳手等木工和钳工工具以及各种钉子、螺丝、铁丝等材料。

⑥充气袋

充气袋有圆形、圆柱形等。使用时将充气袋放在漏洞处，利用潜水空气泵膨胀堵住漏洞，也有用 CO_2 充气使袋膨胀的。袋上设安全阀，当压力太大时可以放气。

⑦木滑车组

木滑车组一般用于拉紧各种绳索。

2. 堵漏

堵漏应根据破损位置及破洞大小而采取不同的措施。

（1）水线以下船壳破洞的堵法

水线以下直径小于 76 mm 的小孔，可用吸水发胀的软木塞堵住。孔小时，圆形和方形的软木塞混用（如图 4-4-17 所示），或用布包卷木塞（如图 4-4-18 所示），如要进一步水密，还可用麻丝填塞。

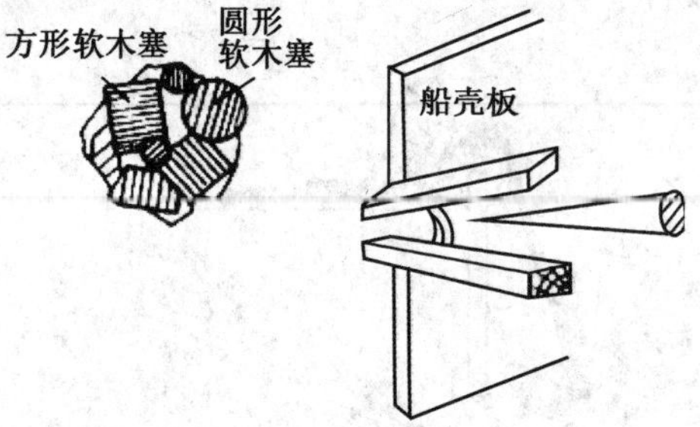

图 4-4-17　圆形和方形软木塞

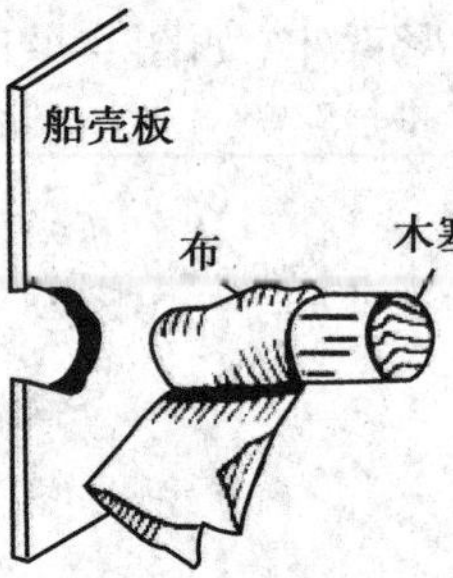

图 4-4-18　用布包卷木塞

小于堵漏板的洞可用堵漏板堵住，大于堵漏板的洞先用堵漏毯堵住，排水后再用水泥箱堵住。其方法是根据破洞大小，用木板制成型箱，先在破洞上敷设钢筋或组织丝网，再将型箱架设在破洞上，灌进调拌好的水泥浆。为了防止水泥浆被渗进的水冲走，可在型箱侧壁上装一排水管，等水泥凝固后再把水管塞住。

如需将水泥灌入浸水部位，应使用一漏斗和槽管，以免其被冲走。灌时要一面移动槽管下端，一面用铁条将水泥浆捣下去，如图 4-4-19 所示。槽管里要保持高于水面的水泥浆，以防海水侵入。

（2）水线以上船壳破洞的堵法

水线以上的破洞在舷内舷外都可堵塞，但从外向里堵比较可靠。小的破洞，可用各种堵漏器材进行堵塞，如用木塞堵，可使用吊索及拉索由舷外堵塞。大的破洞，可用床垫和撑柱（如图 4-4-20 所示）进行撑堵。

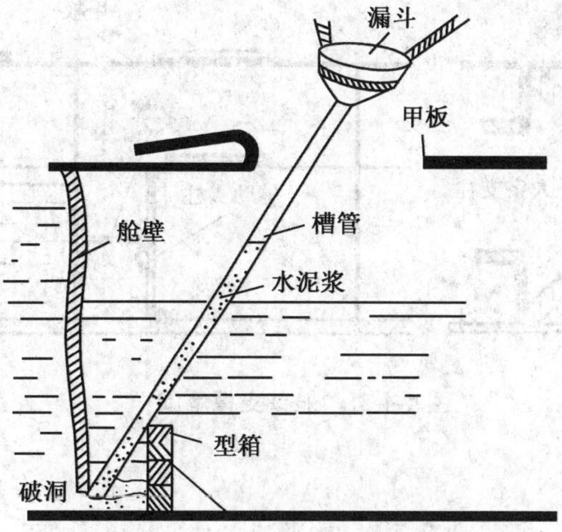

图 4-4-19 浸水部位灌水泥浆

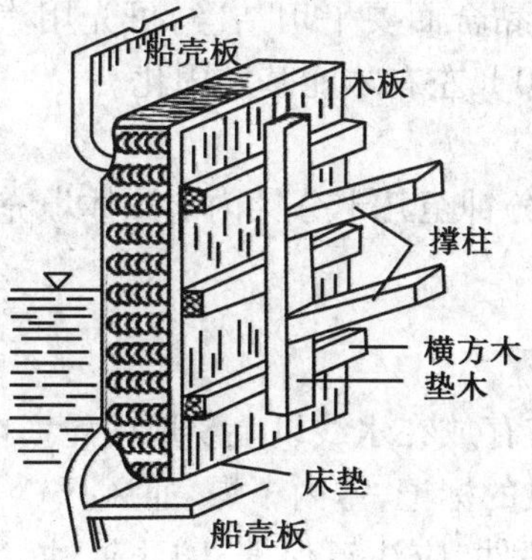

图 4-4-20 使用床垫和撑柱撑堵

(3)裂缝的堵法

裂缝不能直接用木塞打入,应先在裂缝两端钻小孔止裂,用麻丝、破布或木塞将缝堵塞之后,再用螺丝旋入小孔堵塞。

(4)舱壁支撑

破舱进水后,随进水水位的升高,舱壁承受的压力也越来越大,为防止舱壁被压裂,水漫至邻舱,需要在邻舱的舱壁上用垫木、垫板、支柱、木楔等进行支撑。

支撑的要点是:

①支撑点的位置应位于舱内水位的 1/3~1/2 高度处。

②使用垫板的垫木来分散应力,垫木应横架在舱壁加强筋上,并应有若干支撑点。

③支撑力应与舱壁垂直,可使用垂直支撑法或三角支撑法,如图 4-4-21 所示。三角支撑时支撑合力必须和舱壁平面成直角,支撑角越小支撑合力越大。

④支撑应结实,其横截面应不少于 100 mm×100 mm。支柱应用木楔打紧,并用马钉将其固定。

⑤若舱壁已变形,不能用千斤顶进行矫正,以防破裂。

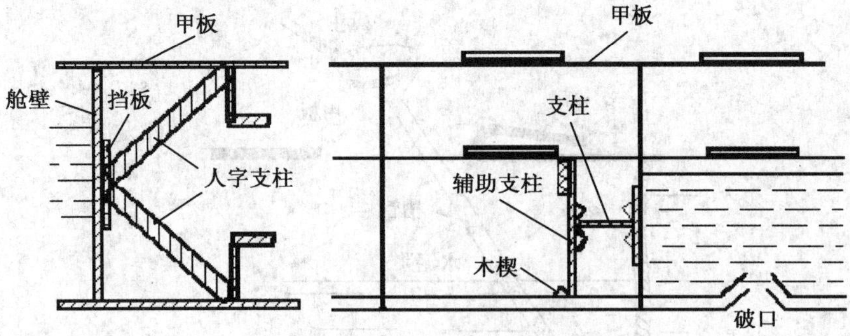

图 4-4-21　舱壁支撑堵漏

(5)其他堵漏方法

①焊补

情况许可时,可以用船上电焊设备进行破洞焊补。

②粘补

使用黏合剂将钢板粘补,黏合面要平坦洁净,可先用汽油去污,黏合后静止固化,在 20~25 ℃时,初步固化要 2~3 h,10 h 左右才能基本固化。

③泡沫体堵漏

使用化学泡沫方法,在几分钟至几十分钟内泡沫体填充到破损舱室内,使损伤处被泡沫密封,以阻止进水。

3. 堵漏器材的保管和检查

①堵漏器材、工具、材料应存放在水线以上易取的舱室内,由专人保管,不能移作他用。存放堵漏器材的舱室外须有明显的标记,室内干燥、通风。

②各种金属堵漏器材与部件,应注意保养,防止锈蚀,活动部分应经常加油润滑,以保持灵活。

③由纤维材料制作的堵漏器材,如堵漏毯、软垫、帆布和麻絮等,应经常晾晒通风,保持干燥,不致霉烂。

④木质堵漏器材不要置于高温、潮湿处。木塞、木楔等工具材料要清点,检查是否安全。

⑤堵漏橡皮、各种橡皮垫不可遇油,也不宜置于高温或潮湿处。

⑥各种堵漏器材每半年检查一次。水泥要防潮,防止压实结块,一年更换一次,黄沙应洁净,不为油脂和尘土所污染。

十、船舶发生溢油后的应急行动

1. 防止继续溢漏

船舶溢油后,应立即采取相应的措施,防止继续溢漏。措施包括:

①立即停止有关操作,通知供油船或供油设施停止供油作业,关闭管系上的所有阀门。

②发出溢油报警信号,实施最初的溢油应急反应程序。

③核实并确保甲板排水孔已堵塞,甲板溢油不至于流出舷外。

④将泄漏油舱中的油驳入空油舱或其他未满舱,必要并可能时,将油转驳到他船或岸上设施。

2. 防止溢油扩散

一旦出现溢油,首先要防止溢油扩散。常用的方法有:

①围油栏包围:围油栏是防止溢油扩散最常用的,也是较为有效的设备,但普通商船上通常没有这样的设备。

②化学凝聚剂阻止:在油膜周围撒布一种比溢油的扩散压大的化学凝聚剂,它在水面上扩散并压缩油膜,使油膜面积大大缩小,从而阻止溢油扩散。撒布化学凝聚剂的作业比铺设围油栏容易且迅速,对防止煤油、柴油等轻油和重油扩散是行之有效的方法。

3. 溢油回收

用物理方法回收溢油,是清除海面溢油较为理想的办法,既可避免溢油对环境的进一步危害,又能回收能源。

物理回收方法包括:

①人工回收:即用简陋的工具人工捞油。

②机械回收:可以使用撇油器、泵、吸油材料和专用机械设备等回收溢油。

③吸附回收:是把吸油材料抛在海面上,吸收散失在海面上的油层,然后把吸油材料回收,除去所吸污油后可重复使用。

4. 溢油的海上处理

当海上溢油无法用物理方法回收时,可采用化学消油剂、燃烧或沉降方法,在海上直接处理掉。

①溢油的化学处理

溢油化学处理剂有两类:一类是分散剂,另一类是凝油剂。分散剂自身有毒,容易造成二次污染,对高黏度和乳化油几乎无效,且用量大,价格高昂。凝油剂是一种使溢油结成块的化学试剂,固化后的浮油可用网回收。凝油剂一般无毒、无二次污染,且价格相对低廉,是一种很有前景的溢油化学处理剂。

②燃烧处理

在远离陆地及航道以外的海面,发生大规模溢油,由于海上气候条件恶劣,无法用机械方法回收溢油时,可直接将溢油在海上燃烧处理掉。

③沉降处理

用比重大的亲油性物质撒布在溢油表面上,并与油一起沉降到海底。由于沉降处理会污染海底,许多国家禁止使用。

十一、救助落水人员的应急行动

1. 发现落水人员时的紧急处置

①采取操船措施,避开落水者。

②立即投下就近的带自发烟雾信号(夜间带自亮灯)的救生圈。

③值班驾驶员应迅速按下 GPS 上的“SAVE”或“MOB”按钮。

④立即向船长报告。

⑤指派专人登高瞭望，不使目标丢失。

⑥发出人落水警报，开始实施人落水应变部署。

⑦有关人员应做好放下救助艇的准备工作。

2. 驶近落水者的操船方法

①单旋回法（一次回旋法、安德森回旋法）

单旋回法是一种270°回转的方法，适用于发现落水者较早，并可见的情况，即适用于“立即行动”的情况。其特点是能以最短的时间（与其他旋回方法比较）驶近落水者。

②威廉逊（Williamson）旋回法

该方法最适用于发现落水者尚早，但采取行动较晚，落水者难以看到时，即适用于“延迟行动”的情况。该方法能够使船舶较准确地回到原航向的相反航向上，在夜间或能见度不良时是有效地接近落水者的操船方法。但因耗时过长，不适用于“立即行动”。

③斯恰诺（Scharnow）旋回法

该方法适用于海上航行发现本船有失踪者，或已知有人落水但发现较晚，而船已驶出相当距离且根本看不到落水者时，即适用于“人员失踪”的情况。该法不适用于“立即行动”的情况。与 Williamson 旋回法比较，驶回原航向相反航向不够准确，但可节省 1~2 n mile 的航程。

3. 放艇救助

①根据船长指令做好放艇前的准备工作。

②本船驶向落水者的上风一侧，准备释放下风舷的救生艇（或救助艇，下同）。

③最好是在本船停住后放艇。本船前进中放艇，则船速应在 2 kn 以下。

④艇准备好后，2 人登艇，放艇时艇员集中于艇的中部并抓住救生索。

⑤按规定降放救生艇。

⑥在救生艇降落下水前，发动艇机，以便艇降落至水面后可迅速驶离。

⑦当波峰即将到达时，将艇降至水面。当下一个波峰来临之前，同时解脱前、后吊艇钩。如不能同时脱钩，应先脱后钩，并解去艇缆，用外舷舵进车驶离大船。

⑧救助：

A. 救生艇最好从落水者下风一侧接近，将落水者置于上风舷，利用救生圈或网具将落水者救至艇内，然后送上本船（施救船，下同）。

B. 若需立即将落水者送上本船，如风浪较大，救生艇难于驶回本船，本船应驶至救生艇的上风舷侧，放出艇缆，救生艇驶向艇缆并带好。由本船绞救生艇缆，将救生艇绞至本船边，再使用本船吊货装置或用网具从艇内将遇险人员吊起。

十二、救助遇险船舶、遇险艇筏上人员以及海上漂浮遇险人员的应急行动

1. 救助遇险船上人员的应急行动

救助海上遇险船上的人员可按下述步骤进行：

①如果遇险船不能放艇，而需要本船释放救生(助)艇救助遇险船上的人员时，本船(施救船，下同)应驶向遇险船的上风一侧，自本船下风舷放艇。收艇时，本船应绕航至遇险船的下风侧，等待救生(助)艇驶靠本船的下风舷后，再行收起。

②如遇险船可放出救生艇或救生筏时，本船应驶往遇险船的下风侧停留，并等待对方救生艇驶来。也可驶至遇险船首或船尾的近距离处，使本船位于遇险船上风，以便遇险船放下的救生艇筏来靠本船的下风舷。

③作为救助作业的场所，应在本船的下风舷侧张挂攀网，并在两侧备好软梯，以便遇险人员攀上本船。还应根据需要，及早备好系艇筏用的绳索。

2. 救助遇险艇筏上的人员的应急行动

(1)到达载有遇险人员的艇筏之前的准备工作

①在本船两舷沿水线从船首到船尾各系好一条供艇筏系靠用的大缆。

②如条件许可，在本船两舷各备妥一根吊杆以及吊货网、盘。

③在本船的最低开敞甲板两侧备妥撇缆、软梯、攀网。

④备妥一只作为登船点用的救生筏，但在到达现场前不要充气。

⑤备好抛绳器和一根引缆、一根大缆，以便连接遇险艇筏。

⑥准备至少2根有足够强度的吊艇钢索(两端琵琶头或一端为吊钩)。

⑦应采用使本船非常容易地被遇险艇筏看到的措施，如昼烟夜灯、鸣放汽笛等。

⑧做好医疗、担架准备。

(2)到达载有遇险人员的救生艇筏之后的工作

①在到达载有遇险人员的救生艇筏后，一般应为救生艇筏做下风，但若艇筏漂移太快而难以靠近时，可考虑将艇筏置于本船的上风舷。

②本船和救生艇筏慢慢地靠近。

③当救生艇筏靠拢本船后，为艇筏带上艏缆、艉缆和横缆。

④风浪不大时，可让艇筏上的人员经由软梯、攀网登船，将其余力竭人员用吊货网、吊货盘吊上本船或直接将艇吊上本船。

⑤在风浪大、干舷高、艇上人员体能差的情况下，船长应当下令释放作为登船点用的救生筏。船长可指派经验丰富、身体健壮的水手身穿救生衣经该救生筏登艇，系好吊艇钢索，并指挥本船直接将救生艇吊上本船。

⑥对救生艇筏上体健的人员，可由软梯或攀网直接登船或攀爬上本船，力竭和伤病人员在本船派出水手的协助下用吊货网、盘等器材吊上本船。对有吊放环的救生筏，可直接吊上本船。

3. 救助海上漂浮遇险人员的应急行动

(1)到达现场前的准备工作

①如条件许可，在本船的两舷各备妥一根吊杆以及吊货网、盘。

②在本船最低开敞甲板两侧备妥撇缆、软梯、攀网。

③做好本船救生艇筏的释放准备工作。

④指派经验丰富、身体健壮的水手穿好救生衣，以便能进入水中援助在海上漂浮的遇险人员。

⑤做好医疗急救的准备工作。

(2)到达现场后

①通常考虑将本船驶到漂浮人员的下风不远处。

②对仅有少量的海上漂浮遇险人员,可采取类似于救助落水人员的应急行动,放艇进行救助。

③对有大量的海上漂浮遇险人员,则应:

A. 释放救生(助)艇或救生筏。

B. 让救生(助)艇或救生筏拖曳各种浮具在海上漂浮遇险人员的上风处旋回,让漂浮人员抓附。

C. 帮助抓附浮具的海上漂浮遇险人员登上救生(助)艇或救生筏。

D. 将登上救生(助)艇或救生筏的遇险人员转移到本船。

④对距本船较远的漂浮遇险人员,可用抛绳枪向其抛掷带浮体的救生索,让其抓附,再设法对其进行救助。

⑤对本船周围的那些还有一定体能的海上漂浮遇险人员,可采用类似于救助落水人员的应急行动放艇进行救助,首先让这些海上漂浮遇险人员登上救生(助)艇或救生筏,然后通过软梯、攀网自行攀爬上本船,或直接将救生(助)艇或救生筏吊上本船。

⑥恶劣天气时,应考虑使用植物油、动物油或滑油来镇浪。但除非无其他办法,否则不得使用燃油,因为燃油对海中漂浮人员有害。试验表明,在船舶缓慢前进的情况下,通过一个橡胶皮龙靠近海面慢慢排放200 L滑油,可以在5 000 m^2 左右海面有效地镇浪。

十三、恶劣天气条件下施放救生艇的行动

1. 释放救生艇一般规定

①除演习操练及应急救助外,不得随意使用救生艇。使用救生艇须经船长同意,港内用艇还应征得港口主管当局的批准。

②按船舶应急部署同时放艇时,由各艇长分别负责检查和指挥,放一艘艇时,由大副和水手长负责检查指挥,机械部分由轮机长派人检查。负责检查和指挥放艇的人,应向船长报告放艇前的准备工作情况,经认可并确认下方无障碍物后方可放艇。

③航行中放艇,船长应掌握放艇时机,要在停车后余速不大(5 kn以下,最好是保持舵效的速度)时,才可放艇入水。一般情况下应放本船下风一舷的艇,大船偏顶浪20°~30°,稳定航向,将艇放至水面后,迅速解脱吊艇钩。应尽可能做到同时解脱前、后钩。救生艇在降落时应备有碰垫,同时用艇篙支撑,防止艇与大船之间的碰撞。对吊艇索下的滑车,事先应用止荡索套住,脱钩后,及时拉紧,防止滑车晃动伤人。有水流或大船仍在前进时,可为救生艇带上艄缆,用艇篙撑开并向外舷压舵,使艇偏离大船舷侧,而后解艄缆脱离大船。艇机应在落水之前启动起来,脱掉吊艇钩后应立即解掉船首、尾系缆,迅速驶离大船。

④为防止沉船浪掀翻救生艇,救生艇降落入水后应驶离大船至足够远的安全距离,与大船保持3倍于大船总长或500 m的距离。

⑤放艇时,随艇下的人员应不多于3人,而且一定要握牢保险绳,其余人员由软梯上下艇,

旅客均由登乘甲板登艇。

2. 大风浪中放艇

①大风浪中应放大船下风一舷的艇。大船尽量减速，把定航向，利用下风舷海面比较平静时放艇。应避免横风横浪导致的剧烈横摇，必要时可使用镇浪油。

②救生艇放至登乘甲板时，系上止荡索，带上艏缆、艉缆（艏缆、艉缆可适当带远点），使用碰垫和艇篙，以避免救生艇撞击大船船舷，保证人员安全登艇。

③大船横摇较大时，应等待有利时机。在两三个大浪过后海面相对比较平静时立即解除止荡索，降艇下水，保证艇在大船横摇至中间位置时，艇已放至水面。

④艇处于波谷时做好准备，当艇身被波峰抬起，利用大船向救生艇一侧横摇，前后吊艇索都松弛时，立即解脱吊艇钩。在解吊艇钩时尽可能做到前、后同时脱钩，防止先脱前钩。恶劣天气下解除吊艇钩有一定困难，受到大船横摇和波浪起伏的综合作用，负责脱钩者应有一定经验，在吊艇索刚松弛之际立即操作脱钩。如遇吊艇钩发生故障或显然难以解脱，为保证安全，可用短斧砍断吊艇索。

⑤若大船一舷不止一艘救生艇，大船顶浪时应先放靠近船尾的救生艇。

3. 大船横倾情况下放艇

①固定横倾较小时应先放高舷艇，横倾较大以致高舷艇无法施放时，应立即放低舷艇。艇入水后，立即依次摘去后吊艇钩、前吊艇钩后驶离，大船有前进速度时严禁先脱前钩，以防拖翻救生艇。

②降放高舷救生艇时，救生艇会斜压在大船船舷上，只能依靠滑橇慢慢滑下，因此放艇速度要慢。为避免吊艇索过度松弛，艇因内舷下滑受阻而倾覆，艇首、尾可用艇篙抵住大船船舷，以加强滑降能力。

③低舷救生艇很容易放至水面。但船艇之间间距很大，应利用定位索并装上止荡索，使艇员能够登艇。从登乘甲板继续降放时，应先解定位索，然后慢慢松出止荡索，避免救生艇在降放过程中剧烈摇晃，撞击大船。

十四、防范海盗行动

1. 海盗主要活动水域

①海盗袭击船舶的事件多发生在一些欠发达国家的沿海水域，而在北美、北欧、西欧、大洋洲等较为发达国家的沿海水域几乎没有海盗的踪影。

②海盗活动水域多变，现今主要有：

A. 马六甲海峡、新加坡海峡，以及印度尼西亚、马来西亚和菲律宾等国的沿海水域。

B. 印度洋与红海，包括孟加拉湾、亚丁湾及索马里沿海水域。

C. 西非，包括几内亚湾东岸的塞内加尔向南至安哥拉之间的沿海水域以及尼日利亚的拉各斯海域。

2. 海盗活动规律

①在世界范围内，一年四季都会有海盗袭击船舶事件的发生，目前亚丁湾及索马里沿海水

域和西非水域是海盗袭击船舶事件发生最多的地区。

②大多数海盗袭击船舶事件发生在沿海水域内，但索马里海盗袭击船舶有向深海延伸的趋势，袭击地点距海岸越来越远。

③以盗窃为主的海盗通常袭击停泊中的船舶，以抢劫为主的海盗则既可能袭击停泊中的船舶，也可能袭击航行中的船舶。

④以盗窃和抢劫为主的海盗袭击多发生在下半夜，但以劫持船舶和船员为目的的海盗袭击可以发生在一天里的任何时候。

3. 海盗袭击的目标

①海盗袭击船舶时通常并不大考虑船旗，对船型也考虑得较少，途径某一特定水域的船舶都可能成为活动在该水域海盗袭击的目标。

②低速、低干舷、戒备松懈、自我保护措施不足、应急反应明显缓慢的船舶更易受到海盗的袭击。

③除索马里海盗外，大多数国家、地区的海盗一般选择在近岸、近岛屿、近主航线、便于海盗船活动的水域袭击船舶。

④有一定组织规模，以劫持船上货物为目的的海盗，一般根据事先得到的情报选择袭击目标。

⑤索马里海盗袭击船舶有一定的随机性，通过劫持船舶和船员进而勒索赎金，成为索马里海盗袭击船舶的主要目的。

⑥从事恐怖活动的海盗，往往对袭击的目标进行精心选择，客船、油船等为袭击的主要目标，以达到产生较大政治影响的目的。

⑦大多数海盗登船后，以船长房间为袭击的主要目标，驾驶台、物料间、船员生活区等也可成为袭击的目标。索马里海盗登船后以控制船舶和船上的船员为主要目标。

4. 海盗登船方式

①对于停泊中的船舶，海盗一般选择在船首部位沿着锚链攀爬，从锚链孔处进入船舶；对航行中的船舶，海盗一般选择在船舶两舷的中后部，使用专门的抓钩抓住船舷，然后攀爬进入船舶。

②索马里海盗通常采用“群狼战术”，使用几艘或十多艘高速小艇追逐、围攻船舶，然后从船舶的左舷尾部或船尾靠近，并在这些部位使用抓钩，攀爬进入船舶。

5. 进入海盗活动区域前的防海盗措施

在进入海盗活动区域前，船舶可采取下列防海盗的措施：

①及时收集有关海盗活动的信息；制订反海盗的应急预案；妥善制订航行和航线计划。

②对全体船员进行防、反海盗的教育和训练；根据本船反海盗的应急预案，模拟海盗袭击的各种场景，适时做好反海盗的演练；通过演练，掌握反海盗的方法和注意事项，确保全体船员熟悉各自的反海盗职责。

③规定船舶遭遇海盗袭击时的船内警报信号，确保所有船员熟知该信号。

④按照规定的程序对船舶保安警报系统进行测试；确保船舶保安警报系统和船舶内部警报系统处于良好的工作状态。

⑤检查船舶主机、辅机、舵机、锅炉、消防泵和应急消防泵等设备，确保这些设备处于良好的工作状态。

⑥可在船舶两舷舷外安装照明灯，并在驾驶台两翼甲板准备好强光探照灯；检查船舶甲板消防管系，测试水压；在甲板两舷至少准备两只高压消防水龙，并备妥砍断缆绳用的太平斧。

⑦检查船舶所有内部通信和外部通信设备，保证这些设备处于良好的工作状态；在驾驶台和船长室以外的地方设置一台备用的 VHF 无线电装置，以备急需；提前给对讲机或便携式 VHF 无线电话包括其备用电池充电；测试驾驶台、船首、船尾之间的有线通话或对讲系统（如有）。

⑧将甲板上所有可移动设备包括救生艇内物品全部移入储物间并锁好；甲板上的不常取用东西的储藏间、油漆间、工作间的门可焊死。

⑨可根据舱室结构和有效封闭程度，在船上建立一个或几个海盗难以进入的安全区。安全区应远离船舶外部舱壁和舷窗，并配有无线电话、强光手电筒、信号发射装置以及食品、饮用水等，最好在该安全区内可控制或关闭操舵系统。

⑩准备防反海盗的设备、器材。可准备一些灌满汽油或燃油的啤酒瓶（但装有易燃易爆货物的船舶不得采用）堆放在甲板适当的位置。准备好强光手电、应急火箭、信号发射枪、木棍、铁棒以及用于砍断抓钩绳的太平斧或挑落抓钩的长杆火钩等。有条件的情况下可准备防弹头盔、防弹背心、红外线夜视望远镜、大功率探照灯、激光耀眼系统、高频声波装置（声波炸弹）等。甲板栏杆和船壳上部涂以滑油或牛油；在船舷绑上汽油桶，或用其他方法增加船舷上缘的宽度，以增加海盗登船的难度。

6. 进入海盗活动水域后防海盗的措施

进入海盗活动水域后，船舶可采取下列防海盗的措施：

①除保留 1~2 个甲板与生活区之间的通道外（该通道的门应能很方便地从内部关闭），将其他甲板与生活区之间的通道锁闭；主甲板和船尾甲板通往其上一层甲板的室外楼梯应设法进行临时性阻断；生活区对外的所有门窗必须关闭并扣牢。船员应尽量少到甲板上去活动。

②加强驾驶台的值班，采用视觉、雷达以及借助望远镜等手段保持不间断的瞭望。两部雷达应当同时打开，一台远距离扫描，一台近距离监视。应特别注意对船舶尾部和雷达盲区水域的监视，可将与本船保持同向同速的小船或尾随的小船作为疑似海盗船，进行重点监视。

③途径亚丁湾及索马里沿海水域的所有船舶在规定的报告区域内（北纬 15°以南，东经 57°以西）必须将船上的所有无线电通信设备保持开机状态，并指定专人值守，以保证与外界通信联络的畅通。

④在通过亚丁湾及索马里沿海水域时应尽量减少对外无线电通信联系，仅保留必要的安全和保安通信，可考虑关闭 AIS 设备。如需开启 AIS，建议将 AIS 的货物信息设置为“压载”状态。

⑤安排 24 h 不间断的防海盗值班，如有必要，可安排夜间巡逻。巡逻间隔应以不定时间隔进行。巡逻人员应以 2 人为一组，携带对讲机，配备必要的自卫器材。在巡逻期间，应经常与驾驶台保持联系，互通情况，处于显眼处，保持高度戒备。夜间在生活区外部巡逻时，应避免单独一个人行动。

⑥船舶在航行中，在遵守避碰规则并不影响本船航行安全的前提下，可开启舷外照明灯和

生活区甲板照明灯，以照亮船舶两舷舷外水域和生活区甲板及通道。但建议在船舶航行期间仅开航行灯，除非有特别需要，才开启甲板照明。

⑦船舶在锚泊期间，应盖好锚链筒盖并保持锚链水常开。夜间除了将所有甲板照明灯打开外，还应将船舶两舷舷外装设的照明灯打开。梯口应始终保持有人值班，必要时可将梯子收起或保持悬空状态。

⑧通知机舱送甲板消防水，始终保持甲板消防水处于高压和随时可用状态。

⑨在亚丁湾及索马里沿海水域，如选择加入军舰护航编队航行，则应调整至军舰所指定的航速航行；如选择与其他船舶结伴通过，则应以共同商定的速度航行；如船舶自行通过该水域，则应保持最高航速穿越该水域。

7. 当发现海盗和海盗企图登船时的反海盗措施

①第一个发现海盗者，应立即通知值班驾驶员。

②值班驾驶员应按规定立即向全船发出遭遇海盗袭击的警报，船长应立即上驾驶台指挥反海盗应变。

③有关船员听到警报后，应立即按船舶反海盗应急预案，戴上防弹头盔、穿上防弹背心、到达指定部位，全力阻止海盗登船。

④船长应立即按照有关程序启动船舶保安报警系统。如船舶在亚丁湾及索马里沿海水域，应用 VHF16 频道和 VHF8 频道发出遇险报警，通过 DSC 和 Inmarsat C 站发出遇险信号，并立即向船公司以及国内有关海事管理机构报告（报警）。

⑤船长应亲自操纵船舶，保持全速前进，视情况采用“Z”字形航线等航行方法，把海盗船让在上风、上浪舷。驾驶台值班人员可拉响汽笛，连续鸣放急促的短声，以营造紧张的气氛，并利用广播喇叭对海盗予以警告，表示本船已做好反击的准备，给海盗造成一定的心理压力。如在夜间，还可利用强光探照灯照射海盗船，但要注意船员的人身安全，防止被海盗用枪射伤。

⑥在甲板上阻止海盗登船的船员都应尽量隐蔽前进，其中要有人携带对讲机，并保持与驾驶台的通信和联系。当海盗船靠近本船的船旁时，可根据情况使用高压消防水枪喷射海盗，以影响海盗的视线，增加其登船的难度，或向其泼洒滑油或油漆。当海盗抛抓钩企图登船时，应果断地使用工具将抓钩的绳子砍断或将抓钩挑落。如舷侧绑有大油桶，可以砍断绑扎的绳索，使大油桶砸向海盗船。在采取上述行动时，不要害怕和犹豫。任何船员都要注意保护自身安全，例如：在砍断抓钩的绳子、砸下油桶、使用高压消防水枪时，应尽可能使用长柄工具，不要轻易将身体暴露出来；在采取反海盗的行动时，应避免向舷外探头看，谨防海盗用枪或其他武器伤害船员。

⑦如果在经过海盗活动水域时关闭了 AIS，那么一旦遭到海盗袭击，建议立即启动该系统，以便护航海军对船舶信息进行确认。船长也可根据当时实际情况决定是否开启。

8. 当海盗登船后的反海盗措施

①一旦数名武装海盗已经登上船舶，船员不要直接与持枪的海盗对抗，应迅速撤离甲板，进入生活区，退回或据守事先设定的安全区域或安全室（何时进入安全室由船长决定），封闭通道，熄灭通道的照明，保持与海盗隔绝的状态，保持与外界的通信畅通，固守待援。此时全部船员应尽量选择待在一起。

②当海盗登船后，如果船舶还没有与所在水域沿岸主管当局建立联络，应当尽力建立此种

联络，报告船舶所处的险情，请求提供必要的援助。近岸时，可使用备用 VHF 无线电话或手中的移动通信设备向外报警，通知所在水域沿岸主管当局以及附近的船舶，争取获得援助。

③当海盗已控制船舶且已劫持一个或数个船员作为人质时，船长应当采取措施，确保人质的生命安全。如果袭击者已经控制驾驶台、机舱或劫持船员，或者可能对船舶的安全造成严重威胁，船长和值班驾驶员应当保持镇静，并在保证船舶安全、人质安全以及海盗尽早离船的前提下与海盗谈判，以让海盗主动离开为优选策略。

④在驱赶海盗的过程中，要坚持以保护船员人身安全为第一的原则，采取相应的应变措施，除非有十分特殊的危险，否则不要置海盗于死地。

⑤武装海盗登船后如果收获不大，或受到威胁，或担心被认出，或想劫持整艘船舶时，可能会加害船员。如海盗已在杀害船员或这种企图十分明显，在别无选择的情况下，必须采取抵抗行动，以保全自己的生命，但应注意把握时机和讲究策略。行动前应尽可能搞清楚海盗的人数、武器以及首领。一旦开始抵抗行动，就应毫不犹豫地将行动进行到底，直到制服海盗。

任务五　船舶消防设备的日常管理要求

【任务分析】

本任务主要介绍SOLAS公约关于船舶消防设备的日常管理要求。

【相关知识】

一、基本要求

（1）船舶应按SOLAS公约、FSS规则以及主管机关的要求配备消防设备、设施。

（2）三副、三管轮为船舶消防设备状态保持的具体负责人。

（3）对船舶消防设备的维护保养情况应分别记入“船舶消防、救生设备检查养护登记簿”和“船舶应急设备试验、检查、修理记录簿”内。

二、维护保养、检查和试验计划

（1）应为船舶消防设备制订维护保养、检查和试验计划。三副负责制订该计划，并报大副列入“船舶年度维修计划”中。

（2）船舶消防设备的维护保养、检查和试验应依据所制订的维护保养、检查和试验计划进行。

（3）制订船舶消防设备维护保养、检查和试验计划时，应充分考虑在计划实施时能确保船舶消防设备的可靠性。

（4）船舶消防设备维护保养、检查和试验计划应用通俗易懂的文字和图示予以表达。

（5）船舶消防设备维护保养、检查和试验计划应涉及下列船舶消防设备：

①固定灭火系统：包括水灭火系统（消防总管、消防泵、应急消火泵、消火栓、消防皮龙、消防水枪、国际通岸接头、消防总管上的各种阀门等）、CO_2灭火系统、机舱水雾灭火系统、自动喷水系统（供水泵、压力水柜、监控装置、喷水器）等，以及油船上的泡沫灭火系统、惰性气体灭火系统。

②火灾探测和报警系统：包括固定式探火系统、火灾报警系统等。

③隔离系统：包括通风筒上的防火（烟）挡板、防火门及其控制系统、供电和燃油的应急切断系统、风机及其控制系统等。

④消防器材与装备：包括手提（便携）式灭火器、推车式灭火器、消防员装备、紧急逃生呼

吸装置等。

⑤其他：包括公共广播系统、通用应急报警系统、应急发电机、应急照明系统、应急通信系统、脱险通道等。

⑥全船的消防设备状态的保持并不都是由三副亲自完成的，如船上的防火门应由木匠负责；机舱的通风装置上的挡火（烟）闸、机舱天窗和烟囱的应急速闭装置、油柜速闭阀等应由大管轮负责；风机应急速闭装置、油泵应急切断等应由电机员负责；消防泵和应急消防泵应由三管轮负责等，但三副应及时提醒负责这些设备的主管及时做好设备的状态保持工作。

三、船舶消防设备状态的保持

1. 固定灭火系统

(1)每周

应检查确认固定灭火系统所在处所的应急照明正常；消火栓附近没有堆积杂物；消防皮龙（水带）及水枪放置在消火栓附近的消防皮龙箱内，处于可使用状态并摆放整齐，没有被挪作他用；消防皮龙数量符合防火控制图的要求；消防皮龙箱的铰链正常，箱内均配有 F 形或 Y 形扳手。

(2)每月

①应检查确认：

A. 消火栓标识清晰，各部件完好，出水阀保持活络；

B. 消防皮龙无破损和霉变，与接头连接可靠；消防皮龙接头的橡皮垫圈（密封圈）无破损、变形和老化；

C. 水雾/水柱型消防水枪的关闭和转换装置保持活络；水枪接口处的橡皮垫圈（密封圈）无破损、变形和老化；水枪喷嘴无堵塞；

D. 消防总管管路无锈蚀、破损；所有控制阀、截止阀、泄水阀阀门活络，标志清晰；

E. 所有固定灭火系统的控制阀、截止阀处于适当的开或关位置；

F. CO_2 间清洁、干燥，没有堆放杂物；

G. 自动喷水系统的喷头无损坏、变形，管路通畅，自动喷水系统的压力表显示工作压力正常。

②结合消防演习，启动所有消防泵及应急消防泵一次，检查出水情况、所需时间以及消防水柱的射程。

③如航行至寒冷地区，检查确认消防总管及消火栓在使用后已将管内残留的水放尽。

④检查 CO_2 气瓶的储量是否充足，是否有泄漏现象；检查 CO_2 系统的管路标识和操作说明是否清晰；检查 CO_2 间里的通风机工作是否正常；检查置于 CO_2 间里的温度计（表）工作是否正常；外观检查 CO_2 系统的管路及各释放口的情况。

⑤对 CO_2 系统的拉索、导向轮等进行加油活络。

(3)每 3 个月

①检查确认 CO_2 气瓶固定牢固，CO_2 气瓶的瓶头与释放操纵系统夹头（卡子）间连接紧密。

②检查确认国际通岸接头处于适用状态，各附件完好无缺，没有变形损坏。

③对水灭火系统的各控制阀、截止阀、泄水阀进行加油活络。

④消防皮龙至少应取出摊开并重卷一次，使折叠处得到变换。

⑤对自动喷水系统的每一分区自动报警功能进行试验；随机检查自动喷水系统的喷嘴状况。

(4)每年

①进行泡沫固定灭火系统和机舱水雾灭火系统的工作试验。

②对 CO_2 气瓶控制拉索的传动系统进行检查，并按情况进行必要的调整。

③检查消防总管接头和自动喷水系统并进行工作试验；启动所有消防泵（包括自动喷水系统的水泵），检查其工作压力和流量。

④对所有消火栓进行工作试验；对所有消防皮龙进行水压试验。

⑤通过外观检查，确定所有固定灭火系统可以到达部位的各系统部件处于正常状态。

⑥仔细检查固定灭火系统的控制阀；对整个固定气体灭火系统进行全面检查，及时修复损坏部件。

⑦对所有固定灭火系统进行全面的除锈，油漆，并重做各类标志。

⑧CO_2 气瓶使用 10 年后，每年应进行总数 10% 的气瓶水压试验。

⑨对固定灭火系统的管路进行空气吹通试验（此为 SOLAS 公约要求，可在船上自己完成，但需做相应的吹通试验记录，内容包括吹通的日期、时间、船位、操作人员、吹通操作方法及过程、吹通结果等）。

(5)每 2 年

①对 CO_2 灭火系统中的气瓶（含启动瓶）进行称重检查。

②对 CO_2 灭火系统的管路进行空气吹通试验（此为 CCS 要求，需由有资质的机构完成，并出具吹通试验报告）。

(6)每 5 年

进行固定式灭火系统控制阀的内部检查。

2. 火灾探测和报警系统

(1)每周

对火灾探测和报警系统的主控面板进行外观清洁、检查。

(2)每月

①检查火灾探测和报警系统的电器控制部分。

②对火灾探测和报警系统进行手动测试。

③用烟雾测试剂测试每个探测头。

(3)每 3 个月

①对火灾探测系统进行一次试验，确认其处于正常的技术状态；查看火灾探测系统的探头有无损坏、污渍；检查火灾探测系统的电源是否可靠，是否符合要求。

②对火灾报警系统进行一次试验，确认其可以正常工作。

③检查船上各场所的火灾报警按钮是否完好，标志是否清晰。如有损坏，应立即修复。

3. 隔离系统

(1) 每月

①检查确认全船防火门处于常关状态,没有被绳或铁丝捆绑处于敞开状态,自闭器能起到自闭作用。

②外观检查防火门的完整性,并清除其周围的障碍。

③给防火门铰链和手柄加油活络。

(2) 每3个月

①对通风筒上的挡火(烟)闸进行一次检查,查看是否有损坏、变形,标识是否清晰;试验通风筒的挡火(烟)闸的自动和手动开关装置能否正常工作。

②对所有防火门进行就地开关操作试验,并检查其自闭和关闭后的密封情况。

③对机舱天窗、风机应急速闭装置进行一次检查,查看开关是否正常,关闭后密封是否良好。

④对供电和燃油的应急切断系统进行就地试验,查看是否工作正常。

(3) 每年

对可遥控开关的通风系统的挡火(烟)闸以及防火门进行遥控开关操作试验。

4. 手提(便携)和推车式灭火器

(1) 每月

对手提(便携)式和推车式灭火器检查一次,检查的主要内容有:

①灭火器的存放是否与防火控制图标识的位置一致(包括正确固定,有明显和合格的标识,易于提取)。

②灭火器压力表、安全阀铅封、安全帽泄气孔、喷嘴喷射管、推车式灭火器的行走机构、支架等零部件是否完整无缺并处于适用状态。

③灭火器的瓶壳外表有无锈蚀发生。

④铭牌、标签和标识是否清晰完好。

⑤灭火器用过后是否已及时重新充装新的灭火剂。

检查中如发现灭火器存在严重损坏,应予以报废并及时补充。

(2) 每年

①CO_2 灭火器每年应至少进行一次称重检查,如灭火剂泄漏量超过10%时,应予检修并补足灭火剂。

②干粉灭火器里的干粉每年或按制造厂规定(取时间短者)进行一次性能检测,如有干粉结块或重量减少达10%时,应重新充装。干粉灭火器本身每年应结合干粉的性能检测进行一次检查。

(3) 每2年

①泡沫灭火器里的灭火剂每2年或按制造厂规定(取时间短者)进行一次性能检测,如有灭火剂变质,应重新充装。

②泡沫灭火器应每隔2年或根据制造厂规定(取时间短者)由专业机构进行一次水压试验。

(4)每5年

除泡沫灭火器以外的其他形式灭火器应每隔5年或第二次充装前由专业机构进行一次水压试验。

5. 消防员装备与紧急逃生呼吸装置

(1)每周

检查确认消防员装备与紧急逃生呼吸装置中的供气瓶完好、无泄漏。

(2)每月

①检查确认消防员装备的数量、位置、标志和防火控制图保持一致;消防员装备完好无损;消防员防护服各部件完整、完好;防火绳、手提灯、太平斧完整、完好;空气呼吸器装备完整、完好;供气瓶的压力在允许的范围内;手提安全灯的电量充足;所有的消防员装备处于适用状态。

②检查确认船上的紧急逃生呼吸装置按规定配足并保持在有效期内;紧急逃生呼吸装置存放位置与防火控制图标识的位置一致;紧急逃生呼吸装置外观清洁,标识清晰。

(3)每3个月

对紧急逃生呼吸装置进行外观检查,确保该装置处于可用状态,供气瓶的压力处于正常范围,必要时充气或维修。

(4)每年

①检查确认消防员装备的备用气瓶压力在允许的范围内。

②全面检查、保养消防员装备。

(5)每5年

请专业机构对自给式呼吸器供气瓶进行水压试验,保存检验证明。

6. 通用应急报警系统

(1)每周

对通用应急报警系统进行外观检查,并进行测试。

(2)每个月

结合消防演习,试验一次通用应急报警系统,要求能在驾驶台进行操作,全船各处均能听到警报;测试通用报警装置的声响及灯光报警效果;抽查船上各处的应急报警按钮能否正常启动报警。

(3)每3个月

检查船上各处的应急报警按钮和警铃等设备是否完好,标识是否清晰。

(4)每年

全面检查位于驾驶台的通用应急报警系统控制装置;检查所有报警点的实际效用及报警设备(应急报警按钮和警铃等)的实际状况。

7. 其他

(1)每周

①检查确认所有的公共广播系统和应急通信系统均能正常工作。

②检查确认应急照明系统工作正常。

③进行应急发电机启动与并电试验,确认其工作正常。

(2)每个月

检查确认存放灭火设备的处所和防火控制站处于适用状态。

(3)每年

对公共广播系统进行全面检查。

任务六　船舶救生设备的日常管理要求

【任务分析】

本任务主要介绍SOLAS公约关于船舶各类救生设备的日常管理要求。

【相关知识】

一、基本要求

(1)船舶应按SOLAS公约、LSA规则以及主管机关的要求配备救生设备。

(2)三副、三管轮为船舶救生设备状态保持的具体负责人。

(3)对船舶救生设备的维护保养情况应分别记入船舶消防、救生设备检查养护登记簿和船舶应急设备试验、检查、修理记录簿内。

二、维护保养、检查和试验计划

(1)应为船舶救生设备制订维护保养、检查和试验计划。三副负责制订该计划,并报大副列入"船舶年度维修计划"中。

(2)船舶救生设备的维护保养、检查和试验应依据所制订的维护保养、检查和试验计划进行。

(3)制订船舶救生设备维护保养、检查和试验计划时,应充分考虑到在计划实施时能确保船舶救生设备的可靠性。

(4)船舶救生设备维护保养、检查和试验计划应用通俗易懂的文字和图示予以表达。

(5)船舶救生设备维护保养、检查和试验计划应涉及下列船舶救生设备:

①救生(助)艇、筏:包括救生艇及其属具、救生艇降落与回收装置、救助艇及其属具、救助艇降落和登乘设备及其回收装置、救生筏、救生筏存放和降落设备、静水压力释放器等。

②救生圈:包括救生圈、自亮灯、自发烟雾信号、可浮救生索等。

③救生衣:包括救生衣、救生衣上的灯、救生服(抗暴露服)、保温用具、逆向反光材料等。

④救生视觉信号:包括火箭降落伞火焰信号、手持火焰信号、漂浮烟雾信号等。

⑤无线电救生设备:包括双向VHF无线电话设备、搜救雷达应答器(SART)、紧急无线电示位标(EPIRB)等。

⑥其他:包括抛绳器、通用紧急报警设备、有线广播等。

(6)全船的救生设备状态的保持并不都是由三副亲自完成的,如对救生艇、救生艇架降落装置、承载释放装置的彻底检查需要水手长和木匠等的配合;对救生艇和救助艇的发动机的检修和试验应由三管轮负责等,但三副应及时邀请或提醒有关人员配合,及时做好有关救生设备的状态保持工作。

三、船舶救生设备状态的保持

1. 救生(助)艇

(1)每周

①所有救生艇、救助艇和降落设备均应进行外观检查,以确保其随时可用。外观检查的内容应包括:

A. 吊钩、吊钩与救生艇的连接;

B. 承载释放装置等部件的状况;

C. 救生艇体有无裂缝;

D. 艇身各固定部件是否完好;

E. 艇内是否清洁,有无积水;

F. 吊艇架和滑车有无障碍及卡死现象;

G. 艇身各标志是否清晰,反光带是否按要求贴在救生艇相应部位。

②只要环境温度在发动机启动和运转所要求的最低温度以上,所有救生艇和救助艇的发动机均应进行运转(正、倒车)试验,总时间不得少于 3 min,或按制造商手册中规定的时间进行。

③只要天气和海况允许,货船上除自由降落式救生艇以外的救生艇,应在不载人的情况下从其存放位置做必要的移动,以证实降落设备可正常操作。

④周检查的结果应记入航海日志重大记事栏。

(2)每月

①只要天气和海况允许,货船上除自由降落式救生艇外的所有救生艇,应在不载人的情况下移离其存放位置(扬出)。

②除兼作救生艇的救助艇外,其他救助艇均应在合理和可行的范围内,每个月搭载指定的船员降落下水并在水上进行操纵。在任何情况下,应至少每 3 个月按此要求进行一次。

③每月或每次开航时,按救生艇属具清册清点、检查救生艇属具及备品是否符合规定配备的数量,是否被放置在艇内,有没有被移至别处或被挪作他用。

④全面检查艇内急救药箱内的药品,清点数量,检查药品是否缺少和有效。

⑤救生艇淡水每月更换一次(密封罐装的除外)。

⑥为吊艇钢丝抹油,防止锈蚀;为吊艇架和滑车的活动部位加油活络。

⑦检查确认吊艇钢丝通过的滑轮情况正常;吊艇机制动器和收绞装置、脱钩装置、吊艇架限位器有效可靠;蓄电瓶电量充足。

⑧检查确认供集合和弃船用的应急照明工作正常。

⑨对于封闭式救生艇洒水系统进行试验。

⑩检查确认救生艇操作规程和救生艇标志保持完好。

(3)每3个月

①结合演习,每艘救生艇应至少降落下水一次,并在水面操纵。

②给吊艇架、吊艇机、滑车等活动部分以及吊艇索和其他钢索加(抹)油,必要时应对滑车做拆装检查。

(4)每半年

检查救生艇中的救生干粮,发现过期、变质应及时更换。

(5)每年

①结合船舶年度检验,对救生艇、救生艇架降落装置、承载释放装置进行彻底的检查。

②以最大降落速度对绞车制动器进行动态试验(该检查应由制造商代表或由制造商授权的人员进行。如果制造商不能提供此项服务,可以由主管机关授权的机构进行)。

②将救生艇的外表面涂刷油漆一次。

(6)每5年

①检查确认救生艇吊艇索已换新。

②对救生(助)艇的降落设备进行全面彻底的检查。

③对救生艇承载释放装置进行检修和操作试验。

2. 气胀式救生筏

(1)每周

对救生筏及其降落设备做外观检查,并确认救生筏的标志保持清晰。

(2)每月

①外观检查救生筏及筏架。

②检查救生筏系固件(包括静水压力释放器、花篮螺丝、系固绳索等),确认救生筏充气拉索处于完好状态。

(3)每年

①将救生筏送至船检部门认可的检修站检修(可向船检申请展期到17个月)。

②将静水压力释放器送至船检部门认可的检修站检修(可向船检申请展期到17个月或按照其本身的有效期送检)。

(4)每5年

彻底检查救生筏降落设备。

3. 救生圈

(1)开航前

检查确认救生圈放置在指定位置,没有绑死,也未被挪作他用。

(2)每月

①检查确认所有救生圈上的编号、船名和船籍港等保持清晰。

②如救生圈上附有烟雾信号和自亮灯,检查确认其处于正常的技术状态下。

③如发现救生圈有裂痕或其系绳损坏时,应及时更换。

④检查救生圈上的反光带,必要时予以更换。

4. 救生衣

(1)开航前

检查确认工作场所的救生衣按规定的数量配置,放置在指定位置,没有绑死,也未被挪作他用。

(2)每月

①检查确认所有救生衣清洁、干燥,其上的编号、船名、船籍港清晰,并附有哨笛和自亮灯;救生衣自亮灯电量充足并在有效期内。

②检查确认发给船员的救生衣,放置在各自的救生衣架上或各自床铺附近,没有被系牢,没有随意放置或被挪作他用;备用救生衣和放在客房内供旅客用的救生衣有专人负责,妥为保管。

③检查救生衣上的反光带,必要时予以更换。

5. 保温救生服(浸水服)

(1)每月

①检查确认所有保温救生服清洁、干燥,其上的编号、船名、船籍港清晰,并附有哨笛和自亮灯;保温救生服自亮灯电量充足并在有效期内。

②检查保温救生服上的反光带,必要时予以更换。

(2)每3年

保温救生服应进行一次压力试验和检测(此试验和检测应由主管机关或船级社认可机构完成)。

6. 抛绳器

抛绳器每个月应检查一次,查看是否干燥,火箭、药筒、绳索是否完好无损,绳索是否摆放整齐。应注意抛绳器的有效期,到期应更换。

7. 无线电救生设备

(1)每月

①试验一次双向 VHF 无线电话设备,注意其电池的电量和有效性。

②试验一次搜救雷达应答器,注意其电池的电量和有效性。

(2)每3个月

试验一次卫星紧急无线电示位标,检查其安装是否正确、自由释放能力是否受影响,电池和静水力释放装置是否在有效期内。

(3)每年

对卫星紧急无线电示位标进行全面操作效用试验。

(4)每5年

确认卫星紧急无线电示位标已在经认可的岸基维修站进行过维修。

8. 救生视觉信号

救生视觉信号每月或每次出航时应检查一次,检查内容包括:

①外观是否破损。

②数量是否短少。

③是否在有效期内。

④是否放置在固定地点。

⑤标志是否清晰。

⑥电池发光信号灯是否电量充足。

发现短缺应按规定数量补齐，对于将要超过使用期限的救生视觉信号，应予以更换。

9. 通用紧急报警系统

通用紧急报警系统与船舶消防设备状态的保持中的要求相同。

10. 公共广播系统

每月至少检查、试验一次，以保证各个要害位置（控制站、集合和登乘地点等）之间的双向通信联系畅通无阻。如发现问题，应及时解决。

【相关表格】

船舶消防、救生设备有效期一览表

船舶：Ship		检查日期：Inspect Date			
序号 No.	设备名称 Name of equipment/appliance	存放位置 Location	应有数量 QTY RQD	实有数量 QTY ROB	有效期 Expiration
1	救生圈烟雾、浮灯信号(MOB BUOY)	驾驶台 Bridge			
2	降落伞信号 Rocket parachute signal	驾驶台 Bridge			
3	降落伞信号 Rocket parachute signal	救生艇 Lifeboat			
4	抛绳器 Line-throwing apparatus	驾驶台 Bridge			
5	EPIRB 电池 EPIRB battery	驾驶台 Bridge			
6	EPIRB 释放器 EPIRB release unit	驾驶台 Bridge			
7	SART 电池 SART battery	驾驶台 Bridge			
8	双向 VHF 电池 Battery of two-way VHF	驾驶台 Bridge			
9	救生艇钢丝(换新)Lifeboat wire (renew)	两舷 P/S Sides			
10	手持红色火焰信号 Red hand flare signal	救生艇 Lifeboat			
11	橙色烟雾信号 Orange smoke signal	救生艇 Lifeboat			
12	压缩饼干 Food	救生艇 Lifeboat			
13	急救箱 First AIDs	救生艇 Lifeboat			
14	救生筏释放器 Liferaft hydrostatic release unit	救生筏 Liferaft			
15	救生筏年检 Annual survey of liferaft	两舷 P/S Sides			
16	救生衣浮灯电池 Battery of floating lamp for life-jacket	住舱 Accommodation			
17	CO_2 气瓶称重日期 Date of weight for fixed CO_2	CO_2 站 CO_2 Station			
18	CO_2 气瓶压力试验日期 Date of hydro-test for fixed CO_2	CO_2 站 CO_2 Station			
19	车舟式移动灭火器 Wheel type fire extinguisher	机舱 Engine Room			
20	移动泡沫液有效期 Expiration date of spare foam liquid	机舱 Engine Room			
21	手提灭火器检验期 Test date of portable fire extinguisher	全船 Overall			
22	泡沫灭火器换药日期 Date of recharge for foam extinguisher	全船 Overall			
23	空气瓶称重日期 Date of air bottles weight	消防员装备 Fireman outfit			
24	呼吸器钢瓶压力试验日期(5年) Hydro-test date for breathing apparatus steel bottles	消防员装备 Fireman outfit			
25	呼吸器 Self-contained breathing apparatus	全船 Overall			
26	EEBD 检验日期 Survey date of EEBD	全船 Overall			
27	防护服 Protective clothing	全船 Overall			
28	药箱证明 Medicine-chest certificate	船长处 Captain			
检查人签字/日期 Inspector signature/Date：		船长签字/日期 Master signature/Date：			

每月查核——救生设备与消防设备

Monthly Check-lsa/FFE

船名：　　　　　　　　　　　　　　　　　　　　　　　　　日期：

Ship's Name：　　　　　　　　　　　　　　　　　　　　　　Date：

救生设备证书核定总人数： The total number of assigned persons on safety equipment certificate：				
内容 Contents	单位 Unit	数量 Quantity P/S	到期(E)/测试日(C) Expiry Date/Carried out Date	状况/服务站 Condition/Service Station
1. 抛绳器(4组或包括4个抛射弹的抛射枪) Line throwing appliances(4 sets or gun with 4 projectiles)	Set			
2. 火箭式降落伞遇险信号 Rocket parachute distress signals	Set			
3. 自亮灯浮 Self igniting lights	Set		/	
4. 自动发烟信号 Self-activating smoke signals	Set			
5. 人员落水信号(自动发烟信号+自亮灯浮) Man overboards signals (self-activating smoke signals + self-igniting lights)	Set			
6. 每一救生艇的火箭式降落伞信号 Rocket parachute signals for each lifeboat	Set	/		
7. 每一救生艇的飘浮烟雾信号 Buoyant smoke signals for each lifeboat	Set	/		
8. 每一救生艇的手持火焰信号 Hand flare for each lifeboat	Set	/		
9. 每一救生艇的口粮 Food rations for each lifeboat	Person	/		
10. 每一救生艇的饮用水 Drinking water for each lifeboat	Person	/		
11. 每一救生艇的急救药箱 First aid for each lifeboat	Pack	/		
12. 每一救生艇的晕船药 Anti-seasickness medicine for each lifeboat	48 h/1p	/		
13. 救生圈 Lifebuoys	Set		/	
14. 日间信号灯 Daylight signal lamps	Set		/	
15. 登乘梯 Boarding ladder	Set		/	
16. 救生艇装置——最近检查日期 Lifeboat equipment—last check date	/	/		/
17. 吊艇索——换新 Boat fall—renewal date	/	/		/
18. 弃船演习(救生艇降落) Abandon ship drill (lowering lifeboat)	/	/		/
19. 弃船演习(救生艇落水) Abandon ship drill (launching lifeboat)	/	/		/
20. 气胀式救生筏+自动漂浮装置 Inflatable liferafts + float-free appliances	Set			
21. 船首(6人)气胀式救生筏 6-person inflatable liferafts	Set			/
22. 卫星紧急无线电示位标的电池有效期 Battery validity for EPIRB	Set			/

（续表）

内容 Contents	单位 Unit	数量 Quantity P/S	到期(E)/ 测试日(C) Expiry Date/ Carried out Date	状况/ 服务站 Condition/ Service Station
23. 卫星紧急无线电示位标的漂浮装置 Float-free appliances for EPIRB	Set			
24. 救生衣 Life jackets	Set			
25. 救生衣灯 Life jacket lights	Set			
26. 浸水服 Immersion suits	Set			
27. 便携式双向 VHF 无线电话的电池有效期 Battery validity for portable two-way VHF radio telephones	Set			
28. 搜救雷达应答器的电池有效期 Battery validity for radar transponders (SART)	Set			
29. 救生艇吊艇架装置与承载释放装置(如有)的测试日期 Through examination date of lifeboat launching appliances and on load release gear (if any)				
30. 救生筏吊放装置的检测日期 Through examination date of liferaft launching appliances				
31. 救生艇吊艇架装置的动力试验日期 Dynamic test date of lifeboat launching appliances				
32. 救生筏吊放装置(如有)的动力试验日期 Dynamic test date of liferaft launching appliances (if any)				
33. 全封闭式救生艇承载释放装置的试验日期 On-load release gear test date for totally enclosed boat				
34. 救生筏及卫星紧急无线电示位标的静水压力释放器 Hydraulic releaser for liferaft and EPIRB				
35. 消防员装备 Fire-fighter's outfits	Set			
36. 国际通岸接头 International shore connections	Set			
37. 9 L 手提式泡沫灭火器 9 L foam portable fire extinguishers	Set			
38. 20 L 手提式泡沫喷射装置 20 L portable foam applicators	Set			
39. 45 L 半手提式泡沫灭火器 45 L foam semi-portable fire extinguishers	Set			
40. 5 kg(或以上)手提式干粉灭火器 5 kg(or above) dry powder portable fire extinguishers	Set			
41. 5 kg(或以上)手提式 CO_2 灭火器 5 kg(or above) CO_2 portable fire extinguishers	Set			
42. 固定式 CO_2 灭火系统称重试验 Fixed fire-fighting system CO_2 reweighed	Bottle			
43. 固定式灭火系统抽查 CO_2 气瓶静压力测试日期 Hydrostatic test date of selected CO_2 bottles for fixed fire fighting system	Bottle			

（续表）

内容 Contents	单位 Unit	数量 Quantity P/S	到期(E)/ 测试日(C) Expiry Date/ Carried out Date	状况/ 服务站 Condition/ Service Station
44. 固定式化学干粉灭火系统——干粉到期日 Fixed dry chemical powder fire extinguisher system—powder expiry date	Set			
45. 固定式化学干粉灭火系统——N_2 压力确认日期 Fixed dry chemical powder fire extinguishing system—N_2 pressure confirmation date	Set			
46. 可燃气体探测器校正日期 Calibration date of flammable gas detector	Set			
47. 防火训练 Fire drill				
48. 固定式泡沫灭火系统的泡沫浓缩液 Foam concentrates for fixed foam fire fighting system	L			
49. 紧急逃生呼吸器 Emergency escape breather divides (EEBD)	Set			
50. 紧急逃生呼吸器空气瓶压力测试(必要时) EEBD air bottles hydro-test (if necessary)	Set			
51. 自给式呼吸器静水压力测试日期 SCBA hydrostatic test date				
52. 气胀式救生衣(如配备) Inflatable life jackets (if any)	Set			
53. 海上撤离系统(如配备) Marine evacuation system (MES) (if any)	Set			
54. 气胀式救助艇(如配备) Inflated rescue boat (if any)	Set			

注：本检查表须制作副本报公司。

Note: The form shall be made a copy, and then is forwarded to the company.

三副/ 3/O:____________　　大副/ C/O:____________　　船长/Master:____________

项目五　船舶检验与行业检查

【项目介绍】

船舶检验和检查是各国为保证船舶的技术状态，从而保障水上人命、财产安全和防止水域环境污染所普遍采取的一种监督管理行为。通过检验和检查可以确定船舶及其设备是否适合预定的用途，是否具备在一定航区安全航行及营运的能力和条件。船舶只有通过检验，证明其符合规定的条件后，才能取得相应的技术证书，而船舶技术证书，是船舶办理登记、口岸检查、船舶保险以及进行海事索赔等的必要条件。

行业检查是纯民间组织的检查，其出发点或带有协会性质，或带有公司性质，但是这些行业检查大都注重专业性，且标准高于国际公约，在某些时候成为高标准严要求的代名词。

【教学目标】

- 了解船舶检验的概念和意义。
- 了解船舶检验的分类以及国际和国内主要船检机构。
- 了解船舶入级符号和附加标志。
- 了解公证检验。
- 了解行业检查。

【学习重点】

船舶检验的概念；船级检验和法定检验中的发证与换证检验以及保持证书有效性检验；船舶入级符号和附加标志；公证检验；行业检查。

任务一 船舶检验概述

【任务分析】

本任务要求同学们了解船舶检验的概念和目的,知道进行船舶检验的机构和船舶检验的种类有哪些。

【相关知识】

一、船舶检验的概念

船舶检验是船舶检验机构对船舶及其设备的技术状况进行检验、审核、测试和鉴定的总称。船舶只有通过相应的检验,才能取得必要的技术证书或保持技术证书继续有效。

二、船舶检验的目的

船舶检验的目的在于通过对船舶及其设备的检验,促使船公司保持船舶的良好技术状况,以保证船舶的营运安全和防止污染、损害海洋环境,保证船旗国和港口国政府对船舶实施有效的管理和控制,同时也为船舶所有人提高船舶在航运市场的竞争力,降低保险费率,以及为公证、索赔、海事处理等提供必要的技术依据。

三、船舶检验的机构

世界上大多数海运国家的船舶各类检验是由民间组织——船级社来完成的。

1. 国际上主要船舶检验机构

国际船级社协会(International Association of Classification Societies,IACS)于1968年成立,致力于联合各船级社,利用技术支持、检测证明和开发研究,通过海事安全与海事规范维护与追求全球船舶安全与海洋环境清洁。

目前IACS有12个正式会员,分别是:美国船级社(ABS)、法国船级社(BV)、中国船级社(CCS)、克罗地亚船级社(CRS)、挪威-德国劳氏船级社(DNVGL)、韩国船级社(KR)、印度船级社(IRS)、英国劳氏船级社(LR)、日本海事协会(NK)、波兰船级社(PRS)、意大利船级社(RINA)和俄罗斯船舶登记局(RS)。

2. 国内船舶检验机构

中国船级社于1988年加入IACS。CCS对中国籍船舶进行船级检验，并进行经海事局授权的法定检验，同时也接受其他缔约国的委托，对停靠我国港口的外国籍船舶进行法定检验，签发技术证书。

在我国实施法定检验的机构为中华人民共和国船舶检验局（ZC）。ZC隶属于中华人民共和国海事局。

四、船舶检验的种类

按照检验性质的不同，船舶检验可以分为以下三种基本类型：

1. 法定检验

法定检验属于强制性检验，是指按照船旗国政府的法令、法规、条例和（或）政府批准、接受、承认或加入的有关国际公约、议定书、修正案、规则等，对从事国际或国内航行的船舶所进行的检验、检查和鉴定。在检验、检查和鉴定合格后签发或签署相应的法定证书。法定检验必须由政府主管机关或其授权的组织或个人进行。

2. 船级检验

船级检验（也称入级检验）属于商业性检验，是指由船舶所有人选定的船级社，依据其制定的船舶入级规范，对船体（包括设备，下同）、船舶机械装置（包括电气设备，下同）等是否处于或保持良好、有效的技术状态进行的检验、检查和鉴定。在检验、检查和鉴定合格后签发或签署相应的船级证书。

3. 公证检验

公证检验是应船舶所有人、经营人、租船人或保险人等的申请，对由于某种原因而造成的船舶实际状况进行的具有公证性质的检验，以证明船舶的实际状况或产生事故的原因。公证检验完成后应签发相应的检验报告。

任务二 法定检验

【任务分析】

本任务要求同学们了解法定检验中的发证与换证检验以及保持证书有效性检验，船舶入级符号和附加标志以及公证检验的概念和作用。

【相关知识】

1. 法定检验的范围

法定检验的范围包括：SOLAS 公约中规定的各种船舶结构与设备检验；MARPOL 公约中规定的各种船舶结构与设备检验；LL 公约规定的船舶载重线勘绘与检验；特种船舶构造和设备检验；船舶起重、吊货设备的检验；船舶吨位丈量等，按有关国际公约和各国制定的法规，对船舶结构、设备、载重线、稳性、吨位等进行的各种监督性检查、试验和鉴定。

2. 法定检验的目的

法定检验的目的是按照有关国际公约和船旗国法律、法规的要求，对船舶结构、设备、载重线、稳性、吨位、锅炉及其他受压容器、主机、副机、电气设备、无线电通信设备、救生设备、消防设备、航行和信号设备、防止污染设备、起货设备等进行监督，并确认处于有效技术状态和适合其预定用途。

3. 法定检验的依据

实施法定检验的依据为有关国际公约以及船旗国制定的有关法规，如：《1974 年国际海上人命安全公约》（SOLAS 1974）及作为该公约组成部分的所有规则（如 FSS 规则、LSA 规则、IBC 规则、IGC 规则、IMSBC 规则、ISPS 规则等）；《经 1978 年议定书修正的 1973 年国际防止船舶造成污染公约》（MARPOL 73/78）；《1969 年国际船舶吨位丈量公约》（ITC 1969）；《1966 年国际载重线公约及 1988 年议定书》（LL 66/88）；《2006 年海事劳工公约》（MLC 2006）；《1972 年国际海上避碰规则》（COLREG 1972）及其 2001 年修正案；国内的《海上交通安全法》《防治船舶污染海洋环境管理条例》《船舶和海上设施检验条例》《海船法定检验技术规则》《散装运输危险化学品船舶结构与设备规范》《非国际航行海船法定检验技术规则》等。

4. 法定检验的种类

（1）初次检验

船舶投入营运以及第一次对船舶颁发证书之前应进行初次检验，包括对船舶结构、机械、设备的 1 次完整检查和必要时的试验，以确保船舶满足相应证书的有关要求，保证船舶结构、机械和设备都适合其所要从事的营运业务。

经初次检验合格的船舶应颁发相应的法定证书和记录簿。

(2)年度检验

有关船舶法定证书上记载的签发日每周年前后各3个月内应进行年度检验。年度检验应能使主管机关确认船舶的状况(包括其机械和设备)都按有关公约的要求得到了保持。

经年度检验合格的船舶应在有关法定证书上签署。

(3)期间检验

在有关船舶法定证书上记载的签发日第2个或第3个周年日前后各3个月内应进行期间检验,且该期间检验应替代1次年度检验。期间检验是对有关法定证书的指定项目进行检查,以确保这些项目都处于良好状态,并且适合船舶所从事的营运业务。

经期间检验合格的船舶应在有关法定证书上签署。

(4)定期检验

对货船设备安全证书而言,在该证书上记载的签发日第2个或第3个周年日前后各3个月内应进行定期检验,且该定期检验应替代1次年度检验。货船无线电安全证书的定期检验应在证书的每1周年日前后各3个月内进行。定期检验应包括对设备的检查以及必要时的试验,以确保符合货船设备安全证书和货船无线电安全证书的要求,且设备处于良好的状态,并且适合船舶所从事的营运业务。

经定期检验合格的船舶应在有关法定证书上签署。

(5)船底外部检查

这是货船构造安全证书所要求的特有的检查。货船船底外部检查和有关项目的检验应能确保其处于良好状态,并且适合于所从事的营运业务。通常船舶在干船坞内进行船底外部检查,但也可考虑在船舶处于浮态状态下进行水下检验。

客船的船底外部检查应每年进行1次。货船的船底外部检查,在货船构造安全证书有效期间的5年内应至少进行2次,且任何2次之间的间隔应不超过3年,其中1次应在换证检验时进行。高速船的船底外部检查一般应每年进行1次。

经船底外部检查合格的船舶应在有关法定证书上签署。

(6)附加检验

附加检验也称临时检验,每当船舶发生事故时,或发现影响船舶安全性或完整性,或影响其设备的效力配套性的缺陷,由船长或船舶所有人提出申请,负责颁发有关证书的主管机关、指定的验船师或承认的组织根据具体情况,确定是否需要按适用的公约或规则进行检验,此种检验称为附加检验。附加检验可以是总体的,也可以是部分的。

附加检验应确保维修和任何换新已经有效地进行,且船舶及其设备继续适合于船舶所从事的营运业务。一般认为,下列情况应申请法定附加检验:更换船名、船舶所有人、船旗、船籍港、船舶识别号;船舶重大修理、改装、改建、更换设备;更改船舶航区或航线;等等。

我国《船舶和海上设施检验条例》明确规定,下列情况下中国籍船舶必须向船舶检验机构申请附加检验:

①因发生事故,影响船舶适航性能的。

②改变船舶证书所限定的用途或者航区的。

③船舶检验机构签发的证书失效的。

④海上交通安全或者环境保护主管机关责成检验的。

（7）换证检验

换证检验也称换新检验，是指原证书到期，在相应证书换新之前进行的检验。换证检验应包括对结构、机械和设备的检验以及必要时的试验，以确保船舶满足相应证书的有关要求，保证船舶结构、机械和设备都处于良好状态，适合于其所从事的营运业务。

所有需要换证检验的证书应在相应证书到期前3个月内完成换证检验。经相应证书换证检验合格的船舶应为其换发相应的新证书。

任务三　船级检验

【任务分析】

本任务要求同学们了解船级检验中的发证与换证检验以及保持证书有效性检验，船舶入级符号和附加标志的概念和含义。

【相关知识】

一、船级检验的目的和依据

船级是评定船舶技术状态的国际通用形式，是船舶所有人为了投保、索赔和处理海事纠纷的便利而自愿进行的。

船级检验由船级社依据各自的入级规范进行，各船级社的船舶入级规范各有不同。下面以中国船级社的《钢质海船入级规范》为例，介绍船级检验的要求。

二、检验种类与周期

1. 入级检验

入级检验系指对申请入级的船舶，在第一次授予其 CCS 船级和颁发入级证书之前，所进行的符合性检查，以确认其文件、结构和设备的设计、配置和技术状况以及管理等符合 CCS 入级规范、规则及 CCS 承认的其他技术要求。入级检验合格后签发相应的船级证书。

2. 年度检验

所有已入级船舶应进行年度检验。年度检验应在初次入级检验日期或上次特别检验日期的每周年日的前后 3 个月内进行。

经年度检验合格的船舶应在有关船级证书上签署。

3. 中间检验

所有已入级船舶应进行中间检验。中间检验应在第 2 次或第 3 次年度检验之时或两次检验之间进行。除年度检验要求之外的项目，可在第 2 次或第 3 次年度检验之时或两次检验之间进行。

经中间检验合格的船舶应在有关船级证书上签署。

4. 船底外部及有关项目的检验

船底外部及有关项目的检验既可以在干船坞或在船排上进行,也可以在船舶漂浮状态下进行。在干船坞或在船排上进行检验称为坞内检验,在船舶漂浮状态下的检验称为水下检验。

在每5年进行的特别检验周期内,至少应进行2次船底外部及有关项目的检验。其中一次应结合特别检验进行。在所有情况下,任何2次检验的间隔不应超过36个月。国际航行客船(包括滚装客船)的坞内检验每年应进行1次。其中5年内不少于2次应在干船坞内进行,其余的可以在船舶浮态下以水下检验方式来替代。

经船底外部及相关项目检验合格的船舶应在有关船级证书上签署。

5. 特别检验

船舶应在5年间隔期内进行特别检验,以便更新船级证书。第1次特别检验应在入级检验之日起5年内完成,其后特别检验应在上次特别检验之日起5年内完成。对于船级证书有效期小于5年的船舶,可缩减特别检验周期。

经特别检验合格的船舶应为其换发相应的新船级证书。

6. 循环检验

循环检验系统是特别检验的替代检验系统。船体循环检验适用于除普通干货船、油船、散货船和兼用船及化学品船以外的船舶。轮机循环检验适合于机械装置(包括电气设备)特别检验的所有检查和试验项目。采用循环检验时,应将特别检验的所有项目,尽实际可能在特别检验的周期内(5年内)均匀分配在每年度进行检查。各检验周期内的顺序应与之前检验周期内的顺序相关联,以确保在2个周期内的检查项目间隔时间不超过5年。

7. 螺旋桨轴检验

①单螺旋桨轴检验间隔期为3年,最长不超过5年。

②多螺旋桨轴检验间隔期为4年,最长不超过5年。

8. 搁置检验

船舶搁置开始、搁置期间、搁置结束时,船东都应申请相应的搁置检验。

9. 临时检验

临时检验系指不属于各种定期检验的任何检验。船舶发生下列情况时,船东或其代理人应申请临时检验:

①船名、船籍港、船旗国和船东或经营人变更。

②遭受影响入级的船舶及其设备的损坏。

③港口国当局检查。

④涉及入级的任何修理或改装或更换时。

⑤检验的延期或建议。

完成临时检验,应在船舶船级证书中做相应的签注。

三、入级符号和附加标志

1. 入级符号

入级符号是船舶主要特性的表述，具有强制性。凡船舶的船体（包括设备）与轮机（包括电气设备）经 CCS 批准入级，将根据不同的情况授予下列入级符号：

★CSA ★CSM 或

★CSA $\underline{\bigstar}$CSM 或

$\underline{\bigstar\text{CSA}}$ $\underline{\bigstar\text{CSM}}$

入级符号含义如下：

★CSA——表示船舶的结构与设备由 CCS 审图和建造中检验，并符合 CCS 规范的规定。

$\underline{\bigstar}$CSA——表示船舶的结构与设备不由 CCS 审图和建造中检验，其后经 CCS 进行检验认为其符合 CCS 规范的规定。

★CSM——表示船舶推进机械和重要用途的辅助机械由 CCS 进行产品检验，而且船舶轮机和电气设备由 CCS 审图和建造中检验，并符合 CCS 规范的规定。

$\underline{\bigstar}$CSM——表示船舶推进机械和重要用途的辅助机械不由 CCS 进行产品检验，但船舶轮机和电气设备由 CCS 审图和建造中检验，并符合 CCS 规范的规定。

$\underline{\bigstar\text{CSM}}$——表示船舶轮机和电气设备不由 CCS 审图和建造中检验，其后经 CCS 进行入级检验，认为其符合 CCS 规范的规定。

2. 附加标志

附加标志是船舶不同特点的分级表述，加注在入级符号之后。它可分为必需性和可选性附加标志。附加标志包括船舶类型、货物特性、特种任务、特殊的特征、航区、航线限制以及其他含义的一个或一组标志等（如表 5-3-1～表 5-3-9 所示）。

【相关表格】

表 5-3-1　船舶类型附加标志

名称	附加标志	名称	附加标志
普通干货船	General Dry Cargo Ship	集装箱船	Container Ship
客船	Passenger Ship	散货船	Bulk Carrier
滚装船	RO/RO Ship	矿砂船	Ore Carrier
油船	Oil Tanker	高速船	HSC
双壳油船	Oil Tanker, Double Hull	LPG 运输船	LPG Carrier
化学品液货船	Chemical Tanker	LNG 运输船	LNG Carrier

表 5-3-2　航区或航线限制附加标志

附加标志	说明
R1	1 类航区
R2	2 类航区
R3	3 类航区
××-×× Service	在特定航线上航行，如 Shanghai-Osaka Service

表 5-3-3　特殊任务附加标志

名称	附加标志	名称	附加标志
训练船	Training Ship	公务船	Public Affair Ship
调查船	Research Ship	垃圾回收船	Sewage Recovery Vessel

表 5-3-4　货物与装载特性附加标志

说明		附加标志
如散货船满足如下条件，应授予该协调标志： ①设计装载货物密度为 1.0 t/m³ 及以上的干散货； ②最大吃水工况中有指定空舱组； ③装载工况中包括 BC-B 的要求	协调附加标志 BC-A	BC-A
如散货船满足如下条件，应授予该协调标志： ①设计装载货物密度为 1.0 t/m³ 及以上的干散货； ②所有舱装货； ③装载工况中包括 BC-C 的要求	协调附加标志 BC-B	BC-B
如散货船满足如下条件，应授予该协调标志： ①设计装载货物密度小于 1.0 t/m³ 干散货货物	协调附加标志 BC-C	BC-C
当散货船设计中未按规范中对多港口装/卸货物提出要求时，协调附加标志应后缀该标志注明此项限制标志。该附加标志适用于所有协调附加标志（BC-A、BC-B、BC-C）	无多港口装/卸货物	NO MP
当散货船设计中允许空舱时，协调附加标志应后缀该标志。该附加标志仅适用于 BC-A 协调附加标志	允许空舱组	Allowed combination of specified empty holds

表 5-3-5 特殊性能附加标志

名称	附加标志
应急响应服务	ERS
具有破冰能力	Icebreaking
保护涂层	PSPC
低硫燃油	LSFO
可全年在所有极地水域航行	PC1
可全年在中等厚度的多年冰龄状况下航行	PC2
可全年在第二年冰龄状况(可包括多年夹冰)下航行	PC3
可全年在当年厚冰状况(可包括旧夹冰)下航行	PC4
可全年在中等厚度的当年冰龄状况(可包括旧夹冰)下航行	PC5
可夏季/秋季在中等厚度的当年冰龄状况(可包括旧夹冰)下航行	PC6
可夏季/秋季在当年薄冰状况(可包括旧夹冰)下航行	PC7
可在严重冰况下航行,不需破冰船辅助	Ice Class B1 *
可在严重冰况下航行,必要时需破冰船辅助	Ice Class B1
可在中等冰况下航行,必要时需破冰船辅助	Ice Class B2
可在轻度冰况下航行,必要时需破冰船辅助	Ice Class B3
可在轻微冰况下航行,必要时需破冰船辅助	Ice Class B

表 5-3-6 自动控制附加标志

名称	附加标志
推进装置由驾驶室控制站遥控,机器处所包括机舱集控站(室)周期性无人值班	AUT-0
船舶设置机舱集控站(室)和就地控制站,并在机电设备正常运行时,机舱集控站(室)连续有人值班	MCC
主推进装置由驾驶室控制站遥控,机器处所连续有人值班的船舶	BRC

表 5-3-7 特殊设备和系统附加标志

名称	附加标志	名称	附加标志
自卸货系统	Cargo Handling by Conveyer System	装载仪	Loading Computer
应急拖带装置	Emergency Towing Arrangements	清洁压载舱	CBT
		专用压载舱	SBT
原油洗舱系统	COW	惰性气体系统	IGS

表 5-3-8 特殊检验附加标志

名称	附加标志	名称	附加标志
水下检验	In-Water Survey	螺旋桨轴状态监控	SCM
加强检验程序	ESP	柴油机滑油状态监控	ECM
船体循环检验	CHS	机械计划保养系统	PMS
轮机循环检验	CMS		

表 5-3-9 环境保护附加标志

名称	附加标志	名称	附加标志
洁净	Clean	冷藏系统控制	RSC
燃油舱保护	FTP	防污底系统	AFS
NO_x 排放控制	NEC(Ⅱ)、NEC(Ⅲ)	绿色护照	GPR
SO_x 排放控制	SEC(Ⅰ)、SEC(Ⅱ)、SEC(Ⅲ)	舒适性(噪声 N)	COMF(NOISE N)
压载水管理计划	BWMP	舒适性(振动 N)	COMF(VIB N)
船舶营运能效	SEEMP(Ⅰ)、SEEMP(Ⅱ)、SEEMP(Ⅲ)	灰水控制	GWC

任务四　公证检验和行业检查

【任务分析】

本任务要求同学们了解公证检验和行业检查的目的和常规做法，掌握其中与二、三副有关的检查项目。

【相关知识】

一、公证检验

船舶公证检验业务的内容很广泛，主要是为船舶的海损、机损以及为履行某种合同条款而进行的第三方检验。

公证检验包括海损检验、索赔检验、起租退租检验、船舶状况检验、货损检验等。如船舶起、退租时的状况鉴定，买卖船时的船舶技术状况勘验，船存油、水的测量证明，某些海损事故所致损坏程度的鉴定等。

公证检验的检验报告可作为海事索赔、保险理赔、费用追偿和分摊等的合法依据。

二、行业检查

行业组织检查对于保障船舶航行安全，防止海洋环境污染起到了重要的作用。

(一)石油公司国际海事论坛

1. 概况

目前，行业组织检查主要集中在石油、化学品等危险品运输领域。世界主要石油组织和石油公司，对其租船、停靠其码头、载运其货物，以及载运与其利益相关的货物时，均要对第三方的油船、化学品船及液化气船进行检查。检查的目的是避免人员伤害、财产损坏以及为海洋环境提供保护。特别是油船在货物操作过程中，避免人员与财产的损害、防止海域污染。检查结果不仅与船公司管理、船舶管理密切相关，而且还涉及船舶设计、建造等方面。

石油组织或公司船舶检查可以由自己的检查机构完成，也可以委托具有权威性的第三方检验机构实施。自己的检查机构仅对公司负责，检查人员由具有丰富经验的船长，轮机长，验船师，造船或海事等人员组成。检查人员经过石油组织或公司培训合格后，才能承担检查工作。石油组织或公司检查机构、人员的资格无须其他机关认可。通常情况下，石油组织或公司对第三方船舶的检查会收取费用。

石油组织或公司对第三方船舶检查特点具有“标准多、范围广、要求高、证件多”的特点。这不仅涉及船公司的管理、船上设备与管理,还涉及船舶的设计与建造、船级与法定证件的签发,以及石油组织要求的船级社“公正性”证件的签发。

目前,世界上影响较大的实施行业组织检查的组织有石油公司国际海事论坛、化学品配送协会、国际独立油船船东协会等。

石油公司国际海事论坛(Oil Companies International Marine Forum, OCIMF)是关注原油、原油产品、石油化学品和气体的船运及码头操作的国际石油公司自发组成的行业协会。OCIMF 致力于不断推进油船、码头和海上辅助船舶的安全和环保操作,从而推动设计和操作标准的持续改进。OCIMF 在 IMO 上确立了其作为联合国海事特别机构的咨询地位。OCIMF 协调 IMO 会议上石油工业的观点,以评估 IMO 通函形式的技术建议案,以及劝告其成员有关研发的立法活动。此外,其单独或与行业相关组织联合研发制定技术和操作指南规范,至今已发布超过 50 份上述指南规范,其中许多被业界视作行业特定领域标准。

OCIMF 成立于 1970 年 4 月 8 日第八次石油公司国际海事论坛会议中,成立之初的目的是应对“Torrey Canyon 事故”,当时公众对海运污染尤其是油船污染的关注日益增长。OCIMF 于 1977 年在百慕大注册,并在伦敦设立办事处,负责与 IMO 保持联系。

目前,OCIMF 组织实施三项船舶检查,分别为船舶检查报告程序(Ship Inspection Report Program, SIRE)、液货船管理与自评估(Tanker Management and Self Assessment, TMSA)和海上油气工程船舶检查数据库(Offshore Vessel Inspection Database, OVID)。此外,第四项检查——海港码头信息系统(Marine Terminal Information System, MTIS),也即将开始。

其中,SIRE 主要是针对液货船的检查,TMSA 主要是针对液货船公司管理能力的检查。

2. 船舶检查报告程序

船舶检查报告程序(SIRE)于 1993 年首次发布,尽管是完全自愿参加,但已成为 OCIMF 乃至整个行业内最重要的安全举措之一。SIRE 是一个液货船风险评估工具,对关心船舶安全的承租人、船舶经营人、码头经营人和相关政府机构来说价值非常高。

SIRE 开始主要针对低标准的航运企业,后续通过建立标准的、客观的检查程序,开展系统化船舶检查。参与 SIRE 的 OCIMF 成员都可得到该资料。非 OCIMF 成员的承租人,以及在液货船安全方面与 OCIMF 成员一起具有直接和共同利益的其他组织和有关当局,也可加入 SIRE。自推出以来,SIRE 已获得广泛认可,并得到迅速推广。

目前,SIRE 系统是一个包含油船、兼用船、穿梭液货船、化学品船、气体船及相关驳船最新信息的大型数据库。从本质上讲,SIRE 注重提高行业对符合船舶质量和安全标准重要性的意识。SIRE 系统受 ISO 9001:2008 管理,并完全满足所有国际、欧盟和美国法律法规的要求。该计划要求参与的 OCIMF 成员遵循一个统一的船舶检查程序。

(1)SIRE 的要素

SIRE 主要包括两个要素,即检查要素和报告要素。检查要素系一份详细印制的船舶检查问卷(VIQ),其中有针对安全和防污染的关键问题,参与的 OCIMF 成员的船舶检查员必须(某些情况例外处理)回答这些问题。调查要素是一份详细的船舶概况问卷(VPQ)。SIRE 先后多次修订检查所需的问卷、报告及相关资料。目前,主要包括以下几种:

①船舶检查问卷(Vessel Inspection Questionnaire, VIQ)。

②驳船检查问卷(Barges Inspection Questionnaire, BIQ)。

③SIRE 统一检查问卷(Uniform SIRE Inspection Report)。

④船舶概况问卷(Vessels Particulars Questionnaire, VPQ)。

⑤驳船概况问卷(Barge Particulars Questionnaire, BPQ) 。

⑥SIRE 增强型报告管理器(SIRE Enhanced Report Manager, Web SERM)。

(2)SIRE 的一般检查步骤

①船东或营运人向拟承运石油公司或停靠码头的检查机构提出申请。

②检查机构向船东或营运人提供“船舶检查问卷(VIQ)”“船舶概况问卷(VPQ)”〔或驳船检查问卷(BIQ)、驳船概况问卷(BPQ)〕。

③船上填写 VPQ 和 VIQ(或 BIQ 和 BPQ),并按 VIQ 进行自检,准备好接受检查。

④对船公司进行检查,主要按 ISM 规则进行。

⑤检查机构采用“船舶检查报告程序(SIRE)”进行检查。对申请进行评估后,可在装卸货港口或石油公司所在国境外船东拟定的港口登船检查。

⑥首次检查,对照 VIQ 逐项检查,提出检查意见——缺陷和建议。

⑦检查完毕后,检查人员向 SIRE 递交统一检查报告。

⑧船公司提出纠正缺陷的措施,供检查机构确认并予以批准;必要时,进行第二次登船检查。

⑨对已接受检查的船舶,如发生重大海损事故,应报告检查机构并接受其调查。

3. 液货船管理与自评估

2005 年,OCIMF 中的个别石油公司成员,基于 ISM 规则,首先提出液货船管理与自评估(TMSA)。随后,OCIMF 的其他会员也认同此调查。建立 TMSA 的目的是针对液货船安全和污染的高风险性,规范和提高航运公司的综合管理水平,加强承运船舶的安全管理,着手制定严格的船舶安全、质量、健康和环保管理标准。虽然 OCIMF 对油船管理公司是否实施 TMSA 没有强制性,但各大国际石油公司把油船管理公司是否实施 TMSA 以及达到的管理等级作为优先考虑选择的因素。

TMSA 是一种可以帮助船舶营运人测量并改进其管理体系的工具。船舶营运人可以对照 TMSA 列出的关键绩效指标及行业最好做法评估其安全管理体系,使营运人在追求安全和环保卓越等一些关键领域中发现机遇并优化其自身的经营业绩。

(1)TMSA 的组成

TMSA 主要由 11 项关键要素组成:管理领导作用和责任;岸基人员招聘与管理;船员招聘及管理;可靠性与维修保养标准;航行安全;货物、压载及系泊作业;事故调查及其分析;安全管理;环保管理;应急准备及计划;测量、分析和改进。每个要素分为 A 和 B 两个部分,管理标准分为四个等级,按照遵循循序渐进的方式由最基本的一级提升至最高的四级,不断整改和完善,满分为 4 分。

液货船公司按照评估标准,对照公司管理体系,逐项评估,并自我定级,最后向 CIMF 提交评估符合报告。自我评估结束后,OCIMF 派遣检查官进行检查。TMSA 检查的要求非常严格、具体,随意性和变通的余地很少。目前,对船舶营运人比较认可或满意的 TMSA 分数是 2.5 分或以上。

（2）TMSA 的主要特点

TMSA 的主要特点为：检查标准高；检查要素具体；注重数据统计分析；重视风险评估；管理的变更；重视自我评估；动态管理和讲究诚信。船舶营运人在实施 TMSA 过程中，并不要求初始阶段就达到全部要素的要求，而是从基本的一级管理标准做起，逐步提高，持续改进。

（3）TMSA 实施对船舶营运人管理体系的要求

TMSA 实施对船舶营运人管理体系的要求包括公司高层管理者、公司岸基管理人员、液货船操作人员和液货船管理模式与理念等四个方面。

①公司高层管理者：对公司安全职责清晰的自我认识、确保安全管理工作的明确实施、对公司安全环保管理理念的清晰了解、良好的船岸沟通能力以及对以往险情的经验教训的总结等；经理明确的、合理的安全目标，并对安全目标的实施落实过程进行考核和监控，督促各阶层的安全工作和安全环保意识，促进液货船安全运营；建立促使各阶层认真落实的管理决策办法。

②公司岸基管理人员：在岸基人员招聘时，有辨别申请人员资料真伪的程序，严格把关；对新招聘的岸基管理人员，要进行严格的上岗培训、在职培训，确保他们能胜任；建立健全岸基人员工作的考核制度；严格控制岸基人员的流失率。

③液货船操作人员：招录时严格审核船员资历和证书，上船前进行严格的体验；对船员进行充分的在职培训和安全培训等，提高工作技能和安全意识；对船员的工作进行考核；控制船员团队的流失率。

④液货船管理模式与理念：建立详细有效的液货船的维修保养制度；确保航行安全；装卸货及压载水作业有规范、书面的计划，作业均需获得船长的批准；变更管理因素时，注重采用各种措施降低风险；利用有效的事故调查报告及跟进措施，从中吸取教训，减少事故的发生。船岸各部门应有详细的应急预案，对人员进行详细分工。

（二）Rightship 检查

1. 概况

Rightship 不隶属于任何政府机构，是一个纯私有的独立船舶检验和评估机构，由澳大利亚两家最大的铁矿和煤炭出口商力拓和必和必拓出资创立，其最初的目的是对这两家公司将要租用的船舶进行审查（Vetting），审查通过后才允许租用该船舶。然而随着 Rightship 逐渐为航运界所熟悉，越来越多的船东、管理公司、经营人、租船人等成为它的客户，其影响力在不断扩大，Rightship 也像 OCIMF 那样，使其检查条款成为公认的干货船审查的行业标准。

Rightship 建立了一套先进的船舶评估系统，该系统根据船舶规范、船东、管理公司、船级社以及船舶实际营运状况等诸多因素，结合登船现场检查的结果，对系统内的每艘船舶进行分析和评分，并把船舶分为从 1 星到 5 星五个等级。3 星以上的船舶属于低风险船舶，可以被系统自动接受，并推荐给 Rightship 客户。1、2 星级船舶则需要船舶管理公司提供相关资料，会同该船近期实际运行情况进行人工评估，并根据需要安排登船检查，检查通过后方可接受。

Rightship 提供基于互联网的在线检验服务，它每天 24 h 不间断地向世界各地的会员提供最新的船舶检查信息。船舶被检查并经过专家评定后，该船舶的信息将显示在 Rightship 在线系统中。

2. 检查程序

Rightship 检查通常在卸货港进行，一般由一名检查员检查，一般需要两天的时间，灵便型船舶时间可能稍短。其中 30%的时间用于对船舶结构状况进行检查，70%的时间用于检查船舶对安全管理体系的遵守和执行情况、船员安全意识及公司的安全文化。

Rightship 制定了统一的检查程序、检查表和检查人员指南，委派高水平的专业船舶检验公司的人员实施检查。

检查经常是由一名检查人员实施，在不影响船舶正常操作的前提下，一般需要两天的时间。在检查人员到达船边时，检查其实就开始了。登船过程中，他会依次查看船壳外观、缆绳布置、舷梯状况、甲板值班、船舶保安措施等。

检查人员与船长见面后首先会介绍他的来意，了解船舶正在进行的装卸或者修理等操作的进度，据此制订他的检查计划，提出各个检查阶段需要的陪同人员，并向船长开列需要提供的船舶证书、检验报告等资料清单。若船长对他的计划无异议，检查立即开始。

在检查开始之前，船长必须向检查人员说明目前船上已知存在的结构或设备缺陷，以及正在或将要采取的措施，否则一旦这些缺陷在检查中被发现，检查人员就会把它们记入报告而不再接受任何解释。

检查一般先从船舶证书等文件开始，然后是现场管理和硬件设施。只要条件允许，检查范围上至雷达天线下至管隧，从货舱、压载舱结构到机舱各种机器设备，从驾驶台管理到货运操作，生活区。所有消防、救生、防污设备和机舱应急切断装置都要现场进行试验，检查期间需要船上的各个相关负责人的陪同和配合。

检查结束时，检查人员会在现场向船长开具缺陷和建议清单。该清单分为缺陷项和建议项两部分。违反强制性法规的项目列入缺陷项，其他被认为需要改进的列入建议项。通常写缺陷前，检查官会与船长沟通，欢迎船长在其报告中批注自己的见解，包括对缺陷内容所持的不同意见和看法，要求对该清单进行适当的修改，也可以在清单上添加批注。违反强制性法规的项目列入缺陷，其他被认为需要改进的作为建议项。

离船之后，检查人员要以 Rightship 的固定格式向其报送一份完整的船舶检查评估报告、一份检查概要和一份缺陷和建议清单。这三份文件将作为输入材料提交 Rightship 的船舶评估系统，得出评估结果，也就是给船舶评出星级供客户们参考。

3. 检查周期

Rightship 检查周期一般是一年。在此期间，如有任何投诉，特别是港口国检查的严重缺陷，将直接导致 Rightship 评级结论失败，船舶降级。检查时，也会对船龄，船东、船旗、船级社及管理公司的情况加以考虑。如果在检验周期内，上述任何一项变化都会导致 Rightship 评级结论失效。

4. 检查标准

Rightship 检查是根据其制定的 10 个部分进行。这些内容涵盖公司管理人员和船员的能力、船舶资料、体系的有效运行、公司和船舶安全文化、船舶结构完整性、机器设备管理、驾驶台管理、货舱通风，克令吊和检查过程的总体评价。

检查除了依据现有的公约、法规和行业标准之外，还参照发达国家航运企业的先进管理模式,要求船舶具有安全、优质和高效的管理,而不像PSC、船旗国检查或船级社检验那样,仅要求达到法定的最低标准就行。因此,从全面性、专业性和严格程度来说,Rightship检查的要求比较高,强调规范管理。

5. 检查内容

Rightship现场检查内容一般分为以下10个部分:

(1)船舶规范。它包括:船舶建造地、建造时间、船舶尺度与结构、船籍港、船级、保险人、船东及管理公司的信息等。

(2)船舶证书及文档,检查内容包括:

①船舶法定证书与船级证书。

②船级资料。

③港口国及船旗国检查缺陷改正情况。

④有关货载情况。

⑤船员的母语及工作语言。

(3)安全管理体系在船舶的有效运行情况。检查内容包括:

①内、外审报告。

②船长过去一年内对体系的定期评价以及管理性复查报告。

③公司对船上报告的不符合项及险情报告的反馈情况。

④公司有关安全检查方面的通函。

⑤演习及培训计划及该计划的执行记录。

⑥对新上船船员的职责及安全培训记录。

⑦装煤航次的货舱气体、温度、pH值检测报告等。

⑧安全设备的测试情况。

⑨安全文化,如船员安全意识,船员的劳动保护等。

(4)安全、保安及环境管理。检查内容包括:

①DOC/SMC/ISSC的发证机关及签发时间,内、外审时间。

②船上配备的航海出版物及改正情况。

③船上的安全标识、应变部署表、防火控制图、船舶油污应急计划(SOPEP)等的布置情况。

④保安规则的执行情况,如保安证书、连续概要记录、船上目前的保安等级及所采取的相应保安措施等。

⑤环境保护及防止船舶污染海洋环境的情况。

⑥检查加油计划、压载水管理计划、垃圾管理计划、油类记录簿及垃圾记录簿等。

(5)船舶结构的现场检查。检查范围包括:

①货舱及横舱壁,如船壳板、肋骨、肋板、边柜斜坡板、舱底板污水井、测量管、货舱梯子、防火挡板等。

②舱盖及其相关设备,如舱盖板、密封胶条、液压系统、止浪阀、舱盖锁紧装置等。

③压载水柜,如水柜内横舱壁、船边壳板、骨材、内部油漆涂层等。

④主甲板上的甲板设备,如锚机、缆机、舷梯、引航员梯、缆桩、导缆孔、缆绳、伙食吊、加油

吊、甲板照明等。

(6)机械设备的管理。检查内容包括：

①有关设备的完整说明书是否存船，机舱日志是否正规记录。

②扫气箱及曲轴箱门清洁情况；舱底板及污水井是否无污油水；分油机间是否无滴漏及积存污油；舵机间通道是否畅通，无障碍物，清洁无滴漏；备件、物料是否紧固绑扎；相关处所是否张贴安全操作说明；机舱机控室是否清洁且桌椅固定，是否使用合适的垃圾桶收集垃圾；监控仪表是否工作情况良好；测量管的自动关闭装置是否工况良好；滑油是否定期取样分析且报告存船。

③检查油水分离器的保养记录，油分浓度计的检测报告，机舱天车的测试报告。

④压载泵及扫舱泵的数量及容量等。

(7)驾驶台管理。检查内容包括：

①驾驶台及报房是否按规定配备相关设备且所有设备工作正常，有关说明书是否存船。

②各航海记录是否完善；有关航海图书是否存船；本航次用海图是否已改正至最新；航次指令及租船合同等是否存船；航行警告的收集及处理情况；驾驶台是否张贴有关设备的操作说明，相关船员是否熟悉这些操作说明等。

(8)货舱的通风与照明情况。

(9)船舶起重设备。检查范围包括：

①证书、标识；

②滑车、吊钩、转环、卸扣、钢丝等；

③吊车操纵室窗户雨刷、灭火器、加热器、应急停止开关、吊臂状况、上下梯子等；

④各限位器的功能性检查。

(10)综合检查。检查内容包括：

①舷梯的放置是否可供安全上下，生活区外部的保养及内部的整洁情况；

②是否有船东代表及船员陪同检查，公司是否提前通知船上准备检查。

项目六　风险控制与危机管理

【项目介绍】

大多数风险是不可预知的,但又是有规律的,通过分析长期总结出的发生风险的记录,就可以找出风险发生的规律。综合考虑各种内外因素,正确运用风险识别和控制手段对风险做出正确的评估,从而可以最大限度有效地规避风险。

本项目以风险评估理论为基础,在给出风险、安全和事故的基本概念及其相关内容的基础上,分别介绍风险识别、分析的方法和风险评估的基本原理,并针对船舶上的关键性操作,进行了风险评估,介绍了典型的案例分析。

【教学目标】

- 了解风险识别与评价的过程与方法。
- 了解风险控制手段。
- 了解危机处理的方法。

【学习重点】

风险的概念;风险识别与评价;风险控制的手段;危机处理的方法。

任务一 风险的概念与事故致因理论

【任务分析】

世界上无绝对的安全可言，安全与风险总是并存的，任何一项活动都存在或多或少的风险。当风险处于人们可接受的范围内，就认为是安全的，否则认为是不安全的。

事故是违背人的意志而发生的意外事件。事故是随机事件，很难预测。但事故也有它的规律，掌握了事故规律就有可能控制和预防事故的发生。

【相关知识】

一、风险与事故

危险(Danger)：指威胁人的生命、健康、财产或环境的潜在可能。

可能性(Possibility)：指事物发生的概率，是包含在事物之中并预示着事物发展趋势的量化指标。

后果(Consequence)：指最后的结果，一般是有害的或不幸的。

风险(Risk)：风险是指损失的大小和发生的可能性。IMO将风险定义为，事故发生的频率与后果严重性的组合。

事故(Accident)：是指人们在进行有目的的活动过程中，突然发生的违反人们意愿，并可能使有目的的活动发生暂时性或永久性中止，造成人员伤亡或(和)财产损失的意外事件。

事故是由系统中相互联系、相互制约的多种因素共同作用的结果，事故的发生是随机的。系统由安全状态转化为事故状态实际上是一种突变现象，事故的发生是必然的，事故具有普遍性、随机性、偶然性、必然性、因果相关性、突变性和潜伏性等特性。因此，认识事故的特性，对于防止事故发生有促进作用；制订事故预案，加强应急救援训练，提高作业人员的应急反应能力和应急救援水平，对于减少人员伤亡和财产损失尤为重要。

二、事故致因理论

事故致因理论是指探索事故发生与发展规律，研究事故始末过程，揭示事故本质的理论。它是分析事故的工具，以指导事故预防，防止同类事故的重演。

1. 事故因果连锁论

事故因果连锁论又称多米诺骨牌事故模型。1936年英国的海因里希首先提出了事故因果连锁论。该理论认为,事故发生并非单一原因造成,而是一系列原因事件相继发生的结果,如同多米诺骨牌效应。海因里希认为,企业安全的要点在于防止人的不安全行为,消除机械的或物质的不安全状态,以中断事故连锁进程而防止事故的发生。海因里希最初提出的事故因果连锁过程包括遗传及社会环境,人的缺点,人的不安全行为或物的不安全状态,事故,伤害五个因素。

2. 能量意外释放理论

能量意外释放理论认为:事故是一种不正常的、不被希望的能量释放,通过控制能量或控制达及人和物的能量载体可预防事故的发生。机械能、电能、热能、化学能、电离及非电离辐射、声能和生物能等形成的能量,都可能导致伤害事故。可利用各种屏蔽来防止能量意外释放导致的损害。常见的屏蔽措施有:用安全的能源代替不安全的能源;限制能量,例如国际上对客船装运危险品予以限量;防止能量积蓄,例如电器接地防静电、内燃机的冷却系统;延缓能量释放,例如货物的缓冲包装;设置屏蔽设施,例如船上设安全围栏,穿戴个人劳防用品等;在时间和空间上把能量与人隔开,例如进入封闭舱室须经过足够时间的通风,危险货物装载应远离居住舱室;转移能量,例如直升机吊钩须先触地释放静电后人员才可接触,船舶破损漏油时将破舱油料转移舱柜等。

3. 轨迹交叉理论

轨迹交叉理论认为:在事故发展进程中,人的因素的运动轨迹与物的因素的运动轨迹的交点,就是事故发生的时间和空间。在许多情况下,人与物的不安全情况互为因果,轨迹交叉论作为一种事故致因理论,强调人的因素、物的因素在事故致因中占有同样重要的地位。按照该理论,可以通过避免人、物两因素的轨迹交叉,即避免人的不安全行为和物的不安全状态的同时同地出现,来避免事故的发生。

4. 事故损失偶发性法则

事故损失偶发性法则是指事故与伤害程度之间存在偶然性的概率关系,也称海因里希法则,指的是同一人发生的330起同种违章事件中,严重伤害、轻微伤害和没有伤害的事故件数比为1∶29∶300。该法则是对认为不安全行为和不安全状态无害的经验论者的有力警告。例如:在油船机舱随意烧焊通向空油舱的管系而导致爆炸沉没;在升降吊杆时直接用手控制起重索,导致失控而摔坏吊杆、砸死人员等事故。这些事故都是由于违反安全操作规程所造成,其肇事者的陈述都是“以前这样做从未出过事故,这次事故是因为没掌握好”云云。显然,他们不了解“1∶29∶300法则”。该法则还说明事故与损害之间存在偶然性,同类事故并非产生相同的损失,为防止重大损害,唯一的途径是防止事故的再次发生。

任务二 海上风险预测与评估常用方法

【任务分析】

通过风险评估,决策者及有关各方可以更深刻地认识那些可能影响组织目标实现的风险以及现有风险控制措施的充分性和有效性,为确定最合适的风险应对方法奠定基础。风险评估是风险分析的一个重要环节,涉及风险识别、风险分析与风险控制等步骤。

本节主要介绍风险评估及常用的风险评估方法。

【相关知识】

一、风险评估

风险评估的概念有两种,即广义上的风险评估和狭义上的风险评估。广义上的风险评估,其实质是系统风险分析,也称系统安全分析或系统危险评价,是以实现系统安全为目的,运用安全系统工程原理和方法对系统中存在的风险因素进行辨识和分析,判断系统发生事故的可能性及其严重程度,从而为制定防范措施和管理决策提供科学依据。狭义上的风险评估,有时也称风险分析、风险评价,是在确定风险的存在及其影响因素关联情况的基础上,定量化分析风险分别情况和影响风险程度的各种因素分别情况。

风险预测和评估是风险管理的重要组成部分,它是风险控制的基础。风险预测是指在工作之前对工作过程中以及工作结果可能出现的事物异常进行预测、制定对策,从而预防事故发生的一种措施。风险评估是指在风险事件发生之前或之后,该事件给人们的生活、生命、财产等各个方面造成的影响和损失的可能性进行量化评估的工作。通过风险评估,决策者及有关各方可以更深刻地认识那些可能影响组织目标实现的风险以及现有风险控制措施的充分性和有效性,为确定最合适的风险应对方法奠定基础。风险评估是风险分析的一个重要环节,涉及风险识别、风险分析与风险控制方案等步骤与内容。通过主次排序的方法找出高风险区和关键性的风险因素,分析事故发生和事故后果之间的关系,以便对现有的标准或规定加以修改和制定新的标准或规定,达到减少风险发生的目的。

IMO 提出了在海事界引入和应用综合安全评估(Formal Safety Assessment, FSA)。作为一项战略,FSA 已逐步在制定海上安全和海洋环保公约和规则中,在船舶的安全营运管理中以及船舶设计中得到越来越广泛的应用。FSA 是一种结构化和系统化的方法,在规则和规范制定中应用这一方法,目的是要全面地、综合地考虑影响安全的诸方面因素,通过风险评估和成本效益评估,提出合理的并能有效地控制风险的技术要求,从而不断改进和提高船舶的安全水平。

FSA 是一种通过风险分析与费用受益评估,提高海上安全包括保障人命、健康、环境与财产的结构化、系统化的方法。该方法是要在事故之前就预估其发生可能性的大小,并且系统地从整体出发全面考虑影响安全的各个方面,从而采取必要的安全措施,避免事故的发生或降低事故发生的概率或减轻事故后果,并且对风险控制措施进行费用受益评估,从而为制定或修订公约、规则提供科学依据。FSA 本身不是规则,只是一种工具,它不能替代 IMO 的公约或规则,只是在公约或规则的制定过程中起到辅助作用。

综合安全评估 FSA 是一种以风险为基础,由五个内在相关步骤组成的方法(如图 6-2-1 所示)。五个步骤如下:风险识别,风险评估,风险控制方案,成本与效益评估,决策建议。

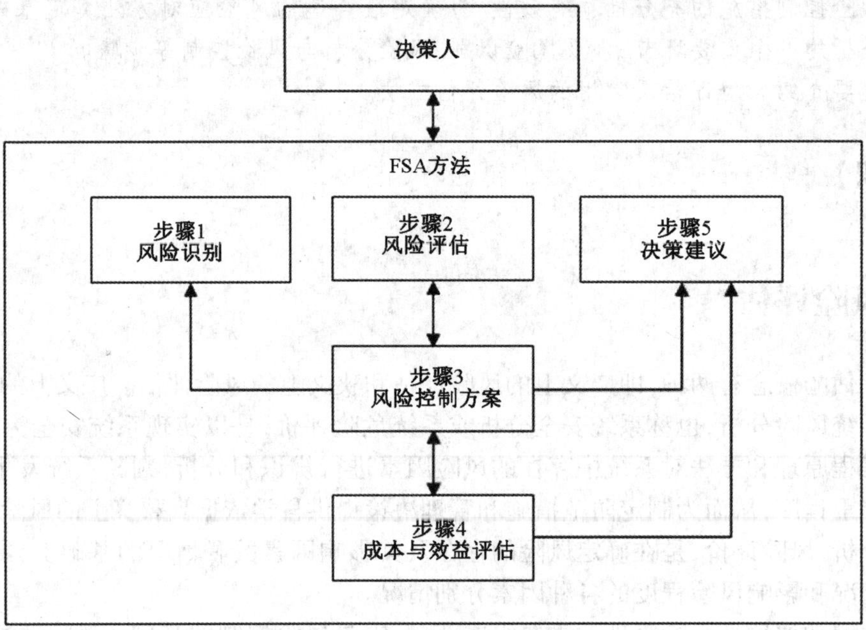

图 6-2-1　FSA 程序流程

二、风险评估的方法

风险评估方法的种类很多,大体可分为定性分析方法、半定量分析方法和定量分析方法三大类。引进“量”的概念是进行分析和比较的基础,严格的定量分析应当以基于统计方法的事故概率计算和基于数值模拟的事故后果计算为基础。但由于事故数据资料的缺乏以及时间、费用等方面的限制,准确计算事故的概率和后果是困难的,而且在相当多的场合根本无法得到这种概率和后果。定性分析方法对分析对象的危险状况进行系统、细致的检查,根据检查结果对其危险性做出大致的评价。半定量分析方法则将对象的危险状况表示为某种形式的分度值,从而区分出不同对象的危险程度。究竟是采用定性方法还是定量方法,主要取决于风险分析过程中信息量的多少。

目前在 FSA 评估中常用的方法包括事件树分析、故障树分析、风险贡献树、失效模式和影响分析、危险与可操作性分析等。常用风险评估方法的特点见表 6-2-1。

表 6-2-1 常用风险评估方法的特点

工具及技术	风险评估过程				
	危险识别（步骤 1）	风险分析（步骤 2）			风险评价
		后果	可能性	风险等级	
检查表法	非常适用	不适用	不适用	不适用	不适用
德尔菲法	非常适用	适用	适用	适用	适用
失效模式和影响分析	非常适用	不适用	不适用	不适用	不适用
危险与可操作性分析	非常适用	非常适用	不适用	不适用	非常适用
结构化假设分析	非常适用	非常适用	非常适用	非常适用	非常适用
故障树分析	不适用	适用	适用	适用	适用
事件树分析	不适用	非常适用	非常适用	适用	不适用

任务三　海上风险预防与控制

【任务分析】

风险为特定危险事件发生的可能性与事故后果的组合,风险取决于事故发生的概率和事故损失的大小。因此,控制海上风险主要通过减少事故发生的可能性或控制事故的损失两方面来实现。并非所有的海上风险都是可以预防和控制的,对于某些无法避免的风险则需要采取回避风险的措施,而对于有些风险则需要通过制订计划和采取措施来降低发生损失的可能性或者是减少实际损失。总之,要将风险控制在可接受的范围内。

本节主要内容介绍风险衡准、风险控制措施和船舶作业风险及防范措施。

【相关知识】

一、风险衡准

风险可接受衡准(也叫风险可容忍度),表示在规定的时间内或某一行为阶段可接受的总体风险等级,它为风险分析以及制定减小风险的措施提供了参考依据,因此应在进行风险评估之前预先给出。此外,风险可接受衡准应尽可能地反映安全目标以及行为特征。

衡量风险的方法有定性和定量两种方式,风险可接受衡准的表达方式应与之适应。但无论是定量表达还是定性表达,都必须包括以下几点:风险可接受衡准的制定应满足工程中的安全性要求;公认的行业标准;偶发事件及其效应的知识积累;从自身活动和相关事故中得到的经验。

1. 风险矩阵

风险矩阵图,又称风险矩阵法,它是一种风险可视化的工具,主要用于风险评估领域,是根据风险发生的可能性和伤害的严重程度综合评估风险大小的定性的风险评估分析方法(如图6-3-1所示)。风险矩阵分为以下三个区域:不可接受的风险、可接受的风险、不可接受的风险和可接受的风险之间的临界区。临界区需要进行风险评估以决定究竟是否应该采取措施减小风险,或是否需要预先做进一步的研究。

可接受的风险极限值通过在矩阵中定义可接受和不可接受的风险区域来设定。风险矩阵可用于定性或定量的风险评估。若将概率粗略地以稀少和频繁,后果以小、中和灾难分类,可由风险矩阵表示定性分析的结果。定性分析中的分类标准是至关重要的。

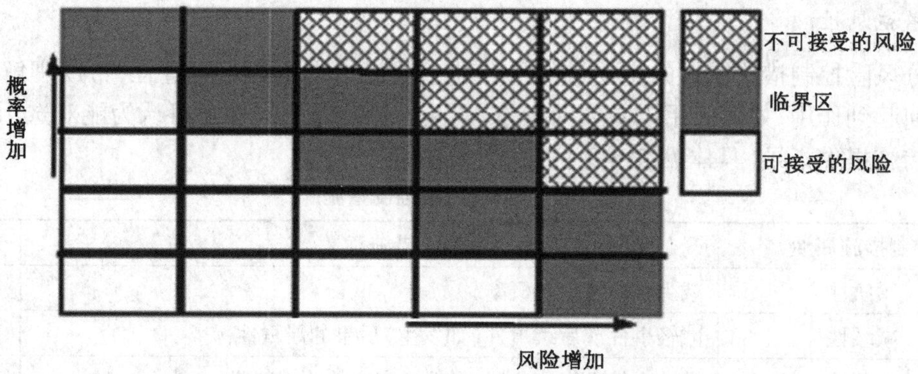

图 6-3-1 风险矩阵图

2. ALARP 原则

最低合理可行原则(As Low As Reasonably Practicable,ALARP),系指一种根据风险水平判断是否需要采取风险控制措施的原则,对介于可忽略线和不可容忍线之间的危害,应在合理可行的前提下尽可能将风险降至最低。位于 ALARP 区域内的风险水平既非低到可以忽视,也非高到不可接受,合理可行的前提主要是指采用成本效益分析来识别具有费效比的风险控制方案。

ALARP 实际上是一项风险属性,其不能作为为减少风险而进行进一步资源投入的理由。ALARP 原则用于风险评估程序,其要求尽可能降低风险。这意味着除非所获得效益与费用不成比例,否则必须减少属于该区域事件的风险。

FSA 的目的是将风险降低至可容忍的水平。在规则的制定与修改方面,如果建议的技术措施所花费的成本与其效益不成比例,则会使该技术措施的制定降低竞争力。这在 ALARP 原则中得以实现。ALARP 原则表明,在某一上限以上的风险水平是不可容忍的。没有任何理由让在该区域内的风险存在,必须不计成本予以降低。该原则还表明,在某一下限以下的风险水平是“大体上可接受的”。在这个区域内的风险是可忽视的,无须提出额外措施以降低风险。如果风险水平位于该上限和下限之间,即在 ALARP 区域,应降低风险至满足经济性要求,即应将风险降低至尽实际可能低的水平。“最低合理可行”一词解释为费效比高。风险降低措施应在技术上可行,且相关费用不应与所获得的效益不成比例。这一点将在成本效益分析中予以审核。

二、风险控制

1. 原则和途径

风险控制是在危险识别和风险评估的基础上,有针对性地提出有效可行的降低风险的风险控制措施。海上风险控制通过制订计划和采取措施来降低事故发生的可能性或者减轻后果严重性。风险控制通常包括事前、事中和事后三个阶段。事前控制主要是为了降低损失的概率,事中和事后的控制主要是为了减少后果严重性。

2. 措施属性

划分风险控制措施属性的主要目的是有利于进行结构化的思考过程，帮助理解风险控制措施如何起到作用，如何应用以及如何操作，风险控制措施的属性还可认为能对选用不同的风险控制措施提供指导(具体见表 6-3-1)。

表 6-3-1　风险控制措施

控制措施属性	措施意义	备注
预防性	减少事件发生的概率	
减缓性	减轻事件或后续事件(如发生)后果的严重性	
工程性	设计中纳入安全装置，是保证安全的关键装置	
内在性	最高层方案设计时限制潜在风险水平	
程序性	依靠操作人员按照规定的程序行事	
分散性	控制以不同方式分布于系统的各方面	
集中性	控制以类似方式遍及系统的各方面	
冗余性	能承受风险控制的失效	
单一风险	难以承受风险控制的失效	
被动风险	不需采取行动来实施风险控制措施	
主动风险	通过安全设备或操作人员的动作来进行风险控制	
独立性	对其他要素没有影响	
依赖性	可能对风险贡献树的其他要素产生影响	
有关人为因素	以人为行动来控制风险，但人为动作的失误本身不会造成事故或使某一事故继续发展	
关键性人为因素	人为行动对控制风险有重大作用，即人为行动的失误将直接造成事故或使事故继续发展	
可审核或不可审核	能被审核或不能被审核	
定性或定量	基于定性或定量风险评估	
常规或新颖	措施是新的	

三、船舶作业风险及防范措施

航运界采取风险评估的一般思路是将船舶作业流程划分为抵达港口锚地、进港靠泊、装货作业、离泊出港、沿岸航行、大洋航行等若干阶段，以各个阶段为基础，进行船舶危险的识别、危险分析等。

船舶航行各阶段的危险及防范措施如表 6-3-2 所示。

表 6-3-2 船舶航行各阶段的危险及防范措施

船舶作业	作业危险	防范措施
抵达港口锚地	1. 走错航道或错认灯标造成搁浅	1. 抵港前认真查阅港口水域的海图、通告、潮汐及有关资料； 2. 连续测定并核对船位,保持船位的正确性； 3. 确保船舶处于随时可控制状态(例如船速、舵效)； 4. 避免船长或引航员疲劳操作
	2. 因本船或他船的错误操作而发生碰撞	1. 提前备车、减速并随时准备应急用车； 2. 及早使用 VHF 通报本船动态并与他船协调避碰操作； 3. 根据潮流情况控制船位及船速； 4. 避免近距离通过其他锚泊船的上游
	3. 违反港口规定被留置或罚款	1. 了解并严格遵循港口的有关规定； 2. 严格按港口规定的航道、航速进入锚地； 3. 严格执行港口的 VTS 报告制度； 4. 在港口指定的锚地或锚位锚泊
	4. 主机、舵机等突然故障造成碰撞、搁浅等	1. 进入锚地前检查并试验主机、舵机工况； 2. 提前派人瞭望并采取双锚备妥； 3. 进入锚地前控制航速； 4. 掌握风、流影响并与碍航物保持足够的安全距离
	5. 气象的突发性变化(雾、雨、风等)	1. 提前接收气象预报,了解锚地的气象情况； 2. 提前备妥雷达； 3. 保持主机处于随时可操纵状态； 4. 掌握锚地及其附近航行、锚泊的船舶位置和动态； 5. 用 VHF 通报本船的航行动态
	6. 锚机设备故障或抛锚时船舶余速过快造成碰撞、搁浅等	1. 提前测试锚机设备； 2. 根据本船的装载状态及锚地的潮流情况控制船速； 3. 抛锚前测定本船锚泊后的旋回余地以及与周围锚泊船的距离
进港靠泊	1. 走错航道或错认灯标造成搁浅	1. 抵港前认真查阅港口水域的海图、通告、潮汐及有关资料； 2. 连续测定并核对船位,保持船位的正确性； 3. 确保船舶处于随时可控制状态(例如船速、舵效)； 4. 避免船长或引航员疲劳操作
	2. 因本船或他船的错误操作而发生碰撞	1. 监督引航员操作情况并监督船员正确操作车舵； 2. 及早使用 VHF 通报本船动态并与他船协调避碰操作； 3. 采用安全航速并随时准备应急停车
	3. 违反港口规定被留置或罚款	1. 严格按港口规定的航道、航速进入锚地； 2. 严格执行港口的 VTS 报告制度； 3. 靠泊操作前用 VHF 通报
	4. 主机、舵机等突然故障造成碰撞、搁浅等	1. 正确使用车舵； 2. 派人瞭望并备妥双锚； 3. 保持主机处于随时可操纵状态
	5. 气象的突发性变化(如雾、雨、风等)	1. 提前接收气象预报； 2. 保持雷达处于良好使用状态并保持连续观测； 3. 随时掌握其他航行船舶的动态

(续表)

船舶作业	作业危险	防范措施
离泊出港	1. 走错航道或错认灯标造成搁浅	1. 离泊前认真查阅出港航道的海图、通告、潮汐及有关资料; 2. 连续测定并核对船位,保持船位的正确性; 3. 确保船舶处于随时可控制状态(例如船速、舵效); 4. 避免船长或引航员疲劳操作
	2. 因本船或他船的错误操作而发生碰撞	1. 监督引航员操作情况并监督船员正确操作车舵; 2. 及早使用 VHF 通报本船动态并与他船协调避碰操作; 3. 采用安全航速并随时准备应急停车
	3. 违反港口规定被留置或罚款	1. 严格按港口规定的航道、航速行驶; 2. 严格执行港口的 VTS 报告制度
	4. 主机、舵机等突然故障造成碰撞、搁浅等	1. 正确使用车舵; 2. 派人瞭望并采取双锚备妥; 3. 派专人负责连续值守主机、舵机
	5. 气象的突发性变化(雾、雨、风等)	1. 提前接收气象预报; 2. 保持雷达处于良好使用状态并保持连续观测; 3. 通报本船动态并随时掌握其他航行船舶的动态; 4. 随时做好应急操作的准备
沿岸航行	1. 因本船或他船的错误操作而发生碰撞	1. 驾驶员熟悉本船操纵性能并认真值班; 2. 采取避让操作以前,先用 VHF 沟通协调避让措施; 3. 避让操作前应计划好拟采取的措施并连续观测避让措施的有效性; 4. 在习惯航线的交汇区应掌握其他航行船舶的航行示意图
	2. 渔船密集区航行	1. 尽可能绕避渔船密集的海区; 2. 接近渔区以前采用安全航速; 3. 船长应在驾驶台亲自指挥操作; 4. 增加瞭望人员,并在必要时增派瞭头; 5. 采取避让行动前应掌握渔船作业的范围、作业类型和特点
	3. 恶劣天气造成货物移动或损坏船体结构	1. 开航前掌握未来航区的气象情况; 2. 离港前将货物以及船舶设备、物品等绑扎、加固稳妥; 3. 备妥航线附近的避风锚地海图; 4. 航行中根据船舶的实际抵御风浪能力,采取减速、改变航向等措施; 5. 掌握风、流对本船位移的影响
	4. 计划航线设计不当	1. 航线设计应采用"靠右"原则; 2. 转向点附近或船舶交汇区应与碍航危险保持足够的安全距离; 3. 避开测量资料不全的区域

（续表）

船舶作业	作业危险	防范措施
大洋航行	1. 因本船或他船的错误操作而发生碰撞	1. 驾驶人员认真值班，及早采取必让行动； 2. 合理设计计划航线，在广泛采用习惯航线航行的海区，应采用“靠右”的原则设计航线，减少避让的操作频率； 3. 避让操作前应计划好拟采取的措施并连续观测避让措施的有效性
	2. 恶劣天气造成货物移动或损坏船体结构	1. 定时接收气象预报； 2. 进入可能出现恶劣天气的海区以前，全面检查可能移动物品的加固情况（包括货物/船舶设备等）； 3. 及早绕避气象恶劣的海区； 4. 根据船舶的实际抵御风浪能力，采取减速、改变航向等措施； 5. 掌握风、流对本船位移的影响
	3. 计划航线设计不当	1. 航线设计应采用“靠右”原则； 2. 转向点附近或船舶交汇区应与碍航危险保持足够的安全距离； 3. 避开测量资料不全的区域； 4. 选择最佳航线（综合考虑气象、航行耗时等）
	4. 船员发生疾病的风险	1. 选用身体健康的船员； 2. 保持良好的生活习惯； 3. 营造和谐的工作环境和人际氛围

任务四　海上危机处理案例分析与运用

【任务分析】

本节以普通货船关键性操作"进入围蔽处所"为例，介绍了如何具体实施船舶关键性操作风险评估，船舶、高级船员可以以此为例，对其他的船舶关键性操作实施特定的风险评估及剩余风险评估。

【相关知识】

一、船上风险评估步骤

船上风险评估步骤如图6-4-1所示。

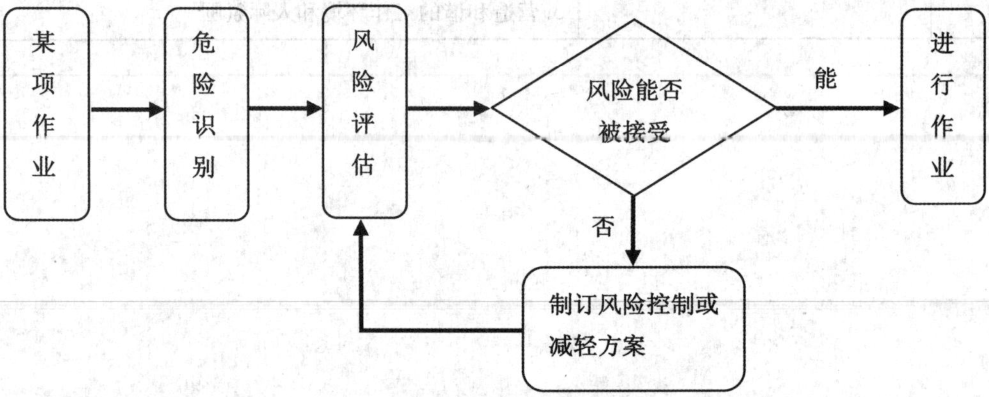

图6-4-1　船上风险评估步骤

第一步：选定某项具体的关键作业

普通船舶常见的关键性作业/操作包括但不限于表6-4-1中项目。

表6-4-1　船舶常见关键性作业/操作

关键性作业/操作		
系离泊作业	狭水道航行	装卸货作业
高处/舷外作业	密集水域航行	水密性检查
封闭处所作业	大风浪中航行	STS作业
能见度不良条件下航行	救生艇操作	COW作业

第二步:进行危险识别

危险识别是对拟进行的作业/操作可能发生的危险加以识别。这是进行风险评估的初始步骤,也是非常关键的步骤。危险能否被准确识别直接影响评估的有效性。

进行危险识别时通常要考虑三个问题:有哪些伤害源?谁可能受到伤害?伤害会如何发生?常用的识别方法有头脑风暴法(Brainstorming)、问卷调查法、德尔菲法、情景分析法、流程图分析法等。

第三步:进行风险评估

进行风险评估即对所识别危险发生的可能性和危害后果的严重程度进行评判。评估前需建立一个可量化评估标准(见表6-4-2、表6-4-3),并对两个因素进行独立判断。风险大小正是两因素的乘积(见表6-4-4)。

表6-4-2 危害发生频率表

可能性	参考标准	分值	等级
不太可能(remote)	整个生命周期仅可能发生一次	1	Ⅰ
偶尔(occasional)	每5~10年可能发生一次	2	Ⅱ
可能(likely)	每1~5年可能发生一次	3	Ⅲ
很可能(probable)	每年可能发生一次	4	Ⅳ
经常(frequent)	每年可能发生多次	5	Ⅴ

表6-4-3 危害后果严重性表

严重程度	后果(影响)说明		分值	等级
	人员伤亡	财产损失及影响		
可以忽略(negligible)	可以忽略	可以忽略	1	Ⅰ
很小的(minor)	轻微伤害	损害及影响轻微	2	Ⅱ
严重的(significant)	严重伤害	损害较大,有局部影响	3	Ⅲ
非常严重(critical)	个体死亡	损害大,有区域性影响	4	Ⅳ
灾难性的(catastrophic)	多人死亡	灾难性损害及影响	5	Ⅴ

表6-4-4 风险矩阵表

可能性 \ 严重程度		1	2	3	4	5
		可以忽略	很小的	严重的	非常严重	灾难性的
1	不太可能	非常低 1	非常低 2	非常低 3	低 4	低 5
2	偶尔	非常低 2	低 4	低 6	中 8	高 10
3	可能	非常低 3	低 6	中 9	高 12	非常高 15
4	很可能	低 4	中 8	高 12	非常高 16	非常高 20
5	经常	低 5	高 10	非常高 15	非常高 20	非常高 25

第四步:判断风险能否被接受

根据“最低合理可行(ALARP)”原则,本步骤要区分出哪些风险可接受、可容忍或不可容忍。推荐使用风险程度简单评估及对应行动(见表6-4-5)。

表6-4-5 风险程度简单评估及对应行动

风险等级	可容忍程度	对应行动
非常低	可接受	除保持现有措施外,无须采取额外措施
低	可容忍	除非额外措施成本极低,否则无须采取额外措施
中	不可容忍	需采取额外控制措施,避免风险增大
高	不可接受	需采取减轻措施,降低风险等级
非常高	完全不可接受	应考虑采取取消作业或其他风险规避、转移措施

第五步:按需制订风险控制或减轻方案

根据表6-4-5制订相应的风险控制或减轻方案,在选择措施时应考虑到措施的可行性和有效性。

可行性通常从可操作性与所需成本两方面考虑,措施应该是可操作的,并且所产生的成本可以被接受。

有效性可以通过风险复评估来完成,如果某项措施能降低或部分降低风险大小,该措施即是有效的。要将风险降低到可以接受的合理范围内,通常需要采取多项措施。

二、封闭处所风险评估

船上人员由于进入封闭处所而造成伤亡的事故时有发生。对船员来说,如何确保安全地进出封闭处所,是确保自身职业安全和健康的重要环节之一。为了对进入封闭处所作业进行风险评估,需要按照船舶风险评估的步骤,将该作业细分为若干步骤,再依据每一步骤进行危险情形或危险事件的识别、暴露在危险中人员的确定等,然后识别现有的风险控制措施,在实施了这些控制措施后进行风险评估,具体评估内容如表6-4-6所示。

表 6-4-6 船舶进入封闭处所作业风险评估

编号	步骤	危险		现有控制措施	控制后风险			
		危险情形或危险事件	暴露在危险中的人员		可能性	后果	风险	风险等级
1	进入封闭场所准备	由于未进行进入封闭场所操作程序的培训，导致人员不熟悉安全操作程序，发生人员伤亡事故	操作人员	按规定对全船人员进行进入封闭场所操作程序的培训，严格按照要求布置安全措施	1	3	3	低
2	通风	由于通风不彻底，导致操作人员面临窒息的危险	操作人员	对将要进入的封闭场所进行彻底的通风，确保氧气含量满足进入的要求	1	3	3	低
3	测氧测爆	由于测氧测爆仪器故障，导致测量值不准确，使进入人员面临窒息的危险	操作人员	对相关人员进行仪器操作的培训，确保人员熟练操作仪器	1	3	3	低
4	测氧测爆	由于油舱惰化不合格，含氧量超过8%，使洗舱时面临爆炸的危险	操作人员	正确进行测氧测爆仪器的校测和维护保养，确保仪器工况正常	1	3	3	低
5	测氧测爆	由于测氧测爆取样位置不正确，导致测量值不准确，使进入人员面临爆炸的危险	操作人员	正确对封闭场所气体取样位置进行标定，认真做好测量，确保氧气含量满足进入的要求	1	3	3	低

（续表）

编号	步骤	危险		现有控制措施	控制后风险			
		危险情形或危险事件	暴露在危险中的人员		可能性	后果	风险	风险等级
6	测氧测爆	由于未对封闭场所进行定期测定，导致进入人员面临中毒、窒息休克或死亡的危险	操作人员	严格按照规定对封闭场所进行连续的定期测定，确保封闭场所含氧量始终符合要求；连续强力通风，携带个人气体检测仪实时检测气体；在入口处备有包括罗伯逊担架或急救药箱在内的救助器材和复苏器，指定专人在入口处负责照管，做好营救准备，一旦有险情出现，通知驾驶台，立即发出警报，遵循船舶进入封闭舱室救助程序	2	4	8	中
7	测毒	由于未对封闭场所进行相应的测毒检查，导致进入人员面临中毒危险	操作人员	按照封闭场所的位置性质，区分所要测定的毒气种类，做好相应的毒气测量，确保封闭场所内的空气质量符合要求	2	3	6	低
8	封闭或隔离场所有通向相应封闭场所的管路和阀门	由于未彻底封闭或隔离所有通向相应封闭场所的含有有毒气体的管路等，导致进入人员面临窒息的危险	操作人员	作业之前利用船舶资料熟悉作业现场环境，彻底割断封闭场所与其他相关场所的管路、阀门联系，阻断有害气体的进入	1	4	4	低
9	打开封闭场所孔盖	由于未采取打开孔盖的防护措施，导致人员有坠落的危险	本船船员	加防护栏、警示标志、夜间照明，指派专人现场看护	1	3	3	低

（续表）

编号	步骤	危险		现有控制措施	控制后风险			
		危险情形或危险事件	暴露在危险中的人员		可能性	后果	风险	风险等级
10	安装风机	由于不小心，导致操作人员面临滑倒、跌倒、压伤的危险	操作人员	作业前熟悉相关设备的使用和安装程序；穿戴个人防护用品；做好防滑措施	1	3	3	低
11	通风换气	由于未采用防爆的电动机械，导致进行机械通风时面临爆炸的危险	操作人员及船上其他人员	进行机械通风时，采用防爆的电动机械或使用水力、风力	1	4	4	低
12	封闭场所内照明	由于采用非防爆型照明设备，导致封闭场所面临爆炸的危险	操作人员及船上其他人员	封闭场所内照明必须采用防爆型照明设备	1	4	4	低
13	人员进入封闭场所	由于不小心，导致进入人员滑倒摔伤、坠落	操作人员	进入之前进行安全操作培训，穿戴好个人防护设备；携带防爆手电筒和手提便携式本质安全型 VHF 设备；在入口处备有包括罗伯逊担架和复苏器，指定专人在入口处照管，建立舱室内外人员固定时间间隔联系制度，做好营救准备，利用绳索滑车或其他设备吊运工具；一旦有险情出现，通知驾驶台，立即发出警报，遵循船舶进入封闭舱室救助程序	1	2	2	低
14	封闭场所内操作	由于操作人员对封闭场所内工作环境不熟悉，导致在封闭场所内工作时迷失方向，找不到出口	操作人员	在进行封闭场所内工作前，利用图纸资料讲解工作场所的内部环境，让所有参加人员熟悉环境；为内外人员配备工况良好的通信设备，定期进行沟通；一旦出现险情，马上通知驾驶台，启动应急程序，对舱内人员给予援助	1	3	3	低

（续表）

编号	步骤	危险		现有控制措施	控制后风险			
		危险情形或危险事件	暴露在危险中的人员		可能性	后果	风险	风险等级
15	封闭场所外人员监护	由于安排的监护人员监护不到位，没有定期与内部工作人员联系，导致封闭场所内操作人员面临伤亡的危险	操作人员	对监护人员进行培训，要求他们严格按照封闭场所外监护程序进行现场看护	1	4	4	低
16	封闭场所内外进行工具传递	由于操作人员的疏忽，导致工具在吊进吊出封闭场所时，发生工具掉落砸伤人员的危险	操作人员	对人员进行安全操作程序的培训，按照工具吊进吊出的方法进行操作，工具吊进吊出时内外人员做好沟通协调	1	3	3	低
17	封闭场所内作业	由于舱内气体变化达不到安全标准，导致封闭场所内操作人员中毒、窒息休克或死亡	操作人员	连续强力通风，携带个人气体检测仪实时检测气体，停止作业，在入口处备有包括罗伯逊担架和急救药箱在内的救助器材和复苏器，指定专人在入口处负责照管，做好营救准备；一旦有险情出现，通知驾驶台，立即发出警报，船舶进入封闭舱室救助程序	1	4	4	低
18	封闭场所内作业	由于操作人员在封闭场所内未使用本质安全型设备，导致作业场所面临爆炸的危险	操作人员和船上其他人员	在封闭场所作业，一定要使用本质安全型的设备	1	4	4	低

（续表）

编号	步骤	危险		现有控制措施	控制后风险			
		危险情形或危险事件	暴露在危险中的人员		可能性	后果	风险	风险等级
19	作业人员封闭场所撤离	由于操作人员的疏忽，在人员撤离封闭场所时发生人员坠落、滑倒摔伤、跌倒的危险	操作人员	对人员进行安全操作培训；对工作场所进行适度照明；指定专人在入口处照管；做好营救准备	1	3	3	低
20	封闭场所内作业	由于救助器材不到位，导致人员受伤时不能及时救助而出现人员伤亡事故	操作人员	严格按照封闭场所内操作程序的要求，在相应位置布置好救助器材	2	3	6	低
21	封闭场所内作业	由于救助设备不合格，导致人员受伤时不能有效救助而出现人员伤亡事故	操作人员	配备合格的救助设备；加强对救助设备的检查保养，确保工况正常	1	3	3	低

表 6-4-6 的内容涵括了普通船舶风险评估的 5 个步骤。对于实施风险控制措施后风险依然较大的危险情形或危险事件仍需进一步采取风险控制措施方案来降低风险水平以及剩余风险评估。上表中编号为 6 的工作(活动)经风险评估后评定其风险等级为中，因此需要进行剩余风险评估，具体方法如表 6-4-7 所示：

表 6-4-7 剩余风险评估表

编号	需要采取的其他控制措施	受到控制措施影响的部门/人员	执行部门/执行人	完成期限	剩余风险			
					可能性	后果	风险	风险等级
6	指定专人进行测氧测爆操作；在作业过程中，每 10 min 做一次气体测定，测定结果做好记录保存	甲板部/大副	甲板部/大副或指定人员	作业过程中定期限	1	4	4	低

【相关表格】

风险评估记录
Record of Risk Assessment

船 Ship/公司 Company:		日期 Date:		编号 No.:	
拟进行的作业 Description of planned work					
风险标识 Hazards identified	1.				
	2.				
	3.				
	4.				
风险评估 Risk assessment		可能性 Likelihood	严重性 Significance	分值 Score	风险等级 Risk Level
	1.				
	2.				
	3.				
	4.				
预防措施 Preventive measures	1.				
	2.				
	3.				
	4.				
采取预防措施后预期效果 Expected result of preventive measures		可能性 Likelihood	严重性 Significance	分值 Score	风险等级 Risk level
	1.				
	2.				
	3.				
	4				

如采取预防措施后仍存在高风险情况或不确定因素，船长要在第一时间通过电子邮件或传真报指定人员。
If high risk may still exist after taking preventive measures or any doubt at the preventive measures which is to be taken to downgrade or eliminate the risk, master should immediately send this record to DPA through E-mail or Fax.

存在高风险，报告指定人员 Report to DPA of high risk	□	可以作业 Work permitted	□	签字/日期： Signature/Date：	
指定人员对存在的高风险制定的预防措施 Preventive measures developed by the DPA when high risk found	1.				
	2.				
	3.				
	4.				
	签字/日期：Signature/Date：				
总经理批准 GM's approval	签字/日期：Signature/Date：				
风险再评估 Risk assessment again	签字/日期：Signature/Date：				
复查结果 Reviewing evaluation	签字/日期：Signature/Date：				

项目七　甲板保养和作业的基本知识

【项目介绍】

船舶甲板保养及甲板设备和机械操作是船上的日常工作，是保证船舶正常运营的关键。本项目主要讲述甲板保养及甲板设备的具体操作，并结合案例讲述在操作过程中应该遵守的规定和注意的事项。

本项目主要介绍：登离船装置的安装和维护保养；甲板设备和机械的安全操作；甲板作业中职业健康和安全预防措施及船上维护与修理。

【教学目标】

- 掌握引航员软梯、舷梯的安全收放和维护保养的方法。
- 掌握开关舱操作程序及安全注意事项。
- 掌握克令吊、起货机操作要领及安全注意事项。
- 掌握高空作业的基本知识及注意事项。
- 掌握舷外作业的基本知识及注意事项。
- 掌握封闭处所作业的基本知识及注意事项。
- 熟悉船舶清洁作业的基本常识及安全注意事项。
- 熟悉除锈作业要领及油漆作业的基本理论和注意事项。

【学习重点】

舷梯、引航员登离船装置的安装和维护保养，开关舱及甲板装卸设备的操作与维护保养，船舶清洁除锈及油漆作业的注意事项和甲板主要作业的基本知识及注意事项。

任务一　登离船装置的安装和维护保养

【任务分析】

船舶登离船装置包括舷梯和引航员登离船装置。本任务主要掌握舷梯、引航员登离船装置的安装操作及保养注意事项。舷梯（Gangway）是船岸间人员上下船的重要通道。引航员登离船装置（Pilot Transfer Arrangements）包括引航员软梯（Pilot Ladder）、舷梯（Accommodation Ladder）或引航员升降器（Mechanical Pilot Hoists）、舷墙梯（Bulwark Ladder）以及其他相关设备，是引航员上下船的主要通道。严格按要求安放和维护引航员梯、舷梯，保证人员登离船安全。

【相关知识】

收放舷梯、引航员软梯作业中，由于指挥错误、操作错误、监护失误，可能导致作业人员坠落、被机械伤害、溺水、滑跌、挤伤、轧伤等，还可能会由于钢丝、绳索绷断或绞缠身体部位、衣物而导致作业人员遭受机械伤害、滑跌、溺水，或因踏板湿滑、通道狭窄、照明不足、标志不清等导致作业人员滑跌、溺水。

一、舷梯收放、保养及注意事项

舷梯是供船员及其他人员上下船的梯子。它通常用于船舶靠泊在码头或锚泊时，人员登离码头、上下小艇（如图 7-1-1 所示）。

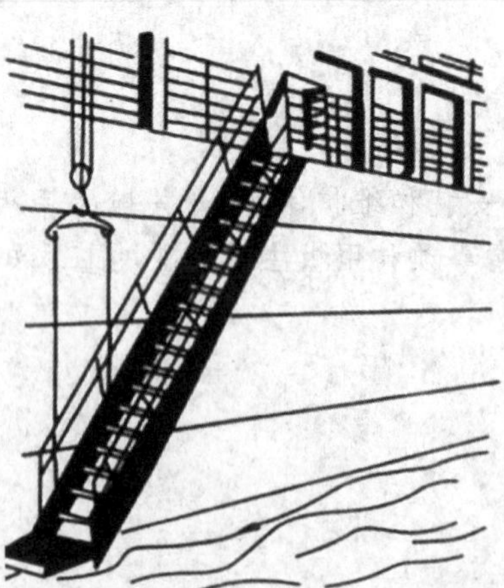

图 7-1-1　舷梯

1. 舷梯的结构

舷梯的主要结构为两块夹板，中间安装梯阶（俗称踏板），梯的上下两端各装置一小平台，上平台的里边用铰链固定在船壳上，下平台可根据需要调整角度。因船舷高度不同，舷梯有的是由2~3节接成的，有的节与节相交处还设有转角平台。沿舷梯两边和上、下平台外缘安装有高约1 m的金属支柱，柱与柱之间以绳索或细铁链连接作为扶手，有的舷梯把支柱用铰链安装在夹板上，支柱在铰链上折转就可以沿夹板放倒或竖立起来。

2. 舷梯的收放

(1)放舷梯

①接通电源。

②检查船舷外有无障碍物，吊臂、滑轮、钢丝绳是否活络，有无损伤。

③将旋转盘下撑挡放妥，操纵控制器按钮，稍稍收紧吊梯钢丝绳，松开所有的固梯钩。然后，慢慢松出钢丝绳，将梯子放平。

④竖起支柱或插好支柱。

⑤安装好两边扶手，将梯子的下平台放到一定角度，插妥横销，放妥梯子，放平下平台，便于人员上下舷梯，然后，穿妥扶手索。

⑥系浮筒时，应先将安全网系妥；靠码头时，应在梯子放妥后再装上安全网。

⑦一人指挥，一人操纵控制器，将舷梯松放到适当位置，插上保险销，关掉电源，收好控制器，系妥扶手索。

⑧调整好吊梯索，使其不妨碍人员上下舷梯。

⑨检查梯口的救生圈是否符合要求。

(2)收舷梯

①接通电源，拔下保险销，检查梯子附近有无障碍物，回收舷梯是否安全，卸下安全网，将舷梯绞平。

②将下平台横销拔出，将其放平，插上横销，收回扶手索，将支柱放平或拔下。

③慢慢将舷梯外缘绞收上翻贴近船边。

④舷梯到位，将所有的固梯钩挂好，收紧。

⑤切断电源，整理附件，收妥。

3. 舷梯收放的注意事项

①收放舷梯，要有专人指挥，作业人员穿戴好个人防护设备（应包括工作服、安全帽、手套、防滑工作鞋、救生衣），系安全带，并携带便携式通信设备（对讲机），默契配合。

②收放舷梯前应对升降机械、钢丝绳、滑车、转盘平台支架和链条等进行检查，确认设备完好且钢丝、卷筒、吊梁无障碍后方可作业。

③放舷梯时要服从命令、协调行动；手动推出舷梯使其脱离限位开关，并进行限位测试，放平舷梯，装栏杆时停止舷梯升降，防止滑倒，保持身体平衡。

④舷梯的扶手、扶绳、阶梯必须保持清爽、干净、牢固；装妥后匀速释放，升降过程中严禁舷梯上站人。

⑤在浮动的梯子上进行收起、安装栏杆、护绳作业时，应先检查上平台支架是否已可靠支

好。上舷梯操作人员必须系好安全带,穿好救生衣。

⑥舷梯落岸后下踏板要避开障碍物,安放平稳,严禁扭曲。吊梁、链条要绞高或安放妥当,以免碰头和妨碍上下船。

⑦舷梯放妥后,安全网要严格按要求设置:

A. 无论舷梯、桥梯与码头成直角还是平行,安全网的上缘都应系在本船上,下缘系在码头上,左、右缘应超过舷梯下端口或桥梯左、右 2 m 以上,或按照港口国当局规定的要求安装妥当舷梯安全网。

B. 安全网应由天然或化学纤维绳制成。绳的直径不得小于 5 mm,网眼不得大于 100 mm×200 mm 或 150 mm×150 mm;悬挂绳直径不得小于 10 mm;两绳间的距离不得大于 2 m。

⑧舷梯必须紧靠船舷侧并导向船尾设置,最大坡度不超过 45°,宽至少 600 mm,下端的平台必须保持水平,离海面 5 m 以上,舷梯和平台两边均应装有坚固的立柱和栏杆。

⑨由于潮汐、装卸货、码头环境等因素影响,舷梯不能放置码头时,要注意随时调整舷梯高度。当舷梯下踏板离开码头较高、较远时,不允许勉强上下。梯口值班人员负责调整舷梯和提醒上下人员注意安全,必要时应按规定加装桥梯。

⑩由于涨落潮、移泊等需要松紧缆绳时,应绞起舷梯,收起桥梯,或指定专人看好梯口,禁止人员上下。在无法使用舷梯时,要正确地搭设桥梯,必须绑扎牢固、装妥扶手、挂好安全网后方可允许人员上下。禁止从船舷直接跳上码头,或从码头直接跳上船。

⑪在收梯过程中,要统一指挥、密切配合。升降过程中严禁在舷梯上站人。使用手摇把收绞舷梯过程中,严禁任何人按动电源开关。

⑫舷梯处应有防坠落、防滑等安全警示标志;注意手摇把在意外脱落后容易伤人。

⑬禁止使用舷梯吊运物品,禁止超载。

4. 舷梯的保养

①应经常保持舷梯的清洁,各金属部分如支柱、链条、梯阶、滑车、平台等必须及时除锈和油漆,滑轮铰链等部位应经常加油润滑。

②防止超重、碰击或扭曲舷梯,舷梯上不许放置沉重的物品。

③在舷梯与船舷之间要有护舷物。

④支柱卸下时,应将支柱沿扶手绳合并在一起,用索端将其捆好,存放在库房内。

⑤按航行状态吊绑舷梯时,务必收妥吊柱滑车组,并将吊柱固定牢靠。

二、引航员登离船装置的收放、保养及注意事项

引航员登离船装置应能有效地供引航员从任一舷安全地登船和离船。引航员登离船装置包括引航员软梯(Pilot Ladder,简称引航梯)、舷墙梯、舷梯以及其他相关设备。

1. 引航员登离船装置的收放

(1)准备

将引航员软梯及附属物从收藏处取出,检查是否齐全,有无影响安全的损坏,检查梯绳有无发霉、变质,梯板有无腐烂、裂缝,夜间专用照明灯具是否完好,救生圈是否符合有关要求及所有用具是否清洁、无油污。

(2)安装(如图 7-1-2 所示)

①根据引航员的要求或船长的命令确定安放位置(左舷或右舷)。

②引航员登船位置舷墙入口处支柱及扶手栏杆的安装应正确、牢固。

③将梯子放出舷外至水面以上一定高度,然后把引航员软梯上端的绳索系固在入口处舷墙下方的地令或羊角上。

④若为卷边船舷,则应装上铺平踏板。

⑤将下舷墙的舷墙梯与入口扶手栏杆对接并捆扎牢固。

⑥在引航员登船位置附近应配备 2 根直径不小于 28 mm 且不大于 32 mm 的安全绳、带有自亮灯的救生圈和撇缆绳等设备。

⑦夜间还应准备好足够的照明设备,将其安放在合适的位置并调整好。

⑧引航员软梯安放完毕后,应再仔细地检查、试验一次,确保符合规范要求。

(3)收藏保管

①引航员软梯用完后,应检查其是否有被损坏至不符合规范要求之处,如有应及时修理。

②引航员软梯如沾有海水,应用淡水冲刷,晾干后收藏在规定的地方。

③存放引航员软梯的地点应尽可能保持清洁、干燥、通风,应避免闷热和烈日的曝晒。

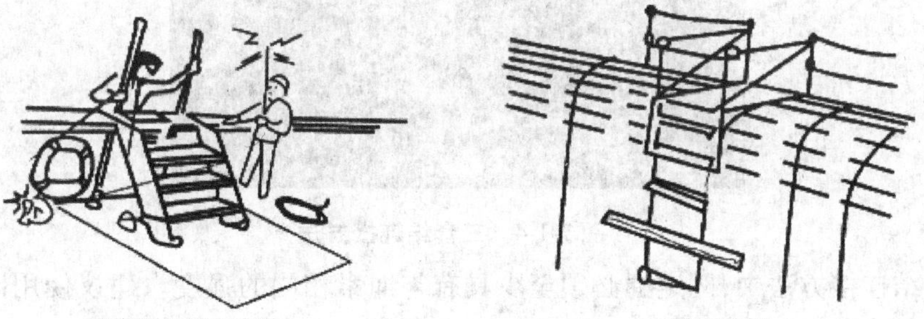

舷墙梯和扶手安装　　　　铺平踏板

图 7-1-2 引航员软梯的安装

2. 引航员登离船装置安装注意事项

(1)单独使用的引航员软梯安装注意事项

水面至入口处的距离不超过 9 m 时,只需安装引航员软梯,应注意以下事项:

①安装引航员软梯至少由两人配合操作,同安装舷梯一样,人员应穿好个人防护设备(应包括工作服、安全帽、手套、防滑工作鞋、救生衣)并携带便携式通信设备(对讲机)。

②安装引航员软梯,应安排驾驶员进行监督,对安装和操作人员按照安全程序进行指导,在设备使用前进行承重试验。同时,驾驶员应引导引航员经由安全通道前往和离开驾驶台。

③正确将引航员软梯系固在甲板加强点(专用地令)上,不可使用卸扣连接的方法(如图 7-1-3 所示),应用推荐的三套结连接的方法固定,如图 7-1-4 所示。

A. 使用图 7-1-3 所示的卸扣连接方法存在几点不足。一是卸扣直接扣在侧绳紧邻引航员软梯踏板的后面,引航员攀爬时,引航员软梯承重受力移动容易导致人员因站立不稳而跌落;二是当卸扣最终卡在踏板上,梯子的承重将全部被施加在踏板上而不是侧绳索上,IMO 规定每条侧绳可以承重 2 400 kg,而踏板只能承重 880 kg;三是引航员软梯承重后,卸扣会导致引航员软梯侧绳扭曲而损坏,存在安全隐患。

图 7-1-3　卸扣连接方法

图 7-1-4　三套结连接方法

B. 三套结连接方法中，固定绳必须至少具有与绳索相同的强度。建议使用同材质和强度的绳索。三套结连接方法的操作过程如图 7-1-5 所示。

④引航员软梯一定要固定在甲板加强点（专用地令）上，不能固定在栏杆、撑柱、扶手等处，其强度不足以支撑引航员体重（如图 7-1-6 所示）。也不能仅通过引航员软梯的加长板将梯子卡住，部分船员出于调整高度和引航员软梯收放方便的考虑，仅通过梯子加长板临时卡在甲板撑柱位置，一旦发生左右移动，将直接导致梯子跌落。

⑤如果使用回收绳时，应将回收绳末端固定在最后一个回收踏板处或上方，并应向前延伸（如图 7-1-7 所示）。回收绳不应妨碍引航员登临，也不应阻碍引航艇的安全驶入。

⑥引航员软梯一般安置于船舶下风舷，离水面距离需联系引航站确定。在任何情况下，引航员软梯都不应淹没在水里。

⑦引航员软梯甲板入口处不得随意堆积绳索、工具等，易导致人员绊脚滑倒，甚至从高空跌落。

⑧应配有足够的照明，尤其在夜间。

⑨引航员软梯的布置应满足紧靠船体的要求。

⑩引航员软梯最下面一块踏板距离水面的高度由引航员决定，大船上的人员应根据引航员的要求进行调整，梯子放下不能过长，梯尾部不准卷折。

（2）舷梯和引航员软梯组合使用安装的注意事项

当水面至入口处的距离超过 9 m 时，要将舷梯和引航员软梯组合使用供引航员登离船。

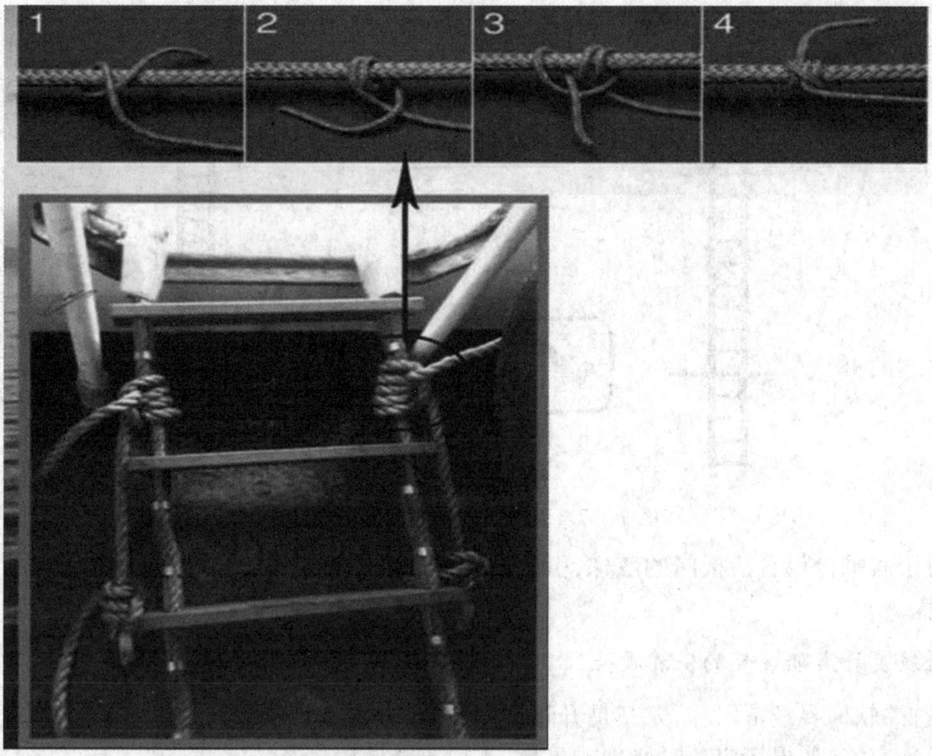

图 7-1-5 三套结连接方法的操作过程

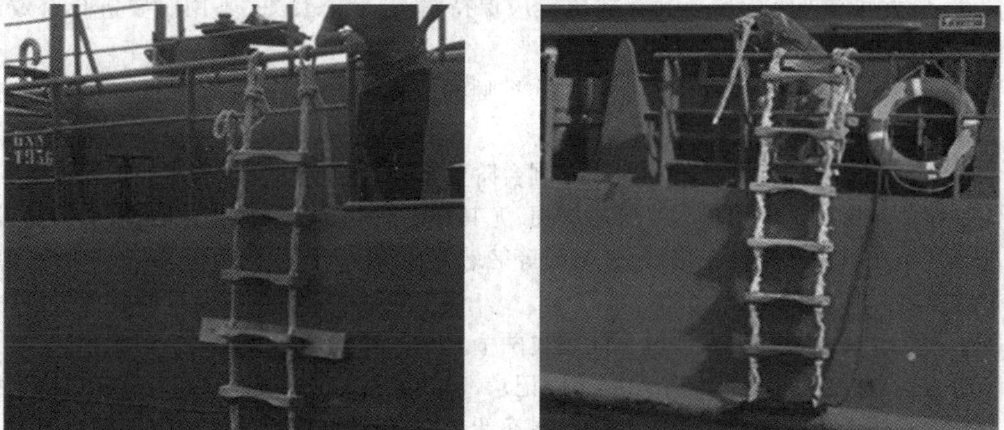

图 7-1-6 引航员软梯被固定在栏杆上

当舷梯和引航员软梯组合使用时，除单独使用的引航员软梯及舷梯安装注意事项外，还应注意以下事项。

①软梯自舷梯下端平台还需向上延伸至少 2 m，其中平台以上 1.5 m 处应设有直接将软梯系固到船舷的装置，使软梯紧靠船舷侧。软梯和下端平台之间的水平距离应为 0.1~0.2 m，引航员所需要攀爬的软梯长度为 1.5~9 m。

②应使用环板或磁性、气动系统，将舷梯固定在船舷侧。

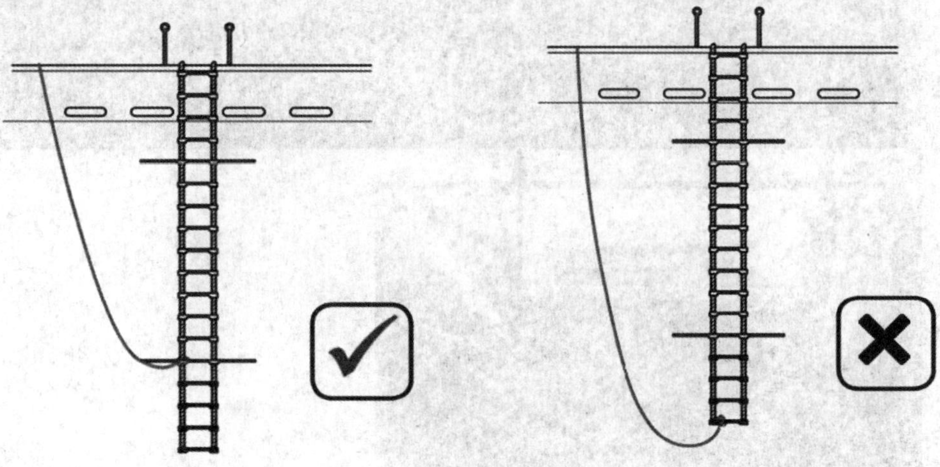

图 7-1-7　引航员软梯收回绳的布置

③对于底平台设有活板门的舷梯,引航员软梯和安全绳应穿过活板门且延伸至平台以上扶手高度。

3. 引航员登离船装置的保养要点

①舷梯、软梯要经常保养,尤其是升降钢丝、转盘平台支架、栏杆、机械设备的制动部分等部件要保证完好,如损坏应及时修理或更换,不得凑合使用。

②船上引航员软梯应清晰标注(包括安全操作和负荷限制、最大和最小允许设计倾斜角、设计负荷、最大底端板负荷等),其存放位置应保持清洁,状态良好,不用时要进行有效遮蔽,防止腐蚀或风化,冬季要防止结冰。

③舷梯和其支撑平台通常位于易受风吹日晒的位置,尤其易受海水侵蚀,应加强防护,防止腐蚀和损坏。

④引航员软梯底部橡胶踏板相对于木制台阶更容易老化变形,应经常检查。

⑤引航员软梯侧绳使用过程中容易磨损,尤其在引航员软梯释放与回收期间,容易发生断股情况。当引航员软梯布设在水尺、载重线等舷墙突出部位附近时,由于梯子的移动,容易被突出部位割断,平时应多观察留意。

⑥引航员软梯踏板的更换数量不能超过两个。

⑦所有检查、维护和修理工作均应予以记录,包括最近检查日期、检查人员或机构名称、下次检查日期和用于支持登离船设施的钢丝绳换新日期,包括每 5 年一次的强度检验等。

⑧当登离船设施在使用时,在其附近应备有一只带有一只自亮浮灯和一根救生浮索的救生圈,以供即时使用。在该救生圈处于存放状态时,除非能排除该救生圈在弃船时被逃生者误用的可能,救生浮索不应同该救生圈保持连接,仅在应急使用时由使用者进行连接。

【拓展知识】

1. 9 m 干舷标志(9 Meters Freeboard Mark)

国际海事组织和国际引航员协会推荐在引航员登离船装置附近的船舷侧涂一个上白下红

的“9 m 干舷标志”，如图 7-1-8 所示，其宽 50 cm、高 4 m，标志的中间线代表 9 m 干舷高度的位置（如果没有看到标志的红色部分，表明干舷高度小于 9 m；看到标志的红色部分，表明干舷高度大于 9 m）。当干舷高度大于 9 m 时，引航员登离船装置需要组合梯。

图 7-1-8　引航员登离船标志

2. 引航员软梯固定磁铁（Holding Magnets for Pilot Ladder）

引航员软梯固定磁铁是为了保障引航员登离船安全而专门设计开发的（如图 7-1-9 所示）。引航员软梯放好后，将磁铁放在软梯两侧并能牢固吸附在船体上，为固定软梯提供可拆卸的锚定点。这样可以防止梯子晃动。使用后，通过提起杠杆手柄很容易收回磁铁。

该装置使用安全黄色粉末涂层，以确保高能见度。其重量轻，约为 3 kg，但非常坚固，每单位可提供超过 400 kg 的抓握力。

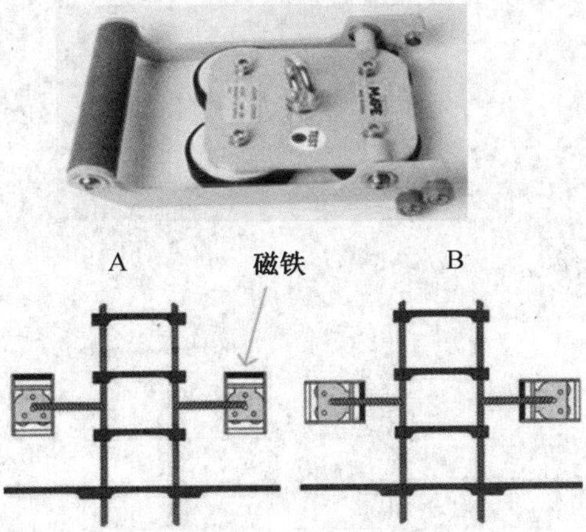

图 7-1-9　引航员软梯固定磁铁

3. 引航员软梯固定吸盘(Securing Suction Pads for Pilot Ladder)

引航员软梯固定吸盘(如图 7-1-10 所示)有两种用途:一是固定舷梯,在船舷上为舷梯提供系固点,防止其摆动;二是用于固定软梯,类似固定磁铁的用途,一般多用于固定舷梯。该装置可在 6~7 kgf/cm^2 的自由供应甲板空气中运行,由有色金属材料制成,因此耐腐蚀。

根据《国际海上人命安全公约》第五章第 23 条引航员登离船装置 2000 年修正案的要求,应提供该类装置或等效的措施。当从船舶登船位置的距离到水面超过 9 m 时,确保引航员能够通过舷梯与引航员梯子或其他同等安全和方便的方式在船舶的任一侧安全上下。

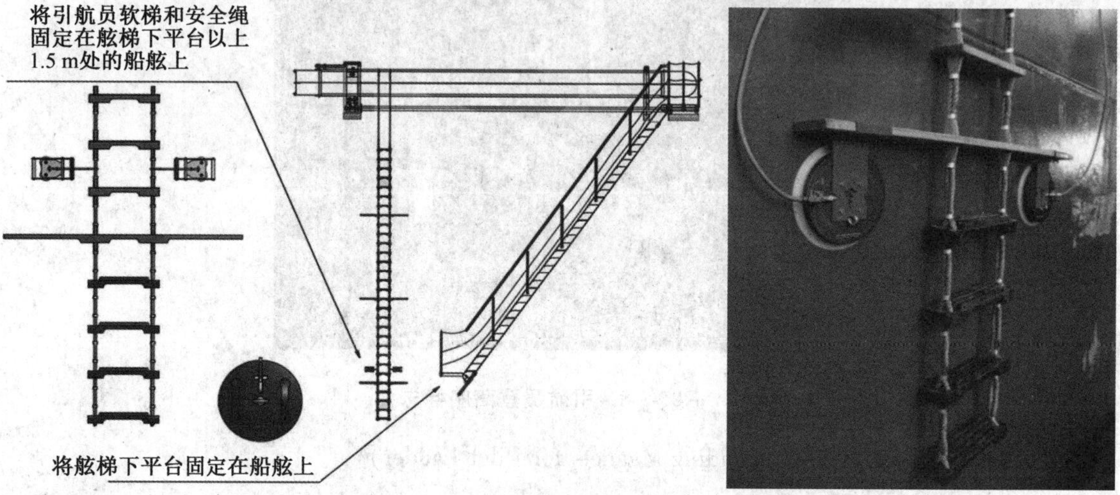

图 7-1-10　引航员软梯固定吸盘

4. 引航员登离船装置要求(Requsred Boarding Arrangements for Pilot)(如图 7-1-11 所示)

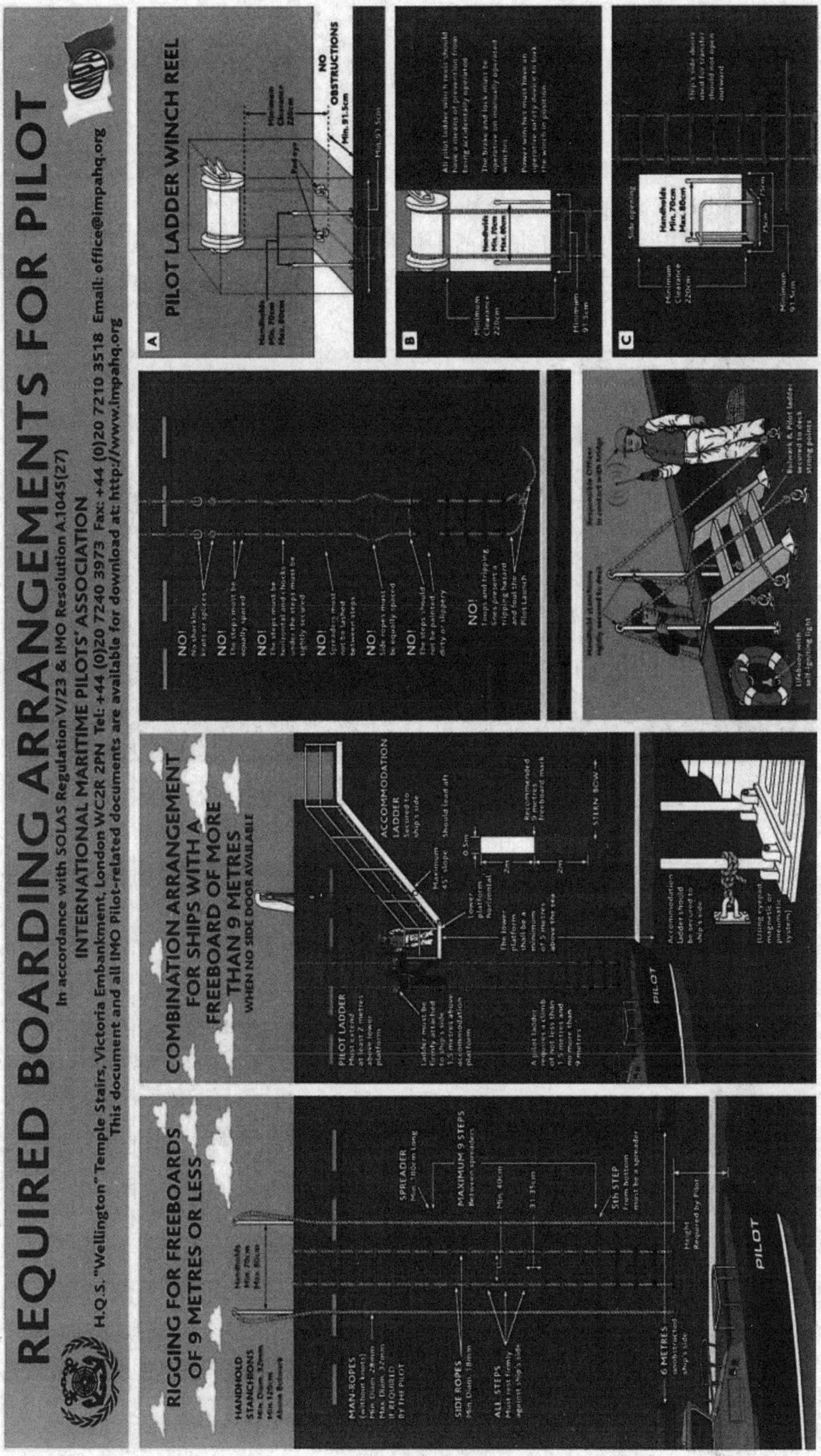

图7-1-11 引航员登离船装置要求

【相关案例】

1. 案例描述

(1)案例一　水手长在舷梯踏板钓鱼失衡坠海失踪

散货船 Cape Splendor 轮在澳大利亚 Hedland 港外锚泊,靠泊计划为 2014 年 10 月 7 日。10 月 6 日,大副早上派工时交代水手长提前把舷梯放好。上午开工后,水手长和两名水手穿着救生衣放置舷梯,作业过程中发现水中有很多鱼。于是,午饭后水手长叫上一名水手协助到舷梯平台上钓鱼(如图 7-1-12 所示)。

图 7-1-12　Cape Splendor 水手长和水手在舷梯上的位置

大约 1250 时,水手长失衡坠入海中,协助的水手立即扔下救生圈并报告驾驶台求救。10 min 内,船员放下救助艇搜寻,但没有找到落水人员。随后,澳大利亚海事部门搜救船舶和飞机连续 3 天海空搜寻,仍没有找到落水人员。

(2)案例二　大副回收引航组合梯时坠海后头部受伤溺亡

2017 年 6 月 26 日 1900 时,卢森堡籍化学品船 Nabucco 轮靠泊英国某港口。由于该港潮差太大,高潮时,舷梯太陡,人员上下不安全,船舶将上下引航的组合梯备好,高潮时使用,落潮后再用舷梯。在码头船舶很少使用组合梯上下,为了安全,落潮使用舷梯时组合梯必须重新收回固定好。

2250 时,开始落潮,三副通过对讲机呼叫值班水手去收组合梯。大副发现水手在现场看货没有去收组合梯,于是就换上连体工作服从货物控制室独自去收梯子。三副过来帮助大副时,大副正在将栏杆上的绳子拉回来,并拔出旋转平台上的立柱。由于船舶向右倾斜,组合梯上的扶手栏杆卡住不容易放下来。大副安排三副去货物控制室调整压载水使船舶正平,这样两侧扶手栏杆容易放下来。大约 2303 时,大副在组合梯平台上不慎坠入大船与码头间海里。三副发现大副落水,立即让一水拿来探照灯,并投放救生圈,由于落潮,潮流较大,没有找到落水的大副。2305 时,船舶报告码头及主管机关和海岸警卫队有人员落水。随后,搜救船舶及直升机开始在码头上方进行搜救,仍然没有找到。直到 7 月 5 日,在距船舶下游 30 km 处发现遇难者尸体，诊断为坠海后头部受伤溺亡。

(3)案例三 水手回收引航员软梯、组合梯时不慎从组合梯掉入海中失踪

2016 年 5 月 16 日，新加坡籍散货船 Hunan 轮开往日本福山(Fukuyama)港，引航员通过船舶右舷引航员软梯和组合梯上船后，大约 1200 时，水手长同一名一水和两名二水回收引航员软梯。一水穿上附有安全带的膨胀式救生衣走到组合梯的下端平台，先将安全带末端系在平台上，然后解开，为防止引航员软梯晃动而系到船壳板上，如图 7-1-13 所示。当一水解开绳子后，告知水头往上拉梯子，但没拉动，一水发现引航员软梯卡在组合梯的下平台上，他又走到组合梯的下面平台处试图将引航员软梯推开。不一会儿，水头听到一声尖叫，发现一水正被安全带吊在组合梯平台的下面，如图 7-1-14 所示。

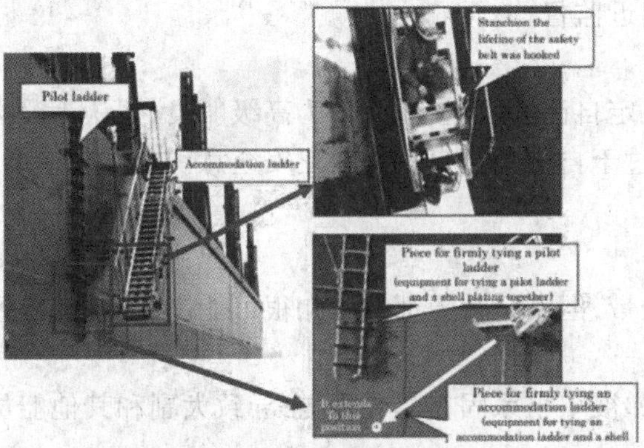

图 7-1-13 引航员软梯组合梯放置情况

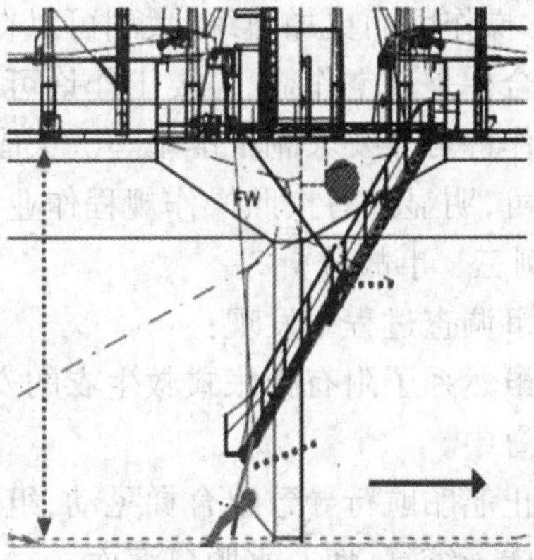

图 7-1-14 一水悬挂组合梯情形

水头立即让二水 A 去拿绳子并命令二水 B 去报告。驾驶台收到求救后，船长命令大副立即赶去现场。大副到达现场后，向一水放下一条绳子和带有浮绳的救生圈。此时，一水膝盖下已经浸入水中，脸部也暴露在海浪里。大副看到一水试图用左手抓绳子，但是由于海浪将他的身体抛来抛去，他没能抓住绳子。突然，一水脱离了安全绳掉入海里，大副立即命令向一水漂走的方向投放救生圈，但是已经看不到一水。

约 1212 时，船长发现一水落水，查看周围情况后立即减速并下令右满舵，船舶转回到一水的落水位置开始搜寻。引航员向日本海岸警卫队报告事故，大约 1226 时，搜救船舶赶到现场搜救，搜救持续到次日下午，但仍找不到落水人员。

2. 案例分析

(1)案例一 事故分析

澳大利亚海事调查过程中发现：

①水手长和协助的水手都没有穿救生衣、没有系安全带

在放舷梯时，水手长和水手都穿着救生衣但没有系安全带，基本按照操作规程进行。但随后去舷梯钓鱼时他们没有穿救生衣，也没有系安全带。舷梯下面平台距离主甲板 16.5 m 高，非常危险，两名船员明显缺乏安全意识。

②舷梯专为人员上下船时使用

船员站在舷梯平台钓鱼属于违规操作。

③船舶安全管理程序没有被有效执行

船员作业过程中经常存在违反操作规程的情况。船上安全文化建设欠缺。

(2)案例二　事故分析

卢森堡海事调查过程中发现:

①大副没有穿着个人防护设备

大副在收组合梯时没有穿着救生衣,甚至连安全帽都没有戴。调查发现大副很可能是掉下时先摔伤头部后落水,如果他穿着 PPE 则可能免于遇难。

②收组合梯不是大副的本职工作

大副的本职工作主要是负责货物的配积载和船舶保养等,收放组合梯应由干练水手来完成,他们经常操作因而更加熟练,大副可以在附近监督。

③收组合梯是高空作业,需要工作许可

高空工作许可需要大副批准填写。大副决定自己去收组合梯,作为高级船员,他认为没必要做工作许可,明显没有按照操作规程作业。过于自信乃至自负是缺乏安全意识的体现。

(3)案例三　事故分析

日本海事调查过程中发现:

①一水虽然系了附有膨胀式救生衣的安全带,但安全带腿部的搭扣很可能没有扣好,导致其脱落坠入海中。

②为防止船舶航行导致组合梯晃动,组合梯被牢牢系固在船壳板上,导致大副和其他船员不能及时将梯子绞高,使一水脱离海面。

③从一水跌落吊在组合梯平台下直到其掉入海中,船舶一直高速行驶,船长没有采取减速甚至停车的措施来减轻一水被拖带的影响,以使一水能够抓住绳子。

④虽然大副将主甲板栏杆上的救生圈抛入海中,但驾驶台两侧的带有自亮灯和自发烟雾信号的 MOB 救生圈没有被抛入海中。

⑤违反公司安全管理体系的规定,在收引航员软梯之前没有评估工作中可能遇到的风险,没有检查安全带的系牢情况等。

3. 预防措施及注意事项

从以上几个事故可以看出,船舶舷梯、引航员软梯组合梯作业存在一定的风险,类似的事故还有很多,说明如果不谨慎依规操作,发生事故不可避免。总结注意事项如下:

(1)强调船员在作业时必须穿戴个人防护设备

船员在收放舷梯、引航员软梯组合梯等舷外及高空作业时必须正确穿戴个人防护设备,包括:

①安全帽。

②手套。

③防滑工作鞋。

④自充气式救生衣。

(2)加强登离船装置的维护保养及正确放置与使用

①定期检查登离船装置的状况

A. 定期检查舷梯等装置的滑车、转盘平台、栏杆和机械设备等部件,确保其处于良好状态；

B. 检查舷梯钢丝状况，经常加油，确保无锈蚀、无断丝。钢丝在滚筒上必须排列整齐，避免由于钢丝叠绕、卡死造成舷梯收放时“急顿”而发生事故。

②正确放置和使用登离船装置

A. 登离船装置只用于人员上下船，不可作他用。杜绝案例一中站在舷梯平台钓鱼的情况，也不允许使用舷梯吊装物品等。

B. 防止多人同时上下舷梯，不能超过舷梯的额定负荷。舷梯的俯仰角度应在允许的范围内。

C. 夜间确保登离船装置有充足的照明，附近应放置附有自亮灯的救生圈，并配置一个救生浮绳。

D. 舷梯收放时必须多人协同操作，人员紧张时至少两人操作，坚决避免一人独自作业。

E. 放置安全网的目的是防止船员跌落坠海。因此，安全网放置时，舷梯两侧的末端一侧应系在本船上，另一侧系在码头上，安全网长度在舷梯前后方向应超过起始两端至少 1.5 m。

(3)加强船员安全教育

①对船员进行安全教育，提高其安全意识，包括应对突发事件（如落水等）不可预见的情况及应对措施等，并定期进行相关演习。

②利用安全活动日及演习等时机多叮嘱，灌输安全知识，可结合公司控制下的船舶船员过去发生的事故，对船员进行教育，防止类似的人为事故发生。

③强调按照操作规程作业的重要性，使船员明白“条条规程血染成，莫要再用血验证”的道理。

(4)船舶管理公司采取的措施

①管理公司对《安全管理手册》的工作程序进行审查，做好安全带、充气式救生衣等防护用品的发放工作，并严格执行。

②对船长和船员进行上船前的安全教育和培训，包括船舶操作、船上作业等。

③从事故中吸取教训，对《安全管理手册》进行重新审查，对缺陷进行改正，包括对特殊工作中检查表的划分，从事舷外作业必要时降低速度、停止作业等不足事项的补充。

④提升船上 SMS 安全管理体系执行效率及加强船队安全文化建设。

任务二　甲板设备和机械的安全操作

【任务分析】

甲板设备和机械的操作是船舶营运生产过程中的常规性工作,如果操作不当就可能引发安全事故。本任务主要介绍常见甲板设备和机械的操作程序与安全注意事项,包括开关舱安全注意事项,以及克令吊、起货机操作要领和安全注意事项。

【相关知识】

一、甲板上所有工具使用的基本常识

船上常用的滑车有铁滑车和木滑车两种,主要用于构成绞辘,用来改变力的方向或省力。配合绳索使用的配件统称为索具,船上常用的索具有卸扣、眼板、钩、眼环等。

1. 滑车与绞辘

滑车与绞辘是起重工作中必备的工具,它既可以改变用力的方向,也可以达到省力的目的。为了保证工作顺利进行,必须掌握它们的构造、性能、使用和保养,这不仅有助于延长使用年限,而且可以防止事故的发生。

(1)滑车(Block)

船上常用的滑车有铁质和木质两种。滑车按其滑轮数目的不同,又可分为单轮滑车、双轮滑车和多轮滑车。滑车按车壳结构分为普通滑车和开口滑车,开口滑车为单饼的铁滑车或木滑车,在滑车壳上装有搭扣,可以把绳索的中段放入滑车索槽,关上搭扣,滑车即可工作。这种滑车用来引导绳索改变拉力方向,而无须用绳头穿引。不同种类的滑车结构基本上是相同的。滑车的结构及组成(如图 7-2-1 所示)如下:

①挂头:滑车的挂头形式很多,有钩子、眼环、旋转环和卸扣等,可根据工作需要来选用。它的强度代表滑车的强度。

②车壳和隔板:车壳用铁板或木头制成,用以保护滑轮和防止绳索滑脱。多轮滑车的滑轮之间则用隔板加以隔开。

③车带:它直接连在车壳上,滑轮轴上的力由车带来承受,然后传递到挂头上。

④轴:轴用钢制成,它穿过滑轮后固定在车带上。其固定的方法有单头螺丝、双头螺丝和压板三种,受力大的滑车的轴都应采用压板固定法。

⑤滑轮和轴承:铁滑车的滑轮是用钢铁制成的,木滑车的滑轮可为铁、铜或硬木的。滑轮

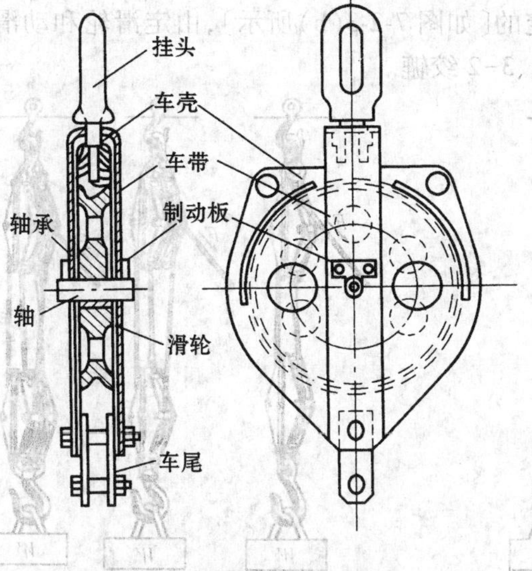

图 7-2-1　滑车的结构及组成

的中心为一轴承,系由铜、合金钢或滚珠制成。轴穿过轴承,滑轮在轴上能自由转动。

(2)绞辘(Tackle)

滑车与绳索配合在一起使用称为绞辘(如图 7-2-2 所示)。

(1)绞辘各部位名称

辘绳:贯穿在滑车上的绳索。

力端:辘绳用力拉的一端。

根端:辘绳固定在滑车上的一端。

定滑车:固定在某处不动的滑车。

动滑车:吊重受力时移动的滑车。

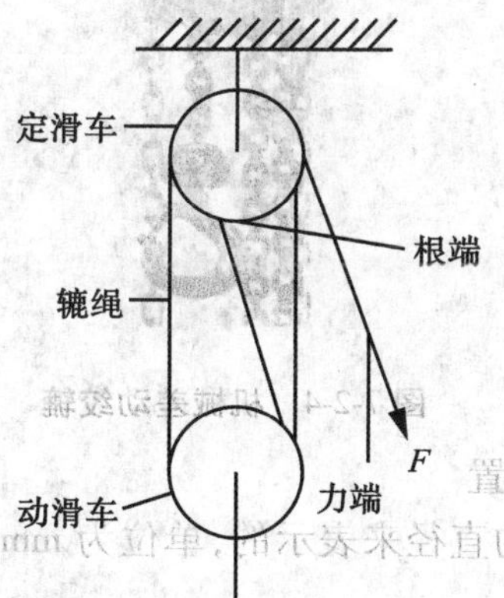

图 7-2-2　绞辘

(2)绞辘的种类

①单绞辘:用一个单滑车和一条辘绳组合而成〔如图 7-2-3(a)所示〕。

②复绞辘:由一个定滑轮和一个动滑轮与辘绳组合而成,又称滑车组。它的命名是根据定滑轮和动滑轮的数量来定的〔如图 7-2-3(b)所示〕,由定滑轮和动滑轮组成的绞辘依次为 1-1 绞辘、2-1 绞辘、2-2 绞辘、3-2 绞辘。

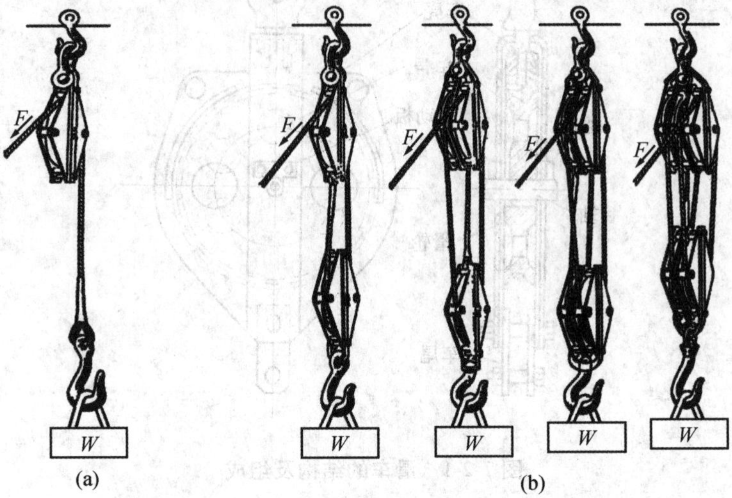

图 7-2-3　单绞辘和复绞辘

③机械差动绞辘:又称差动滑车、机械滑车、神仙葫芦(如图 7-2-4 所示)。它是利用齿轮传动比来达到省力目的的。它具有结构坚固、省力大、占地小、使用方便等特点,适宜于在狭小的地方进行起重作业,但工作速度较慢且吊升高度有限。其起重能力有 0.5 t、1 t、3 t 等,分别烙印在滑车上。

图 7-2-4　机械差动绞辘

(3)滑车的规格及辘绳的配置

滑车的大小规格是以滑轮的直径来表示的,单位为 mm。木滑车以车壳的长度来表示,单位为 in。

滑车的大小与所配置的辘绳有一定的比例关系,根据规范的要求,滑轮的直径与绳索直径之比应不小于表 7-2-1 的规定值。

表 7-2-1　滑轮直径与绳索直径之比　　单位：mm

滑轮用途		滑轮直径/绳索直径	
		动索	静索
钢索	吊杆装置（包括吊杆式起重机）	12.8	8
	起重机、潜水器吊放	19	8
纤维绳		6	

表中滑轮的直径应量至滑轮索槽底部处。滑车的构造应使滑轮与外壳隔板之间保持较小的间隙，以免卡住绳索。在起重设备系统中不允许使用开口滑车，该系统所使用的钢丝索因工作需要的不同，所采用的安全系数各不相同，以保证绳索的安全。一般情况下，吊货索的安全系数取 6，千斤索、稳索取 5。

（4）绞辘的省力计算

绞辘省力的近似计算公式为：

$$P=[W(1+fn)/m]\times 9.8$$

式中：P——绞辘力端的拉力，N；

W——吊起的货重，kg；

n——绞辘穿过的滑轮数；

m——动滑轮上的绳索根数；

f——每一滑轮的摩擦系数，滑动轴承取 5%，滚动轴承取 2%。

2. 甲板索具

配合绳索使用的配件统称为索具，它在使用中极易受到破坏，如果作业时发生破损，往往造成重大工伤事故。因此，应掌握常用索具使用的场合，并按产品强度标准选用合适的索具，使之在作业时确保安全。

目前船上常用的索具有卸扣、钩、眼环、松紧螺旋扣、紧索夹、心环、索头环、滑车等。

（1）卸扣（Shackle）

卸扣是甲板作业中广泛使用的连接索具，可用于绳索与绳索、索具与索具、绳索与索具之间的连接，具有连接可靠等特点（如图 7-2-5 所示）。

$$直行卸扣许用负荷=44.1D^2(\mathrm{N})$$

$$圆形卸扣许用负荷=36.26D^2(\mathrm{N})$$

式中：D——卸扣本体直径，mm。

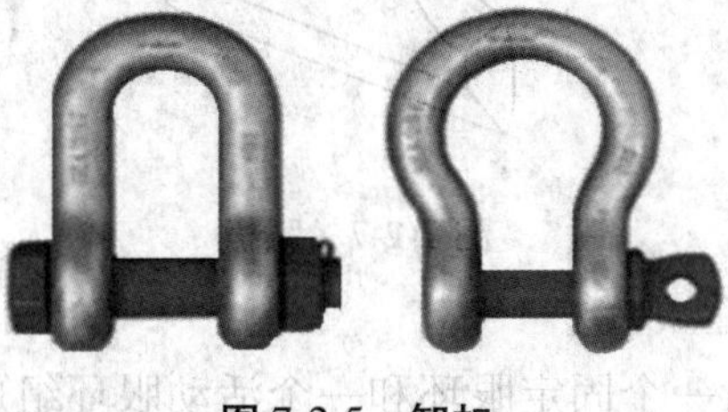

图 7-2-5　卸扣

使用注意事项：

卸扣在使用中应注意其强度状况，避免因受力过大而变形，以致销子卡死。对于带螺纹的销子，应保护好螺纹使其不受损伤。卸扣的销眼和销子应经常加油，使其润滑不易生锈，发现生锈应立即刮除。

（2）钩（Hook）

钩（如图7-2-6所示）用以钩挂物体，强度一般比卸扣小，长期挂重时可用绳子扎在钩间和钩把之间。吊挂的重量大时，使用卸扣比钩安全。钩斜钩在甲板、舷墙等处的活动眼环上时，应使钩尖朝上才不易滑脱。

$$许用负荷=9.8D^2(N)$$

式中：D——圆背钩钩背直径，mm。

钩的使用注意事项：

①钩在甲板上使用时，如有斜度，必须使钩尖朝上，如果钩尖朝下，往往因钩受力而移动，使钩尖滑出而发生危险。钩在使用时，受力部位应保持在钩背的中心部分，否则易将钩折断。

②钩上如长时间挂有物体，应用小绳将钩背与钩尖之间扎紧。

图7-2-6 钩

（3）眼板（Eye Plate）

眼板（如图7-2-7所示）是一块带眼的钢板。三角眼板供拴系吊货索及钩子；甲板眼板焊在舷墙顶板或甲板上，供拴系支索或稳索之用。

$$许用负荷=75.46D^2(N)$$

式中：D——眼板厚度，mm。

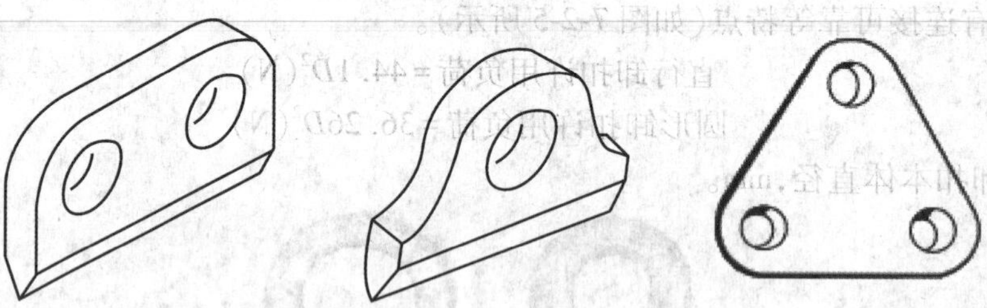

图7-2-7 眼板

（4）眼环（Ring Plate）

眼环（如图7-2-8所示）由一个固定眼环和一个活动眼环组成，主要用以钩挂各种动索。

$$许用负荷=29.4D(N)$$

式中：D——活动眼环直径，mm。

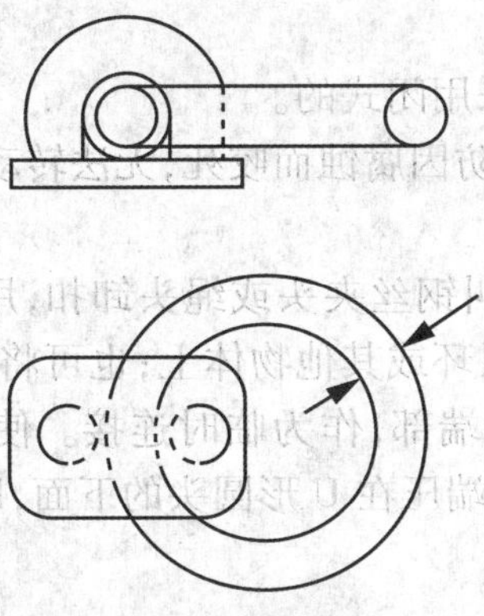

图 7-2-8　眼环

(5)松紧螺旋扣(Rigging Screw)

松紧螺旋扣(如图 7-2-9 所示),也叫花篮螺丝,由两段螺纹套筒及两根螺纹方向相反的螺纹杆组成,螺杆外端做成钩、环或卸扣,便于连接,用于收紧钢丝绳和链索,是甲板常用索具。使用时,转动螺纹套筒,两端的螺杆能同时伸出或缩进,可调节钢索、链条或拉杆的松紧度。强度以螺纹杆上的钩、卸扣或环的强度为依据,螺旋扣的大小以整个螺旋扣最大与最小长度和螺杆的直径来表示。

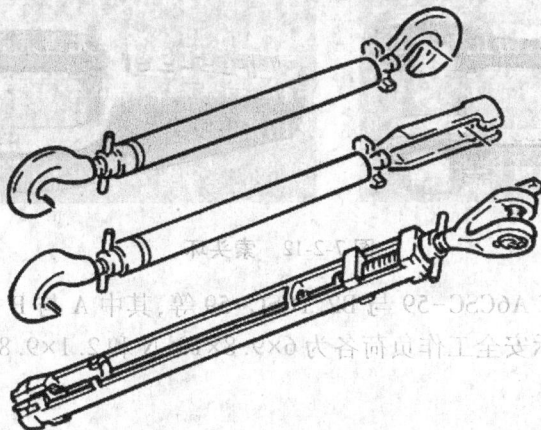

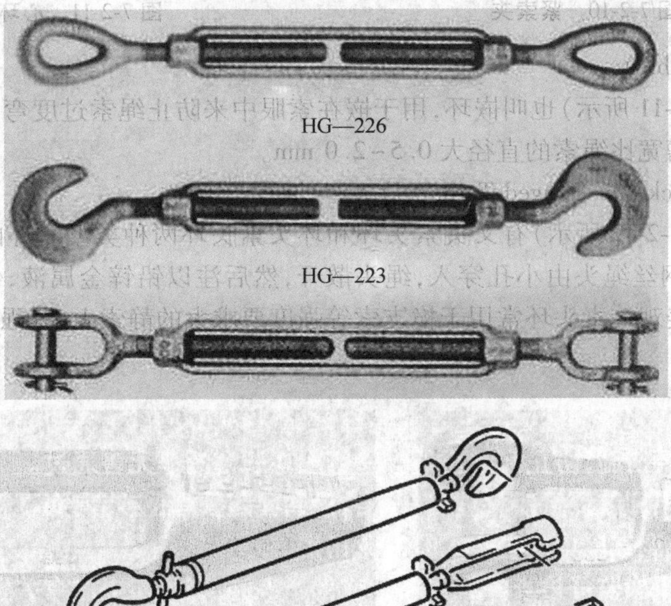

图 7-2-9　松紧螺旋扣

使用注意事项如下：

①用于露天静索的螺旋扣要采用闭式的。

②松紧螺旋扣应经常加油，以防因腐蚀而咬死，无法转动。

（6）紧索夹（Clamp）

紧索夹（如图 7-2-10 所示）也叫钢丝夹头或绳头卸扣，用于钢丝绳的绳端和其绳干扎紧，形成一个绳环，以便拴系在眼板、眼环或其他物体上；也可将两根钢丝绳接在一起，拆装迅速，使用方便，常用于绑扎货物和支索端部，作为临时连接。使用时，必须将钢丝绳的主干部分（长端）放在夹座一面，钢丝绳的短端压在 U 形圆头的下面，以使绳端部分压紧，防止滑脱。

图 7-2-10　紧索夹

图 7-2-11　心环

（7）心环（Thimble）

心环（如图 7-2-11 所示）也叫嵌环，用于嵌在索眼中来防止绳索过度弯曲和磨损。选用心环时，应使心环的槽宽比绳索的直径大 0.5~2.0 mm。

（8）索头环（Socket or Swaged Terminal）

索头环（如图 7-2-12 所示）有叉头索头环和环头索头环两种类型。环的下面是一个上大下小的锥形孔，将钢丝绳头由小孔穿入，绳头散开，然后注以铅锌金属液，使绳头与环连成一体，这样既牢固又美观。索头环常用于桅支索等强度要求大的静索上，其强度是以环部或横销的强度来衡量的。

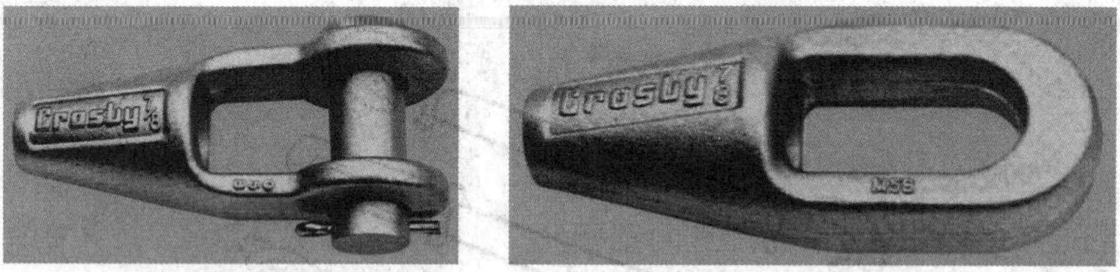

图 7-2-12　索头环

国产索头环的产品有 A6CSC-59 与 B2.1CSC-59 等，其中 A 与 B 分别表示叉头索头环和环头索头环，6 与 2.1 表示安全工作负荷各为 $6\times9.8\times10^3$ N 和 $2.1\times9.8\times10^3$ N，CSC-59 为产品的分类代号。

二、船舶缆绳和索具的种类、性能、量法和使用与保管常识

船舶缆绳按照制作材料可分为纤维绳、钢丝绳和复合缆。船舶缆绳的规格可用缆绳的直径或周长来表示，测量缆绳直径时应量取最大直径，根据缆绳直径可以估算缆绳强度。正确使用与合理保管船舶缆绳，能减少事故的发生，保障人员及船舶安全。

1. 船舶缆绳的种类和特点

(1)纤维绳

纤维绳是以植物纤维或合成纤维搓制而成的绳索。以植物纤维搓制的缆绳叫植物纤维缆(Natural Fiber Rope)，以化学纤维搓制的缆绳叫化学纤维绳(Synthetic Fiber Rope，简称化纤绳)。

①植物纤维绳

A. 白棕绳

白棕绳是以野芭蕉或龙舌兰(剑麻)的纤维制成，呈浅黄色，质软而轻，有一定的浮力和弹性，受潮后纤维膨胀20%~30%，发硬。质地最佳者为菲律宾马尼拉出产，故又称马尼拉绳。

B. 白麻绳

白麻绳是用白麻纤维制成，强度大，但易吸水而腐烂，高温下变脆。船上少用。

C. 油麻绳

油麻绳是用焦油浸过的麻纤维制成，吸水性降低，但纤维发脆，使弹性和强度降低。目前只用作绑扎细索。

D. 椰棕绳

椰棕绳用椰子壳的纤维制成，质轻，浮力和弹性好，常用作拖缆，但强度弱。近来已被化学纤维绳所代替。

E. 棉线绳

棉线绳用棉纤维制成，质轻且柔软，但易吸水而腐烂。船上常用作旗绳和计程仪绳。

②化学纤维绳

A. 尼龙绳(Nylon Rope)：也称锦纶绳，是最早的一种化纤绳，品种最多，用途最广。尼龙绳是化纤绳中强度最大的一种，其特点是耐磨，对酸碱和油类等有一定的抵抗能力，但伸长率较大，弹性大，有一定的吸水性，耐气候能力较差，曝晒过久强度会下降。

B. 涤纶绳(Terylone Rope)：又称特丽纶绳。其强度仅次于尼龙绳，特点是耐高温、耐气候性，是化学纤维绳中最强的一种，耐酸性好，怕碱，耐腐蚀，适于高负荷连续摩擦，伸长率很小，吸水率仅为0.4%，但价格高昂。

C. 乙纶绳(Polyethylene Rope)：由聚乙烯纤维制成。耐化学药品性能好，但不耐热，也不适合在高温场所使用，干湿对其强度影响不大，低温时仍具有足够强度，并且柔软便于操作，能浮于水面，吸水率特小，在水中仍能保持良好的性能，适于水上使用。

D. 丙纶绳(Polypropylene Rope)：由聚丙烯纤维制成。强度比维纶绳大，其破断力为尼龙缆破断力的51%~66%，质量最小，柔软，吸水率特小，它不怕油类及化学药品的侵蚀，不易吸灰尘，耐脏，能浮于水面，是目前最轻的缆绳。丙纶绳是目前船上配备较多的一种缆绳，但耐热

性较差，不适合在高温场所使用。

E. 维纶绳（Vinylon Rope）：其强度在化纤绳中最小，外表很像棉纱绳，弹性差，吸水性最大，耐油类和盐类物质，耐气候性好，价格比较低廉。

③纤维绳的结构

A. 拧绞绳

纤维绳的搓制方法是先由纤维丝搓成绳条，再由绳条搓成绳股，几根绳股再搓合成绳。由三股搓成的叫三股绳，由四股搓成的叫四股绳，也有的由三条三股绳再搓成巨缆。绳子的搓法是每次向相反方向搓合，例如，条是向右搓的，股就向左搓，制成的绳就向右搓，这样搓成的绳叫右搓绳（Z 捻），反之为左搓绳（S 捻）（如图 7-2-13 所示）。船上常用的白棕绳一般是右搓三股绳。绳子搓得紧的，股距短，称为硬搓绳；搓得松的，股距长，称为软搓绳。硬搓绳的弹性大，但拉力、柔软度和吸水性小；软搓绳则与之相反。

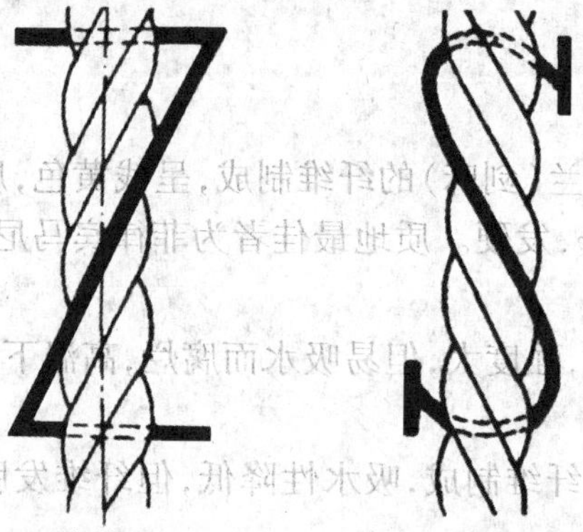

图 7-2-13　绳子搓向

B. 编绞绳

编绞绳由拧绞的八股分成四组，每组两股平行，其中两组为左搓，另两组为右搓，交叉旋绕，绞编而成。编绞绳各股间受力平衡，不会出现扭结，摩擦系数大，又便于操作，船上系缆多用编绞绳（如图 7-2-14 所示）。

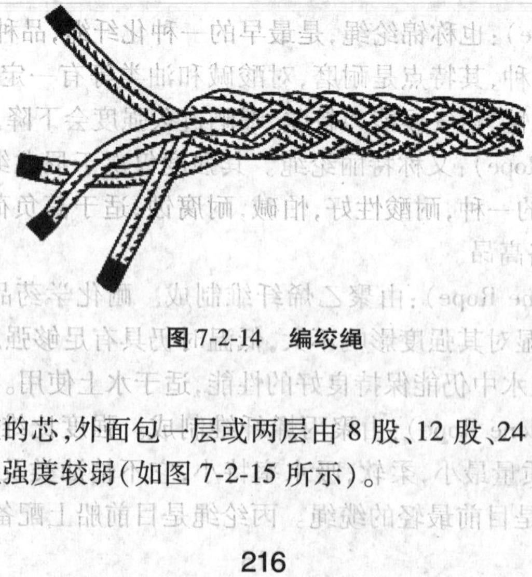

图 7-2-14　编绞绳

C. 编织绳

绳子中间一股为拧绞的芯，外面包一层或两层由 8 股、12 股、24 股不等的小股编织而成，柔软性特别好，不扭结，但强度较弱（如图 7-2-15 所示）。

图 7-2-15 编织绳

(2)钢丝绳(Steel Wire Rope)

钢丝绳的强度大、重量小、使用寿命长。目前,船用钢丝绳有硬钢丝绳、半硬钢丝绳和软钢丝绳三种(如图 7-2-16 所示)。

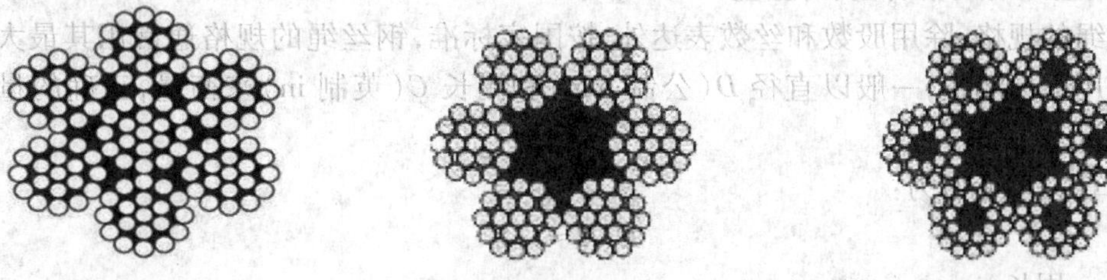

(a) 硬钢丝绳　(b) 半硬钢丝绳　(b) 软钢丝绳

图 7-2-16 钢丝绳的种类

①硬钢丝绳(Stiff Wire Rope):整根钢丝绳全部由钢丝组成,其特点是丝数少,钢丝绳内无油麻芯,在钢丝绳中最坚硬,强度也最大,但使用不方便。船上多用于静索,如用于桅杆、烟囱的支索,还用于与绞车配合的拖索和系船索。

②半硬钢丝绳(Semiflexible Wire Rope):由 6 股钢丝中间夹 1 根油麻芯制成。例如:规格为 6×26+1 的钢丝绳,油麻芯含有焦油,可以防锈,使用受力时能起到缓冲和减少内摩擦的作用,有利于缆绳的保养,使用也比较方便,船上用来作静索和动索。半硬钢丝绳的强度较大,比硬钢丝柔软,操作使用比较方便,船上一般用作拖缆、保险缆和系船缆,也可用作吊货索。

③软钢丝绳(Flexible Wire Rope):在 6 股钢丝绳中间夹 1 根油麻芯,每股钢丝中间也夹有油麻芯(如图 7-2-17 所示),其特点是柔软、质轻,在同直径的钢丝绳中强度最小、使用方便,船上常用来作动索,如拖缆、系船缆、滑车绳、吊货索、吊艇索、辘绳、牵引绳等。常用的有 6×24+7、6×30+7 等几种。

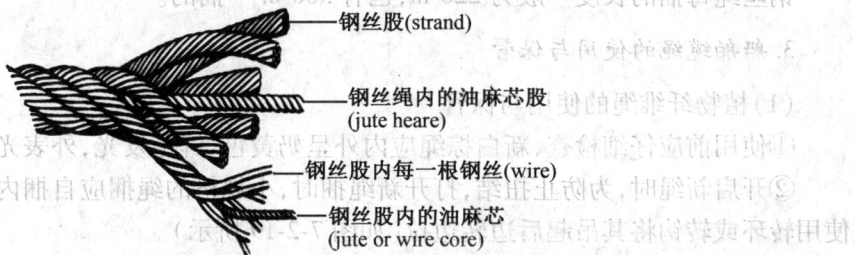

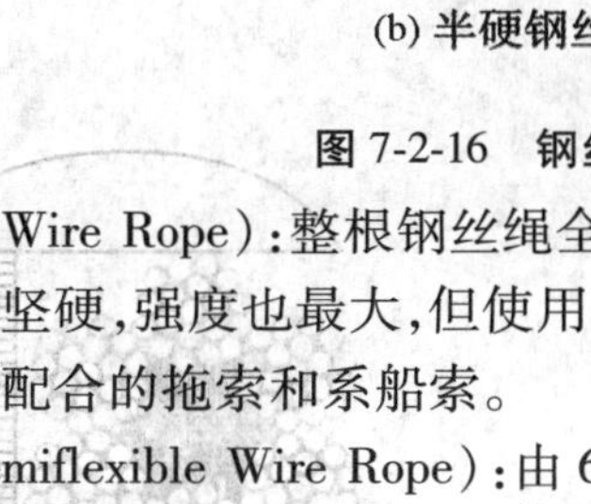

图 7-2-17 软钢丝绳结构

(3)复合缆

除钢丝缆和化纤缆绳以外,我国及其他一些国家已生产出一种用金属与纤维复合而成的缆绳,称为复合缆。缆绳每股均有金属丝核心,外覆纤维护套,有3、4或6股,可用于系船缆或拖缆。这种缆绳强度较大,一根周长8.5 in粗的复合缆的强度相当于同样粗细的2.5根丙纶缆的强度。

2. 船舶缆绳的规格与长度

(1)纤维绳的规格与长度

纤维绳的规格:根据船上的习惯,一般都量它们的圆周长,并用in作计算单位,因为估算强度时比较方便。但也有量它们的直径、用mm作单位的。量取时,必须注意,要量它的最大尺寸。纤维绳每捆长度为200 m,英制为120拓(720 ft,即218 m)。

(2)钢丝绳的规格、长度与重量

钢丝绳的规格:除用股数和丝数表达外,按国家标准,钢丝绳的规格通常用其最大直径来表示。可用卡尺测量,一般以直径D(公制mm)和周长C(英制in)来衡量,正确的量法如图7-2-18所示。

其换算关系近似为:

$$C/D \approx 1/8$$

式中:C——周长,in;

D——直径,mm。

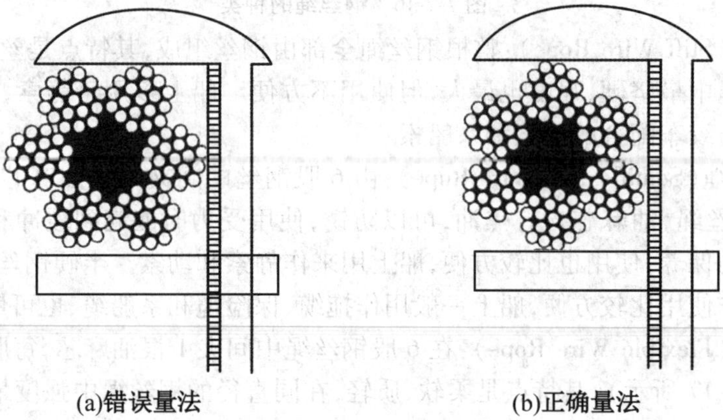

(a)错误量法　　(b)正确量法

图7-2-18　钢丝绳的量法

钢丝绳每捆的长度一般为220 m,也有500 m一捆的。

3. 船舶缆绳的使用与保管

(1)植物纤维绳的使用与保管

①使用前应仔细检查,新白棕绳应内外呈奶黄色,鲜艳发光,外表光滑平整。

②开启新绳时,为防止扭结,打开新绳捆时,小规格的绳捆应自捆内的绳头拉出;大捆绳应使用转环或转钩将其吊起后边转边拉(如图7-2-19所示)。

③使用中应防止过度摩擦,经常摩擦部分要用帆布或麻袋包扎。

④右搓绳应按顺时针方向盘卷。

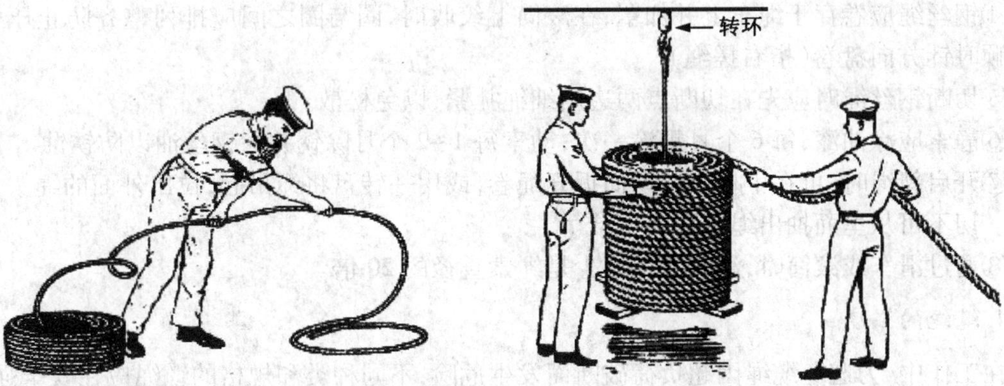

(a) 打开小捆绳　　(b) 打开大捆绳

图 7-2-19　打开新绳

⑤受潮后易发硬、腐烂、缩短,并降低强度和弹性,受潮的绳索应晒干后收存。平时应卷存于绳车或格子板上,用帆布罩盖好,防雨露或曝晒。

⑥库存时应保持适当的温度(10~21 ℃)和湿度(40%~60%)并注意良好通风。

⑦防止与酸、碱、盐等化学品接触,以免腐烂。

(2)化学纤维绳的使用与保管

①化学纤维绳怕火、怕高温,应远离火源,防止曝晒。上滚筒收绞时圈数不要太多,也不要在缆桩上溜缆,以防止摩擦产生高温而熔化,它们的熔点和比重见表 7-2-2。

表 7-2-2　化学纤维绳熔点和比重

名称	熔点/℃	比重
尼龙绳	250	1. 14
涤纶绳	260	1. 38
维纶绳	135	0. 95
丙纶绳	165	0. 91

②纤维丝怕割裂,经常摩擦处,如琵琶头、处于导缆钩的部位,要用帆布或皮子包扎。

③伸长率大,有利于吸收冲击负荷,但万一断裂时,往回抽打,容易伤人,操作时不要站在拉力线方向上。

④在负荷情况下,从缆桩或滚筒上放出时,要特别小心,由于它的摩擦力小,不注意则会伤人。

⑤在缆桩上绕八字花之前,最好先绕 2~3 个单圈,便于控制。

⑥绳索受潮后对强度有少许影响,受潮的绳索受力后会溢出水分。

(3)钢丝绳的使用与保管

①使用时不可有扭结或急折,否则会折断钢丝,并易产生股隙吸收潮气而生锈,降低强度。

②吊重物时,操作要平稳,切忌急顿和反向弯曲。

③绳索的断丝在 10 倍直径长度内超过 5%时不能再用。例如直径为 20 mm 的 6×19 的钢丝绳,如果在 20 cm 长度内发现 6 根断头时,就不能使用了。

④钢丝绳应卷存于绳车上并加罩，在滚筒上绞收时，圈与圈之间应排列整齐防止压叠，并应按顺时针方向盘卷（指右搓绳）。

⑤切断钢丝绳时应先在切断点两边用细绳扎紧，以免松散。

⑥静索应涂油漆，每 6 个月重涂一次；动索每 1~2 个月除锈并涂钢丝油以防锈蚀。

⑦开启新绳时，可在甲板上滚动而拆开绳卷，或用一转盘将绳吊起，拉出外面的绳头，边转边拉。切不可从里面抽出绳头造成扭结。

⑧通过滑车或滚筒时，滚轮直径至少是绳索直径的 20 倍。

4. 缆绳的强度

在工作中，为避免缆绳因超负荷破断而发生危险，不同种类和规格的缆绳应在安全强度的范围内使用，如无相关资料，可用经验公式计算其近似值。缆绳的强度有破断强度、安全强度和试验强度。

(1)缆绳破断强度

破断强度（Breaking Strength）是指缆绳逐渐受力，直至将其拉断时所需的最大负荷，一般用 B 表示。钢丝绳的破断强度可以使用表 7-2-3 所列公式进行估算。

新绳出厂时，一般均附有经过试验的强度说明。缆绳的强度是根据其所用材料优劣以及制法好坏来确定的，平时在使用时，可按以下经验公式估算其破断力：

①钢丝绳：

$$T=0.04D^2(\mathrm{t}) \text{ 或 } T=420D^2(\mathrm{N})$$

式中：T——钢丝绳（6×24）的破断力；

D——钢丝绳直径，mm。

②化纤缆绳：

$$T=98kD^2$$

式中：T——化纤缆的破断力，N；

D——缆绳的直径，mm；

k——系数，一般丙纶绳为 0.74~0.85，尼龙绳为 1.19~1.33，改良的丙纶绳为 1.10~1.21，复合缆为 2.00。

表 7-2-3　钢丝绳的破断强度

规格	公制/mm（D 为直径）	英制/in（C 为周长）
	破断强度/N	破断强度/kN
6×7	$9.8\times47D^2$	$9.8\times3.1C^2$
6×12	$9.8\times31D^2$	$9.8\times2.0C^2$
6×19	$9.8\times45D^2$	$9.8\times2.9C^2$
6×24	$9.8\times42D^2$	$9.8\times2.7C^2$
6×30	$9.8\times35D^2$	$9.8\times2.3C^2$
6×37	$9.8\times45D^2$	$9.8\times2.5C^2$

(2)缆绳安全强度

安全强度(Safe Working Load)也称使用强度,是指缆绳在安全范围内所能承受的拉力,是缆绳经常使用的强度。它在船用缆绳的产品证书上均有明确规定。根据缆绳的破断强度和工况等取一个安全系数,得到安全工作负荷,即

安全强度=破断强度/安全系数

在使用中,一般安全系数取6,带缆的安全系数取6~8,拖缆取8~10。具体使用时,还需根据不同的工作需要、缆绳的新旧程度、接插方法等情况来选定不同的安全系数。如钢丝绳插接后强度降低10%,已生锈的降低30%,过度拉伸受伤的降低50%;受潮后白棕绳强度下降45%,化纤绳强度下降5%~10%。

(3)缆绳试验强度

缆绳试验强度,亦即验证负荷,是缆绳制造厂对其产品进行拉力试验时所采用的强度标准,一般都是破断强度的3/4。

5. 船舶缆绳的重量

(1)纤维绳的重量是以每捆(200 m)多少千克来计算的。表7-2-4为纤维绳重量的计算公式。

表7-2-4 纤维绳重量的计算公式

绳的种类	重量/kg	绳的种类	重量/kg
白棕绳	$0.141D^2$	涤纶绳	$0.147D^2$
油麻绳	$0.121D^2$	维纶绳	$0.120D^2$
尼龙绳	$0.121D^2$	丙纶绳	$0.097D^2$

注:D——绳的直径,mm。

(2)钢丝绳的重量

钢丝绳的重量 W 可用下列公式进行估算:

$$W=kD^2$$

式中:W——每百米钢丝绳的重量,kg;

D——钢丝绳直径,mm;

k——系数,硬钢丝绳取0.45,半硬钢丝绳取0.35,软钢丝绳取0.30。

三、开关舱的操作程序及安全注意事项

货舱盖是保证船舶货物安全并使之保证船体水密的一种封闭设备,同时还应具有一定的抵抗大件货压力的能力。舱口盖开启与关闭的机械化、自动化程度直接关系到船舶货物的装卸效率与质量以及人员的劳动强度和船舶的停港时间。

舱口盖的形式很多,按制造材料可分木质、钢质、铝质及玻璃钢四种。木质舱口盖制造简单、重量小,但开闭费时,劳动强度大,目前仅在较小的内河货船上还能看到,较大的船舶已普遍采用钢质舱盖。铝质和玻璃钢舱盖具有重量小、耐腐蚀的优点。但铝质舱盖制造复杂,造价高昂。玻璃钢舱盖的刚度差,容易老化腐蚀,目前只用作某些小船的轻型舱口盖。

按启闭动力不同,舱口盖可分机械牵引式和液压启闭式两种。

1. 滚动式舱口盖

滚动式舱口盖又可分为滚翻式、滚移式和滚卷式三种。现仅以常用的滚翻式（Rolling-type）为例做介绍。

滚翻式舱口盖由盖板、水密装置、导向曳行装置和压紧装置几部分组成。各盖板之间用链条连接，每一块盖板上都有一对行走滚轮（偏心轮），可沿舱口围板两边的面板行走，还有一个平衡轮，它不设置在板宽的中点处。当盖板进入舱口端的收藏坡道时，在重力的作用下盖板便翻转成直立状态而存放（如图 7-2-20 所示）。舱口较长时可将全部盖板分成两半，开启后，分别存放在舱口的两端。

关闭时，将钢索穿入舱口正前方的开口导向滑车内，再用卸扣与收藏处的首端盖板相连接。操纵起货绞车或克令吊，绞动钢索拖带前面的一块盖板，导轮沿导板滚动，后盖板之间相互由链条拉动。当盖板后部滚轮与导板接触后，则盖板绕导轮轴转动，直至其衔接轮与前块盖板上的衔接轮座吻合为止，以后继续沿舱口围板水平材上滚动，至首端盖板与制动器相碰时为止。

滚翻式舱口盖的最大优点是结构比较简单，相对于其他类型的机械舱口盖，价格低廉，便于（分块）维修，在尺度、布置和用途上限制较少，因而在各种类型的船上获得最为广泛的应用。它的不足之处是所需的存放空间较大，提升及压紧所需的时间也较长。

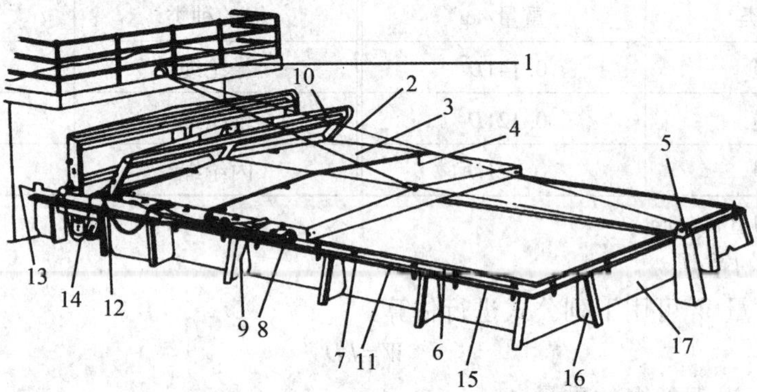

图 7-2-20　滚翻式舱盖装置

1—钢索（至绞车或吊钩）；2—拖索；3—顶板；4—连接处压紧器；5—滑轮（关闭舱口索具）；6—承压条；7—螺旋扣；8—偏心轮；9—平衡轮；10—橡皮填料；11—滚轮；12—下落轨（在舱口围板后面）；13—上升轨；14—板边链；15—舱口围板面板；16—舱口围板防挠材；17—舱口围板

2. 折叠式舱口盖

折叠式舱口盖（或称铰链舱口盖），按其驱动方式可分为液压驱动式（用液压）、直接拉动式（用船上起重机或吊杆）、钢索拖曳式（用绞车）。折叠式舱口盖装置与滚动式舱口盖装置类似，不同的是盖板间用铰链连接。

(1)液压驱动式折叠舱盖

①两页液压铰链式舱口盖

两页液压铰链式舱口盖（如图 7-2-21 所示）启闭过程比较简单：开启时，油缸柱塞伸长，使铰接点上升，两块盖板便翻转折合起来，其中靠近舱口端的盖板较短，因为它与铰接臂相连，所以它的转轴离开舱口有一定的距离。

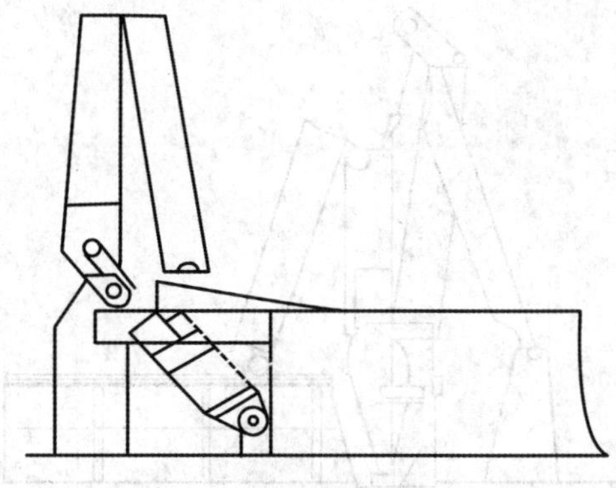

图 7-2-21 两页液压铰链式舱口盖

②四页液压铰链式舱口盖

四页液压铰链式舱口盖(如图 7-2-22 所示)启闭过程的顺序必须是:

A. 开启过程

第二组盖板(No. 3 + No. 4)开始起升,同时拖动第一组盖板(No. 1+No. 2)。第二组盖板起升结束,第一组盖板才开始起升,直至全部开启完毕。当舱盖开启到储存位置时,收藏钩自动落下,扣住舱盖,实现完好固定。

B. 关闭过程

第一组盖板下滑完毕,第二组盖板开始下滑,同时推动第一组盖板。第二组盖板下滑结束,全部关闭完毕。处于收藏位置时两盖板间的张角大小应适当,使盖板易于滑下又不致倾倒。

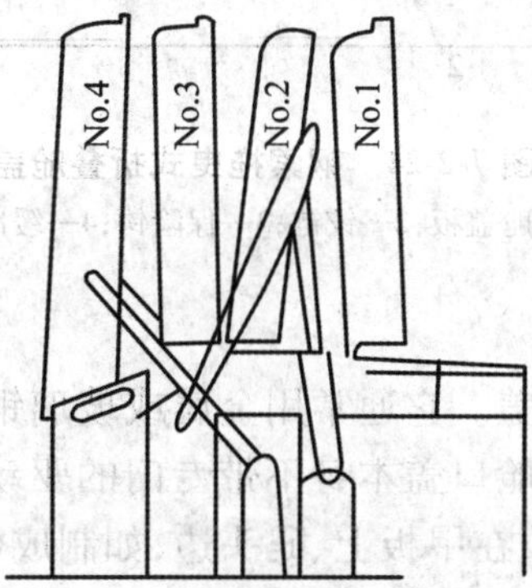

图 7-2-22 四页液压铰链式舱口盖

(2)直接拉动式折叠舱盖

直接拉动式折叠舱盖(如图 7-2-23 所示)由三块铰接的盖板组成。它利用船上的起货机械将盖板收藏于舱口端部。钢索穿过铰链接于端板上的滑车,再与中间盖板相连接,拉紧(或放松)钢索可开启(关闭)舱口。图 7-2-23 中铰接滑车、拖曳眼板置于板宽之中点,其余构件成对地安装在盖板的两边。

直接拉动式舱盖便于采用自动压紧装置,使压紧的操作与关闭舱口的过程同时进行,因而与滚翻式相比操作更为便捷,与液压折叠式相比价格又较低廉,但是需利用船上的吊杆(或起重机)相配合。

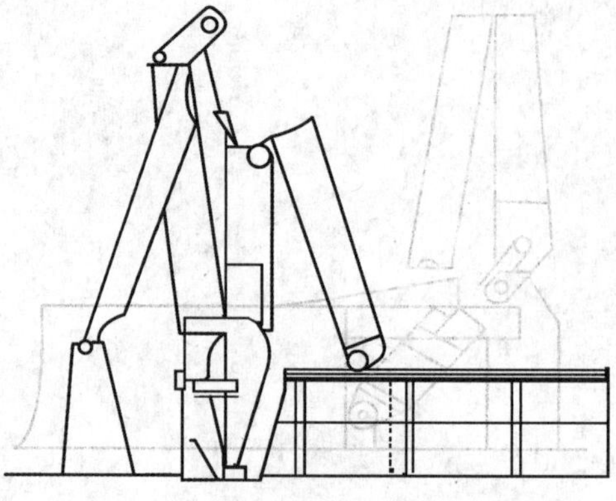

图 7-2-23　直接拉动式折叠舱盖

(3)钢索拖曳式折叠舱盖

钢索拖曳式折叠舱盖（如图 7-2-24 所示）在操作时，其相应的构件动作与液压式完全相似，但由于穿导钢索比较麻烦（尤其是多块折叠时），因而启闭舱口所需的时间长。

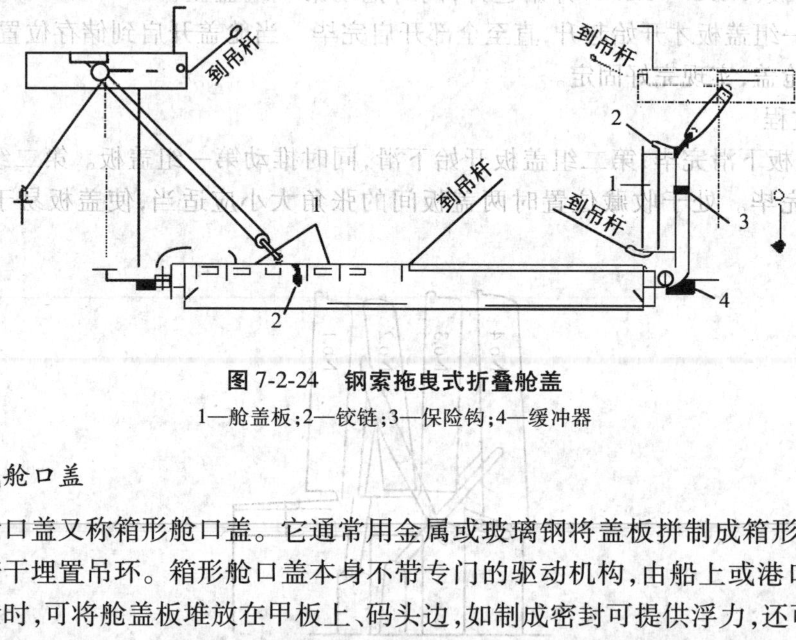

图 7-2-24　钢索拖曳式折叠舱盖

1—舱盖板；2—铰链；3—保险钩；4—缓冲器

3. 提升式舱口盖

提升式舱口盖又称箱形舱口盖。它通常用金属或玻璃钢将盖板拼制成箱形剖面，其盖板平面内设有若干埋置吊环。箱形舱口盖本身不带专门的驱动机构，由船上或港口的起货机械来吊移。开舱时，可将舱盖板堆放在甲板上、码头边，如制成密封可提供浮力，还可存放在舷边的水中。箱形拼装舱口盖的结构及操作都十分简便，而且可获得最大的甲板开口面积，因而最适宜于集装箱船采用。箱形舱口盖的尺度一般都比较大，设计时应注意使箱形舱口盖不超过起货设备的起重能力（如图 7-2-25 所示）。

4. 开关舱的注意事项

(1)开启钢质舱盖的注意事项

①开启舱盖时，应注意推开所有楔子，清除舱盖轨道上的阻碍物，确认盖上及堆置区内无人及留存物品，以防止因出轨或滚轮倒转伤及人员。

②操作机动舱盖，务必严格遵守制造商指示，并须特别告诫有关人员，指出使用时可能发生的危险。

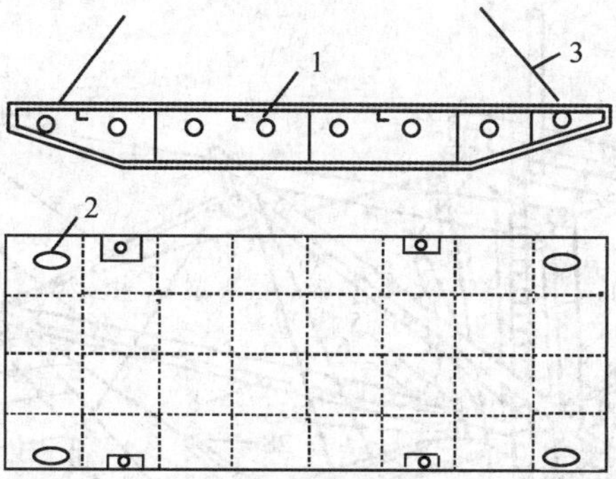

图 7-2-25 箱形舱口盖

1—舱盖桁材;2—埋置吊环;3—钢索

③考虑船体的平衡,缓慢开启舱盖,启动中绝不可接近舱盖或轨道。

④开启后检查舱盖是否在正确位置停止,接触点是否良好后,务必以掣止器固定妥当。

(2)关闭舱盖的注意事项

①确认货舱内无人员逗留,并清除舱盖轨道之阻碍物、栓帽等。

②导引钢索链接后才能卸下掣止器。注意盖、拉链、滚轮等的正常运动,与一同工作人员联络后,缓慢关闭舱盖,操作中绝不可接近舱盖或轨道。

四、甲板起重作业操作要领及安全注意事项

船用装卸设备,亦称起货设备,是指船舶在装卸货作业时所使用的装置和机械的总称。它通常分为吊杆装置、甲板起重机等类型。吊杆装置,根据起重量的大小,可分为轻型和重型两种;按结构和使用形式不同,可分为轻型单吊杆、轻型双吊杆、一般重型吊杆和特殊 V 形重吊杆。实际使用中以前者来区分,即安全工作负荷 S. W. L 等于或小于 10 t 的吊杆称为轻型吊杆,安全工作负荷 S. W. L 大于 10 t 的吊杆称为重型吊杆。通常,在装卸货物时,其允许吊起的最大货物重量往往小于吊杆自身的安全工作负荷 S. W. L。

1. 吊杆装置

(1)轻型吊杆

轻型吊杆主要由起重柱、吊杆装置和起货机三大部分组成。起重柱(桅)是起重设备中的主要组件之一,其作用是在柱的下部设置吊杆承座,以支持吊杆旋转和承受吊杆在作业时的受力。在柱的上部设置千斤索眼板座,以承受吊杆作业时千斤索的拉力。轻型吊杆的详细结构、各部名称及布置如图 7-2-26 所示。

①轻型单吊杆

船用轻型单吊杆种类较多,作用、操作方法也不尽相同,下面以两种轻型单吊杆为例讲解操作方法。

A. 普通型单吊杆(General Derrick):如图 7-2-26 所示,使用操作时,通常是调整好稳索、千斤索,使吊杆置于某一合适的位置,吊货索也处于可用状态。当卸货时,使吊杆处于舱口上方,吊杆仰角的大小由千斤索收放来控制,松放吊货索即入舱吊货。当绞收吊货索把货物吊至超

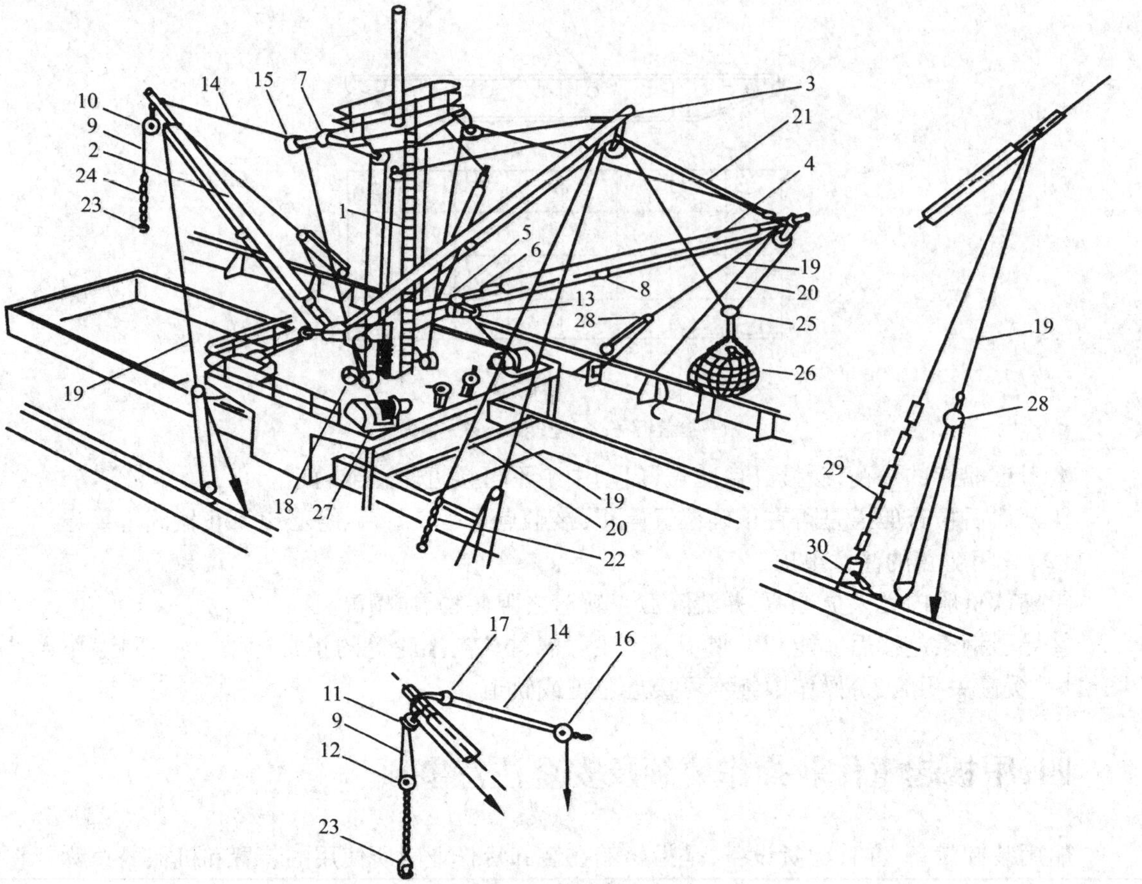

图 7-2-26　轻型吊杆装置

1—桅；2—吊杆；3—舱口吊杆；4—舷外吊杆；5—吊杆台；6—吊杆座；7—千斤座；8—护索环；9—吊货索；10—吊货滑车；11—上吊货滑车；12—下吊货滑车；13—吊杆座滑车；14—千斤索；15—千斤滑车；16—上千斤滑车；17—下千斤滑车；18—千斤索卷车；19—摆动稳索；20—保险稳索；21—吊杆间牵索；22—保险稳索链；23—吊货钩；24—吊货短链；25—三角眼板；26—吊货网兜；27—起货绞车；28—稳索滑车；29—有节定位索；30—有节定位索夹头

过舱口上沿后，松出吊杆转向相反一侧的稳索，同时收入同向一侧的稳索。松放过程中，吊杆慢慢地转向卸货地点，到达合适的位置停下，松下吊货索将货物卸到指定的位置上；装货过程则相反。

B. 双千斤索单吊杆（Twin Span Derrick）：该吊杆无牵索工具，而由左右分开的两套千斤索具来操纵吊杆。这种吊杆装置主要有两种形式：一种是维列式，如图 7-2-27（a）所示。它的两台千斤索绞车均为双卷筒式。其中一台控制变幅，即将两根千斤索的一端按相同方向绕进一对卷筒，绞车转动时，两根千斤索同时收进或放出，使吊杆变幅。另一台绞车控制吊杆回转，即将两根千斤索的另一端按相反方向绕在卷筒上，绞车转动时，两根千斤索一收一放，使吊杆回转。另一种如图 7-2-27（b）所示为哈伦式。它的两根千斤索分别卷入各自的千斤索绞车。当两台千斤索绞车同步旋转时，吊杆就变幅。当两台绞车反向放置或转速不同时，吊杆就回转或既变幅又回转。哈伦式对轻型吊杆和重型吊杆都适用。装卸 20～40 t 重的集装箱时，常用双千斤索吊杆，这比使用翻转重吊更为方便。

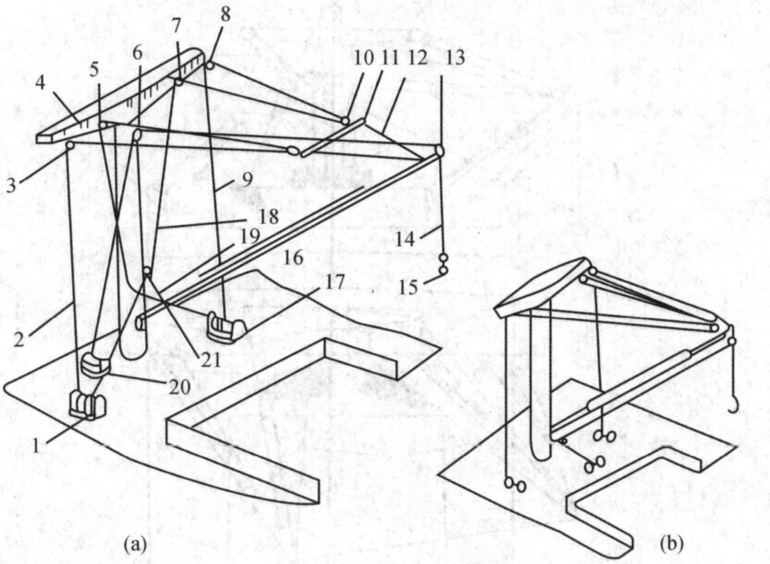

图 7-2-27 双千斤索吊杆装置

1、17—千斤索绞车；2、9、18、19—千斤索动端；3、5、7、8—千斤索上导向滑车；4—桅肩；6—吊货索导向滑车；10—千斤索横担滑车；11—横担；12—横担牵索；13—嵌入式吊货滑车；14—吊货索；15—吊货钩；16—吊杆；20—起货绞车；21—千斤索下导向滑车

②轻型双吊杆

A. 种类及使用操作

目前，船上使用的轻型双吊杆主要有以下两种类型：

单千斤索轻型双吊杆：每根吊杆只有一根千斤索，其中一根吊杆放在舷外，另一根放在舱口上方。在两吊杆之间用吊杆间牵索（中稳索）21 接起来，并用吊杆两面舷侧的保险稳索 20 吊杆系固在舷侧面眼环上，这样就可以把双吊杆固定在所需用的位置上。在卸货物时，可利用舱口吊杆 3 的起货机绞进吊货索，把货物从舱内吊出舱口一定高度之后，再用舷外吊杆 4 的起货机绞进吊货索，同时松出货舱口吊杆的吊货索，使货物吊至舷外，然后两根吊货索同时松出，把货物卸下。装货时的操作顺序与卸货时相反。

改良型轻型双吊杆：如图 7-2-28 所示，它在桅旁设置两台千斤索绞车 3，而千斤索滑车的索端，通过千斤索导向滑车 4 到千斤索绞车 3。在吊杆座同一横向轴线的两舷侧，各设一根吊杆稳索固定柱 7，用以固定吊杆稳索。吊杆的升降是用千斤索绞车操纵的。在升降过程中，吊杆上端只会上下移动，不会左右偏移，而且不必调整吊杆间牵索。因此，只要先用吊杆稳索，把吊杆左右位置固定好，就可以用千斤索绞车来调整吊杆的高低。这种改进可以缩短布置吊杆的时间。

B. 双杆作业布置

单杆作业布置比较简单，也无须做太多的准备，而双杆作业布置比较复杂，往往在装卸货之前需用近 1 h 的时间整理准备，同时在装卸货物过程中，还要根据货物的堆垛情况进行适当调整。双杆作业布置得是否正确，直接关系到装卸货物的安全和能否避免事故的发生。值班驾驶人员必须知晓这方面的知识，以便指导水手和装卸工人的操作。双杆作业的布置形式随着货物吊放位置的远近而有所不同。设计使用时，考虑到双杆的稳定性和各部分受力的牵连性，必

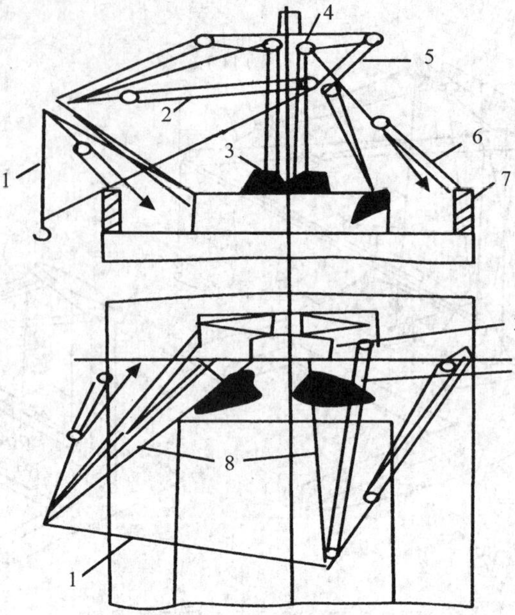

图 7-2-28 改良型轻型双吊杆

1—吊货索；2—吊杆间牵索滑车组；3—千斤索绞车；4—千斤索导向滑车；5—千斤索滑车组；6—吊杆稳索；7—吊杆稳索固定柱；8—千斤索动端；9—起货绞车

须确定一个许用范围。许用范围的上下限称为极限位置，只要在极限位置内布置作业，正常情况下就不会出什么问题。下面介绍一般双吊杆标准工况时的布置要点（如图 7-2-29 所示）。

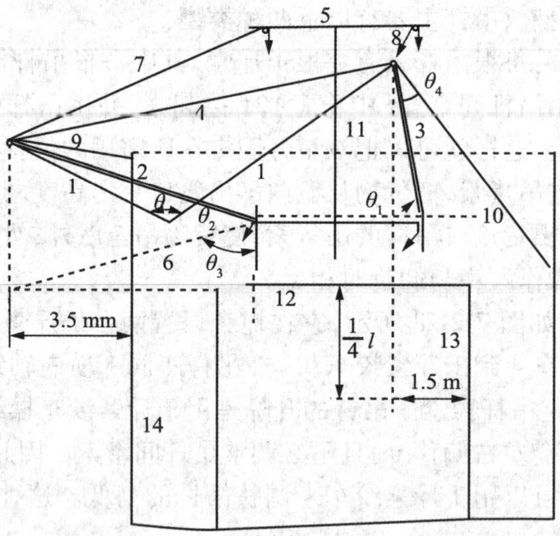

图 7-2-29 双吊杆标准工况布置简图

1—吊货索；2—舷外吊杆；3—舷内吊杆；4—吊杆间牵索；5—桅肩；6—吊钩；7、8—千斤索；9、10—稳索；11—桅柱；12、13—横向舱口；14—舷边；θ_1—舷内吊杆仰角；θ_2—舷外吊杆仰角；θ_3—舷外吊杆水平角；θ_4—舷内稳索与吊杆夹角；θ—两吊货索夹角

应将舷内吊杆（大关）头的投影点置于距纵向舱口 1.5 m、横向舱口 1/4 舱口长度处，最大仰角应小于 75°。舷外吊杆（小关）头的投影点置于舱口后端延线至舷外 3.5 m 处，仰角应大

于15°。吊杆与船中线的水平投影夹角宜为45°~65°,这样既可以保证吊杆在舷外有一定的距离,又可以防止两吊杆头部的距离过大。

吊货钩起升高度达安全极限时,两根吊货索的夹角应小于120°。舷内吊杆稳索的布置应使其水平投影与吊杆水平投影成90°,以减小吊杆的水平分力,同时稳索应尽量布置在舷墙或甲板的地令上,以减小稳索的张力。舷外吊杆稳索应尽量向后布置并且高一些,以减小对吊杆的作用力。

C. 双杆作业时操作注意事项

a. 严禁超关、拖关、摔关和游关。

b. 吊杆的轴向压力与吊货索的夹角大小有关。吊货索的夹角越大,吊杆的轴向压力就越大,因此,船舶不准使用"八字关",货物不应吊起太高,防止两吊货索张角大于120°,使吊货索张力剧增而导致严重后果。

c. 装卸货时应力求平稳,避免突然的转向或急刹车。

d. 在作业中发现有异常情况或异常声响应立即停止工作,待检查并消除故障后再进行工作。

e. 吊杆的布置应由值班驾驶员负责,不能让装卸工人任意改变布置状态。

f. 起吊时,吊杆下严禁站人。暂不工作时,吊货索应收绞起来,使货钩不碰到人头。吊货索不应盘在甲板上。

③轻型吊杆的起落操作

吊杆的起落操作应在值班驾驶员的指挥下进行。操作前,应将操作要点及注意事项交代清楚,并试验起货机。轻型单吊杆的起落操作比较简单。现就轻型双吊杆的起落操作分述如下:

A. 起吊杆

a. 先打开吊杆支架的铁箍,并将稳索、吊货索、千斤索整理清楚,检查各个卸扣插销、细铁丝有无松动、脱落现象,再将吊货索松出。

b. 将调整稳索的活段扣结在舷边眼环上,再将镳绳在羊角上挽一道,握住尾端,起吊杆时适当溜出,使吊杆不左右摆动,同时由一人把中稳索做适当的收放。

c. 操作千斤索升降机使吊杆升起,同时松出调整稳索。当吊杆起至需要高度时,按制动开关使升降机停住,插上保险销子。

d. 调整好吊杆位置,将调整稳索收紧挽住,然后将保险稳索系妥,收紧扣住。

B. 落吊杆

a. 解开保险稳索,将舷外吊杆拉入舷内。

b. 拔出千斤索升降机的保险销,脱开自动铁舌,启动升降机反转,松落吊杆。

c. 在吊杆接近支架时,必须特别缓慢细心地操作,以免发生事故。

d. 支架受力后,扣上铁箍,将稳索、吊货索整理清楚,检查保险销、制动铁舌是否放好。

C. 起落时注意事项

a. 操作人员要精力集中,注意指挥者的指挥动作,不要左顾右盼。

b. 指挥者应站在适当的地点,使作业人员能清楚地看到指挥动作,以便正确执行。

c. 不准人员站在吊杆底下。

d. 应配备足够的作业人员。如果人员不足时,应一根一根地起落。

e. 双杆同时起落时，操纵起货机者应互相配合好。

f. 在起落中，如发现滑车或起货机的转动有不正常的声音时，应暂时停止工作并进行详细检查，以防发生事故。

g. 一切绳索必须整理清楚，勿使在吊杆的起落过程中有盘住或钩住他物的现象发生。

（2）重型吊杆

为了满足装运大件货物的需要，有些杂货船除了配备轻型吊杆外，还在中间货舱口或重点货舱口设置重型吊杆（Heavy Derrick）。由于其起重超过了10 t，它的结构装置与轻型吊杆有所不同，主要表现在吊杆的根部、头部和索具三方面。船上常用的有摆动式重型吊杆（如图7-2-30所示）。

①主要结构装置特点

A. 吊杆根部的承座通常不设在桅或起重柱下部，而是直接安装在甲板或专用平台上，来承受巨大的吊杆轴向压力，以减轻桅的受力。

B. 吊杆头部不用吊杆环眼箍，而采用如图7-2-30所示的装置来承受吊货绞辘的重大负荷。吊货索的力端从吊货滑车组动滑车引出，经过吊杆头部所设的嵌入滑轮和桅杆上的导向滑车，由相邻货舱口上的起货机来操纵。

C. 吊货索和千斤索均采用滑车组（绞辘），以减轻起货机的负荷。

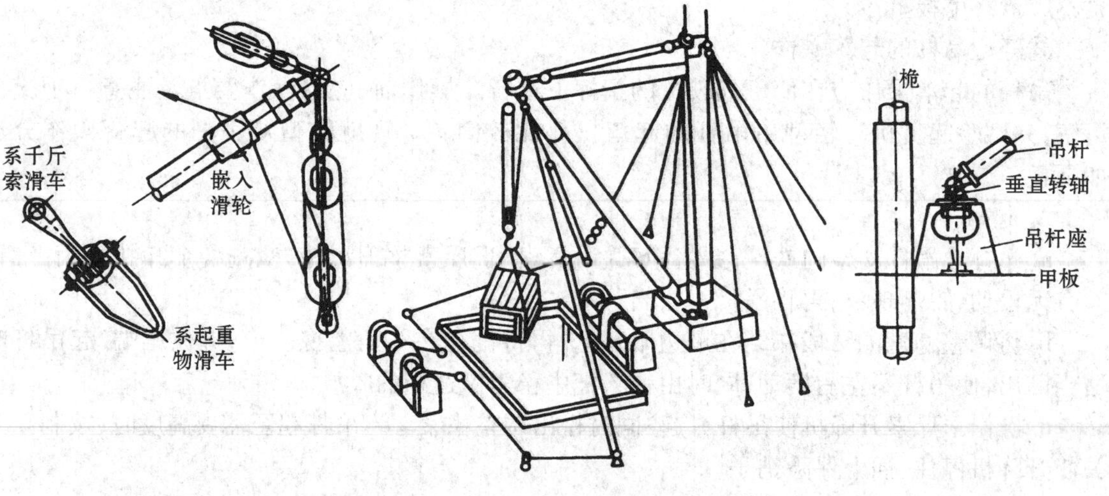

图7-2-30　摆动式重型吊杆

②使用操作

重吊装卸货过程一般用四部绞车来操纵，一部操纵千斤索，一部操纵吊货索，还有两部操纵左、右稳索。操纵卷缠千斤索的起货绞车，即可控制吊杆的起升与降落。操纵卷缠左、右稳索的两部起货绞车，即可控制调整稳索。其中一台绞进，一台松出，便可把吊杆从舱口转至舷外，或从舷外转至舱口上方。操纵卷缠吊货索的起货绞车，即可控制吊货索的收放，进行货物装卸。

（3）V形重吊

近年来，为了装卸重大件货物的需要，在有些较大型货船上采用翻转重吊，或称V形重吊。这类重吊不但改善了普通重吊杆的操纵使用性能，而且其起重能力大大增强，有的可达500 t以上，为船舶的运输带来很大的方便。目前，V形重吊根据吊杆顶部对吊货滑车组的翻转方式不同可分为叉式、单摆式和双摆式三种类型，而船上多用双摆式。现仅就双摆式介绍如下：

①结构、布置及特点

图 7-2-31 为 V 形双摆式翻转型重吊结构布置。它主要由两根成 V 形布置的起重柱、一根重型吊杆、两台起货绞车、两台千斤索绞车、左右两套千斤索索具及使用于前后两舱的吊货索索具等部件组成。起重柱头部装有轴承管及顶索转环，顶索部分能灵活地旋转，在吊杆顶部装有摆式滑轮。其维护简便，操作灵活，不需做任何准备工作，整套机构一人即能操作。由于不设桅支架、吊杆稳索和牵索，操作更安全。吊杆可翻转、兼顾前、后舱的起货任务，当重吊在一舱工作时，安装在起重柱上的轻型吊杆可同时在另一舱工作。

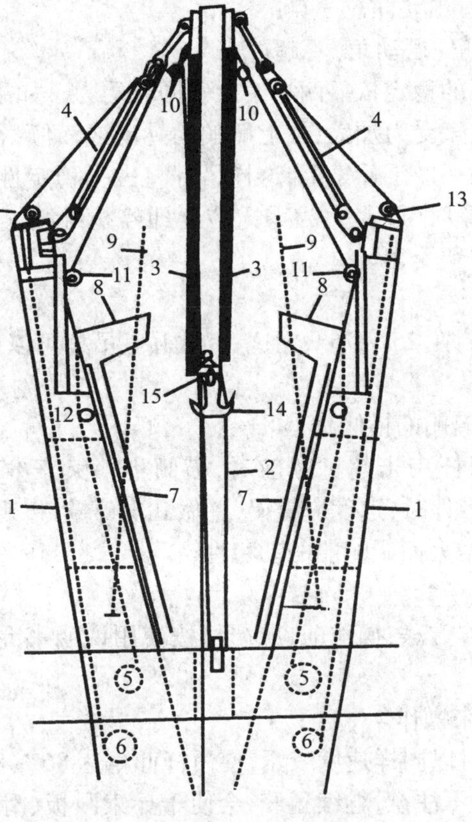

图 7-2-31 V 形双摆式翻转型重吊

1—起重柱；2—重型吊杆；3—吊货滑车组；4—千斤索滑车组；5—重吊起货绞车；6—重吊千斤索绞车；7—梯；8—控制台；9—轻型吊杆；10、11、12—吊货索导向滑车；13—千斤索导向滑车；14—三字吊货钩；15—连接横杆

②使用操作

A. 使用千斤索滑车组控制吊杆的旋转与变幅

双千斤索重型吊杆无稳索装置，吊杆头部由两副千斤索滑车组引导，每一副滑车组由一台起货机带动，吊杆的旋转与变幅依靠绞收或收放两副千斤索来进行，同时绞收或松放千斤索可使吊杆仰起或俯下。单独绞收一舷的千斤索，将使吊杆向同一舷旋转并慢慢仰起；单独松放一舷的千斤索，将使吊杆向另一舷旋转并慢慢俯下。如果以同一速度绞收一舷的千斤索，将使吊

杆以大约同样的高度向绞收一舷做较快的旋转。如果两千斤索以不同的速度绞收，吊杆将向绞收速度较快的方向旋转。如果以不同的速度松出，吊杆将背向松出速度较快的方向旋转。

B. 使用吊货滑车组控制货物的升降

吊货滑车组采用无端法穿引，由两个上部吊货滑车和两个下部吊货滑车组合。滑车组钢丝绳的每一端先引向对应转动头的滑车支座上的导向滑轮，再行至吊货绞车。吊货滑车组由两部绞车来绞动。如果只开动一部绞车，吊货钩升降速度减半。使用双吊货滑车组时，两个下部吊货滑车并接于一个连接横杆、山字钩，能吊起全部安全负荷。如果用单吊货滑车组，则不需要连接横杆。山字钩与作业的滑车组相连接，只能吊起1/2的安全负荷。

③使用注意事项

V形重吊使用操作时主要注意三点：

A. 控制吊杆的回转角（摆动角）不超过60°

当吊有重物时，吊杆的稳定依靠两根千斤索同时受力。如果回转角太大，致使摆出舷的千斤索松弛，而另一舷千斤索受力加大，加上船舶的晃动或横倾，很可能使松弛一舷的千斤索不受力，全部受力集中于另一舷千斤索上，这样吊杆将失去稳定性，有倒下来的危险。当发现摆出舷的千斤索有松弛现象时（即受力为零），应立即停止继续摆出，并同时将另一舷千斤索绞入，直到摆出舷千斤索重新受力。

B. 掌握吊杆的仰角

吊杆的仰角一般控制在25°~75°，在这一范围内，吊杆可以摆动；超过此范围，吊杆不能做摆动，以防止意外。

C. 掌握吊杆负重时船舶的横倾角

在吊重旋转中，当吊杆头未超过船舷时，横倾不得大于8°，超过船舷时，一般不得超过12°。另外，在吊重摆向舷外时，速度应缓慢，并做几次停歇，以观察船体横倾情况，防止摆出太快造成船体横倾角突然增大而影响船的动稳性。

④倒换舱口操作

倒换舱口有两种操作方法：操作前，应严格按使用说明书允许的纵倾（吃水差）角度要求进行。

A. 依靠吊货滑车组来操作

a. 将两副千斤索同时以同样速度绞紧，使吊杆仰角达86°~88°。这时应特别注意，由于吊杆与水平面接近垂直，若不注意，继续猛绞，会使千斤索眼板、滑车受到向下的拉力越来越大，以致把吊杆索具损坏。

b. 将吊货钩及连接梁从下滑车拆下，其中一个滑车系在吊杆根部的固定眼板上（如图7-2-32所示）；另一个滑车装上吊货钩，并把连接横杆系在吊货钩上，再用一绳索把吊货钩系在甲板的眼板上。所以用起货机绞进吊货索，就能把吊杆倒换到另一个舱口上。

B. 利用拉索绞换来操作

如图7-2-33所示为操作过程。首先用同样的速度绞紧两副千斤索滑车组，使吊杆缓慢上升至仰角约85°为止。这时不能再绞，然后用拉索缠在绞车上，将吊杆拉过死点（仰角为90°）。千斤索配合绞紧或放松，以免吊杆拉过死点时产生摇晃。在操作过程中，不可操之过急，以免拉坏索具。当吊杆越过死点后，利用吊杆重力即可倒换过去，而无须再用拉索来收绞。

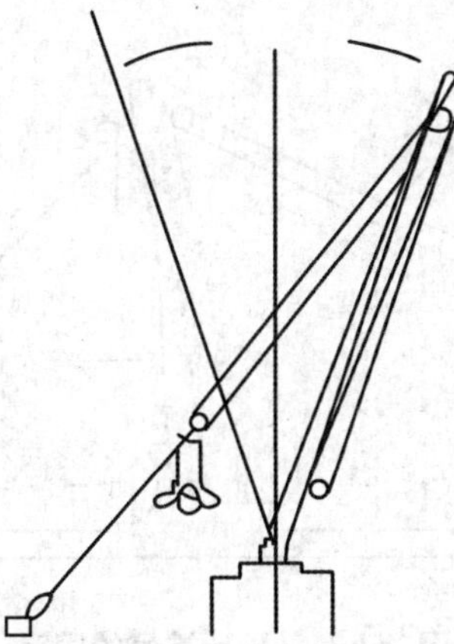

图 7-2-32 倒换舱口操作(依靠吊货滑车组)

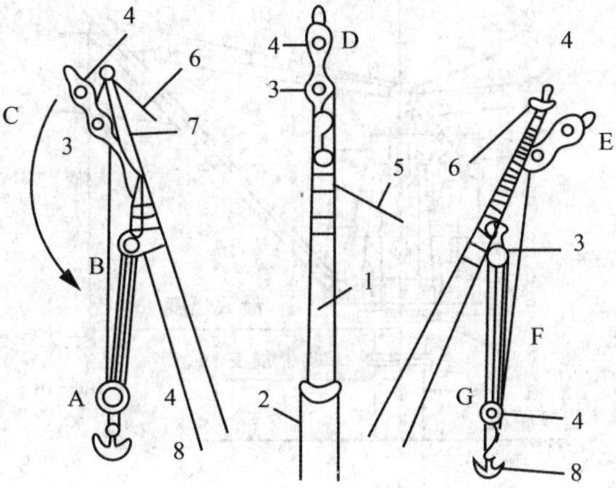

图 7-2-33 倒换舱口操作(利用拉索)

1—吊杆;2—起重柱;3、4—吊货滑车组;5—拉索;6—吊货索;7—吊杆端部叉头;8—三字吊货钩

⑤V 形重吊的固定

重型吊杆用毕还得进行固定,以免在航行途中因风浪及船舶的摇摆而引起重吊的晃动,从而影响船舶的航行安全以致吊杆索具的损坏。

其固定方法如下:

A. 以同样的速度绞进两副千斤索滑车组,使吊杆竖起并与垂线成约 8°的夹角,如图 7-2-34 所示。

B. 拆下吊货钩并放妥在专用的槽架中,连接横梁不必拆下,而把它拴牢在支架上。

C. 绞紧吊货索滑车组和千斤索滑车组,就能把吊杆固定好。如果航行时间长,还得加上两副系紧滑车组,利用轻型起货机把它们绞紧。

2. 甲板起重机

甲板起重机俗称克令吊(Crane),它的优点是工作面积大,机动灵活,操作方便,在装卸作业前后没有烦琐准备和收检索具等工作,并且重量小,占地面积小,装卸效率高,且可为两个舱口服务。

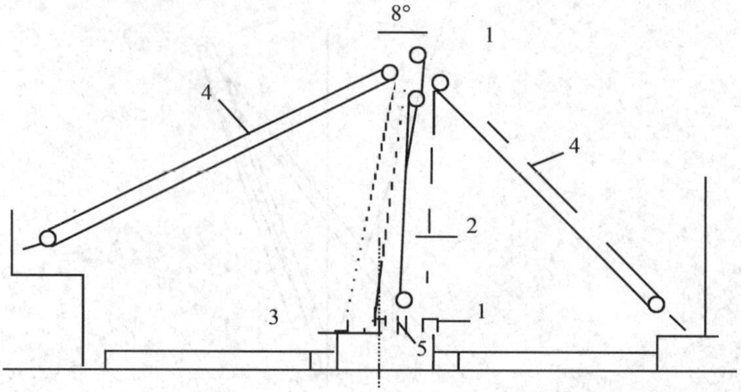

图 7-2-34　V 形重吊的固定

1—重型吊杆；2—吊货索滑车组；3—轻型起货机；4—系紧滑车组；5—连接横杆支架

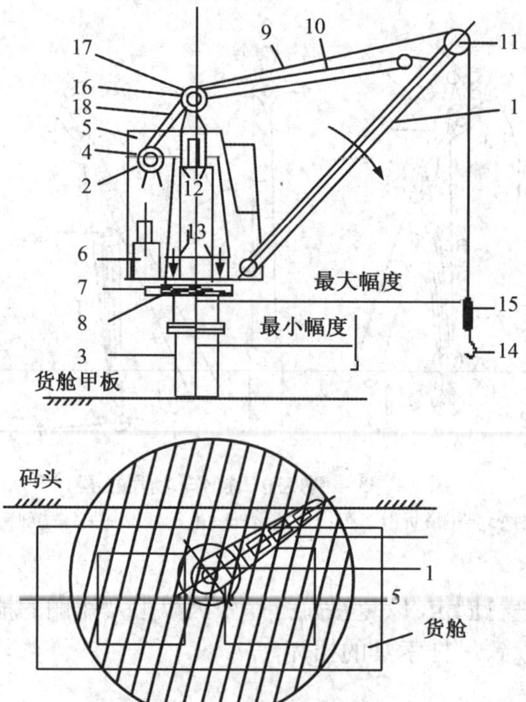

图 7-2-35　回转式甲板起重机

1—吊臂；2—起货绞车；3—定柱；4—变幅绞车；5—机房；6—旋转机构；7—小齿轮；8—大齿轮；9—吊货索；10—千斤索滑车组；11—吊货索导向滑车；12—上支承；13—下支承；14—吊货钩；15—转环；16—吊货索导向滑车；17—千斤索导向滑车；18—千斤索

船用起重机，按其动力源的不同，可分为电动式和液压式两种（电动式使用比较广泛）；按其使用方式的不同，又可分为回转式、悬臂式和组合式三种。

(1) 回转式甲板起重机

①基本结构：回转式甲板起重机由基座、回转塔架、吊臂、操纵装置等组成（如图 7-2-35 所示）。基座固定在甲板上，并有旋转支承装置（即上坐圈、下坐圈、外围支承板）和旋转机构（即

电动机、小齿轮、大齿轮）。回转塔架支承在基座上，包括上、下两层，上层为操纵室，下层装有三部电机（即供吊货索的起升、吊臂的变幅和塔架的旋转）。吊臂根部固定在转塔架底部，可绕根部支点上下俯仰，其头部装有两套滑轮组供吊货索和千斤索用。

②操纵主令及基本工作原理：在操纵室内，座椅两侧装有电机运转控制器。其中控制吊货索起升的为单主令：手柄向前，吊钩降下；手柄向后，吊钩上升。控制吊臂变幅和塔架旋转的为双主令：手柄向前，幅度增大；手柄向后，幅度减小；手柄向左，塔架左转；手柄向右，塔架右转。旋转手柄在“0”挡为空挡，即刹车合上，定子断电，电子转子为自由状态。上述三个动作可单独进行，也可两两组合进行，甚至可三个动作同时进行。

（2）悬臂式甲板起重机

这是一种新型的甲板起重机（如图 7-2-36 所示）。它是利用可伸出（或转出）舷外的水平悬臂和在悬臂上行走的滑车组来起吊和移动货物的。其基本工作原理如下：

①起重机可沿甲板上的轨道前后移动，悬臂可向两舷伸出〔如图 7-2-36（a）所示〕。

②在起重柱子上设水平悬臂代替吊杆，利用悬臂牵索把悬臂拉出舷外，而滑车组可沿着悬臂前后移动〔如图 7-2-36（b）所示〕。水平悬臂可从舷门伸出〔如图 7-2-36（c）所示〕。

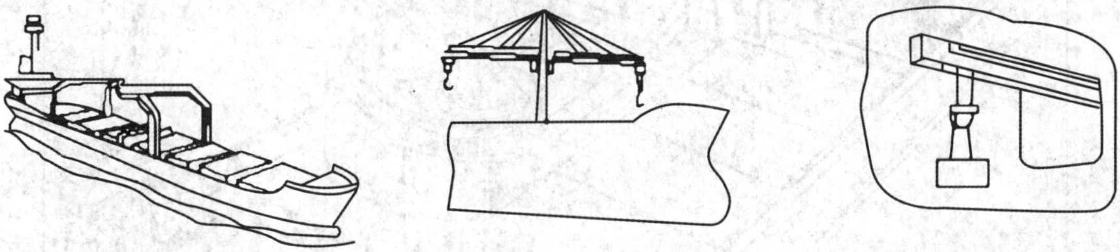

(a)门式悬臂　　(b)定柱式悬臂　　(c)舷门式悬臂

图 7-2-36　悬臂式甲板起重机

（3）组合式起重机

组合式起重机俗称双联回转式起重机。它是近年来随着船舶运输货物的多样化，起货设备多用途、大吨位发展而出现的。组合式起重机的结构特点是：两个单回转式起重机同装在一个转动平台上。它可以像两台独立的起重机一样分别进行各自的作业，也能够并联在一起，用以起吊重量大的货物，例如组合体货、大件货等（如图 7-2-37 所示）。

组合起吊大件货时，两台起重机的吊货钩与一吊货横梁相连接，并有主、副吊之分，主、副吊的吊货钢索分别连接于横梁的两端。将操纵室内的转换开关转到“双吊”位置，两台起重机就互相连锁，一起绕公用大转盘旋转，旋转角度正反 360°无限制，并由主吊的操纵手柄进行主、副吊的合吊操作。为了保证吊运货物的平稳和安全，主、副吊上装有起升同步装置。当主吊起升高度大时，操作室内的偏角指示器偏转，指示出主、副吊卷筒的转角差，并通过电磁阀控制使主吊降速，以保持主、副吊的起升同步。同样，在主、副吊的两吊杆间产生角度偏差时，也有同步装置控制，以保持正变幅同步。如果一台起重机的起重能力为 25 t，则两台并联工作时，就可以起吊 50 t。

当两台起重机独立工作时，要将操纵室内的转换开关置于“单吊”位置，安装在公用大转盘上的两台起重机就互相脱开。两台起重机分别绕各自的小转盘旋转。但最大旋转角度要受到限制，一般为 220°左右（各自在相反的方向上起算），同时，应该注意到两吊都能够回转进入干涉区。为此，设置了相应的安全装置，在140°范围内设置相应的极限开关。当一台吊进入干涉区时，极限开关起作用，使另一台不能越出140°的范围，从而避免两吊发生碰撞。

新型船舶已开始使用微型计算机来控制多用途双联（组合）起重机，使并机起吊实现三个自由度上的同步作业，整个操纵只需一人在控制室内进行，也可实现遥控操纵。

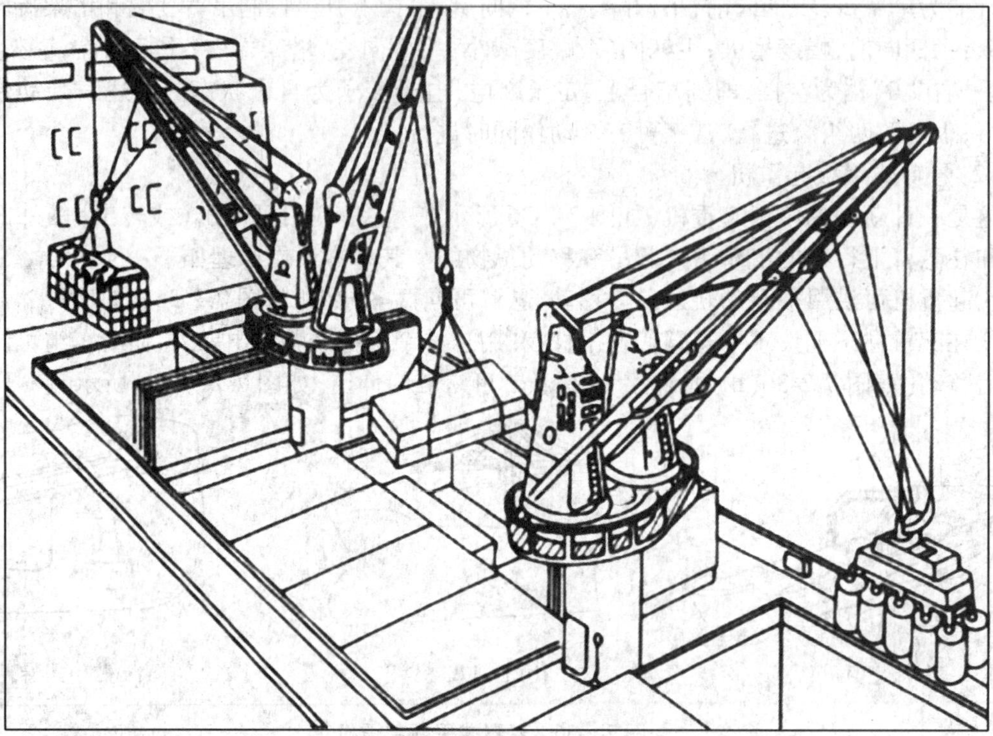

图7-2-37　组合式起重机

3. 甲板起重设备操作安全注意事项

甲板起重作业时由于指挥错误、操作错误、监护失误，可能导致人员滑跌、高处坠落、挤轧伤，甚至死亡。船舶摇晃、场地狭窄、地面湿滑或高低不平等作业环境不良，可能导致人员滑倒摔伤；钩头或吊臂运动，特别是在船舶摇晃下钩头难以控制，以及吊装物散落，致使人员被物体打击致伤；还可能因防护不当、触电、噪声影响等导致人员受到伤害。

①作业前应制订周密计划，对作业人员进行相关安全教育与培训。

②船舶航行中用克令吊要经船长批准，动用其他吊要经过大副许可。

③作业人员必须戴安全帽，穿工作服、工作鞋，戴手套。同时做好防滑、防冻或防暑工作。

④作业前必须由专人检查起重设备及工具，吊臂、钩头运行区域无障碍物，确保状况正常。

⑤起重作业是一项技术性很强的作业，相对其他作业风险较高。因此，操作人员必须技术过硬，精神状态和身体状态良好，严禁疲劳作业。

⑥作业时必须有专人现场指挥，指挥者要与操吊者始终保持通信畅通，指挥手势符合规范，以防误操作对人身安全造成伤害。必要时，大副必须在作业现场亲自指挥。

⑦作业场所必须清爽无障碍物。人员上下过程中，要采取相应的防滑措施。冬季在室外起重作业，要注意人员防冻。

⑧操纵克令或吊杆前，必须对该设备的性能、安全操作规程、事故的紧急停止方法有充分的了解，在不熟悉设备的情况下，禁止盲目操作。

⑨作业前核对起重负荷，严禁设备超载。起吊时，先用低速将绳索绷紧，确认吊物牢固、均衡，再慢慢起吊，发现异常应立即停止。

⑩起重作业要保持平稳，不得突然改变吊运方向和速度。在吊运过程中禁止任何人在其下方通过。

⑪吊起的部件，应立即在稳妥可靠的地方放下，并衬垫绑系稳固。如在必须使吊物悬空才能作业的情况下，必须采取可靠的防护措施。吊装定位时，严禁将手放于吊件下方。

⑫船舶摇摆、倾斜时进行吊装作业，应加强防护措施，所吊物件必须使用两条以上足够强度的止荡索。船舶横倾 5°或大风情况下不允许克令在最大幅度上旋转，严禁拖拉货物。在大雨、大雾及 6 级以上大风等恶劣天气，不能保证安全时应尽量停止克令、吊杆作业。遇特殊情况如雨天关舱确需使用起货设备时必须采取可靠的防护措施。

⑬起吊杆、克令吊臂的操作原则上应该在进港后进行，如在进出港时起落吊杆需经船长同意，进出港或移泊所有吊杆均不能伸出舷外。两港间航行时间很短，经船长同意可以部分或全部不落，但必须将吊杆、吊臂固定稳妥，吊钩、吊货索具绷紧。

⑭克令、吊杆等起货设备因修理、保养暂时不能动用时，轮机员应通知大副和值班驾驶员；驾驶员作为交接项目下交。同时，主管轮机员应通知机舱值班人员，起货机械的制动器，限位器，指示器，安全防护装置，照明、信号装置，以及吊钩、吊环、钢丝绳、链条等直接关系到作业人员的安全，必须齐全有效，吊货钢丝、千斤索、挂具的长度或强度应符合该设备的要求，严禁超过额定负载和降低安全系数使用。

⑮装卸货时调整吊杆必须由船方人员操作，吊杆仰角应为 30°~75°，不准装卸工人自行调整。起落吊杆至少由两人联合操纵，参与人员必须精力集中，听从指挥，协调工作，严禁在人员不足的情况下贪图速度蛮干。

⑯检修、保养作业时应切断电源，除挂上“禁止合闸”警示牌外还要通报有关人员。如果电源箱有“禁止合闸”警示牌时，必须由检修人员确认无故障后方可合闸或启动。严禁盲目摘牌合闸、启动。合闸送电和启动油泵前必须确认所有的控制手柄处于零位，作业中如发生突然断电时应将所有的控制器手柄扳回零位，采取应急方法将货物放下。

⑰装卸货时，值班人员要定期检查，若发现异常，立即纠正。

⑱船舶开航前必须落下吊杆、克令吊臂，使钩头固定妥当。

【相关案例】

案例一　开舱作业两名船员被吊货索砸伤

1. 案例描述

2019 年 3 月 1 日，ZEA Servant 轮到达苏格兰坎贝尔城装载风电塔。

3 月 2 日，甲板水手在大副的指挥下准备装货，由于下午风较大，不得不停止作业，码头通知晚上风力减弱后再恢复作业。2100 时，大副会同水头做简短安全工作会议，随后，天气转好，风力减弱，准备开始作业。船舶甲板工作灯打开，船员工作区域提供充足照明。

工前会后，一名水手启动船头克令吊准备将存放在舱间通风上面的开舱吊索吊出来，然后将吊索安装在吊钩上吊起舱盖开舱（如图 7-2-38 所示）。其他两名水手进入通风区，将其中一条开舱吊索用吊带挂在吊钩上（如图 7-2-39 所示）。然后，两名水手爬出来站在舱盖边上准备引导吊货作业，以防万一被卡住能够及时清解。

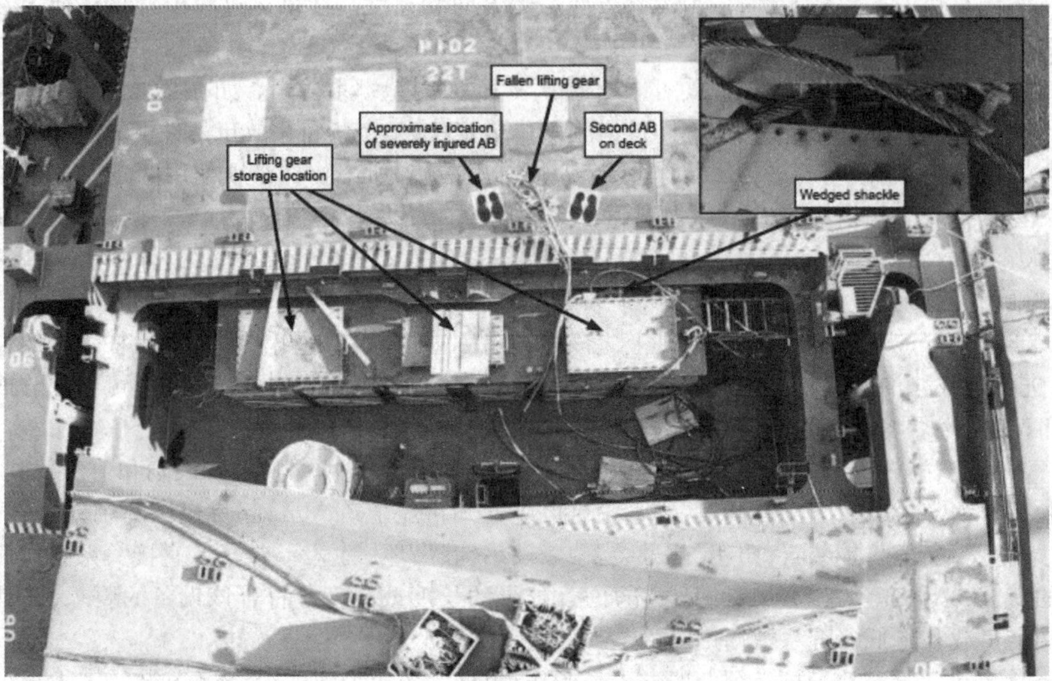

图 7-2-38　舱间通风处所事故发生区域

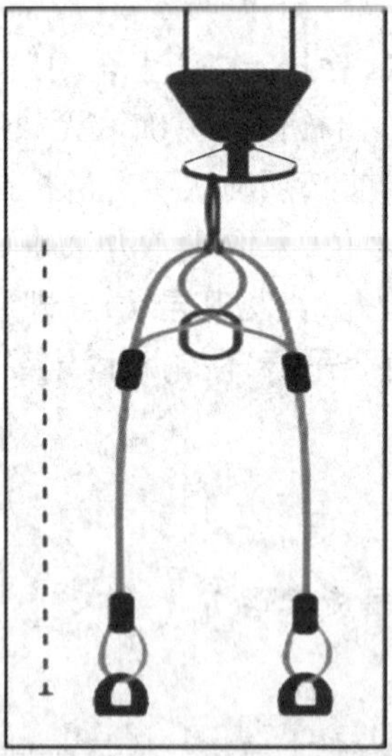

图 7-2-39　吊带连接开舱吊索

大副通过 VHF 对讲机指挥操吊水手开始起吊。吊起 2~3 m 时，开舱吊索缠绕卡住，大副命令停止起吊。甲板两名水手手动清解卡阻处后，大副命令继续起吊，两名水手继续站在舱边协助。随后,开舱吊索卸扣卡在通风和舱口围之间,大副立即命令停止起吊,不幸的是,此时连接开舱吊索和吊钩的吊带断裂,吊索掉在甲板上,将两名协助水手砸伤。

一名水手手部受轻伤,另一名水手头部受伤严重。大副指挥现场人员对受伤人员进行紧急救助,并求助岸上支持,随后两名水手被送到当地医院治疗。

2. 案例分析

①当开舱吊索卸扣被卡住时,没有及时停止吊车起吊,导致吊带过载断裂。

②两名水手被掉落的吊货索砸伤,是因为他们正站在坠落危险区域内(如图 7-2-40 所示)。

③两名水手站在危险区域的目的是万一起吊过程中卡阻,准备手动清解。他们低估了这样做的危险性,原因是以前经常这样操作但没有发生事故。

④ZEA Servant 轮没有将开舱吊索放置在适当的位置,仅放置在通风处所的木板上是不恰当的,因为吊装使用过程中经常发生卡阻现象。

⑤吊装开舱作业没有风险评估,没有工作计划。

⑥吊带的安全工作负荷足以承受开舱吊索的重量,但在船上没有进行日常的检查保养,导致材料老化,强度不足。

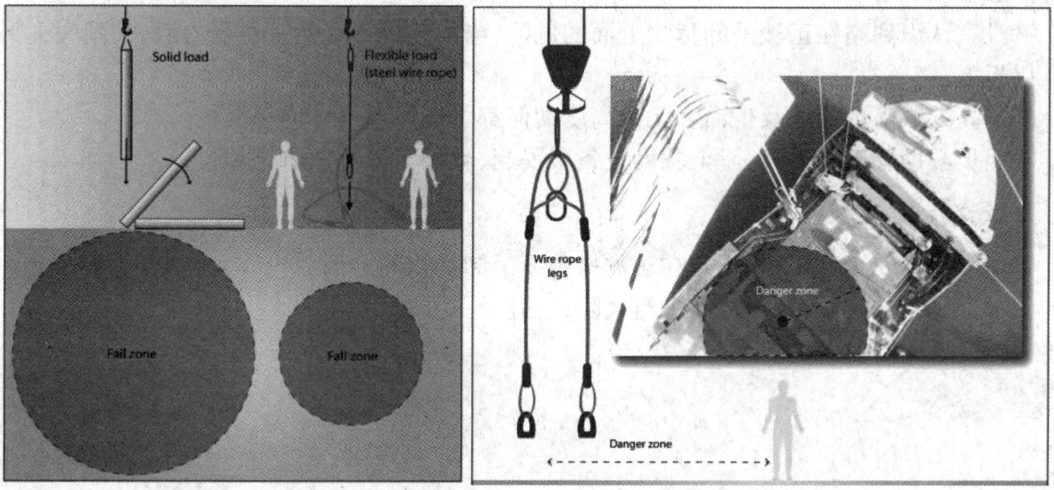

图 7-2-40 坠落危险区域

3. 经验教训

①加强培训船员开舱程序,以及加强对起重设备的检查保养。

②公司应为船舶制订起重设备检查清单,包括各部件的安全工作负荷、证书及吊索情况等。

③提高船队船员的安全意识,包括起重作业中的自我防护措施。

④将开舱吊索放置在更恰当的位置,并制订起吊作业计划。

案例二　货物吊装作业大副从货物顶部跌落死亡

1. 案例描述

某货船在码头靠泊期间，9 个 1.2 m 高的重型钢质货物组件需要由船尾吊装至前部货舱。船员使用船上的一台起重机成功装载了 8 个货物组件。然而，当第 9 个组件落在前方的甲板上时，为了使得该组件被恰当地捆扎在一起，不得不再向货舱移近几厘米。

该船大副爬上该货物组件，并使用手势信号和 VHF 无线电来指挥起重机驾驶员。由于起重机开始起重，大副站在用来起吊货物组件的一个吊索织带上。突然间，货物组件和一个吊索移动，导致大副失去平衡，掉进钢质组件的洞里，落到甲板上。

大副受外伤明显，船上的人员迅速将其从洞内救起，移到码头区。大副在二副的陪同下被救护车带到当地一家医院，然而救护车上提供的氧气瓶是空的，大副失去意识。二副检查了他的生命体征，开始了心肺复苏术，到医院后医护人员继续进行心肺复苏。不幸的是，大副不久之后就因右胸腔出血和气胸死亡。同时他还有肋骨骨折和肱骨骨裂。

2. 案例分析

①大副站在正在被吊卸货物顶部，以方便完成工作。但是，这样做存在潜在的危险，而且十分不必要。

②没有认识到站在正被吊卸货物上面的危险，当吊装设备突然工作受力后，大副失去平衡掉在甲板上。

③从高处跌落可能危及生命。无论高度如何都可能导致身体内部受伤。

④船员救助反应迅速，但岸上救助设备欠妥当，救护车氧气瓶未充填。

3. 经验教训

①增强船员安全意识，禁止站在正被吊装或吊卸货物的上面。

②加强体系文件学习，作业前进行风险评估。

任务三　甲板作业中职业健康和安全预防措施

【任务分析】

高空作业、舷外作业及封闭舱室作业风险性比较高，作业者必须具备良好的专业技能，严格遵守相关的规章制度。本任务介绍了高空作业基本知识及安全注意事项，舷外作业基本知识及安全注意事项，封闭舱室作业基本知识及安全注意事项。

【相关知识】

一、一般规定

(1)作业前应做好安全风险评估，落实防范措施。

②甲板作业，必须在船长、大副或水手长指定专人的指导下进行，严格遵守安全操作规程。

③进行甲板作业时必须穿戴好工作服及劳保防护用品，严禁穿拖鞋、赤脚和赤膊作业，衣服必须系好纽扣，必要时用带缚牢，防止绞进机械；要做好防滑、防冻或防暑工作。

④进行甲板各项作业时注意力要集中并听从指挥，不得擅离岗位；舷外、高处作业要考虑天气因素，尽量避开恶劣天气，急需作业时要采取可靠的安全措施。

⑤不宜单独作业时，避免一人作业。两人以上作业时，应确定负责人，有主有从；雨、雪天作业，要互相照应、提醒，密切配合。

⑥进行有可能损伤眼睛的作业和进入有飞溅物的作业现场时，必须戴好防护眼镜。

⑦高压水枪作业时要两人操作水枪龙头，一人握牢，一人协助拖带、扶住皮龙以防甩出伤人。

⑧在使用各种电动、气动工具除锈作业时必须先检查绝缘是否良好，引线、接头有无漏电，确认安全后方能使用；旋转齿轮部位要有防护罩，防止齿轮碎裂飞击伤人；多人作业时要保持距离，注意作业周围情况。

⑨使用扶梯作业时，要确认放稳和采取必要的防滑措施；作业中要根据工作位置的变动，随时移动，保持合理位置。

⑩在夜间和光线较暗场所作业时，必须按要求安置好照明设备和带手电筒。

⑪甲板的所有护栏和防止跌落海中的防护设施必须安全可靠，如果有损坏及时修理。

⑫外来人员登船时，应告知在甲板活动的安全注意事项。装卸工人在船作业期间，如发现其有不安全行为时应立即予以警示和制止。

二、大舱作业的安全规定

①下大舱作业前要先通风，检查大舱确认无毒害性气体、氧气浓度符合要求后方可下舱作业。

②大舱内作业要指定专人负责，严密组织和统一指挥。

③在无人监护的情况下不允许一人单独下大舱作业。

④舱内作业要有足够的照明；作业人员必须携带手电筒。

⑤下舱作业须将工作服、安全帽、纱线手套穿戴整齐，严禁穿拖鞋、凉鞋和不适合作业的鞋子。

⑥上下大舱必须由专用的梯子通行，不得借助其他设施上下。

⑦上下舱壁梯子要精神集中，戴便于把握的纱线手套；扶手攀梯，严禁负重或一手把梯一手上下，大舱道门盖板要用钩挂牢，严禁使用大舱梯口盖板上的把手上下。

⑧大舱作业的工具、物料必须使用绳索绑扎牢固运送，严禁抛掷。

三、高处作业的安全规定

高处作业又称高空作业，凡在坠落高度基准面 2 m 以上（含 2 m）有可能坠落的地方进行的作业均为高处作业。如在船舶桅杆、雷达架、上层建筑、烟囱、舷墙外部、空货舱、机炉舱顶部等处进行的作业。

1. 作业准备

（1）在进行高处作业前，应对作业进行严密组织。作业必须执行安全作业制度，作业前对作业现场进行详细勘察，根据气象海况、作业环境制订安全作业方案，向作业人员讲解安全操作方法和注意事项，并指定专人负责组织、指挥。

（2）进行高处作业要选派身体和技术素质适宜的人员，对于实习期间的新船员和有妨碍从事高处作业的禁忌证者（如患有高血压、心脏病）不准分配其进行高处作业；高处作业人员在作业中突感不适要立即报告，现场指挥人员要给予重视并立即撤换；应确认参加高处作业的船员身体健康。酒后、过度劳累、情绪异常的船员不得从事高处作业。

（3）从事高处作业的船员应认真做好各项准备工作，并对高处作业使用的绳索、滑车、跳板、坐板、脚手架、活动梯、安全带、保险绳等进行认真检查。有需要时，应张挂安全网。

（4）安全带的系固应注意：

①系挂点必须牢固。

②不准将安全带系在活动物件上。

③不得将多根安全带系挂在同一系挂点上。

④不得将安全带和坐板或跳板系在同一系挂点上。

（5）从事高处作业的船员必须戴好安全帽并系紧帽带，穿着连体工作服，穿防滑软底鞋（不得穿长筒靴、塑料底鞋以及拖鞋、凉鞋）并系紧鞋带，系好安全带。不准穿硬底皮鞋和过于宽松肥大的衣服，以免妨碍工作。不准戴皮手套，不准穿高筒胶鞋，以免发生工伤事故。

(6)若要在烟囱、汽笛、无线电天线、雷达天线附近进行高处作业,负责的现场指挥应事先向驾驶台或有关人员通知作业时间、内容,并指定专人负责确保相关设备停止使用,禁止从烟囱排放蒸汽,或在设备旁贴上“禁止启动”“天线有人”告示或安全标志牌,防止因误操作而危及作业船员的人身安全,直到作业结束。

(7)如作业区有冰、雪、霜冻或砂石、油脂等时,须在作业前清扫(除)干净,防止滑跌。夜间进行高处作业,应保持整个作业现场有足够的照明。

2. 船舶桅上作业

(1)使用工具(如图 7-3-1 所示)

①上高绳 1 根,周长为 2~2. 5 in 的纤维绳,长度为桅高的 2 倍以上。

②单人坐板 1 块。

③安全带 1 副,保险绳 1 根(保险绳采用绳周长 1. 5~2 in 的白棕绳或尼龙绳)。

④辫子滑车 2 具。

⑤工作绳 1 根(直径 10 m)。

⑥帆布工具袋 1 个。

⑦视工作情况准备其他需要的工具,盛入帆布工具袋内。

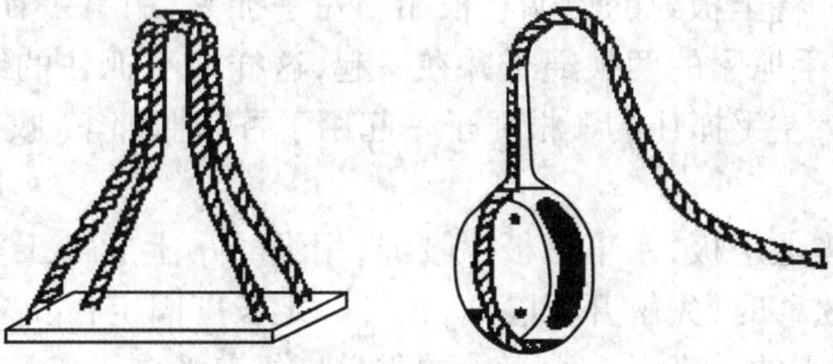

坐板　　　　辫子滑车

图 7-3-1　上高工具

(2)工作步骤

①索具检查:桅上作业所需要的工具、索具等全部搬到桅下甲板上,认真检查坐板绳、保险绳、滑车和坐板是否牢固,有无断裂磨损等现象。必须保证索具绝对安全。

②桅下准备:上桅装辫子滑车的工作人员,穿好安全带,将上高用的辫子滑车和保险用的辫子滑车的绳头,穿过各自滑车车头的铁环,各打一个“8”字形结(或直接打一个单套结),使其形成一个环形,便于背带上桅。将上高绳的一端穿过辫子木滑车绳孔,在绳头打个“8”字形结,防止上高绳从滑车中滑出来。用同样的方法将保险绳绳头,穿过保险用的辫子滑车绳孔,打一个“8”字形结。防止保险绳从滑车中滑出来(如图 7-3-2 所示)。

③上桅:上桅装辫子滑车的工作人员,背上上高、保险用的辫子滑车和上高绳及保险绳,顺着桅梯爬到桅顶上。爬桅梯时双手抓紧梯边栏柱,两眼向上,一步一步地向上爬去。

④辫子滑车生根:爬到桅顶上后,如要将滑车固定在左手侧,右脚跨高两级梯档,并插入梯档内,左脚站在梯档上,这样就可腾出双手进行工作(如要将滑车固定在右手侧,左脚跨高两级梯档,并插入梯档内,右脚站在梯档上)。首先上桅的工作人员将保险滑车固定在桅肩的栏杆上或桅顶上,保险绳绳头打一个单套结,成一个环形,将安全带固定在保险绳上,保险绳拉出

图 7-3-2　坐板绳穿过辫子滑车

一定长度固定在安全带上。然后在牢固的地方将上高滑车的辫子绳用丁香结加半结系牢在桅顶上。如辫子滑车绳系在桅肩的栏杆上时，则必须绕过两档栏杆后再用丁香结加半结系牢。

⑤桅上工作人员将辫子滑车上的上高绳松拉到甲板上。下面的协助人员将上高绳在坐板绳上打一双索花结把坐板连接好，双索花结的绳头必须留出 1 m 长，以便在坐板上打松降结用。然后把上高绳双股用双手抓住，两脚踩在坐板上，把全身的重力施加在上高绳上，用力蹬几下，试一试上高绳的安全强度是否可靠，无问题后把坐板拉到桅顶上。

⑥桅上的工作人员将坐板绳的力端和根端用左手抓紧，用右手在坐板中间将上高绳的力端的绳子提起来，和左手抓紧的两根绳子并在一起，这样左手抓住的绳子成为三根，利用双索花结余下的 1 m 绳子将左手抓住的 3 根绳子一起用丁香结捆绑牢，收紧丁香结（此处的丁香结又称松降结）。

⑦桅上工作人员坐上坐板，系牢坐板拦腰绳，用绳子吊上所需工具，就可进行工作。当工作告一段落需要往下松移时，先解开保险绳，松开一定长度固定在安全带上。然后左手握住双股坐板吊绳，右手松活端的上高绳。由于人的重量坐板自然向下松移，当其松移到所需工作位置时，把松降结收紧，工作人员坐在坐板上就不会下降了，可重新开始工作。每当工作告一段落再要往下松移时可照上述方法进行，直至松降到甲板上为止（如图 7-3-3 所示）。

桅体上固定辫子滑车　　　　松降坐板的姿势

图 7-3-3　上高作业

⑧上桅工作完毕后，解开松降结，解开双索花，拉下上高绳，把上高绳盘好。解开保险绳并拉下保险绳。然后工作人员从桅梯爬到桅顶上，解开辫子滑车，利用辫子绳打一单套结或打一个“8”字形结，把辫子滑车背在身上，从桅梯上下来，最后脱掉安全带，把索具、工具等全部搬回原处存放好，以便今后工作时使用。

3. 船舶烟囱外壳作业

烟囱外壳作业是指在烟囱外壳进行除锈，涂刷油漆，做烟囱标记和清洁等工作。由于烟囱外壳多是椭圆形或圆形的，活动面少，缺少固定点，因此，烟囱外壳作业需要搭架板。如一般涂刷油漆工作可以用坐板进行工作。烟囱搭架板法及松降结分别如图 7-3-4、图 7-3-5 所示。

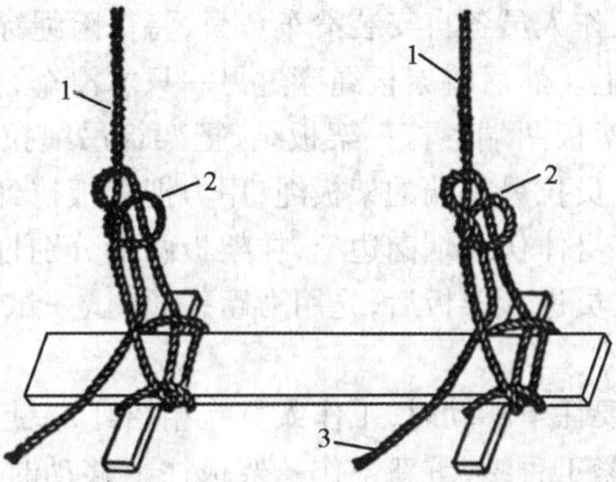

图 7-3-4 烟囱搭架板法

1—架板绳；2—单套结；3—打松降结绳头

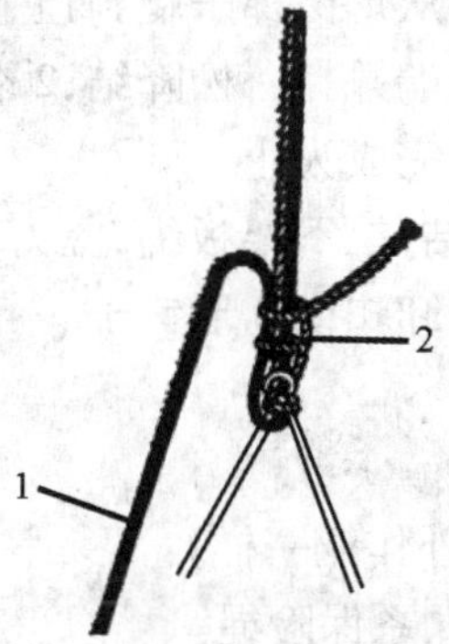

图 7-3-5 烟囱搭架板的松降结

1—上高绳；2—丁香结（松降结）

（1）使用工具

①视烟囱的实际情况，如烟囱上面有固定环，则准备卸扣 4 只，没有固定环的，则准备 S 形钩子。

②视工作情况需要，用架板或坐板。

③木滑车、架板绳（架板绳的周长和长度同舷外作业架板绳一样）。

④安全带和保险绳。

⑤视工作需要，如除锈则准备敲铲工具，如涂刷油漆则准备油漆刷、油漆桶、油漆等。

⑥准备一根圆周 25 mm 长的白棕绳或尼龙绳，绳长 1 倍烟囱的高度以备吊工具、索具等用。

（2）工作步骤

①所需工具、索具、架板等用具全部搬到烟囱边附近，2 名上烟囱顶上工作人员系好安全带，连接好保险绳，随身带上吊索具的小绳 1 根，从烟囱的梯子爬到顶上。

②将身体伏在烟囱边上，送下身边携带的工作绳，把下面的 4 只小滑车、2 根架板绳、4 只卸扣或 S 形钩子，吊到烟囱顶上。按照工作位置，用卸扣或 S 形钩子安装好滑车，有固定环的用卸扣连接滑车，没有固定环的用 S 形钩子挂在烟囱边上，滑车挂在 S 形钩子上，将架板绳分别穿过木滑车，送到下面。

③烟囱顶上的 2 名工作人员各自安装滑车 2 只，将保险绳穿过其中一只滑车，松放适当长度，系牢在身上的安全带上。然后将架板绳穿过另一只木滑车，下面的协助人员把上面松下的架板绳留出 3 m，分别在架板两端各打一架板结，把架板吊绳拉成三角形打一单套结，使架板平衡吊起。下面的协助人员拉另一端的架板绳，用力把架板拉到烟囱顶上。

④上面的工作人员将身体伏在烟囱边上，在架板两端分别打好松降结。

⑤烟囱顶上的工作人员进入架板后，先用力蹬一蹬，试一试架板是否牢固，并使架板上的绳结吃力，然后再开始工作。

⑥工作告一段落，需要往下移动时，工作人员互相招呼，一起利用松降结降落，直至松到所需工作位置为止，然后收紧丁香结，重新工作。架板往下移动时，首先要放松保险绳至一定长度，并固定在安全带上。

⑦按照上述方法，由上而下直至烟囱下边为止。架板松到下面后，解开松降结，松掉保险绳。如需移动架板位置，工作人员则从烟囱梯子爬到顶上，移动滑车或 S 形钩子至架板所需移动位置，重新把架板拉到烟囱顶上两端并打一松降结，2 名工作人员分别坐在架板两端进行工作。这样循环几次，直至把全部工作完成为止。

⑧工作结束，解开松降结、架板结，拉下架板绳，盘好架板绳，松掉保险绳，脱掉安全带，工作人员从烟囱梯子爬到顶上把滑车、卸扣或 S 形钩子一起拆下来。打扫场地，把工具、索具、架板、滑车等全部撤回原处放好。

（3）工作注意事项

①认真检查索具、用具等（和舷外作业一样）。

②上烟囱作业，一定要穿安全带、系保险绳。

③在甲板上协助人员要戴安全帽。

④工作前应和机舱联系，烟囱的热度不能过高，不能拉汽笛，不能放蒸汽。

4. 作业安全注意事项

①甲板部在进行高处作业时，大副或水手长必须亲临现场检查、指导或担任指挥；轮机部在进行高处作业时，轮机长和机工长必须亲临现场检查、指导或担任指挥，必要时，应请水手长到现场进行指导。

②在进行高处作业时，现场应安排专人负责照看。高处作业下方的协助工作人员必须戴安全帽，以防上面的工具失落击伤头部，并不准随便离开工作岗位，集中思想上下配合工作。高处作业下方的可能坠落范围内禁止有人从事其他作业。根据作业高度 H 的不同，可能坠落

范围的半径 R 也不同：

A. H 为 2~5 m 时，R 为 2 m。

B. H 为 5~15 m 时，R 为 3 m。

C. H 为 15~30 m 时，R 为 4 m。

③高处作业使用的工具、材料及零部件必须用吊桶、吊袋、吊绳系好后再进行上下传送，禁止抛掷。上下梯子时必须面向梯子双手握牢，禁止一手携物，一手扶梯上下。使用舱内的壁梯上下时不得手持工具或物品。禁止两人在同一梯子上紧跟上下，或两人站在同一梯子上作业。

④正在从事高处作业的船员不得将工具放置在容易跌落的地方。暂时不用的工具和物料应放置在专用容器内，并置于稳当、可靠的位置。

⑤高处作业应使用安全可靠的登高工具，严禁使用一般起重设备吊运或采用攀爬的方式登高。如果作业的地方是船员通常不能触及的地方，应使用梯子、跳板或坐板。用活动梯子上高或登集装箱箱顶作业时，必须有专人扶住梯子，以防止梯子倾滑。

⑥在舱盖未关闭的舱口围上作业应视为高处作业，需采取相应的安全措施。舱盖未关闭时，禁止在舱口围上行走。船舶二层舱舱口围四周无围栏，因此在船舶二层舱的舱口附近作业时应特别小心，防止意外坠落底舱。

⑦高处作业的现场指挥，应随时检查作业情况，监督作业全过程，纠正违章行为。特别注意工作场所的条件和环境，如气象、海况，横梁、滑轮架等处是否锈烂，作业人员是否正确使用安全带、保险绳和其他等防护用具，发现危险情况有权立即停止作业。在作业过程中，现场指挥不应离开作业现场。

⑧不允许在同一垂直方向上下部位同时作业，确需同时作业时必须设置安全隔离层，舷边作业现场附近的孔洞要根据具体情况设置围栏、护网、盖板等防坠落设施。

⑨除特殊情况外，雷雨、大雾或阵风风力达 6 级及以上等恶劣天气条件下，应停止高处作业。

【相关案例】船员进行木材甲板货绑扎坠落身亡

1. 案例描述

2016 年 2 月 27 日，新西兰陶兰家（Tauranga）港，太平洋航运（PB）旗下干散船 Mount Hikurangi（有立柱可载原木）装载圆木完毕。

甲板实习生在货物堆边缘上（位置为 2 舱左最后一根立柱附近）等待将绑扎铁链挂上钩头，高度距离主甲板 8 m，距码头 10 m，距水面 12 m。该名加班实习生向克令吊驾驶员打出手势，表示其已经准备好了将绑扎锁链挂上钩头，钩头到达指定位置后，他弯下腰使用双手将锁链扣环挂上钩头，一下未能挂好，他站起来然后又弯下腰继续工作。就在这之后几秒钟，他失去平衡，掉落舷外，撞击到码头后坠落入海。水手长在高频里向全船发出报警，全部甲板绑扎人员到舷侧观察情况，三副持一救生圈到码头准备营救，在办公室的船长听到报警后立即跑到驾驶台左翼观察情况，并立即联系了港口及代理。

随后当地警察巡逻艇赶到开始进行搜寻，刚好停靠在附近的一艘军舰 Manawanui 也加入了搜寻活动，并派出了潜水员进行海底搜寻。事发后 2 个多小时，潜水员找到了该名实习生。

不幸的是,他已经身亡。

2. 案例分析

①该实习生没有任何防坠落保护措施是造成该事故的重要原因。该船其他海员也没有经常使用安全带的习惯。

②调查人员观察的录像片段显示,紧绷的钢丝挂了一下他身体或衣物的某一部分,而这可能就是他突然失去平衡而导致坠落的原因。绑扎圆木工作是一件非常危险的工作,如不注意经常会有绊倒或跌落事故发生,特别是在货物堆放较高的边缘地带工作格外危险。

③实习生不是一名有经验的海员,之前仅参加过 4 次绑扎工作,经验不足。

3. 经验教训

①强化高空作业劳防用品的规范使用。消除麻痹侥幸或者贪图方便的心理,严格执行有关安全生产规章制度和操作规程,所有的海员在进行类似工作时都需要佩戴安全带、安全绳及其他个人保护设备。如有必要,还需安装安全网。

②强化安全生产管理制度落实。强化安全作业制度的落实与监督,适情开展风险作业前报备和审批制度,在作业过程中加强安全检查,保障人员安全。

③公司及船上应加强安全文化建设。建立起鼓励、监督机制,确保落实到组织的每一层级,以确保最好的安全实践活动得以进行。重点抓好"高空作业安全知识培训"等高风险作业的针对性培训,增强安全意识,提升安全技能。

④尽量不要安排年轻的经验不足的人员参与高空/舷外等危险性工作,除非在有经验丰富人员的有效监督指导之下进行。

四、舷外、水面作业安全规定

舷外作业指在空载水线以上的船体外部进行工作。水面作业是指在漂浮于水面的浮具(包括艇筏)上进行的作业。

船体两舷中部的船壳,一般比较平直,便于搭架板进行舷外保养工作。环境条件许可时,最好是在锚泊或系泊浮筒时进行船壳的油漆保养,以免灰尘、煤烟等附着在油漆表面上。在涂刷水线时,如风平浪静,可用小艇进行。

1. 作业准备

①在进行舷外、水面作业前,应对作业进行严密组织,强调安全注意事项。

②从事舷外、水面作业的船员必须身体健康,无妨碍从事舷外或水面作业的疾病。酒后、过度劳累、情绪异常的船员不得从事舷外或水面作业。

③从事舷外、水面作业的船员应认真做好各项准备工作,并对舷外、水面作业中的设备和属具如绳索、滑车、跳板、坐板、安全带、保险绳等进行认真检查。

④在舷外高处作业应穿好救生衣,并且准备一个具有足够长度绳索的救生圈;水面作业必须穿好救生衣,备妥救生圈。

2. 舷外搭架板应用的工具、索具

(1)架板(俗称跳板):木质、长 2.5~3.5 m、宽约 40 cm、厚 2.5 cm 以上。

(2)架板绳:2~2.5 in 的纤维绳,按船舶大小、船舷的高低决定架板绳的长短,一般用 30 m 长的绳索 2 根。

(3)安全带连保险绳:保险绳采用绳周 1.5~2 in 的白棕绳或尼龙绳。

3. 舷外搭架板操作步骤

①将搭架及所需工具抬到工作地点,首先检查架板及其支撑是否牢固,架板绳是否有霉点或磨损过大、断股等现象,如有以上现象必须换新,要确保索具安全可靠。

②用架板绳中间部分在架板两端打上架板结。架板有支撑的一面是反面,没有支撑的一面是正面,架板两端打好架板结后,把架板抬到船舷外,支撑长的一端朝里,短的一端朝外,把外档的架板绳拉起,让它吃力,里档的绳子放松,使架板正面朝里,反面朝外。把架板松放到所需要的工作位置上,松外档的绳子,使架板的正面在上,反面在下,并将架板放平,然后将双根架板绳在舷边栏杆上打一架板活结。如舷边没有栏杆只有舷墙,则可在舷墙上面的铁环上打一丁香结加半结系牢,或挽在羊角上系牢。

③架板搭好后,操作人员穿上安全带,系牢保险绳。保险绳的长度要适当,以架板至舷边栏杆间的高度为准。将保险绳的一端用单套结或丁香结系在栏杆上(或固定在舷墙上坚固牢靠的眼环、羊角等处)。

如果架板放下的位置距离甲板位置稍低,工作人员可跨出栏杆或舷墙,两手握住架板绳,两脚的前掌抵在船壳板上,两腿稍微弯曲,臀部与足跟约齐平,手脚交叉一步一步地向下挪动,或两脚夹住绳索滑下。下到架板后,先用力蹬一蹬,试一试架板是否牢固,并使架板上的绳结吃力,然后再开始工作。如果架板放得太低,可先放下软梯,由软梯下至架板(如图 7-3-6 所示)。

④当工作人员在架板上站好后,甲板上的协助人员把工具放在工具袋或铅桶中,用小绳吊至距甲板适当高度绑好,以便架板上的工作人员取用。

⑤工作完毕后,甲板上协助人员先把工具吊上来。如架板不是放得过低,可用双手抓住架板绳,顺绳爬上甲板,姿势与下架板相同。如果架板位置很低,可用绳梯爬上,上下绳梯时,双手握住绳梯的一边绳索,一脚在里档,一脚在外档,以免绳梯摇摆不定。

⑥工作人员上来后先脱掉安全带,解开保险绳,由两人同时用双手拧起外档架板绳,将架板拉上甲板,解清绳结,整理绳索,把全部工具和索具放回原处。

图 7-3-6 上下软梯

4. 船首、尾舷外作业

船首、尾部的舷外作业比船中部分困难。因船型关系,船首、尾部的两舷是向内凹进的。现在船上常采用的方法有两种:一种使用搭架板的方法进行工作;另一种是用船上的吊杆,工作人员在特制的工作架内开动起货机,用吊货索将工作架伸出船首或船尾的舷外以进行操作。

船首搭架板如图 7-3-7 所示。

(1)船首、尾搭架板步骤

①当架板搭好,工作人员下至架板,工具也送下之后,用一根周长为 51~64 mm 的纤维绳作为制动拦架板绳,在船首或船尾一舷甲板上固定后,再绕到另一舷甲板上,用力或使用锚机

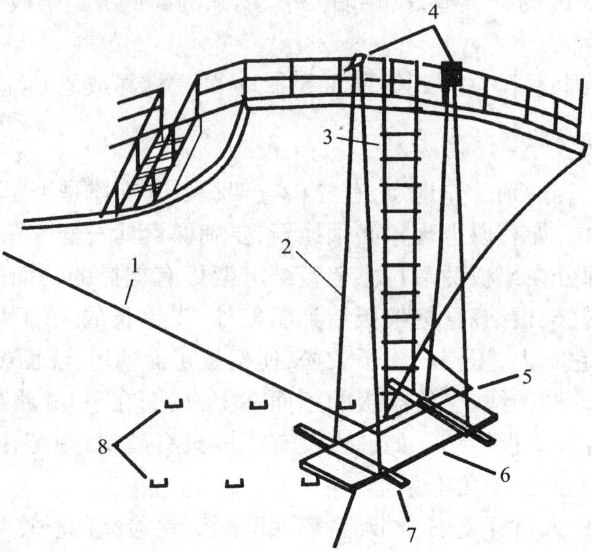

图 7-3-7　船首搭架板

1—拦架板绳；2—架板绳；3—工作软梯；4—架板活结；5—小绳；6—架板；7—撑挡；8—小铁环

逐渐收紧拦架板绳，直到能工作后再系牢在甲板上，然后用小绳（绳周 25 mm、长 3 m 的纤维绳），把拦架板绳和架板绳扎紧，以免移动。如船壳上焊有小铁环时，工作人员下至架板后. 即用小绳将架板和小铁环连接起来，绑在架板绳上，使架板靠近船壳便于工作。

②船首、尾搭架板时，可根据情况从架板绳溜下、爬上或用绳梯上下。

(2)用吊货杆和工作架舷外油漆作业

①先准备好工作架，长柄漆刷和油漆桶，升起单吊货杆（如图 7-3-8 所示）。

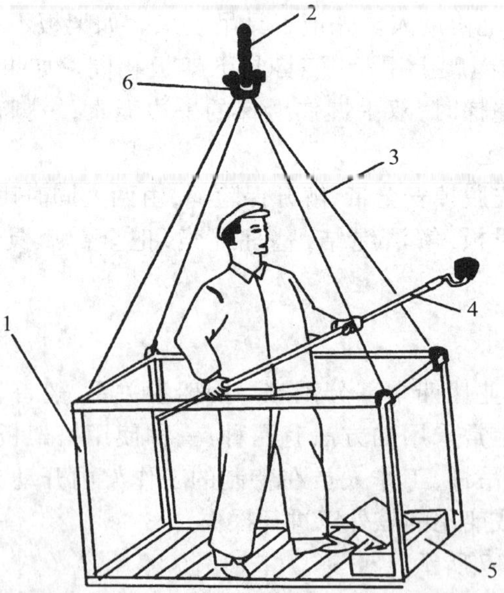

图 7-3-8　用吊货杆和工作架舷外油漆作业

1—特制油漆架；2—吊货索；3—钢丝绳；4—长柄漆刷；5—油漆桶；6—卸扣

②将吊货钢丝绳上的吊货钩换下，用卸扣和工作架连接妥当。工作人员带着油漆桶进入架内。

③开动起货机，吊起工作架，缓慢地伸出船外，这时甲板上的协助人员将长柄漆刷递给工作架内的人员，再放落工作架至适当位置后，即可进行工作。

这种方法比搭架板方便，但只适宜舷外油漆工作，对敲铲除锈仍需用搭架板的方法。

5. 舷外搭架板工作注意事项

①舷外搭架板时，在甲板上应有专人负责照顾安全工作及传送工具等，不得随意离开。

②舷外作业时，应事先通知有关部门，关闭舷边出水孔，禁止使用与这些出水孔相连接的浴池、厕所等，并通知机舱，确保螺旋桨不得转动，锚必须制牢。

③在架板上的工作人员，一定要用安全带系牢保险绳。上下架板时应与同伴相互沟通，协调动作。

④如架板过长或过重，应在架板中间加一根架板绳，以增加架板强度。

⑤所有工具必须用工具袋或小桶递送，以免落入水中或击伤人员。

⑥架板、架板绳和工作架的强度必须严格检查，是否有霉烂、断裂、磨损等险情。用后放在固定的位置上，专门保管。

⑦使用工作架，开动起货机必须十分稳妥，听从指挥员的指挥。工作人员在工作架内双脚要站稳，保持身体平衡，需移动工作位置时，应向指挥员报告。

船上上层建筑物或货舱内舱壁等的保养工作，有时也需用搭架板，其方法与舷外搭架板方法基本相同，在架板下面的照看人员应戴安全帽。

6. 作业安全注意事项

①作业时，大副或水手长应在现场检查、指导或担任指挥。现场应有专人负责照看。

②上下跳板或浮具时，应使用软梯，禁止攀爬跳板的吊索，禁止人员随同浮具起落。工具、材料等必须用吊桶、吊袋、吊绳系好上下传送，禁止抛掷。

③在船首、尾进行舷外搭跳板作业时必须使用足够强度的跳板绳并在甲板固定，如船壳焊有固定眼环时，作业人员要用绳索将坐板与眼环连接固定。

④船舶在航行中禁止进行舷外作业。在有风浪的情况下，即使船舶处于停航状态，也不应安排舷外或水面作业。若情况特殊，停航期间必须在有风浪的情况下进行舷外或水面作业，应将救助艇准备妥当，以便随时用于救助，水手长必须在现场紧密监视和照看。夜间不得进行舷外、水面作业。

⑤在进行水面作业时，船上应悬挂慢车信号，并注意过往船舶掀起的波浪。如果过往船舶的船行波较大，应及时通知和提醒浮具或艇筏上的作业船员，以防发生意外。

⑥舷外、水面作业的现场指挥，应随时检查作业情况，纠正违章行为。如发现危险情况，现场指挥有权立即停止作业。在作业过程中，现场指挥不应离开作业现场。

【相关案例】水手长安装防盗网坠海失踪

1. 案例描述

(1)案例一　水手长安装防海盗钢丝网坠海失踪

某香港旗油船从印度尼西亚的锦石(格雷西,Gresik)驶往新加坡时,水手长带领水手在主甲板周围安装防海盗钢丝网,水手长爬过船舷护栏,在右舷舷梯的后部安装和固定钢丝卷时,突然掉入水中,消失得无影无踪。

印度尼西亚海上救援协调中心(Maritime Rescue Coordination Centre of Indonesia)与附近其他船只进行了 14 h 的搜救行动,但该水手长仍下落不明。

(2)案例二　大副爬梯子看吃水坠海身亡

2016 年 4 月 28 日,马耳他籍货船 Seagull 在斯里兰卡亭可马里(Trincomalee)港外锚地抛锚等待加油。由于该船上的艉吃水计量表故障,因此 57 岁的黑山籍大副下令在右舷放下梯子准备读取吃水,同时指派一名水手配合。

约 1730 时,大副爬下梯子读取了吃水数值,然而在沿梯子返回时突然落水。在艉楼甲板的水手立即扔下一个救生圈(无绳索),该水手在确认大副已经抓住救生圈后迅速拉响了人员落水警报,然而待水手返回船尾时发现大副身体瘫软一动不动。随后该水手及两名一水跳入水中将大副头部托住离开水面,同时船上放下救助艇并在艇上为大副实施了心肺复苏。不久后海军巡逻艇赶来并将大副送往医院,然而医生随后宣布大副已死亡。

2. 案例分析

①缺乏对工作团队的监督,未根据公司安全程序确保船员穿好救生衣;

②未遵守有关安全程序及要求,即穿着救生衣并系上安全带,并用安全带将自己系在安全地点,缺乏安全意识;

③未按照相关要求在作业前开展风险评估工作。

3. 经验教训

①严格遵守公司程序,加强在舷外工作的工作监督。

②应安排有关安全训练,以提高船员使用适当的个人防护装备(如救生衣及安全带)的个人安全意识。

③完善安全管理体系的培训工作,提高船员的抗风险意识,同时确保相关仪器正常工作,可以将舷外作业的风险性降到最低。

④加强船上人员落水训练及演习。

【相关表格】

舷外、高处作业安全检查表
Safety Checklist for Outboard and Aloft Work

1. 本次作业为舷外作业 □/高空作业□ 1. This operation is working outboard/working aloft.	
2. 本次作业位置为:(请填入具体作业位置) 2. The location of this operation is:(please fill in the specific operation location)	
3. 已仔细周密地拟订了作业方案。 3. The operation plan has been worked out carefully.	□
并根据本次作业条件和环境的特殊性采取了相应的安全措施。 According to the particularity of the working conditions and environment, the corresponding safety measures are taken.	□
4. 本次作业过程将在下述期间完成: 船舶航行□ 靠泊□ 锚泊□ 4. This operation will be completed in the following period: sailing berthing anchoring	
5. 天气、风力及海况适合高处作业。 5. Weather, wind and sea conditions are suitable for working aloft.	□
船舶无明显摇晃。 There is no obvious shaking of the ship.	□
6. 本次作业及作业方案已向船长汇报并得到允许。 6. The operation and operation plan have been reported to the Master and approved.	□
7. 已召开了工前会进行具体分工并布置了安全注意事项。 7. A pre-work meeting has been held for specific division of labor and safety precautions have been arranged.	□
8. 参加作业人员身体状况良好。 8. The operators are in good health.	□
无高处作业禁忌疾病。 No contraindication disease for working aloft.	□
9. 已充分备好作业所需的器材、设备和工具。 9. Instrument, equipment and tools required for operation have been fully prepared.	□
10. 作业用索具、设备、工具等已进行了仔细检查并确认完好无损。 10. The rigging, equipment and tools for operation have been carefully inspected and confirmed to be in good condition.	□
11. 各种绳结结打正确。 11. All kinds of knots are tied correctly.	□
系绳令环或系结点牢固可靠。 The tie ring or tie point is firm and reliable.	□
12. 作业人员已穿着救生衣。 12. Operators are wearing life jackets.	□
已戴好安全帽,系妥安全带。 They have put on safety helmet and safety belt.	□
13. 已落实了现场照看人员并已明确了具体工作和责任。 13. On-site care personnel have been arranged and specific work and responsibilities have been clarified.	□

（续表）

14. 现场已备妥救生圈。 14. Life buoys have been prepared at the scene.	□
15. 水面作业时，已显示慢车信号。 15. When working on the surface, the slow signal has been displayed.	□
组织者/现场责任人（签名）： Signature of Organizer/Site Responsible Person	大副/轮机长（签名）： Signature of Chief Officer/Chief Engineer：
船长（签名）： Signature of Master：	日期： Date：

三、封闭处所作业安全规定

封闭处所（Enclosed Space）是指有下列特点之一的处所：用于出入的开口受限；通风不足；非设计为连续有人工作的处所。船上封闭处所作业具有较大风险，屡有发生船员在封闭处所作业伤亡的事故。本任务分析了在船舶封闭处所作业的风险及作业的注意事项等。

船上封闭处所作业风险较大，应培训船员清楚封闭处所作业的风险，掌握避险知识，遵循进入程序，执行安全作业规定，并学会救援方法，经常组织训练，定期进行演习。

1. 船上的封闭舱室

船上的封闭舱室包括但不限于以下处所，如液货舱、压载舱、淡水舱、污水舱、污水井、燃油舱、滑油舱、空隔舱、泵间、箱形龙骨、锅炉内部、主机扫气道、大型压缩空气瓶内、艉轴弄，以及油船的空舱、散装化学品船和液化气船罐体内等封闭或基本封闭的舱室、场所等。

2. 封闭舱室的潜在危险

①空舱或其他封闭舱室若已封闭了一段时间，里面的氧气含量可能非常少。

②船舶燃油舱、油柜、锅炉内部、主机扫气道、罐体、容器等封闭空间和装载木材、粮食、鱼粉、生铁、松节油等耗氧货物的二层柜、大舱以及通风不良的泵间等，都具有潜在的或明显的缺氧危险，并可能伴随其他有害气体，如一氧化碳等。

③由于货物泄漏，泵间、空隔舱、箱形龙骨等船上的封闭舱室可能有有毒、有害、可燃、可爆的气体存在。

④与货油舱、燃油舱以及装载危险货物的舱室或舱柜相毗邻的舱室或其他封闭舱室，也都可能存有有毒、有害、可燃、可爆的气体。

⑤曾载运过油类、化学或气体货物的货舱或其他舱柜，仍可能遗留有有毒、有害、可燃、可爆的气体。

3. 作业准备

（1）作业程序文件

①船舶主管人员（船长、大副或轮机长）应具备足够理论知识和实践经验，应能对封闭处所内当前或随后出现危险的可能性做出合理评估。

②组织人员完成“进入封闭处所风险评估”（附件一）、“封闭处所进入程序确认”（附件三），获得“封闭处所进入许可证”（附件二）。

（2）风险评估

①进入前应按照“进入封闭处所风险评估”（附件一）所列内容进行风险评估。

②评估应考虑到之前运载的货物、处所的通风、处所的涂层和其他相关的因素。

③评估中需判定出现缺氧、富氧、易燃或有毒空气环境的可能性。需谨记对于相邻连接处所的通风措施不同于封闭处所的通风措施。

④在评估过程中，除非能够确实证明是可以安全进入的，否则应假定即将进入的处所存在危险。

（3）进入许可及程序

①未经船长批准，以及未采取相应安全措施时，任何人不得打开或者进入封闭处所。

②进入封闭处所前应制订计划，采用进入许可和程序确认制度，其中包括检查项目。“封闭处所进入许可证”（附件二）应由船长签发，而且拟进入封闭处所的人员应该在进入前获得。

③进入封闭处所过程应由大副或轮机长按“封闭处所进入程序确认”（附件三）进行确认。

（4）通风

①在进入封闭舱室前应通过自然方式或机械方式彻底、不间断地通风，排出所有有毒或易燃气体。

②当打开封闭处所的门或舱口盖来提供自然通风时，可能会错误地暗示人员以为里面的空气环境是安全的，因此可以在入口处安排协调人员或者使用机械式障碍物，如用绳子或铁链拦在入口处并悬挂警告标识，以防止人员意外进入。

（5）气体检测

①对封闭处所内空气的检测需使用经准确校准的设备，并由经过培训的人员进行操作。应严格遵守生产厂家的使用说明。检测应在人员进入封闭处所前进行，并在其后定时检测，直至所有工作完成。如合适，应在处所的不同层面进行空气检测，以便得到处所内有代表性的气体样本。

②在某些情况下，不进入处所内部会很难对整个处所的空气进行全面检测（如梯道的底部）。因此，在评估人员进入封闭处所的风险时，要将此类情况考虑在内。可以考虑在封闭处所内使用可以达到远端的软管或固定的取样线，这些工具可以实现在不进入封闭处所的情况下，进行安全的检测。

③封闭舱室内各处的氧气含量应不低于19.5%〔国家质量监督检验检疫总局《缺氧危险作业安全规程》（GB 8958—2006）〕，CO_2 含量应不高于1%，有毒有害气体的含量应为零。

④如果初步评估确定处所内可能存在可燃气体或蒸气，经适当精度的可燃气体测试仪测量，不超过可燃下限（LFL）的1%。

⑤暴露在有毒蒸气或有毒气体中，读数不超过职业暴露极限（OEL）的50%。

⑥如果不能达到上述条件，应继续对处所进行通风，并且在适当间隔后对处所再次进行检测。

⑦在进行任何的气体检测时，都应停止对封闭处所的通风，并在此环境状态稳定后进行，以便于获得准确的读数。

（6）在作业前把进入封闭舱室的安排告知值班驾驶员和轮机员，并在封闭舱室入口处挂上“里面有人”的警告牌。

（7）在进行封闭舱室作业前，应对作业进行严密的组织，强调安全注意事项。进行封闭舱室内作业的船员应无影响安全作业的疾病或身体不适。

（8）对封闭舱室内外人员之间的通信联络手段进行测试，确定安全可靠。

（9）把救援设备放置在封闭舱室的入口处。这些救援设备应包括自给式呼吸器连同备用气瓶、救生索、救援带，以及可以在易燃、易爆空气中使用的防爆手电筒和低压防爆工作灯。如有必要，需要准备好将体力不支人员吊离场地的器材和设备。

（10）对需要使用的呼吸器做好气压和供气量、低压警报、面具正压和密封性测试。

（11）应特别注意处所内部的结构、货物、货物残余和储罐涂料也可能会造成缺氧区域的出现，应对此始终保持警惕，即使是经过检测可以进入的封闭处所。这种情况尤其可能会发生在通风进出口均被结构件或货物堵塞的处所内。

4. 作业安全注意事项

①所有进入封闭舱室的船员应熟悉紧急信号和紧急撤离程序。

②未经船长或指定负责人的许可，任何人不得进入封闭舱室。进入封闭舱室的船员数量只限于真正需要在该场所内作业的人数。当有人员在封闭舱室内作业时，应至少有一名船员在入口处守护。

③当有人员在封闭舱室内作业时，应通知有关部门封妥有关设备和控制阀，并贴上“禁止启动”或“禁止打开”告示或安全标志牌，防止因误操作而危及舱室内作业船员的人身安全。

④当空气中的氧气含量低于标准，或有毒、有害气体的含量高于标准，或空气情况正在变差，或通风系统发生故障而不能正常进行通风时，必须通知场地内的船员全部撤离。

⑤除非为处理紧急事故或在封闭舱室内的行动会严重受阻，否则进入封闭舱室内的船员应能够获得两种及两种以上供气方式。如果只需在封闭舱室内做短暂停留，可采用单一供气方式，但在这种情况下，戴上呼吸器进入封闭舱室的人员必须身处适当的位置，以便发生意外时可以马上将其拉出。

⑥由于自给式呼吸器供气时间有限（一般不超过 1 h），当需要在封闭舱室内长时间作业时应使用供气式呼吸器，由场外为场内的作业船员连续提供新鲜的空气。但使用供气式呼吸器时必须采取安全措施，以免场外的空气供应中断，若空气是由机房供应，更需特别留意。

【拓展知识】

封闭空间救援设备的使用

1. 自给式呼吸器

进入不安全的封闭处所作业以及对封闭处所里的受困人员进行援救时，应使用自给式呼吸器（Self-contained Breathing Apparatus，BA），如图 7-3-9 所示。呼吸器面罩必须紧贴面孔，以免缺氧或毒气渗入。除非遇到特殊情况，否则进入封闭处所进行救援的人员不得取下或停止使用已佩戴的呼吸器。如救援人员需要佩戴呼吸器方能进入封闭处所内救人，但由于封闭处所内的特殊情况，使用呼吸器、救生索、救援带等会妨碍救援行动，或令营救体力不支的遇险人员的行动出现困难，则在进入封闭处所前应详加考虑并采取适当措施，将风险降至最低。无论救援人员是否佩戴呼吸器进入封闭处所，在封闭处所外应再准备一套隔绝式呼吸器，以防在救援过程中发生意外。

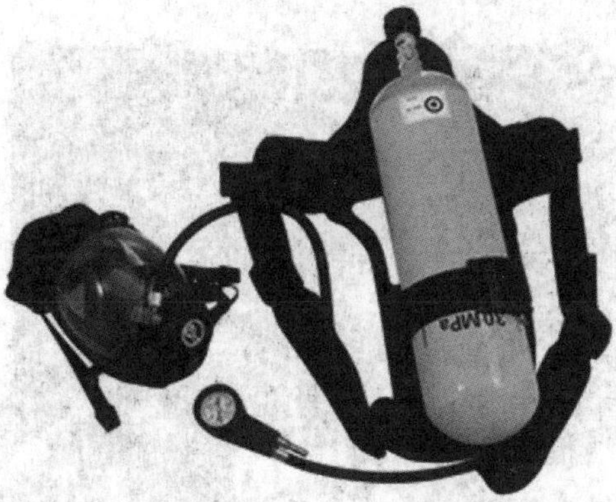

图 7-3-9 自给式呼吸器

需要特别指出是，紧急逃生呼吸器（Emergency Escape Breathing Devices，EEBD）（如图 7-3-10 所示）是一种用于逃离存在危险气体舱室的压缩空气或氧气呼吸装置（如发生火灾的逃生），一般只可以供气 15 min。不应将 EEBD 作为进入封闭处所的呼吸器，也不应将其作为进入封闭处所进行救援时使用的呼吸器。

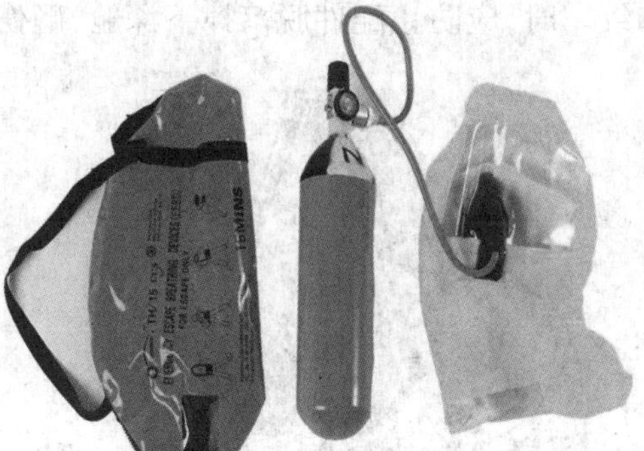

图 7-3-10 紧急逃生呼吸器

2. 氧气复苏器

氧气复苏器（Oxygen Recovery Unit）大多置于专用的箱子里，由氧气瓶、压力调节（减压）装置、连接管、面罩、自动肺、自主呼吸阀和吸痰器等主要部件构成，并配有开口器、压舌板、夹舌钳等（如图 7-3-11 所示）。氧气瓶中的氧气经压力调节装置减压后与自动肺、自主呼吸阀或吸痰器连接。当伤员不能自主呼吸时，用自动肺向伤员肺部充气或抽气；当伤员能自主呼吸时，可用自主呼吸阀吸氧；当伤员的呼吸道内有分泌物时，可用吸痰器将分泌物吸出。在进入封闭处所对受困人员（伤员）进行救援时，救援人员应随身携带氧气复苏器。在找到受困人员后，应首先确定他们是否能自主呼吸。对于已经不能自主呼吸的伤员，应立即为其使用氧气复苏器，而非等到将其救出封闭处所后再使用。在转移和吊运伤员时，时刻注意氧气复苏器的供气面罩在伤员脸上的佩戴情况，以防因碰撞而脱落。

3. 起吊设备

封闭处所救援用的起吊设备大多采用三脚架加绞车和滑车，轻巧、牢固、架设方便（如图

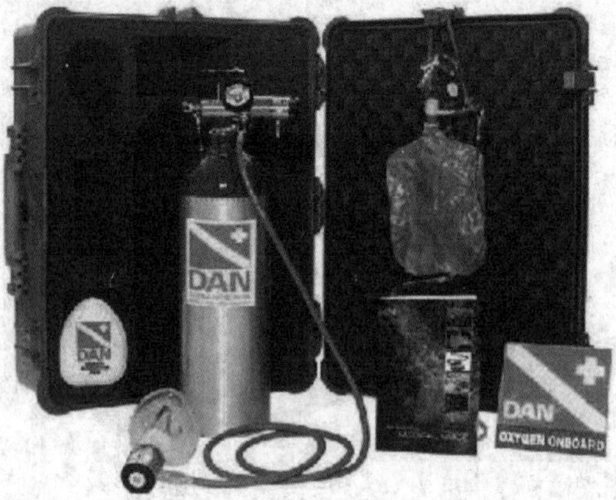

图 7-3-11　氧气复苏器

7-3-12 所示）。对于无法使用三脚架的狭小空间，用固定在附近金属部件的卸扣加滑车，可获得类似效果。若从深舱救人，三脚架是最简便的方法。在架设三脚架时，首先要为其选择合适的基座（支撑点），确保 3 个支架稳定，绞车操作方便，被救援人员升至舱面时能顺利地从三脚架下移出。在装设三脚架和绞车时，应防止配件脱落掉下深舱，砸伤下面的人员。

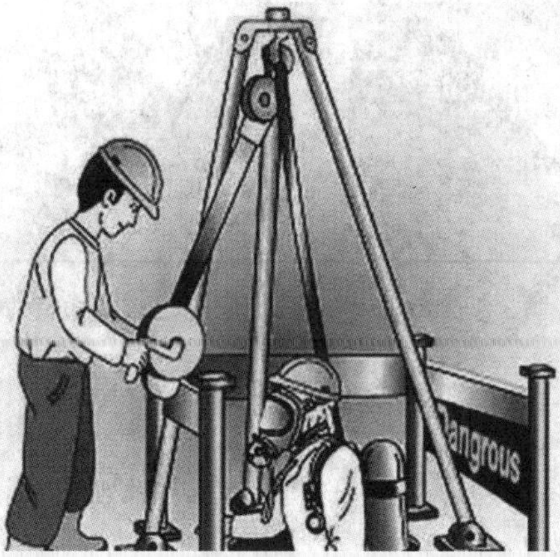

图 7-3-12　三脚架绞车

4. 担架

如果封闭处所是深舱，则使用救援担架（Stretcher）是运送伤员的最好方法之一。首先将伤员固定在担架上，救援者平稳地抬起担架，保持担架呈水平状态并向外运送伤员。当通过狭窄的通道或孔洞时，应将担架倾斜，使伤员转成侧身位通过。伤员在担架上平躺后，应用担架上的捆扎带固定，同时将伤员佩戴的氧气呼吸器或复苏器固定。在运送担架时，救援者应保持担架平稳，防止伤员从担架上坠落，导致伤势加重。在封闭处所的出口处，可将担架上的伤员连同担架一起挂在升降装置上提升至甲板。在提升过程中，1 名救援者须跟随担架，确保伤员不会与四周的船体结构发生碰撞。

【相关表格】

附件一

进入封闭处所风险评估

船名:	日期:	封闭处所:
评估人员:		
船长(签名):	大副(签名):	轮机长(签名):

序号	风险	导致事件	确认预防措施	
1	准备工作不足	人员伤亡	进入封闭场所培训 严格按照要求布置安全措施	[ ] [ ]
2	缺氧	窒息晕倒 威胁生命	充分通风 测氧确认安全	[ ] [ ]
3	易燃易爆有毒气体	起火/爆炸	监测空气/测毒 正确校测、维护和使用测氧、测爆仪器 执行明火作业安全须知	[ ] [ ] [ ]
4	照明不足 结构危险 表面滑 其他原因引起的能见度不良	滑倒/绊倒	设置防爆型照明设备/提供充足的照明 进入前熟悉环境/明白结构布局 佩戴个人防护用品 带防爆型手电筒/安全型对讲机 持续协调和有效监控	[ ] [ ] [ ] [ ] [ ]
5	边界无防护 梯子和平台结构缺陷 使用不安全的梯子/脚手架	高处跌落	佩戴保险带 平台上设置防护栏杆/警示标识/夜间照明 检查梯子/脚手架 正确使用便携式梯子/脚手架 使用便携式梯子/移动设备时,需有人协助 固定便携式梯子/脚手架	[ ] [ ] [ ] [ ] [ ] [ ]
6	灰尘/烟气/噪声 湿热/冷 恐惧症/疲劳/精神和身体状况 热疲劳	人体伤害	检测气体和通风 耳朵保护、个人防护装备(PPE) 补充饮水/休息充足/衣服足够 进入前对船员进行风险评估 预先检查身体和精神状况	[ ] [ ] [ ] [ ] [ ]
7	物体坠落 电气/机械设备	人体伤害	牢靠挽住高处使用的工具和设备 正确戴安全帽 进入前分析工作的危害和设备情况 对电器设备进行防水保护	[ ] [ ] [ ] [ ]
8	工具传递	工具掉落伤人	确认和商定正确、安全的工具吊进、吊出方法 内外人员沟通协调	[ ] [ ]
9	监护不到位	人员伤亡	布置经过培训的协调监护人员 严格现场看护/保持有效联络	[ ] [ ]
10	未备救援设备	延误救援	入口处备有罗宾逊担架/急救药箱/复苏器 救生绳、安全带及起吊属具	[ ] [ ]
11	救援设备不适用	救援困难	进行训练,以确认救援设备的可用性 进入前确认救援可用的环境条件和设备	[ ] [ ]

附件二

封闭处所进入许可证

ENCLOSED SPACE ENTRY PERMIT

本许可证用于进入封闭处所，应由船长或责任人员以及拟进入此处所的所有人员共同填写完成。

船名：	航次：	许可证编号：
概 述		
封闭处所的位置/名称： 进入理由： 许可证有效期：从　　　　时，日期： 　　　　　　　到　　　　时，日期：　　　　　　　　（见注1）		
风险评估结果 （由船长或指定的主管人员完成）		

	是	否
• 对进入封闭处所人员的健康和生命有微小的危险	[ ]	[ ]
• 没有直接的健康和生命危险，但在处所内工作期间可能会产生风险	[ ]	[ ]
• 已确认对健康或生命构成危险	[ ]	[ ]

第1部分　进入前准备
（由船长或指定的责任人员检查）

	是	否
• 是否通过机械手段对处所进行了彻底通风？	[ ]	[ ]
• 处所是否已被隔离，所有相关的管路或阀和电源或电力设备切断或关闭？	[ ]	[ ]
• 处所是否进行了必要的清理？	[ ]	[ ]
• 处所是否进行了检测并确认可以安全进入？（见注2）	[ ]	[ ]

进入前空气检测的读数

氧气		%容积（不低于19.5%）*	检测人：
可燃气体		%LFL（小于1%）*	时间：
有毒气体		ppm（小于特定气体50%OEL）（见注3）	

	是	否
• 在处所内有人以及工作间歇时，是否对处所进行了持续通风？	[ ]	[ ]
• 通道和照明是否足够？	[ ]	[ ]
• 处所入口处是否安排了即时可用的救援和急救设备？	[ ]	[ ]
• 是否已经将进入计划通知值班船员（驾驶室、机舱、货控室）？	[ ]	[ ]
• 各方之间的通信系统是否已经检测并统一了应急信号？	[ ]	[ ]
• 是否制订了应急程序和撤离程序，并使所有涉及进入处所的人员了解该程序？	[ ]	[ ]
• 是否所有的设备都处于良好工作状态并在进入前进行了检测？	[ ]	[ ]
• 人员是否正确穿着防护服和携带安全装备？	[ ]	[ ]
• 在处所入口处是否记录谁在处所内？	[ ]	[ ]
• 所有上述内容在人员进入处所前是否进行了开会讨论？	[ ]	[ ]

（续表）

第 2 部分　进入前检查 （由进入处所的每一个人进行检查）		
	是	否
• 我已从船长或指定的责任人员处获得进入封闭处所的指令	[　]	[　]
• 此许可证的第 1 部分已经由船长或指定责任人员完成	[　]	[　]
• 我已同意和明白通信程序	[　]	[　]
• 我已同意每隔　　　min 报告一次	[　]	[　]
• 我已同意和明白应急程序和撤离程序	[　]	[　]
• 我明白一旦处所内的通风系统发生故障或空气检测显示与安全标准有差异时，必须马上撤离	[　]	[　]
第 3 部分　呼吸器和其他设备 （由船长或指定的责任人员以及拟进入封闭处所的人员共同检查）		
	是	否
• 拟进入封闭处所的人员熟悉呼吸器的使用	[　]	[　]
• 呼吸器已经进行如下检测：		
——压力表和容量	[　]	[　]
——低压声音报警	[　]	[　]
——面罩	[　]	[　]
——正压力下不泄漏	[　]	[　]
• 已经检测了通信方式并统一了应急信号	[　]	[　]
• 为所有拟进入封闭处所的人员提供了救助用具和救生绳（如可行）	[　]	[　]
完成第 1、2 和 3 部分后签字		
船长：	日期：	时间：
指定的责任人员：	日期：	时间：
拟进入封闭处所的人员：	日期：	时间：
第 4 部分　进入人员 （由协调人员完成）		
姓名：		
进入时间：	出来时间：	
第 5 部分　工作完成 （由协调人员完成）		
• 工作完成	日期：	时间：
• 锁闭进入的处所	日期：	时间：
• 已经正式通知值班的高级船员	日期：	时间：
完成第 4、5 部分后签字		
协调人员：	日期：	时间：

如果处所中的通风停止或检查表中注明的任何条件发生变化，则该许可证无效！

注：1. 许可证中应写明最长有效期。

2. 为了获得处所内有代表性的空气样本，应尽可能在处所的不同层面通过尽可能多的开口抽取样本。进行空气检测前 10 min 应停止通风。

3. 根据以前处所内物质的性质来检测特定有害气体，例如苯和硫化氢。

＊国家质量监督检验检疫总局《缺氧危险作业安全规程》（GB 8958—2006）。

附件三

封闭处所进入程序确认

船名:	日期:	封闭处所:
船长(签名):	大副(签名):	轮机长(签名):

进入前	所有相关方商定在封闭处所需完成的工作	
	• 封闭处所内有什么危险?如何控制?	[ ]
	• 工作中会有什么危险,如何控制?	[ ]
	风险评估	
	• 列出危害和必要的安全监控措施(进入封闭处所风险评估)	[ ]
	保证空间安全	
	• 必要时,清空舱室空间,并采取下列步骤防止液体注入:	
	——关闭阀门和泵;	[ ]
	——挂上禁止操作警示牌;	[ ]
	——如相邻的其他舱室、货舱或管道不安全,是否会存在危险?	[ ]
	通风	
	• 足够时间的自然或机械通风	[ ]
	• 监控任何开口,防止意外及未经授权人员进入	[ ]
	测试	
	• 测试空气中氧气含量、易燃和有毒气体或蒸气	[ ]
	• 在确认空气安全之前禁止进入	[ ]
	许可——完成封闭处所进入许可证,确认:	
	• 工作和封闭处所的危害得到处理	[ ]
	• 封闭处所的空气是安全的,并经过通风	[ ]
	• 封闭所有充足的照明	[ ]
	• 指派一名协调人员在入口处	[ ]
	• 驾驶台与入口处、入口处与封闭处所内的人员建立通信联系	[ ]
	• 在入口处备妥应急救援设备,在船留有足够的船员形成一个救援队	[ ]
	• 所有人员都明确自己的任务和危害,并胜任自己的任务职责	[ ]
进入期间	• 确保空间有适当的照明	[ ]
	• 穿戴正确的个人防护	[ ]
	• 持续通风	[ ]
	• 定时检测空气	[ ]
	• 定时沟通	[ ]
	• 保持警戒,当被要求或感觉不舒服时,撤离封闭处所	[ ]
完成后	• 确认所有的设备和人员从封闭处所中撤出	[ ]
	• 关闭封闭处所入口,防止未经许可意外进入	[ ]
	• 完成“封闭处所进入许可证”	[ ]
	• 所有系统恢复正常	[ ]

【相关案例】

1. 案例描述

2015 年 4 月 18 日,马绍尔群岛籍油船 CS Innovation 轮从新加坡起航,拟驶往广州某船厂进行修理。该船因中间检验需要对货舱壁测厚,安排了验船师和测量人员随船对货舱壁进行测厚工作。

在航行途中,该轮大副组织人员对相关货舱进行洗舱、换气、通风。4 月 21 日,该船开始货舱壁厚度测量工作。测量工作是验船师先查看船舶货舱图纸确定需要测量的部位,然后通知大副,由大副将压载水打到预定的高度,经验船师进舱查看货舱壁的腐蚀情况后,再指定测量人员进行测量。

截至 22 日,该船已完成部分货舱壁厚度测量工作,并且分别向 5 左舱、5 右舱注入压载水,舱内水深达到 10 m,以便 23 日测量 5 左舱、5 右舱货舱壁厚度。23 日上午,该船航行到南海南部水域,船上其中一组测量人员——水手 A 和测量员 B 穿着救生衣,头戴安全帽(戴头灯),携带手电筒、测厚仪一起进舱,在 5 左舱一层小平台上用压缩空气对橡皮筏进行充气,待橡皮筏充气膨胀后,在水手的协助下,两人将筏放到舱内水面上。

验船师等人员进入 5 左舱,负责操筏的水手 A 先往下走准备登筏,并用手抓住梯子固定橡皮筏后,接着,测量员 B 也往下走。当测量员 B 走到一层小平台下方的梯子时,听到水手 A 突然叫了一声,看到水手 A 双手拍打橡皮筏的两舷;当测量员 B 到达二层平台后,发现水手 A 用双脚蹬筏上当座位用的木板,不停地在挣扎,橡皮筏离开梯子往前移动。

约 1035 时,测量员 B 看到水手 A 在挣扎的过程中,突然身体后仰翻入水中,落水时距离梯口约 5 m。

2. 案例分析

①作业环境恶劣。该船货舱深度约 30 m,货舱内没有照明设备,仅靠作业人员携带的手电筒、头盔灯不足以提供足够的照明;下舱楼梯线路曲折,布满油泥,虽然经清洗、气体测量,但残存油泥仍不断渗出有毒有害气体;舱内高温、高湿,通风不良,造成有毒气体在舱底积聚,现场作业环境比较恶劣。

②未对作业人员进行培训,未进行风险评估。作业前,船方没有按体系文件要求对外来人员进行培训,以便让外来人员了解货舱结构、作业环境、作业注意事项等;也没有按要求召集验船师、测量人员等相关人员开会,认真研究作业过程中可能遇到的困难,以及遇到困难、险情时应采取的措施。

③未按要求向作业人员提供必要的装备。根据公司体系文件《进入封闭舱室许可》的规定,应为进入封闭场所的人员提供的设备包括气体探测仪、呼吸器、安全绳、防护服、照明工具。进入 5 左舱的 4 个人中,只有机务主管携带了便携式气体探测器,而机务主管、验船师 2 人在一起,与测量员 B 和水手 A 不在一个位置高度,当 2 人所处位置的气体含量发生变化后不能实时探测出气体的变化。

④未对舱内气体保持经常测量。作业人员进入货舱后,船方没有对 5 左舱气体保持经常测量,测量的位置也没有覆盖 5 左舱的所有区域,不符合公司体系文件的要求。

⑤现场看护的安排组织无序。作业时，大副安排了泵匠、水手、实习生在现场看护，但未明确具体的看护位置、看护要求、现场看护负责人，以及由谁向货控室指挥人员报告现场情况。5左舱测厚作业时，泵匠在5左舱一层小平台值守，因货舱深度大、照明不足，看护人员看不清作业人员，与作业人员也无通信工具进行联络，无法及时了解作业情况，无法保持对作业的全程监控，当测量员B来请求支援，负责看护的泵匠还误以为是测量完毕而走出舱口上到甲板面，未能在紧急情况发生时，立即向货控室指挥人员报告，并组织救援。

⑥准备不足，未能及时有效开展救助。人员落水后，由于没有在舱底预先准备安全绳、带钩的长竹竿等救援设备，加上现场看护人员未能对测厚作业进行有效的监护，没有发现人员落水的险情，无法在第一时间组织有效的救援，错过了救援的最佳时机。此后，水手长到达曾登筏救援，但因浓烈的油气刺激而放弃救援行动。

3. 经验教训

①提高对密闭空间的危险认识。很多情况下，密闭空间内有毒气体无色、无味，或者存在缺氧等情况，仅凭视力无法察觉，需要借助专业设备检测空气是否安全。船上作业人员务必提高对密闭空间潜在危险的认识，设置警示标志，避免误入密闭空间，严格遵循进入密闭空间的程序及要求，切勿冒险进入密闭空间。

②落实防护措施。进入密闭空间前应对风险进行有效评估，识别风险，制订应急预案；对作业人员进行培训；对目标空间进行通风以排除缺氧、有毒气体等危险情况；对密闭空间内的气体含量进行有效的探测和监测；舱口处备妥救生绳，隔绝式呼吸器等应急设备；制订看护方案，确定沟通联系方式，确实做到对作业进行有效的监护，一旦发生险情及时救援，及时向指挥员报告。

③规范作业，切勿冒险。船上密闭空间作业必须进行严格审批，由部门长负责拟订作业计划，报船长批准后方可实施；指定专人担任现场指挥，负责作业现场组织、指挥和协调，对作业全过程进行监督防控，同时应指定救援人员；作业人员应携带低压照明设备、便携式通信设备，穿戴安全帽、工作服和工作鞋，必要时佩戴安全带、索、气体监测设备等安全防护用品，以便一旦发生险情能及时向指挥员汇报，并采取必要的救助措施。

④科学开展救助。在密闭空间人员伤亡的很多案件中，有不少遇难人员是在对遇险的同伴进行救助过程中，由于防护和救援措施不当而导致。当进入封闭舱室的人员发生危险无法自救或窒息时，必须对现场风险进行评估，确定可以安全进入舱室实施救援之前，任何人员不得进入舱室施救；进入作业现场参与救援人员必须佩戴隔绝式呼吸器，并有专人配合，防止发生二次事故。

⑤建立制度，并确保被理解和执行。航运公司应按要求建立和完善关于密闭空间的相关制度，有关密闭空间的作业须知、船员的培训计划和培训记录、密闭空间进入和营救演习记录、应变部署等，都应该以船员的工作语言清晰指示，并加强对船上人员的培训，确保相关规定、制度被理解和贯彻执行。

任务四 船上维护与修理

【任务分析】

为了保持船体及船舶设备处于良好的技术状态,降低修理费用,延长船舶的使用年限,改善船上的生活环境和清洁卫生,使船舶有较好的船容船貌,确保船员的生命安全和货物的正常运输,需要对船体进行保养工作。船体保养工作主要包括船舶清洁、除锈、油漆及甲板设备的养护工作等。本任务主要介绍船舶清洁、除锈、油漆工作中的工作要点和安全规定。

【相关知识】

一、甲板的清洁

1. 作业准备

①培训:作业前要对参加人员进行培训,内容包括作业环境的特殊情况。

②规范着装:作业人员要穿防滑水靴、雨衣和工作服,戴安全帽、手套等劳保用品。

③作业人员分工:作业现场必须有专人指挥,且至少要有两人操纵一条皮龙。

④检查:

A. 作业前检查劳动防护用品穿戴正确,皮龙与皮龙枪连接正确;

B. 皮龙的铺设要理顺,不得有重叠、缠绞、拧结;

C. 将各通风筒关闭好,不能关闭的通风筒应扭转方向,使它背水;

D. 检查舱盖是否封闭水密,甲板上的电源插座是否盖严,住舱的窗户、舷门是否关紧,甲板货是否封闭盖好,甲板上的垃圾是否清除,排水孔是否畅通等。

2. 使用甲板水冲洗作业

甲板一般是用甲板水进行冲洗。

①开启消火栓:消火栓的开启要缓慢,开启之前要通知皮龙枪的操作者注意。

②作业中:船舶摇晃,防护不当,有飞溅物和低温液体,地面滑、场地狭窄、地面高低不平等作业环境不良,可能导致作业人员滑倒摔伤。

③操作皮龙的两人必须密切配合,一人操作皮龙水枪,另一人应积极协助拖曳并整理皮龙。冲洗时一般按由上向下、由上风到下风、由高到低、由舷内到舷外的顺序进行。其他人员用竹扫帚扫出甲板垃圾及污水。

④甲板上油迹较重的地方,可预先用洗涤剂或洒上木屑,然后用竹扫帚清扫,最后用水

冲洗。

⑤用海水冲洗后,最好再用淡水冲洗一遍,这样可以减少锈蚀,冲洗后积水要清扫干净。

⑥禁止事项:严禁站在管路、可移动梯子等不平坦或不牢固的界面上操作高压皮龙。严禁将皮龙枪出水口对准人员。严禁以垂直角度冲洗高处。严禁将冲水皮龙枪口对准弱结构、未经固定的轻物体或天线、仪器、电器、电源插座等进行冲洗。无论何时,严禁皮龙出水口或皮龙枪处在无人控制下开启消火栓。

⑦减压冲洗:对特殊部位冲洗,站位、协助等受限时,应降低出水压力或采取相应措施。

⑧正确使用劳保用品:冲洗水泥等有粉尘的货物时要戴防护眼镜;冲洗有毒物品时,要穿防护服、戴呼吸器等。

3. 用淡水清洗甲板

集装箱船等船舶,由于甲板面积较小且所运货物比较干净,甲板污染较少,清洗甲板时,一般使用淡水。首先用淡水浸湿甲板,用长柄刷抹擦,擦时甲板应保持有水,然后用竹扫帚清扫,用水冲洗。如甲板上有油污时,先用肥皂水洗刷一遍,再用淡水冲净,冲刷以后,必须将积水全部扫净。在平时,雨后也要将积水扫去,保持甲板干燥。

船舶清洁作业一般指用甲板高压皮龙水或船上淡水清洗甲板。使用高压皮龙水清洗时,由于指挥错误、操作错误、监护失误,可能导致作业人员被物体打击、从高处坠落和滑倒摔伤。船舶摇晃,防护不当,有飞溅物和低温液体,地面滑、场地狭窄、地面高低不平等作业环境不良,可能导致作业人员滑倒摔伤。

4. 操作完毕

①先关消火栓或消防泵。结束冲洗作业前,要视情先关消火栓。关闭之前,要开启其他消火栓,以防高压水伤害消防管系。

②清理现场:将皮龙在合适地方晾干后收妥,及时将水枪等工具收妥,清理现场。

二、船舶除锈

1. 除锈工具的使用

(1)手动除锈工具(如图 7-4-1 所示)

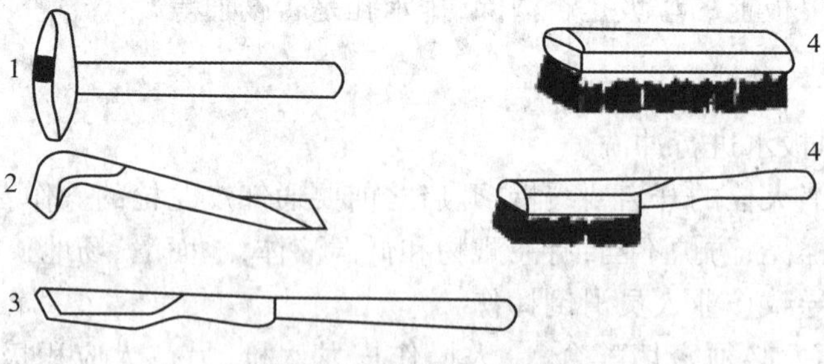

图 7-4-1 手动除锈工具

1—敲锈锤;2—刮刀;3—铲刀;4—钢丝刷

①敲锈锤(Chipping Hammer)

它用来敲斑点状和片状锈。敲锈时持锤柄约1/3处,利用手腕转动锤柄,根据锈的厚薄,用力适当,使锤刃垂直敲击铁锈,但不要损伤钢铁或留有很深的锤痕。

②刮刀和铲刀(Ship Scrapers and Scraper)

刮刀有弯角刮刀和三角刮刀两种。铲刀有木柄铲刀和铜管合金铲刀。铲刀比较锋利,双手持柄往前推铲,粉状锈和老化漆膜都能较快铲净。铲锈时,铲面与钢铁面的角度要适当,否则会损伤钢铁面且效率低。

③钢丝刷(Steel Wire Brush)

钢丝刷有带柄与无柄两种,且有粗丝、细丝区别。铁锈除掉后,都要用钢丝刷将钢铁面上的锈刷净,使之露出光泽来。

④防护眼镜

在敲铲除锈时必须戴上特制的平光防护眼镜,以防铁锈飞溅,伤及眼睛。

⑤除锈工具的刃磨、检修

船上常用的敲锈锤、铲刀常由于敲锈而自然磨损。其不好用时,需要刃磨方能继续使用。一般先在砂轮机上粗磨一下,敲锈锤不要磨得太锋利,在砂轮机上磨时要注意边磨边蘸水,不要让其退火。铲刀或刮刀在砂轮上磨过后最好能在磨石上再磨一下。刀刃锋利后,工作起来又快又省力。敲锈锤、长柄铲刀用后要检修,发现木柄损坏要更换新柄,并要求安装牢固。

(2)机械除锈工具

①电动除锈工具(Electrical Scraper)

A. 手提式电动除锈机

船上常用的一般是手提式电动除锈机。它是由一个除锈器(齿轮、钢片或钢丝刷轮),由电动机通过软管带动与锈蚀表面碰撞、摩擦而除锈(如图7-4-2所示)。除厚锈可使用钢片锤头,除薄锈可使用齿轮锤头,除粉状锈可使用钢丝轮。操作时,左手握住锤柄,右手按住和控制锤头与锈面的接触面。电动除锈机在大面积除锈工作中,效率较高。电动除锈机用完后要清洁一下,将它整理好放回室内。

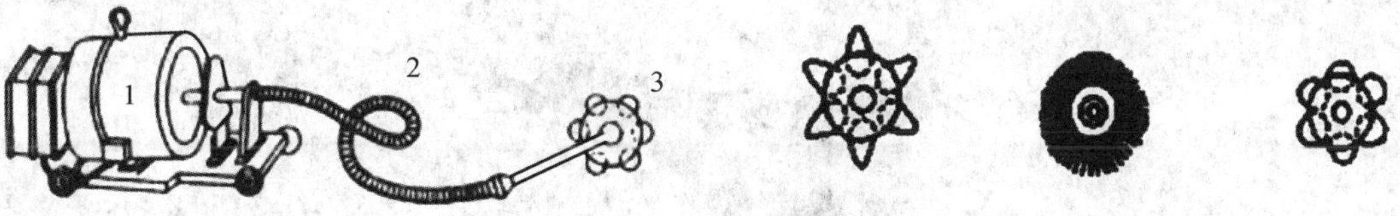

图7-4-2 手提式钢板除锈机

1—电动机;2—软轴;3—除锈器

使用注意事项:

a. 使用前要检查工作电压是否正确,检查电线有无损坏,以免漏电而发生事故。

b. 使用前检查除锈器安装是否可靠,敲锈榔头有无断裂损坏,如发现损坏应立即更换备件。

c. 操作时要戴好防护眼镜。

d. 在使用过程中应时常检查榔头固定螺帽。不要使它有丝毫松动,以免螺帽松动导致榔头摔出伤人。

e. 电机及开关严防进水受潮。

B. 角磨机(Angle Grinder)(如图 7-4-3 所示)

通过更换不同的砂轮片或钢丝刷,角磨机可用来进行除锈、磨光、切割等工作。除锈时应选用细砂轮片,砂轮片应选用增强纤维树脂型,其安全线速度不得小于 80 m/s,利用高速旋转的砂轮将铁锈磨去。由于其清除铁锈时对周围的油漆震动较小,对钢板的损伤也小,所以船上在清除小块铁锈时使用较多。清除薄锈时,将砂轮片换成碗状钢丝刷。

使用注意事项:

a. 作业前的检查应符合下列要求:

(a)外壳、手柄不出现裂缝、破损;

(b)电缆软线及插头等完好无损,开关动作正常,保护接零连接正确、牢固、可靠;

(c)各部防护罩齐全牢固,电气保护装置可靠。

b. 机具启动后,应空载运转,应检查并确认机具联动灵活无阻。作业时,加力应平稳,不得用力过猛。

c. 使用砂轮的机具,应检查砂轮与接盘间的软垫并安装稳固,螺帽不得过紧,凡受潮、变形、裂纹、破碎、磕边缺口,或接触过油、碱类的砂轮均不得使用,且不得将受潮的砂轮片自行烘干使用。

d. 砂轮应选用增强纤维树脂型,其安全线速度不得小于 80 m/s。配用的电缆与插头应具有加强绝缘性能,并不得任意更换。

e. 磨削作业时,应使砂轮与工作面保持 15°~30°的倾斜位置;切削作业时,砂轮不得倾斜,并不得横向摆动。

f. 严禁超载使用。作业中应注意音响及温升,发现异常应立即停机检查。在作业时间过长、机具温升超过 60 ℃时,应停机,自然冷却后再行作业。

g. 作业中,不得用手触摸刃具、模具和砂轮,发现其有磨钝、破损情况时,应立即停机修整或更换,然后继续进行作业。

h. 机具转动时,不得撒手不管。

图 7-4-3　角磨机

②风动除锈器(Pneumatic Hammer)

风动除锈器一般有风锤、风轮和风刷 3 种。风锤借助压缩空气的作用,使锤头做高速度的伸缩运动,敲除铁锈。锤头分尖头、多角形和束状 3 种,在船上敲锈较多使用多角形锤头(如图 7-4-4 所示)。风轮和风刷装在一根可转动的主轴上,由于压缩空气的冲击使主轴高速转动,从而带动风轮或风刷旋转,即可除锈。

风动齿形旋转式除锈器利用高速旋转的齿形片和金属表面的锈层相撞击而除锈,适用于

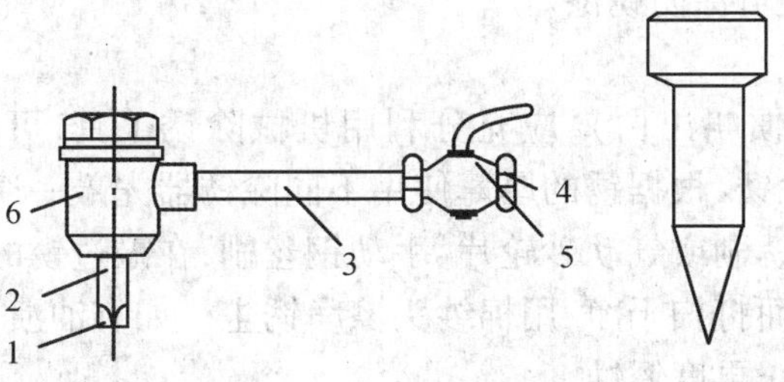

图 7-4-4 风动敲锈锤

1—梅花型锤端；2—锤；3—手柄；4—压缩空气接头；5—开关；6—锤体

除薄锈层和旧漆层（如图 7-4-5 所示）。风动钢丝刷是圆盘形的（如图 7-4-6 所示）。它与一般钢丝刷用途相同，但效率要高出很多倍。

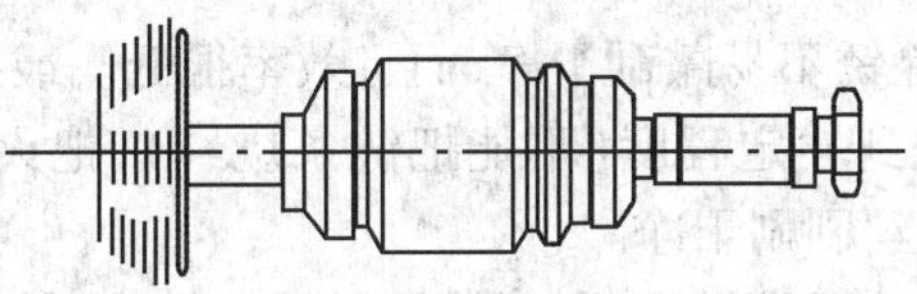

图 7-4-5 风动齿形旋转式除锈器

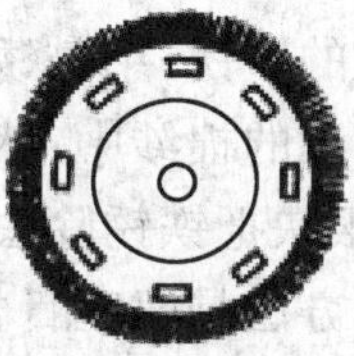

图 7-4-6 风动钢丝刷

使用风动工具除锈时，要注意风管接头是否牢靠。除锈器不能有松裂现象，风压应在 4 个标准大气压以上，否则会影响除锈质量。冬天使用后应把压缩空气储气罐里的剩水放掉，以防工具冻结。连续使用时应经常加油。

2. 除锈方法

一般根据锈蚀的程度、部位采取不同的除锈方法。

船舶常用除锈的方法，按使用工具可分为手工除锈、机械除锈；按操作方法可分为局部除锈、大面积除锈、栏杆除锈、链条除锈。

（1）手工除锈

用敲锈锤、刮刀、铲刀将钢铁表面的锈或氧化层除干净，并用钢丝刷将浮锈刷尽，使钢铁表面显出光泽，然后用棉纱头将钢铁面擦干净。如有必要，还须用铁纱布打磨一遍，用汽油或松香水清洗，将所有的油污、锈粉擦洗干净，然后再涂防锈漆。手工除锈劳动强度大、效率低，但使用灵活，在不能使用机械除锈的处所及局部除锈的部位仍需手工除锈，每小时约可除锈 1 m^2。

（2）机械除锈

用电动或气动除锈机的除锈器，摩擦或撞击金属生锈的表面，从而除去铁锈。由于其除锈的局限性，最好再用手动工具查找一遍，将遗漏的部分除尽。机械除锈主要用于大面积除锈，效率高，每小时可除锈 3~4 m^2。

（3）局部除锈

除锈时只需将生锈的地方用敲锈锤敲掉，然后用铲刀将敲过的地方铲成方形或圆形，并将漆膜周围铲成斜坡形，再用钢丝刷将显露出来的钢铁面上的粉状锈刷尽，使钢铁面露出光泽来，用棉纱头擦净浮锈，便可涂防锈漆。

（4）大面积除锈

船舶大面积除锈（习惯叫出白），应充分利用机械除锈工具，可提高工作效率并且省力。除锈时先用机械除锈机除锈，根据锈的厚薄使用不同除锈器先敲一遍，再用手动敲锈锤将残留的锈敲净，然后用电动除锈刷或气动砂轮片、手动钢丝刷，在敲过锈的钢铁面上刷一遍，使钢铁面露出光泽，最后将除锈面打扫干净，用棉纱头擦净锈尘。如有油渍，可用汽油或松香水清洗，然后及时涂刷防锈漆，防止再度锈蚀。

（5）栏杆除锈

敲铲栏杆铁锈和漆皮，如果使用敲锈锤和刮刀除锈，工作效率较低，可用直径 5 mm 的小链条 1 根，在栏杆上绕 1 周后，用力来回拉动链条，铁锈和漆皮将很快被拉掉。此法对除厚锈效果不佳，有厚锈时，可用敲锈锤和铲刀除锈，最后用钢丝刷刷净，涂上防锈漆。

（6）链条除锈

船上各种链条的铁锈，用敲锈锤和刮刀除锈不易敲刮干净，而且效率很低。最好的方法是将链条放在沾有煤油的棉纱中，然后点燃，烧到一定程度（不能把链条烧红），把火灭掉，用锤子敲打链条，就可很快把铁锈除去，最后用钢丝刷刷干净。

以上几种除锈方法是船工日常养护船舶的通常做法。船舶进厂维修时，多采用高压水、喷砂除锈、抛丸除锈、砂轮除锈等方法进行大面积除锈。此外，还有化学除锈法，即利用酸溶液与金属氧化物发生化学反应来除锈。其使用方法有浸渍、喷射和涂酸膏等，一般都是在厂内进行，船上尚未普遍采用。

3. 除锈要求

（1）出白

出白要求无铁锈、无漆皮、无污物，露出金属的本色。

（2）重铲

对局部腐蚀进行重铲，要求无锈、无污物，保留的漆皮应平整光滑，无酥松或过性漆皮。

（3）轻铲

轻铲要求无浮锈、无污物、无壳起的漆皮。

为达到以上要求，锈蚀处敲、铲后都要用钢丝刷把残剩浮锈擦刷干净。如果不是出白，除掉旧漆露出钢板的部分，应该铲成方形或圆形，钢板周围厚的漆膜要铲成斜坡，以便钢板补漆后漆膜平整。除锈时既要把锈除净，又不能用力太大，避免在钢材上留下锤痕，因为这些锤痕又会产生小的裂缝锈蚀。

4. 敲铲铁锈安全操作注意事项

①敲锈时必须戴上防护眼镜和棉纱手套。

②敲锈锤不能过于锋利，以免敲坏钢板，不应留有很深的痕迹。

③除锈时应先用敲锈锤将片状锈或斑点锈敲掉，再用铲刀将粉状锈铲除，并用钢丝刷刷干净，然后用棉纱擦净锈末。

④敲锈工作告一段落，应将工具收拾好，放回原处摆好，不要乱放，并将锈末打扫干净，及时涂刷上油漆。

⑤多人同时敲锈时，距离必须远些，并要注意锤柄是否松动，以免脱落发生意外。

三、油漆作业

1. 涂漆面的处理

涂漆前必须对涂物的表面进行正确的处理，才能保证涂料的附着力、使用寿命和美观，这对整个施工的质量关系很大。

涂物的表面经处理后应无油污、水分；无锈斑、黏附性的杂质及氧化物；无酸、碱等残留物。

（1）钢铁面的处理

①钢铁表面无锈，漆膜表面因长时间暴露、洗刷，漆膜表面已无光泽或已破损，需要涂漆。涂漆前应先将面上的灰尘、脏物、油渍洗刷干净，待干燥后才能涂漆。

②钢铁表面的漆膜老化，底层漆膜已无防锈作用，应将漆膜全部铲除。如果钢铁表面已生锈，应先将锈除尽，然后用棉纱头擦干净。如果有油漆，可用棉纱头蘸煤油或松香水擦去，才可涂刷防锈漆二度和面漆二度。

③如果钢铁表面局部生锈，可将有锈的地方用敲锈锤敲去，然后用铲刀将敲过的地方铲成方形或圆形，并把方形或圆形四周铲呈斜坡状，最后用钢丝刷刷去粉状锈后，涂刷防锈漆二度和面漆二度。

④如果是新钢板，必须将其表面的氧化铁皮（俗称蓝皮）除净，方可涂刷防锈漆和面漆。

⑤所有电焊过的部位，都要用敲锈锤和钢丝刷将电焊药皮、氧化皮、电焊渣除净后，才可涂刷防锈漆。

（2）木质面的处理

木质面在涂漆前必须干燥。如果木质面在未干前就涂漆，其水分蒸发会引起漆膜起泡。木质面在涂漆前一般必须先刮灰、打磨，然后才能涂漆；也有先涂一度底漆以后再刮灰的。

常用的刮灰工具有牛角刮刀、钢皮刮刀和刮灰板等，如刮圆角面可用橡胶刮刀。一般对木质面的缝、眼、截面和粗糙面都应刮灰填平，对要求较高的涂面还可以进行满刮，即全部刮一遍。

当油灰全部干透后，必须用砂纸打磨，可用 1 号或 0 号砂纸包小木块顺木纹打磨。将物面磨光以后，就可以涂漆。

2. 油漆作业

（1）油漆作业的顺序、操作要求

油漆作业的基本顺序：先上后下，先难后易，先里后外，留有退路。

油漆作业的操作要求：应做到三顺，即一要顺水，二要顺纹，三要顺光。一要顺水，如上层建筑和内部舱室一般采用上下涂刷。二要顺纹，如在木质涂面上应顺着木纹涂刷。三要顺光，如舱室内，天花板应顺着光线射入的方向涂刷。

（2）扁漆刷油漆方法

根据所涂部位的不同采用各种合适的漆刷对提高工作效率非常必要。使用扁刷时最好在刷根部钉一个小钉，以便把漆刷挂在漆桶上。

扁漆刷的握法有两种，一种叫握笔式，另一种叫握锤式。握笔式是基本的握式，一般涂刷小型设备或平面，采用握笔式涂刷很均匀，质量较好。握锤式是普遍采用的方法，在涂刷天花板或大面积涂刷油漆时使用。采用握锤式涂刷方法比较省力，工作效率高。具体施工时可根据需要交替使用。几种漆刷如图 7-4-7 所示。

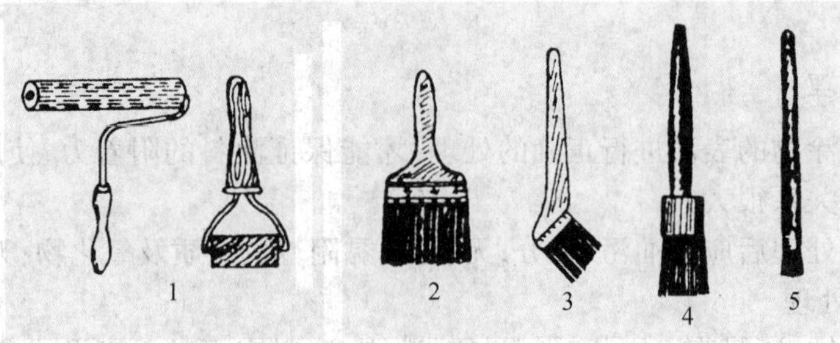

图 7-4-7　漆刷

1—滚筒刷；2—扁刷；3—弯头刷；4—圆刷；5—笔刷

涂刷油漆时，漆刷毛蘸油漆 1/3~1/2，然后把漆刷毛朝上，不使所蘸油漆下滴，再将油漆刷到涂面上。首先把油漆推开，转动漆刷使涂面上的油漆摊得又薄又匀，特别是涂刷不光滑的涂面，手腕要灵活转动，使涂面上每个小凹洞都能涂上油漆。如先横向涂刷，再进行上下方向修拉漆纹。每次漆刷拉漆纹方向一致，才能使油漆面接头平顺。

涂刷油漆时，有时必须涂刷两种不同颜色，如涂刷船壳水线等，交界处必须刷得直，应先涂刷浅色的，后涂刷深色的，先上后下，深色覆盖浅色要等被覆盖的漆表面干后方可进行。刷线时为了将漆刷拿稳，可以把中指、无名指和小指伸直，帮助大拇指及食指用力，就可拿稳漆刷，容易刷直。

涂刷油漆的基本原则是：先上后下，即先涂刷上面后涂刷下面；先难后易，即先涂刷角落及狭窄的部位，后涂刷容易的部位；先里后外，即先涂刷里面，后涂刷外面。

如涂刷上层建筑物和内部舱室，一般采取上下垂直的漆纹，这样在雨天或清洁油漆面时水容易流下，平时也不易积聚灰尘。它的操作步骤如下：

先从左到右上下垂直地涂刷，使蘸在漆刷上的油漆摊开，接着是左右来回涂刷，使已涂刷在涂刷面上的油漆被刷得又薄又均匀，再上下来回垂直涂刷，使油漆漆纹清楚，油漆不流挂。

如涂刷船体内部及舱室天花板，则漆刷要少蘸漆，以免油漆滴下。涂刷要快。漆纹要按照光线方向，纵向或横向要一致，决不要有的刷纵向、有的刷横向，影响美观。如天花板是木质的，则应按木质纹路涂刷。

（3）滚筒刷涂漆方法

滚筒刷有长柄和短柄两种。所谓长柄，就是由短柄滚筒刷用细铅丝接上长竹竿做成。用铅丝绑扎时最少要扎绑两道，以确保牢固，竹竿长短可根据工作需要确定。根据需要采用不同规格大小的滚筒刷，便于操作和提高工作效率。滚筒刷的操作比较简便，工作效率高，现代船舶越来越大，在船上人员少、保养工作多的情况下更显示了滚筒刷涂漆方法的优越性。其缺点就是比较浪费油漆。但油漆质量比采用扁刷差，油漆面干后光泽也差。为了保证油漆质量，增强油漆附着力，要求在使用滚筒刷时要来回接滚，以增强油漆的附着力。

滚筒刷使用的油漆桶一般采用长方形桶并配有漏板。为了减少不必要的浪费，特别是油漆船壳时滚筒上油漆不宜太多，并要在油漆桶的漏板上滚一下，达到滚筒上的油漆既饱和、均匀，又不下滴的目的。

除船壳、甲板外一般采用滚筒刷涂漆方法配合扁刷进行涂刷，这样既能发挥滚筒刷涂刷的优势，又能显示扁刷的优点，其方法是先用滚筒滚过后，再用扁刷上下或左右拉顺。此种方法要求配合好。滚筒刷滚涂一块，扁刷拉刷一块，特别是干燥天气，更要注意抓紧时间。也可两人配合施工，一人操作滚筒，一人跟在后面操作扁刷。

（4）喷涂

有的船配有供喷涂用的小壶喷枪和压缩空气机（如图 7-4-8 所示），或大壶喷枪（如图 7-4-9 所示）。小壶喷枪的空气喷嘴与料嘴互相垂直并有适当距离。当贮料罐加入油漆并盖好后，枪体接上压缩空气胶管，扳动扳机，高速的压缩空气从空气喷嘴喷出，使料嘴内形成负压，将油漆引出，吹散成雾，喷向涂面。大壶喷枪贮料罐容量较大，喷出的涂料呈扇形。扇形幅度和涂料流量可以由枪身后端的调节螺栓进行调节。

使用小壶喷枪喷涂时最好使用喷漆（硝基类）。但从防火的要求来考虑，船上不能使用喷漆。如喷涂油性油漆，则要多加清油和松香水稀释。稀释后的油漆一定要经筛子过滤，以免粗粒堵塞喷枪孔道及影响漆膜的平整。喷涂前要先试涂，如雾化不良，涂面会产生橘皮现象，可多加些稀料；漆面产生流挂时，则应少加稀料。漆雾太粗，可将压缩空气压力调高。部分漆雾未到涂面已飞扬在空气中，则应将压力调低。喷嘴与涂面的距离为 20 cm 左右，太近会产生流挂，太远又会发生喷雾干结现象。喷涂时，喷枪喷嘴与涂面应成直角。漆膜的厚薄与喷枪移动速度有关，移动的速度均匀，漆膜厚薄也均匀，喷涂的每度漆膜不能太厚。涂法应以纵横交替，先纵向后横向或先横向后纵向喷，一遍喷涂完就完成了一度。用喷涂法涂层均匀，对于凹凸不平、缝隙、曲面等区域喷涂效果比刷涂好，并提高了工效。但喷涂中压缩空气虽经过滤，仍不可避免地混有少量水分和油分，对漆膜质量有一定影响，喷涂时涂料和稀料在空中扩散，对人体有害，在通风不良处所，遇明火还可能引起火灾，应该注意防护。

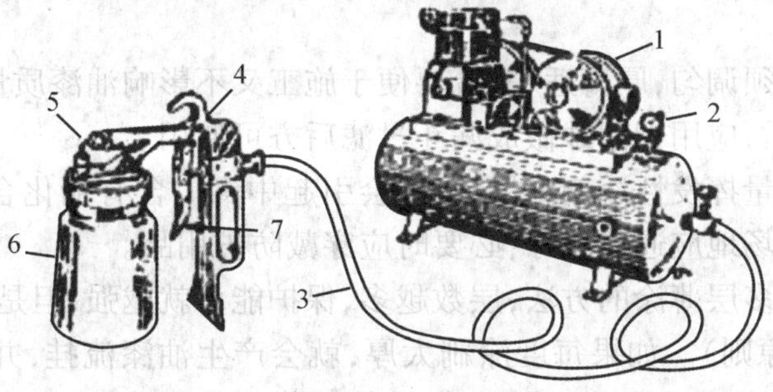

图 7-4-8 小壶喷枪和空气压缩机

1—空气压缩机；2—压力表；3—软管；4—喷枪；5—喷嘴；6—贮料罐；7—扳机

3. 油漆施工注意事项

①油漆施工最好安排在春、秋两季，干燥无风，气温在 5~25 ℃时进行。

在烈日和高温下油漆易产生漆膜流挂，干燥后裂纹、起皱，稀释剂容易挥发。在潮湿天气最好不要进行油漆施工，因为在潮湿表面上油漆附着力很不牢固，并且会使漆膜长时间不干。露水会使漆膜出现白色水点，降低漆膜质量。刮大风天气也不适宜进行室外油漆施工。由于风的作用使稀释剂挥发过快，不利于施工人员操作，涂刷稍不注意就会产生漆膜厚薄不均或皱纹皮现象。同时风把烟囱的烟灰和周围及码头上的灰沙刮起沾在新涂的油漆面上，使油漆面污浊，粗糙难看。

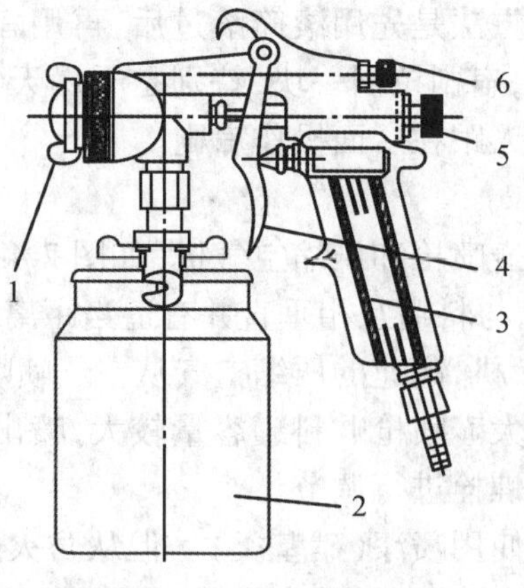

图 7-4-9　大壶喷枪

1—喷嘴；2—贮料罐；3—手柄；4—扳机；5—流量调节螺栓；6—幅度调节螺栓

②涂面要干净、干燥，否则会影响漆膜质量。

③工作人员进行油漆施工作业时要戴棉纱手套，手边要有一团棉纱，当油漆滴下时要及时擦掉，并保持漆刷的清洁。刷子蘸漆宜少，勤在桶沿上刮，防止滴淋油漆。

④一般情况下油漆在4 h可达到表面干燥，但完全干燥需24 h以上，上一度油漆没干透时不能涂刷第二度，否则会引起皱纹或龟裂。

⑤铝合金及镀锌零件上不允许用含有铜、汞、铅、明黄和铁红做颜料的底漆。

⑥不同颜色相接或打线时，一般情况下分两次涂刷，即第一色漆干后再涂另一色漆。不同色漆同时涂刷时，先涂的色漆在相交处要薄涂一些，以免两色漆相交处因漆厚发生相混互渗现象。

⑦油漆使用前必须调匀，厚薄适中，既要便于施工又不影响油漆质量。漆桶和调漆工具要清洁，如有漆皮或杂质，应用铜网纱做成漏斗过滤后方可使用。

⑧油漆中含有大量挥发性溶剂，过量吸入会引起中毒。含有铜化合物及有毒颜料的油漆都应防止吸入。工作场地应通风良好，必要时应穿戴防护用品。

⑨漆膜应该采用多层薄涂的方法，层数越多，保护能力就越强，但是每涂刷一度，越薄越均匀越好（以不露底为原则）。如果每度涂刷太厚，就会产生油漆流挂，并且因为表面干燥之后底层接触不到空气，长期不会干燥，干燥后也会产生皱纹和裂纹，影响漆膜质量。

4. 结束工作——油漆场所的维护

油漆工作结束后，油漆场所，特别是过道处可用小绳拦挡，并在油漆场所附近做好标识，告知船员注意，以防止油漆未干，人走上去而使油漆面被破坏。油漆工作完成后，应及时将小漆桶剩余的油漆刮净，并入一个桶里，上面加一层漆油以免油漆结皮。油漆开桶后未用完应及时将桶封闭严密，以免造成浪费。暂时不用的油漆桶应刮洗干净。如因久放造成桶内积存漆皮太厚，可用微火将漆皮烧掉，然后用棉纱或干布擦干净。烧时要选择安全防火的地方。

每次涂刷工作完毕后应将漆刷上剩余的油漆涂刷完或在油漆桶上处理干净。如暂时不用，应把它放入水中，以免刷毛变硬不能使用而造成浪费。如漆刷准备改涂别的颜色（特别是深色改淡色）或准备收藏，则应用松香水或煤油将漆刷上的油漆洗干净，再用热肥皂水和清水洗干净，待晾干后使用或收藏。使用新漆刷时应将新刷用温水浸泡一下，可防止漆刷脱毛或刷毛太硬。

四、油漆知识

1. 油漆的成分

油漆也叫作涂料。涂料是一种含油或不含油的胶状溶液,将它涂敷在物体表面上,可以结成一层薄膜保护物体。最早的涂料是以植物油和天然漆为原料制作的,所以叫油漆。随着科学技术的进步,现在大量采用人造有机合成的树脂作原料,用有机溶剂作稀料,可以少用油或不用油来生产涂料。

船用涂料一般由油料、树脂、颜料、稀释剂和辅助材料等成分组成。油料和树脂是漆膜的主要成膜物质(黏结剂)。次要成膜物质(颜料)能使漆膜具有各种颜色,并且能增强漆膜的强度,有些颜料还具有抑制金属腐蚀、耐高温等作用。稀释剂用于溶解和稀释树脂和油料,改变涂料的黏稠度,以便于施工。辅助材料是涂料中的催干剂、增韧剂、固化剂、防潮剂等的统称,对漆膜的形成和性能起辅助和改善作用。

2. 油漆的特征

油漆可用作船体的保护层,因为它具有以下特性:

①附着能力:油漆是一种胶状物质,能够在任何形状的物体表面结成薄膜,且附着比较牢固。

②不渗透性:对水和化学盐类不渗透,从而可使物体表面不受浸溃腐蚀。

③耐气候性:能耐日光照射而不变色、不粉化、不变质,受干湿交替或温度变化而能在一定时间内保持漆膜完好的性能。

④物理性的保护能力:油漆能形成坚固的膜层,以防止物体表面直接受到摩擦、冲击。

⑤阻止生锈的化学性能和其他特殊性能:如有的油漆有耐热、耐酸、耐碱等特殊性能。

⑥装饰作用:油漆光亮漆膜可使船体整洁美观。

3. 常用油漆的种类

(1)红丹防锈漆(Red Lead Primer)

红丹防锈漆的颜料主要成分是四氧化三铅(Pb_3O_4),它和钢铁表面直接接触时能使钢铁表面氧化成主要成分为三氧化二铁(Fe_3O_2)的均匀薄膜。这层薄膜坚固地附着在钢铁表面,避免使钢铁更深地锈蚀下去。红丹防锈漆的防锈性能和附着力都比较好,但是它的比重大,粒子粗,含毒性,并且能被海水溶解。船上常用它来作打底漆,特别是用在防锈要求较高的甲板上。

(2)各色防锈漆

防锈漆可用作防锈打底涂层。常用的有铁红防锈漆,它的附着力强,防锈性能仅次于红丹,涂于室内外防锈要求不太高的钢铁表面作打底用。锌黄防锈漆有耐高温、附着力强、防锈性能良好及干性快等特性,适用于铝、锌及铝合金表面防锈。

(3)调和漆和磁漆(Veady Mixed Paint, Ename)

调和漆是用精炼干性油、颜料和溶剂等经研磨配制而成的。调和漆在船上使用广泛,它的附着力和耐气候性都很好,使用方便,并有一定的防锈作用,但干燥速度较慢,漆膜较柔软。

磁漆用颜料和清漆配成,并加入一定的稀料。它和一般调和漆相似,但质量比较好,干燥后光泽强,色彩鲜艳,漆膜平整强度大,干燥性也较好。

各色调和漆及磁漆通常用作室外表面的罩面漆。

(4)清漆(Varnish)

清漆用来调制磁漆,或单独用于木质表面。它不含颜料成分,特点是干燥速度快,漆膜坚韧,光亮平滑,耐水性强等。常用的有:

①凡立水:用树脂、漆油、稀料、催干剂炼制,对木质的保护作用很好。

②泡立水:也叫虫胶漆,有配制好的,也有用鳞片状的漆片(俗称洋干漆)在使用时用酒精泡制的。其特性是漆膜强度大,平滑光亮,但因温度、湿度的剧烈变化容易使漆膜破坏,所以只用于室内。它是木质家具的优良涂料。

(5)黑沥青漆(Bituminaus Solution)

黑沥青漆俗称"水罗松",即黑沥青液(水柏油)。它的特性是:能防锈、防腐、防水和防化学品的侵蚀,但不耐久、不耐日光并且有毒。其一般用于锚链舱或污水沟等内部阴暗潮湿之处。使用黑沥青漆时不需要打底漆。

(6)甲板漆(Deck Paint)

甲板经常被海水冲刷侵蚀,装载甲板货时也易发生摩擦,所以甲板漆不仅需要防锈,还要求具有耐摩擦、耐日晒、耐化学品腐蚀、耐海水等性能。因此甲板漆一般用耐磨性强的酚醛漆料和颜料配成。

甲板防滑漆是以醇酸树脂为原料,加入氧化铁、铬黄、滑石粉、石棉等配制,用时再拌入约1/10的黄沙、2/10的水泥。

(7)船壳漆和水线漆(Topside Paint,Boottopping Paint)

船壳漆是一般的防锈漆,它有比较好的耐海水腐蚀、耐气候性,也比一般油漆美观、有光泽。

水线漆是用在船舶轻载水线和重载水线之间的油漆。这一部分船壳,由于装卸货物的原因时干时湿,当干燥的漆膜浸入海水后,漆膜就逐渐吸收水分,露出水面后所吸收水分又从漆膜中蒸发出来,加上海水的冲击,使漆膜损耗极大。因此水线漆除要求具有良好的隔水、防锈性能外,还必须具有很好的附着和耐气候性。由于水线部位作业只能在船舶轻载时来进行,因此还要求其具有快干性。

船壳漆和水线漆的颜色需按公司规定选用。

(8)船底漆(Ship Bottom Paint)

船舶轻载水线以下的船壳部分所用油漆膜称为船底漆。由于船底漆的涂刷只能在船坞内进行,因此要求其除具有防锈、防污性能外,还要具有耐久、快干、附着力强等特性。船底漆一般包括以下三种:

①底漆:在处理好的船底板上涂底漆两度,起防锈和隔水作用。

②防锈漆:在底漆干后,涂防锈漆两度,它除了可防锈外,还可使防污漆牢固地附着在它的表面又不渗透进去而腐蚀钢板。

③防污漆:掺有化学毒素的油漆,如氧化桐、氧化汞等,能防止海藻、贝类寄生物在船底生长,保持船底光滑。

船底漆都是成套配制。目前我国船舶使用的有氯化橡胶沥青、氯化橡胶和环氧沥青系列高性能配套船底涂料,其使用寿命均在3年以上。

(9)银粉漆(Aluminum Primer)

银粉漆既有配制好的,也有将铝粉和油料分开盛装,使用前将两者调匀的。自己调制时,可用1 kg铝粉加4 kg清漆,并加适量稀料和催干剂调匀后使用。银粉漆具有防锈、耐热、反光的特性,常用于发热管路和机器上,也可用作烟囱的底漆。

(10)烟囱漆(Fannel Paint)

先用黄酚醛烟囱漆打底两度,再用锌黄防锈漆打底一度,然后按规定所需的色漆涂刷烟囱标志。

(11)油舱漆(Oil Tank Paint)

石油产品的有机酸和硫的腐蚀性较强。油舱中油与海水经常交替装载,用高温高压海水洗油舱造成的腐蚀更为严重。因此油舱漆要求使用附着力强、耐腐蚀、耐冲击的涂料。目前采用环氧铁红防腐漆效果较好。

上述为船舶常用的几种油漆。此外,为适应具体需要还有许多特种油漆和涂料,如加上硼酸盐制成的防火漆,电气部分采用的绝缘漆,双层底、尖舱及污水沟使用的水泥涂料等。随着油漆工业的发展,新的涂料也不断出现,如硝化棉纤维喷漆,它以香蕉水为溶剂,性能好且成本低,但在船上施工受限。乳胶油是水溶性的涂料,用乙酸乙烯为原料,耐水、耐晒、耐久,可以在潮湿表面施工。还有不除锈涂料,使用前把转化液和成膜液搅匀涂刷,它能将铁锈转化为涂料的组成部分,可省去除锈的繁重劳动,但对厚锈效果差,对有旧漆面的区域不能使用。

4. 油漆存储的注意事项

①为避免油漆中的颜色沉淀和结块,每2个月应将每桶油漆上下倒置一次,特别是含铅的防锈漆。

②油漆应存放在远离高温、通风并有灭火装置的专用舱室内。一般涂料应存放于0 ℃以上、40 ℃以下的环境中,锌粉和无机锌涂料储存于30 ℃以下、相对湿度为70%以下的环境中,以免结块变质。即使是在室外临时堆放,也应具有遮阳避雨设施。

③根据油漆桶上保质期的长短来确定船存油漆的使用顺序,尽量在储存有效期内将船存油漆使用完。如油漆已超过储存期,使用前应检查油漆是否变质,确认没有变质方可使用。

④整桶油漆开启后,如见油漆表面已形成漆皮,则可沿边割开并除去此膜,然后充分地搅拌油漆,在涂漆时还要不停地搅拌。

⑤油漆一次未用完,在给油漆桶盖好盖后要摇晃一两分钟,以使桶内密不透风,避免形成漆膜。

5. 油漆用量估算

油漆的涂盖面积和底质、气候、涂刷技术等有关,油漆用量除参照厂方说明外,还可根据所使用的涂料种类和理论涂布率来估算,如:

醇酸油漆的理想干膜厚度是40~50 μm,理论涂布率为8~10 m^2/L;

氯化橡胶漆的理想干膜厚度是80 μm,理论涂布率为5 m^2/L;;

环氧树脂漆的理想干膜厚度是100~125 μm,理论涂布率为5~6 m^2/L;

沥青类油漆的理想干膜厚度是175 μm,理论涂布率为3 m^2/L。

对于旧钢板,使用量要略增加,使用滚涂较刷涂用量约增10%。在油漆工作进行前,可粗略地估算油漆用量,避免用量不够和造成浪费。涂刷面积可按下列各式估算：

①船底（包括水线间面积）：

$$A_1=(2D+B)\times L_{BP}\times P(\mathrm{m}^2)$$

式中:D——满载吃水,m;

B——船宽,m;

L_{BP}——两柱间长度,m;

P——造船系数,大油船取0.9,散装船取0.85,杂货船取0.7~0.75。

②水线间：

$$A_2=2H(L_{BP}-0.5B)(\mathrm{m}^2)$$

式中:H——水线间的高度,m。

③干舷：

$$A_3=2H(L_{OA}+0.5B)(\mathrm{m}^2)$$

式中:H——干舷高度,m;

L_{OA}——船舶总长度。

④甲板：

$$A_4=L_{OA}\times B\times N(\mathrm{m}^2)$$

式中:N——系数,大油船及散装船取0.92,杂货船取0.88。

部分的面积可以按几何图形来估算。

6. 油漆的配套使用

油漆品种繁多,所用基料(即主要成膜物质)成分不同。如使用不当,漆膜不仅容易脱落,而且容易开裂、粉化,造成极大浪费。在油漆面上涂漆的配套可参照表7-4-1。

在使用时最好选用制造厂配好的配套油漆,原则上油性油漆、合成树脂及沥青漆等不要上下覆盖,特别是沥青系油漆不要与其他油漆互相混用。

各种油漆使用的稀料也不同:天然树脂应使用松节油;各种油性油漆、合成树脂类油漆一般使用200号汽油溶剂(也叫松香水);沥青漆、氯化橡胶漆则使用200号煤焦溶剂;虫胶漆使用酒精;各种喷漆使用香蕉水。

表7-4-1 油漆配套使用表

上层油漆种类	下层油漆种类															
	油性系漆		沥青系漆		氯化橡胶系漆		环氧树脂系漆		焦油环氧系漆		乙烯系漆		醇酸树脂系漆		酚醛树脂系漆	
	新	旧	新	旧	新	旧	新	旧	新	旧	新	旧	新	旧	新	旧
油性系漆	◎	◎	△	×	×	○	○	○	○	○	○	○	○	○	○	○
沥青系漆	×	△	◎	◎	○	○	○	○	○	○	○	○	×	△	×	△
氯化橡胶系漆	×	×	×	△	◎	◎	○	○	△	○	○	○	△	△	×	△
环氧树脂系漆	×	×	×	×	○	○	◎	◎	△	△	○	○	×	×	×	×
焦油环氧系漆	×	×	○	○	○	○	○	○	◎	◎	○	○	×	×	×	×
乙烯系漆	×	×	×	×	○	○	○	○	○	○	◎	◎	×	×	×	×
醇酸树脂系漆	△	○	×	×	×	○	○	○	○	○	○	○	◎	◎	○	○
酚醛树脂系漆	○	○	×	×	×	○	○	○	○	○	○	○	○	○	◎	◎

注：◎—— 最佳 ○—— 可以用 △—— 要注意 ×——不能用

【拓展知识】

船舶油漆保养手册

Owner:　　　　**Vessel Name:**

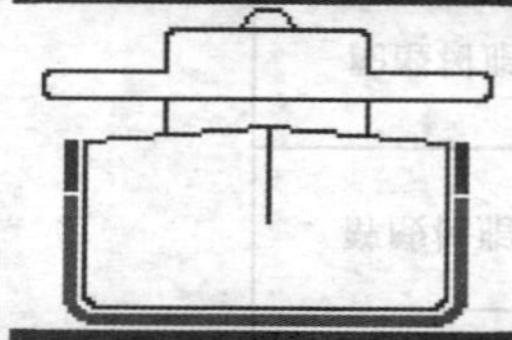

干舷与舷墙外侧：

改性环氧耐磨保养漆码(125 μm×2)铝/灰色

Jotamastic Smart Pack Alu+Grey

脂肪族聚氨酯面漆(50 μm)船壳蓝色

Hardtop XP RAL5015

直底：

改性环氧耐磨保养漆(125 μm×2)铝/灰

Jotamastic Smart Pack Alu

乙烯环氧漆(100 μm)浅黄色

Safeguard Universal ES Buff

无锡自抛光防污漆900(100 μm×2)棕/红棕

Seaconomy 900 Brown

无锡自抛光防污漆

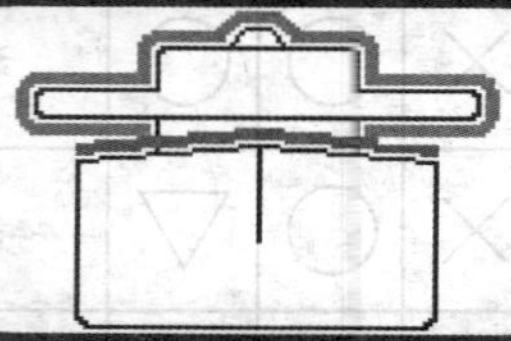

上层建筑（外墙：

改性环氧耐磨保养漆(125 μm×2)铝/灰色

Jotamastic Smart Pack Alu+Grey

容易涂聚氨酯面漆(50 μm×2)白色

Jotafix PU Topcoat White 001

露天甲板：

改性环氧耐磨保养漆(150 μm) 铝色

Jotamastic Smart Pack Alu

容易涂聚氨酯面漆(100 μm)

Jotafix PU Topcoat Green 137

救生艇标志漆：

舱口围/盖外部：

改性环氧耐磨保养漆(150 μm) 铝色

Jotamastic Smart Pack Alu

纯环氧面漆 (100 μm)

Penguard Topcoat Alu

货舱内部、舱盖板内部、吊机内部、空舱、管弄、锚链孔及其他内部舱室：

改性环氧耐磨保养漆(100 μm×2)铝/灰色

Jotamastic Smart Pack Alu+Grey

压载舱、污水舱：

通用耐磨环氧漆(160 μm×2) 铝红+灰色

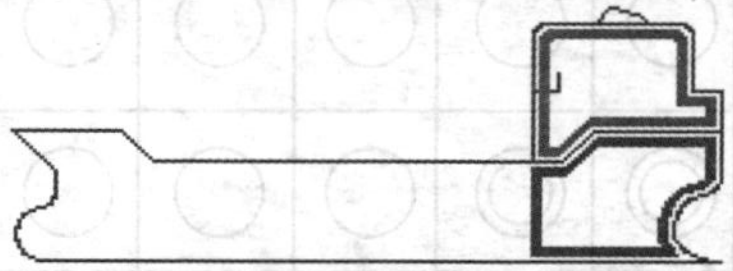

房舱内部（生活区内部、内舱内部、甲板、墙面、二氧化碳室、舱梯通道）：

醇酸底漆(40 μm)　红色+灰色

Alkyd Prime　Red + Grey

醇酸面漆(40 μm)　白 001

Pilot II　White

机舱标志漆：

醇酸面漆　黑色/标志黄 258/标志红 926/苹果绿 437(机舱设备)

Pilot II　Black/Yellow 258/Red 926/ Green 437

900(100 μm)红棕

Seaconomy 900 Redbrown

平底

改性环氧耐磨保养漆

(125 μm×2)铝/灰

Jotamastic Smart Pack

乙烯环氧漆(100 μm)

浅黄色

Safeguard Universal ES Buff

无锡自抛光防污漆

900(110 μm×2)棕/红棕

Seaconomy 900 Brown/Redbrown

醇酸面漆

标志橙

Pilot II

Orange 439

Jotacote N10 Art +Grey

机舱耐热漆：

铝粉耐热漆/Aluminium Paint HR (250 度)

有机硅耐高温漆/Solvalitt (600 度)

佐敦稀释剂：

稀释剂 2 号/Thinner No.2 (醇酸油漆)

稀释剂 7 号/Thinner No.7 (丙烯酸油漆)

稀释剂 10 号/Thinner No.10 (聚氨酯油漆)

稀释剂 17 号/Thinner No.17 (环氧油漆)

日常保养程序：

1. 表面处理

表面处理的效果是影响油漆保养效果的主要因素。用蘸有溶剂或去污剂的布清除表面的油脂或其他污染物；用钢丝刷或打磨盘去除表面的锈蚀或松动的油漆。对于锈蚀严重的区域，应选用动力工具来处理锈坑和锈斑。覆涂之前要保持表面清洁干燥。

2. 油漆选择

按照上图所示部位选择相应油漆系统，估算所需的油漆量，并注意大、小桶配套使用时的比例。如果板材表面只是面漆破损，则在保养时只需选用相应的面漆；如板材表面已有锈蚀，则需要选用相对应的底漆。另外，需要使用稀释剂进行稀释时，要注意牌号，避免用错。

3. 油漆施工

油漆施工前请注意穿戴好防护口罩、防护服、手套等。如因为油漆引起相关症状请参照油漆桶上的提示进行处理，也可参照说明书。施工时油漆要充分搅拌。施工时要注意漆膜均匀，且要保证一定的厚度。前度油漆干燥后再进行覆涂（间隔时间参照说明书），覆涂时还需保持表面清洁无杂物。

4. 油漆及工具用后处理

油漆施工结束后，工具要及时用相应的稀释剂进行清洗，避免油漆干燥凝结损坏工具。多余的醇酸和丙稀酸油漆需放置时应注意密封，避免干燥。多余的已加入固化剂的环氧油漆应按照环保要求进行处理。施工结束后应及时清洗皮肤，避免油漆引起过敏反应。应对已施工区域进行跟踪，观察施工结果。

附　录

附录一　海船船员考试大纲(2022 版)(节选)

船舶管理(500 总吨及以上船舶二/三副)

9405:无限航区 500 总吨及以上船舶二/三副

9406:沿海航区 500 总吨及以上船舶二/三副

考试大纲	适用对象	
	9405	9406
1　监督遵守国际公约要求		
1.1　SOLAS 公约		
1.1.1　一般条款	√	√
1.1.2　分舱和稳性、机器和电气装置	√	√
1.1.3　防火、探火和灭火	√	√
1.1.4　救生设备和装置	√	√
1.1.5　无线电通信	√	√
1.1.6　航行安全	√	√
1.1.7　货物运输	√	√
1.1.8　ISM 规则	√	
1.1.9　加强海上保安的特别措施	√	
1.1.10　加强海上安全的特别措施	√	√
1.1.11　SOLAS 公约最新修正案	√	√
1.2　港口国监督概述、港口国检查、违规与滞留、操作性要求监督指南、ISM 规则港口国监督导则、最低配员标准和发证、港口国检查备忘录组织		
1.2.1　港口国监督概述	√	
1.2.2　港口国检查	√	
1.2.3　违规与滞留	√	
1.2.4　操作性要求监督指南	√	

（续表）

考试大纲	适用对象	
	9405	9406
1.2.5　ISM 规则港口国监督导则	√	
1.2.6　最低配员标准和发证	√	
1.2.7　港口国检查备忘录	√	
1.3　MARPOL 公约（如适用）		
1.3.1　公约定义和概述	√	√
1.3.2　防止油污规则	√	√
1.3.3　防止散装有毒液体物质污染规则	√	√
1.3.4　防止海运包装有害物质污染规则	√	√
1.3.5　防止生活污水污染规则	√	√
1.3.6　防止垃圾污染规则	√	√
1.3.7　防止大气污染规则	√	√
1.4　国际载重线公约		
1.4.1　适用范围和基本要求	√	√
1.4.2　定义	√	√
1.4.3　载重线标志	√	√
1.4.4　对船员的保护	√	√
1.5　STCW 公约		
1.5.1　概述	√	√
1.5.2　定义和说明	√	√
1.5.3　证书签发和签注	√	√
1.5.4　适任最低要求	√	√
1.5.5　值班原则	√	√
1.6　国际卫生条例		
1.6.1　定义	√	
1.6.2　航海健康申报、接种证书	√	
1.7　海事劳工公约		
1.7.1　公约简介	√	√
1.7.2　海员上船工作的最低要求	√	√
1.7.3　就业条件	√	√
1.7.4　健康保护、医疗、福利及社会保障	√	√
1.8　压载水和沉积物控制与管理公约		
1.8.1　公约概述、定义	√	

（续表）

考试大纲	适用对象	
	9405	9406
1.8.2 基本内容	√	
1.9 联合国海洋法等国际公约		
1.9.1 海洋法公约概述	√	√
1.9.2 领海和毗连区	√	√
1.9.3 国际海峡	√	√
1.9.4 专属经济区和大陆架	√	√
1.9.5 公海	√	√
1.9.6 海洋环境的保护	√	√
2 国内海上交通安全与环境保护法规和规范		
2.1 海上交通安全法与船员条例		
2.1.1 海上交通安全法	√	√
2.1.2 船员条例	√	√
2.2 船舶登记与配员管理		
2.2.1 船舶登记条例	√	√
2.2.2 船舶最低安全配员规则	√	
2.3 海船船员值班规则		
2.3.1 总则	√	√
2.3.2 航次计划及值班一般要求	√	√
2.3.3 驾驶航行值班	√	√
2.3.4 港内值班	√	√
2.3.5 驾驶、轮机联系制度	√	√
2.3.6 值班保障	√	√
2.3.7 法律规定	√	√
2.4 船舶安全监督管理		
2.4.1 船舶安全监督管理规则	√	√
2.4.2 船舶港内安全作业监督管理办法	√	√
2.5 海事行政处罚管理		
2.5.1 海上海事行政处罚规定	√	√
2.5.2 船员违法记分办法	√	√
2.6 货物安全运输管理		
2.6.1 船舶载运危险货物安全监督管理规定	√	√
2.7 船舶交通和进出港管理		

（续表）

考试大纲	适用对象	
	9405	9406
2.7.1　关于外国籍船舶进入中华人民共和国领海报告要求的公告	√	
2.8　海上事故调查管理		
2.8.1　海上交通事故调查处理条例	√	√
2.8.2　海上船舶污染事故调查处理规定	√	√
2.9　防治船舶污染管理		
2.9.1　海洋环境保护法	√	√
2.9.2　防治船舶污染海洋环境管理条例	√	√
2.9.3　船舶水污染物排放控制标准	√	√
2.10　船员劳动合同相关法规规定	√	√
2.11　海员船上工作和生活条件管理办法(MLC 考核)	√	√
2.12　国内航行海船法定检验技术规则(如适用)		
2.12.1　概述		√
2.12.2　法定证书		√
2.12.3　检验种类		√
3　防止船舶污染海洋环境		
3.1　船舶污染海洋的途径	√	√
3.2　船舶污染对海洋环境的损害	√	√
3.3　防止船舶污染海洋环境的措施	√	√
3.4　船舶防污染技术与设备		
3.4.1　防止油污染	√	√
3.4.2　防止生活污水污染	√	√
3.4.3　防止船舶垃圾污染	√	√
3.4.4　防止大气污染	√	√
3.4.5　压载水管理	√	
4　海上应急反应		
4.1　应急程序		
4.1.1　应急计划介绍	√	√
4.1.2　各种应急情况下的应急措施	√	√
4.1.3　非客船上保护旅客的职责,包括指定专门人员负责,应急通道秩序维护,引导旅客至集合地点,清点人数,救生衣正确穿戴检查,指导旅客安全进入救生艇或救生筏,确保救生艇	√	√
4.2　船舶碰撞或搁浅初步应急措施		

（续表）

考试大纲	适用对象	
	9405	9406
4.2.1　搁浅前应采取的应急操船措施,危害及损害的评估和控制,搁浅后应采取的措施和脱浅方法及脱浅拉力的估算	√	√
4.2.2　碰撞前、后应采取的应急操船措施,碰撞后损害的评估和应变部署,碰撞后续航、抢滩或弃船时的注意事项	√	√
4.2.3　堵漏器械和堵漏方法	√	√
4.3　救助落水人员、协助遇险船舶、港内应急反应应遵循的程序		
4.3.1　救助遇险或遇难船上人员,包括救助时机、救助设备准备,救助艇或机动艇运用,救助方法,撒油镇浪等注意事项	√	√
4.3.2　港内应急反应,包括港内应急救援力量,火灾的防火控制图的配置要求、保存地点及更新、临近其他船舶发生火灾的应急措施、驶离码头的时机等,临近其他锚泊船走锚的应急措施	√	√
5　领导力和团队工作技能的运用		
5.1　船上人员管理和培训的实用知识	√	√
5.2　了解和具备有效资源管理的能力	√	√
5.3　了解和具备决策制定技巧	√	√
5.4　具备任务和工作量管理的能力	√	√
6　安全管理体系基础知识		
6.1　管理的基本原则		
6.1.1　管理的人本原则	√	√
6.1.2　管理的系统原则	√	√
6.1.3　管理的效益原则	√	√
6.2　管理体系概述		
6.2.1　管理体系的定义	√	√
6.2.2　管理体系的相关术语	√	√
6.2.3　相关管理体系介绍	√	√
6.3　安全管理体系		
6.3.1　安全管理体系的定义	√	√
6.3.2　安全管理体系的功能	√	√
7　保养甲板和甲板上所用工具的基本知识		
7.1　安装引航梯		
7.1.1　引航员软梯、舷梯的安全收放	√	√
7.1.2　引航员软梯、舷梯维护保养的方法	√	√
7.2　有助于甲板设备和机械的安全操作		
7.2.1　甲板保养和甲板上所有工具使用的基本常识	√	√

（续表）

考试大纲	适用对象	
	9405	9406
7.2.2　船舶缆绳和索具的种类、性能、量法与使用与保管常识	√	√
7.2.3　开关舱操作程序及安全注意事项	√	√
7.2.4　克令吊、起货机操作要领及安全注意事项	√	√
7.3　甲板作业中职业健康和安全预防措施		
7.3.1　高空作业基本知识及安全注意事项	√	√
7.3.2　舷外作业基本知识及安全注意事项	√	√
7.3.3　封闭舱室作业基本知识及安全注意事项	√	√
7.3.4　船舶清洁作业基本常识及安全注意事项	√	√
7.4　有助于船上维护与修理		
7.4.1　各种除锈机械、手工除锈工具；除锈作业要领	√	√
7.4.2　油漆作业的基本知识	√	√

附录二　中华人民共和国海上交通安全法

（1983 年 9 月 2 日第六届全国人民代表大会常务委员会第二次会议通过　根据 2016 年 11 月 7 日第十二届全国人民代表大会常务委员会第二十四次会议《关于修改〈中华人民共和国对外贸易法〉等十二部法律的决定》修正　2021 年 4 月 29 日第十三届全国人民代表大会常务委员会第二十八次会议修订）

目录

第一章　总则

第一条　为了加强海上交通管理，维护海上交通秩序，保障生命财产安全，维护国家权益，制定本法。

第二条　在中华人民共和国管辖海域内从事航行、停泊、作业以及其他与海上交通安全相关的活动，适用本法。

第三条　国家依法保障交通用海。

海上交通安全工作坚持安全第一、预防为主、便利通行、依法管理的原则，保障海上交通安全、有序、畅通。

第四条　国务院交通运输主管部门主管全国海上交通安全工作。

国家海事管理机构统一负责海上交通安全监督管理工作，其他各级海事管理机构按照职责具体负责辖区内的海上交通安全监督管理工作。

第五条　各级人民政府及有关部门应当支持海上交通安全工作，加强海上交通安全的宣传教育，提高全社会的海上交通安全意识。

第六条　国家依法保障船员的劳动安全和职业健康，维护船员的合法权益。

第七条　从事船舶、海上设施航行、停泊、作业以及其他与海上交通相关活动的单位、个人，应当遵守有关海上交通安全的法律、行政法规、规章以及强制性标准和技术规范；依法享有获得航海保障和海上救助的权利，承担维护海上交通安全和保护海洋生态环境的义务。

第八条 国家鼓励和支持先进科学技术在海上交通安全工作中的应用，促进海上交通安全现代化建设，提高海上交通安全科学技术水平。

第二章 船舶、海上设施和船员

第九条 中国籍船舶、在中华人民共和国管辖海域设置的海上设施、船运集装箱，以及国家海事管理机构确定的关系海上交通安全的重要船用设备、部件和材料，应当符合有关法律、行政法规、规章以及强制性标准和技术规范的要求，经船舶检验机构检验合格，取得相应证书、文书。证书、文书的清单由国家海事管理机构制定并公布。

设立船舶检验机构应当经国家海事管理机构许可。船舶检验机构设立条件、程序及其管理等依照有关船舶检验的法律、行政法规的规定执行。

持有相关证书、文书的单位应当按照规定的用途使用船舶、海上设施、船运集装箱以及重要船用设备、部件和材料，并应当依法定期进行安全技术检验。

第十条 船舶依照有关船舶登记的法律、行政法规的规定向海事管理机构申请船舶国籍登记、取得国籍证书后，方可悬挂中华人民共和国国旗航行、停泊、作业。

中国籍船舶灭失或者报废的，船舶所有人应当在国务院交通运输主管部门规定的期限内申请办理注销国籍登记；船舶所有人逾期不申请注销国籍登记的，海事管理机构可以发布关于拟强制注销船舶国籍登记的公告。船舶所有人自公告发布之日起六十日内未提出异议的，海事管理机构可以注销该船舶的国籍登记。

第十一条 中国籍船舶所有人、经营人或者管理人应当建立并运行安全营运和防治船舶污染管理体系。

海事管理机构经对前款规定的管理体系审核合格的，发给符合证明和相应的船舶安全管理证书。

第十二条 中国籍国际航行船舶的所有人、经营人或者管理人应当依照国务院交通运输主管部门的规定建立船舶保安制度，制定船舶保安计划，并按照船舶保安计划配备船舶保安设备，定期开展演练。

第十三条 中国籍船员和海上设施上的工作人员应当接受海上交通安全以及相应岗位的专业教育、培训。

中国籍船员应当依照有关船员管理的法律、行政法规的规定向海事管理机构申请取得船员适任证书，并取得健康证明。

外国籍船员在中国籍船舶上工作的，按照有关船员管理的法律、行政法规的规定执行。

船员在船舶上工作，应当符合船员适任证书载明的船舶、航区、职务的范围。

第十四条 中国籍船舶的所有人、经营人或者管理人应当为其国际航行船舶向海事管理机构申请取得海事劳工证书。船舶取得海事劳工证书应当符合下列条件：

（一）所有人、经营人或者管理人依法招用船员，与其签订劳动合同或者就业协议，并为船舶配备符合要求的船员；

（二）所有人、经营人或者管理人已保障船员在船舶上的工作环境、职业健康保障和安全防护、工作和休息时间、工资报酬、生活条件、医疗条件、社会保险等符合国家有关规定；

（三）所有人、经营人或者管理人已建立符合要求的船员投诉和处理机制；

（四）所有人、经营人或者管理人已就船员遣返费用以及在船就业期间发生伤害、疾病或者死亡依法应当支付的费用提供相应的财务担保或者投保相应的保险。

海事管理机构商人力资源社会保障行政部门，按照各自职责对申请人及其船舶是否符合前款规定条件进行审核。经审核符合规定条件的，海事管理机构应当自受理申请之日起十个工作日内颁发海事劳工证书；不符合规定条件的，海事管理机构应当告知申请人并说明理由。

海事劳工证书颁发及监督检查的具体办法由国务院交通运输主管部门会同国务院人力资源社会保障行政部门制定并公布。

第十五条 海事管理机构依照有关船员管理的法律、行政法规的规定，对单位从事海船船员培训业务进行管理。

第十六条 国务院交通运输主管部门和其他有关部门、有关县级以上地方人民政府应当建立健全船员境外突发事件预警和应急处置机制，制定船员境外突发事件应急预案。

船员境外突发事件应急处置由船员派出单位所在地的省、自治区、直辖市人民政府负责，船员户籍所在地的省、自治区、直辖市人民政府予以配合。

中华人民共和国驻外国使馆、领馆和相关海事管理机构应当协助处置船员境外突发事件。

第十七条 本章第九条至第十二条、第十四条规定适用的船舶范围由有关法律、行政法规具体规定，或者由国务院交通运输主管部门拟定并报国务院批准后公布。

第三章　海上交通条件和航行保障

第十八条 国务院交通运输主管部门统筹规划和管理海上交通资源，促进海上交通资源的合理开发和有效利用。

海上交通资源规划应当符合国土空间规划。

第十九条 海事管理机构根据海域的自然状况、海上交通状况以及海上交通安全管理的需要，划定、调整并及时公布船舶定线区、船舶报告区、交通管制区、禁航区、安全作业区和港外锚地等海上交通功能区域。

海事管理机构划定或者调整船舶定线区、港外锚地以及对其他海洋功能区域或者用海活动造成影响的安全作业区，应当征求渔业渔政、生态环境、自然资源等有关部门的意见。为了军事需要划定、调整禁航区的，由负责划定、调整禁航区的军事机关作出决定，海事管理机构予以公布。

第二十条 建设海洋工程、海岸工程影响海上交通安全的，应当根据情况配备防止船舶碰撞的设施、设备并设置专用航标。

第二十一条 国家建立完善船舶定位、导航、授时、通信和远程监测等海上交通支持服务系统，为船舶、海上设施提供信息服务。

第二十二条 任何单位、个人不得损坏海上交通支持服务系统或者妨碍其工作效能。建设建筑物、构筑物，使用设施设备可能影响海上交通支持服务系统正常使用的，建设单位、所有人或者使用人应当与相关海上交通支持服务系统的管理单位协商，作出妥善安排。

第二十三条 国务院交通运输主管部门应当采取必要的措施，保障海上交通安全无线电通信设施的合理布局和有效覆盖，规划本系统（行业）海上无线电台（站）的建设布局和台址，核发船舶制式无线电台执照及电台识别码。

国务院交通运输主管部门组织本系统（行业）的海上无线电监测系统建设并对其无线电

信号实施监测,会同国家无线电管理机构维护海上无线电波秩序。

第二十四条 船舶在中华人民共和国管辖海域内通信需要使用岸基无线电台(站)转接的,应当通过依法设置的境内海岸无线电台(站)或者卫星关口站进行转接。

承担无线电通信任务的船员和岸基无线电台(站)的工作人员应当遵守海上无线电通信规则,保持海上交通安全通信频道的值守和畅通,不得使用海上交通安全通信频率交流与海上交通安全无关的内容。

任何单位、个人不得违反国家有关规定使用无线电台识别码,影响海上搜救的身份识别。

第二十五条 天文、气象、海洋等有关单位应当及时预报、播发和提供航海天文、世界时、海洋气象、海浪、海流、潮汐、冰情等信息。

第二十六条 国务院交通运输主管部门统一布局、建设和管理公用航标。海洋工程、海岸工程的建设单位、所有人或者经营人需要设置、撤除专用航标,移动专用航标位置或者改变航标灯光、功率等的,应当报经海事管理机构同意。需要设置临时航标的,应当符合海事管理机构确定的航标设置点。

自然资源主管部门依法保障航标设施和装置的用地、用海、用岛,并依法为其办理有关手续。

航标的建设、维护、保养应当符合有关强制性标准和技术规范的要求。航标维护单位和专用航标的所有人应当对航标进行巡查和维护保养,保证航标处于良好适用状态。航标发生位移、损坏、灭失的,航标维护单位或者专用航标的所有人应当及时予以恢复。

第二十七条 任何单位、个人发现下列情形之一的,应当立即向海事管理机构报告;涉及航道管理机构职责或者专用航标的,海事管理机构应当及时通报航道管理机构或者专用航标的所有人:

(一)助航标志或者导航设施位移、损坏、灭失;

(二)有妨碍海上交通安全的沉没物、漂浮物、搁浅物或者其他碍航物;

(三)其他妨碍海上交通安全的异常情况。

第二十八条 海事管理机构应当依据海上交通安全管理的需要,就具有紧迫性、危险性的情况发布航行警告,就其他影响海上交通安全的情况发布航行通告。

海事管理机构应当将航行警告、航行通告,以及船舶定线区的划定、调整情况通报海军航海保证部门,并及时提供有关资料。

第二十九条 海事管理机构应当及时向船舶、海上设施播发海上交通安全信息。

船舶、海上设施在定线区、交通管制区或者通航船舶密集的区域航行、停泊、作业时,海事管理机构应当根据其请求提供相应的安全信息服务。

第三十条 下列船舶在国务院交通运输主管部门划定的引航区内航行、停泊或者移泊的,应当向引航机构申请引航:

(一)外国籍船舶,但国务院交通运输主管部门经报国务院批准后规定可以免除的除外;

(二)核动力船舶、载运放射性物质的船舶、超大型油轮;

(三)可能危及港口安全的散装液化气船、散装危险化学品船;

(四)长、宽、高接近相应航道通航条件限值的船舶。

前款第三项、第四项船舶的具体标准,由有关海事管理机构根据港口实际情况制定并公布。

船舶自愿申请引航的，引航机构应当提供引航服务。

第三十一条 引航机构应当及时派遣具有相应能力、经验的引航员为船舶提供引航服务。

引航员应当根据引航机构的指派，在规定的水域登离被引领船舶，安全谨慎地执行船舶引航任务。被引领船舶应当配备符合规定的登离装置，并保障引航员在登离船舶及在船上引航期间的安全。

引航员引领船舶时，不解除船长指挥和管理船舶的责任。

第三十二条 国务院交通运输主管部门根据船舶、海上设施和港口面临的保安威胁情形，确定并及时发布保安等级。船舶、海上设施和港口应当根据保安等级采取相应的保安措施。

第四章 航行、停泊、作业

第三十三条 船舶航行、停泊、作业，应当持有有效的船舶国籍证书及其他法定证书、文书，配备依照有关规定出版的航海图书资料，悬挂相关国家、地区或者组织的旗帜，标明船名、船舶识别号、船籍港、载重线标志。

船舶应当满足最低安全配员要求，配备持有合格有效证书的船员。

海上设施停泊、作业，应当持有法定证书、文书，并按规定配备掌握避碰、信号、通信、消防、救生等专业技能的人员。

第三十四条 船长应当在船舶开航前检查并在开航时确认船员适任、船舶适航、货物适载，并了解气象和海况信息以及海事管理机构发布的航行通告、航行警告及其他警示信息，落实相应的应急措施，不得冒险开航。

船舶所有人、经营人或者管理人不得指使、强令船员违章冒险操作、作业。

第三十五条 船舶应当在其船舶检验证书载明的航区内航行、停泊、作业。

船舶航行、停泊、作业时，应当遵守相关航行规则，按照有关规定显示信号、悬挂标志，保持足够的富余水深。

第三十六条 船舶在航行中应当按照有关规定开启船舶的自动识别、航行数据记录、远程识别和跟踪、通信等与航行安全、保安、防治污染相关的装置，并持续进行显示和记录。

任何单位、个人不得拆封、拆解、初始化、再设置航行数据记录装置或者读取其记录的信息，但法律、行政法规另有规定的除外。

第三十七条 船舶应当配备航海日志、轮机日志、无线电记录簿等航行记录，按照有关规定全面、真实、及时记录涉及海上交通安全的船舶操作以及船舶航行、停泊、作业中的重要事件，并妥善保管相关记录簿。

第三十八条 船长负责管理和指挥船舶。在保障海上生命安全、船舶保安和防治船舶污染方面，船长有权独立作出决定。

船长应当采取必要的措施，保护船舶、在船人员、船舶航行文件、货物以及其他财产的安全。船长在其职权范围内发布的命令，船员、乘客及其他在船人员应当执行。

第三十九条 为了保障船舶和在船人员的安全，船长有权在职责范围内对涉嫌在船上进行违法犯罪活动的人员采取禁闭或者其他必要的限制措施，并防止其隐匿、毁灭、伪造证据。

船长采取前款措施，应当制作案情报告书，由其和两名以上在船人员签字。中国籍船舶抵达我国港口后，应当及时将相关人员移送有关主管部门。

第四十条 发现在船人员患有或者疑似患有严重威胁他人健康的传染病的，船长应当立即启动相应的应急预案，在职责范围内对相关人员采取必要的隔离措施，并及时报告有关主管部门。

第四十一条 船长在航行中死亡或者因故不能履行职责的，应当由驾驶员中职务最高的人代理船长职务；船舶在下一个港口开航前，其所有人、经营人或者管理人应当指派新船长接任。

第四十二条 船员应当按照有关航行、值班的规章制度和操作规程以及船长的指令操纵、管理船舶，保持安全值班，不得擅离职守。船员履行在船值班职责前和值班期间，不得摄入可能影响安全值班的食品、药品或者其他物品。

第四十三条 船舶进出港口、锚地或者通过桥区水域、海峡、狭水道、重要渔业水域、通航船舶密集的区域、船舶定线区、交通管制区，应当加强瞭望、保持安全航速，并遵守前述区域的特殊航行规则。

前款所称重要渔业水域由国务院渔业渔政主管部门征求国务院交通运输主管部门意见后划定并公布。

船舶穿越航道不得妨碍航道内船舶的正常航行，不得抢越他船船首。超过桥梁通航尺度的船舶禁止进入桥区水域。

第四十四条 船舶不得违反规定进入或者穿越禁航区。

船舶进出船舶报告区，应当向海事管理机构报告船位和动态信息。

在安全作业区、港外锚地范围内，禁止从事养殖、种植、捕捞以及其他影响海上交通安全的作业或者活动。

第四十五条 船舶载运或者拖带超长、超高、超宽、半潜的船舶、海上设施或者其他物体航行，应当采取拖拽部位加强、护航等特殊的安全保障措施，在开航前向海事管理机构报告航行计划，并按有关规定显示信号、悬挂标志；拖带移动式平台、浮船坞等大型海上设施的，还应当依法交验船舶检验机构出具的拖航检验证书。

第四十六条 国际航行船舶进出口岸，应当依法向海事管理机构申请许可并接受海事管理机构及其他口岸查验机构的监督检查。海事管理机构应当自受理申请之日起五个工作日内作出许可或者不予许可的决定。

外国籍船舶临时进入非对外开放水域，应当依照国务院关于船舶进出口岸的规定取得许可。

国内航行船舶进出港口、港外装卸站，应当向海事管理机构报告船舶的航次计划、适航状态、船员配备和客货载运等情况。

第四十七条 船舶应当在符合安全条件的码头、泊位、装卸站、锚地、安全作业区停泊。船舶停泊不得危及其他船舶、海上设施的安全。

船舶进出港口、港外装卸站，应当符合靠泊条件和关于潮汐、气象、海况等航行条件的要求。

超长、超高、超宽的船舶或者操纵能力受到限制的船舶进出港口、港外装卸站可能影响海上交通安全的，海事管理机构应当对船舶进出港安全条件进行核查，并可以要求船舶采取加配拖轮、乘潮进港等相应的安全措施。

第四十八条 在中华人民共和国管辖海域内进行施工作业，应当经海事管理机构许可，并核定相应安全作业区。取得海上施工作业许可，应当符合下列条件：

(一)施工作业的单位、人员、船舶、设施符合安全航行、停泊、作业的要求;

(二)有施工作业方案;

(三)有符合海上交通安全和防治船舶污染海洋环境要求的保障措施、应急预案和责任制度。

从事施工作业的船舶应当在核定的安全作业区内作业,并落实海上交通安全管理措施。其他无关船舶、海上设施不得进入安全作业区。

在港口水域内进行采掘、爆破等可能危及港口安全的作业,适用港口管理的法律规定。

第四十九条 从事体育、娱乐、演练、试航、科学观测等水上水下活动,应当遵守海上交通安全管理规定;可能影响海上交通安全的,应当提前十个工作日将活动涉及的海域范围报告海事管理机构。

第五十条 海上施工作业或者水上水下活动结束后,有关单位、个人应当及时消除可能妨碍海上交通安全的隐患。

第五十一条 碍航物的所有人、经营人或者管理人应当按照有关强制性标准和技术规范的要求及时设置警示标志,向海事管理机构报告碍航物的名称、形状、尺寸、位置和深度,并在海事管理机构限定的期限内打捞清除。碍航物的所有人放弃所有权的,不免除其打捞清除义务。

不能确定碍航物的所有人、经营人或者管理人的,海事管理机构应当组织设置标志、打捞或者采取相应措施,发生的费用纳入部门预算。

第五十二条 有下列情形之一,对海上交通安全有较大影响的,海事管理机构应当根据具体情况采取停航、限速或者划定交通管制区等相应交通管制措施并向社会公告:

(一)天气、海况恶劣;

(二)发生影响航行的海上险情或者海上交通事故;

(三)进行军事训练、演习或者其他相关活动;

(四)开展大型水上水下活动;

(五)特定海域通航密度接近饱和;

(六)其他对海上交通安全有较大影响的情形。

第五十三条 国务院交通运输主管部门为维护海上交通安全、保护海洋环境,可以会同有关主管部门采取必要措施,防止和制止外国籍船舶在领海的非无害通过。

第五十四条 下列外国籍船舶进出中华人民共和国领海,应当向海事管理机构报告:

(一)潜水器;

(二)核动力船舶;

(三)载运放射性物质或者其他有毒有害物质的船舶;

(四)法律、行政法规或者国务院规定的可能危及中华人民共和国海上交通安全的其他船舶。

前款规定的船舶通过中华人民共和国领海,应当持有有关证书,采取符合中华人民共和国法律、行政法规和规章规定的特别预防措施,并接受海事管理机构的指令和监督。

第五十五条 除依照本法规定获得进入口岸许可外,外国籍船舶不得进入中华人民共和国内水;但是,因人员病急、机件故障、遇难、避风等紧急情况未及获得许可的可以进入。

外国籍船舶因前款规定的紧急情况进入中华人民共和国内水的,应当在进入的同时向海事管理机构紧急报告,接受海事管理机构的指令和监督。海事管理机构应当及时通报管辖海域的海警机构、就近的出入境边防检查机关和当地公安机关、海关等其他主管部门。

第五十六条 中华人民共和国军用船舶执行军事任务、公务船舶执行公务,遇有紧急情况,在保证海上交通安全的前提下,可以不受航行、停泊、作业有关规则的限制。

第五章 海上客货运输安全

第五十七条 除进行抢险或者生命救助外,客船应当按照船舶检验证书核定的载客定额载运乘客,货船载运货物应当符合船舶检验证书核定的载重线和载货种类,不得载运乘客。

第五十八条 客船载运乘客不得同时载运危险货物。

乘客不得随身携带或者在行李中夹带法律、行政法规或者国务院交通运输主管部门规定的危险物品。

第五十九条 客船应当在显著位置向乘客明示安全须知,设置安全标志和警示,并向乘客介绍救生用具的使用方法以及在紧急情况下应当采取的应急措施。乘客应当遵守安全乘船要求。

第六十条 海上渡口所在地的县级以上地方人民政府应当建立健全渡口安全管理责任制,制定海上渡口的安全管理办法,监督、指导海上渡口经营者落实安全主体责任,维护渡运秩序,保障渡运安全。

海上渡口的渡运线路由渡口所在地的县级以上地方人民政府交通运输主管部门会同海事管理机构划定。渡船应当按照划定的线路安全渡运。

遇有恶劣天气、海况,县级以上地方人民政府或者其指定的部门应当发布停止渡运的公告。

第六十一条 船舶载运货物,应当按照有关法律、行政法规、规章以及强制性标准和技术规范的要求安全装卸、积载、隔离、系固和管理。

第六十二条 船舶载运危险货物,应当持有有效的危险货物适装证书,并根据危险货物的特性和应急措施的要求,编制危险货物应急处置预案,配备相应的消防、应急设备和器材。

第六十三条 托运人托运危险货物,应当将其正式名称、危险性质以及应当采取的防护措施通知承运人,并按照有关法律、行政法规、规章以及强制性标准和技术规范的要求妥善包装,设置明显的危险品标志和标签。

托运人不得在托运的普通货物中夹带危险货物或者将危险货物谎报为普通货物托运。

托运人托运的货物为国际海上危险货物运输规则和国家危险货物品名表上未列明但具有危险特性的货物的,托运人还应当提交有关专业机构出具的表明该货物危险特性以及应当采取的防护措施等情况的文件。

货物危险特性的判断标准由国家海事管理机构制定并公布。

第六十四条 船舶载运危险货物进出港口,应当符合下列条件,经海事管理机构许可,并向海事管理机构报告进出港口和停留的时间等事项:

(一)所载运的危险货物符合海上安全运输要求;

(二)船舶的装载符合所持有的证书、文书的要求;

(三)拟靠泊或者进行危险货物装卸作业的港口、码头、泊位具备有关法律、行政法规规定的危险货物作业经营资质。

海事管理机构应当自收到申请之时起二十四小时内作出许可或者不予许可的决定。

定船舶、定航线并且定货种的船舶可以申请办理一定期限内多次进出港口许可，期限不超过三十日。海事管理机构应当自收到申请之日起五个工作日内作出许可或者不予许可的决定。

海事管理机构予以许可的，应当通报港口行政管理部门。

第六十五条 船舶、海上设施从事危险货物运输或者装卸、过驳作业，应当编制作业方案，遵守有关强制性标准和安全作业操作规程，采取必要的预防措施，防止发生安全事故。

在港口水域外从事散装液体危险货物过驳作业的，还应当符合下列条件，经海事管理机构许可并核定安全作业区：

（一）拟进行过驳作业的船舶或者海上设施符合海上交通安全与防治船舶污染海洋环境的要求；

（二）拟过驳的货物符合安全过驳要求；

（三）参加过驳作业的人员具备法律、行政法规规定的过驳作业能力；

（四）拟作业水域及其底质、周边环境适宜开展过驳作业；

（五）过驳作业对海洋资源以及附近的军事目标、重要民用目标不构成威胁；

（六）有符合安全要求的过驳作业方案、安全保障措施和应急预案。

对单航次作业的船舶，海事管理机构应当自收到申请之时起二十四小时内作出许可或者不予许可的决定；对在特定水域多航次作业的船舶，海事管理机构应当自收到申请之日起五个工作日内作出许可或者不予许可的决定。

第六章　海上搜寻救助

第六十六条 海上遇险人员依法享有获得生命救助的权利。生命救助优先于环境和财产救助。

第六十七条 海上搜救工作应当坚持政府领导、统一指挥、属地为主、专群结合、就近快速的原则。

第六十八条 国家建立海上搜救协调机制，统筹全国海上搜救应急反应工作，研究解决海上搜救工作中的重大问题，组织协调重大海上搜救应急行动。协调机制由国务院有关部门、单位和有关军事机关组成。

中国海上搜救中心和有关地方人民政府设立的海上搜救中心或者指定的机构（以下统称海上搜救中心）负责海上搜救的组织、协调、指挥工作。

第六十九条 沿海县级以上地方人民政府应当安排必要的海上搜救资金，保障搜救工作的正常开展。

第七十条 海上搜救中心各成员单位应当在海上搜救中心统一组织、协调、指挥下，根据各自职责，承担海上搜救应急、抢险救灾、支持保障、善后处理等工作。

第七十一条 国家设立专业海上搜救队伍，加强海上搜救力量建设。专业海上搜救队伍应当配备专业搜救装备，建立定期演练和日常培训制度，提升搜救水平。

国家鼓励社会力量建立海上搜救队伍，参与海上搜救行动。

第七十二条 船舶、海上设施、航空器及人员在海上遇险的，应当立即报告海上搜救中心，不得瞒报、谎报海上险情。

船舶、海上设施、航空器及人员误发遇险报警信号的，除立即向海上搜救中心报告外，还应当采取必要措施消除影响。

其他任何单位、个人发现或者获悉海上险情的，应当立即报告海上搜救中心。

第七十三条 发生碰撞事故的船舶、海上设施，应当互通名称、国籍和登记港，在不严重危及自身安全的情况下尽力救助对方人员，不得擅自离开事故现场水域或者逃逸。

第七十四条 遇险的船舶、海上设施及其所有人、经营人或者管理人应当采取有效措施防止、减少生命财产损失和海洋环境污染。

船舶遇险时，乘客应当服从船长指挥，配合采取相关应急措施。乘客有权获知必要的险情信息。

船长决定弃船时，应当组织乘客、船员依次离船，并尽力抢救法定航行资料。船长应当最后离船。

第七十五条 船舶、海上设施、航空器收到求救信号或者发现有人遭遇生命危险的，在不严重危及自身安全的情况下，应当尽力救助遇险人员。

第七十六条 海上搜救中心接到险情报告后，应当立即进行核实，及时组织、协调、指挥政府有关部门、专业搜救队伍、社会有关单位等各方力量参加搜救，并指定现场指挥。参加搜救的船舶、海上设施、航空器及人员应当服从现场指挥，及时报告搜救动态和搜救结果。

搜救行动的中止、恢复、终止决定由海上搜救中心作出。未经海上搜救中心同意，参加搜救的船舶、海上设施、航空器及人员不得擅自退出搜救行动。

军队参加海上搜救，依照有关法律、行政法规的规定执行。

第七十七条 遇险船舶、海上设施、航空器或者遇险人员应当服从海上搜救中心和现场指挥的指令，及时接受救助。

遇险船舶、海上设施、航空器不配合救助的，现场指挥根据险情危急情况，可以采取相应救助措施。

第七十八条 海上事故或者险情发生后，有关地方人民政府应当及时组织医疗机构为遇险人员提供紧急医疗救助，为获救人员提供必要的生活保障，并组织有关方面采取善后措施。

第七十九条 在中华人民共和国缔结或者参加的国际条约规定由我国承担搜救义务的海域内开展搜救，依照本章规定执行。

中国籍船舶在中华人民共和国管辖海域以及海上搜救责任区域以外的其他海域发生险情的，中国海上搜救中心接到信息后，应当依据中华人民共和国缔结或者参加的国际条约的规定开展国际协作。

第七章　海上交通事故调查处理

第八十条 船舶、海上设施发生海上交通事故，应当及时向海事管理机构报告，并接受调查。

第八十一条 海上交通事故根据造成的损害后果分为特别重大事故、重大事故、较大事故和一般事故。事故等级划分的人身伤亡标准依照有关安全生产的法律、行政法规的规定确定；事故等级划分的直接经济损失标准，由国务院交通运输主管部门会同国务院有关部门根据海上交通事故中的特殊情况确定，报国务院批准后公布施行。

第八十二条 特别重大海上交通事故由国务院或者国务院授权的部门组织事故调查组进

行调查，海事管理机构应当参与或者配合开展调查工作。

其他海上交通事故由海事管理机构组织事故调查组进行调查，有关部门予以配合。国务院认为有必要的，可以直接组织或者授权有关部门组织事故调查组进行调查。

海事管理机构进行事故调查，事故涉及执行军事运输任务的，应当会同有关军事机关进行调查；涉及渔业船舶的，渔业渔政主管部门、海警机构应当参与调查。

第八十三条　调查海上交通事故，应当全面、客观、公正、及时，依法查明事故事实和原因，认定事故责任。

第八十四条　海事管理机构可以根据事故调查处理需要拆封、拆解当事船舶的航行数据记录装置或者读取其记录的信息，要求船舶驶向指定地点或者禁止其离港，扣留船舶或者海上设施的证书、文书、物品、资料等并妥善保管。有关人员应当配合事故调查。

第八十五条　海上交通事故调查组应当自事故发生之日起九十日内提交海上交通事故调查报告；特殊情况下，经负责组织事故调查组的部门负责人批准，提交事故调查报告的期限可以适当延长，但延长期限最长不得超过九十日。事故技术鉴定所需时间不计入事故调查期限。

海事管理机构应当自收到海上交通事故调查报告之日起十五个工作日内作出事故责任认定书，作为处理海上交通事故的证据。

事故损失较小、事实清楚、责任明确的，可以依照国务院交通运输主管部门的规定适用简易调查程序。

海上交通事故调查报告、事故责任认定书应当依照有关法律、行政法规的规定向社会公开。

第八十六条　中国籍船舶在中华人民共和国管辖海域外发生海上交通事故的，应当及时向海事管理机构报告事故情况并接受调查。

外国籍船舶在中华人民共和国管辖海域外发生事故，造成中国公民重伤或者死亡的，海事管理机构根据中华人民共和国缔结或者参加的国际条约的规定参与调查。

第八十七条　船舶、海上设施在海上遭遇恶劣天气、海况以及意外事故，造成或者可能造成损害，需要说明并记录时间、海域以及所采取的应对措施等具体情况的，可以向海事管理机构申请办理海事声明签注。海事管理机构应当依照规定提供签注服务。

第八章　监督管理

第八十八条　海事管理机构对在中华人民共和国管辖海域内从事航行、停泊、作业以及其他与海上交通安全相关的活动，依法实施监督检查。

海事管理机构依照中华人民共和国法律、行政法规以及中华人民共和国缔结或者参加的国际条约对外国籍船舶实施港口国、沿岸国监督检查。

海事管理机构工作人员执行公务时，应当按照规定着装，佩戴职衔标志，出示执法证件，并自觉接受监督。

海事管理机构依法履行监督检查职责，有关单位、个人应当予以配合，不得拒绝、阻碍依法实施的监督检查。

第八十九条　海事管理机构实施监督检查可以采取登船检查、查验证书、现场检查、询问有关人员、电子监控等方式。

载运危险货物的船舶涉嫌存在瞒报、谎报危险货物等情况的，海事管理机构可以采取开箱查验等方式进行检查。海事管理机构应当将开箱查验情况通报有关部门。港口经营人和有关单位、个人应当予以协助。

第九十条 海事管理机构对船舶、海上设施实施监督检查时,应当避免、减少对其正常作业的影响。

除法律、行政法规另有规定或者不立即实施监督检查可能造成严重后果外,不得拦截正在航行中的船舶进行检查。

第九十一条 船舶、海上设施对港口安全具有威胁的,海事管理机构应当责令立即或者限期改正、限制操作,责令驶往指定地点、禁止进港或者将其驱逐出港。

船舶、海上设施处于不适航或者不适拖状态,船员、海上设施上的相关人员未持有有效的法定证书、文书,或者存在其他严重危害海上交通安全、污染海洋环境的隐患的,海事管理机构应当根据情况禁止有关船舶、海上设施进出港,暂扣有关证书、文书或者责令其停航、改航、驶往指定地点或者停止作业。船舶超载的,海事管理机构可以依法对船舶进行强制减载。因强制减载发生的费用由违法船舶所有人、经营人或者管理人承担。

船舶、海上设施发生海上交通事故、污染事故,未结清国家规定的税费、滞纳金且未提供担保或者未履行其他法定义务的,海事管理机构应当责令改正,并可以禁止其离港。

第九十二条 外国籍船舶可能威胁中华人民共和国内水、领海安全的,海事管理机构有权责令其离开。

外国籍船舶违反中华人民共和国海上交通安全或者防治船舶污染的法律、行政法规的,海事管理机构可以依法行使紧追权。

第九十三条 任何单位、个人有权向海事管理机构举报妨碍海上交通安全的行为。海事管理机构接到举报后,应当及时进行核实、处理。

第九十四条 海事管理机构在监督检查中,发现船舶、海上设施有违反其他法律、行政法规行为的,应当依法及时通报或者移送有关主管部门处理。

第九章 法律责任

第九十五条 船舶、海上设施未持有有效的证书、文书的,由海事管理机构责令改正,对违法船舶或者海上设施的所有人、经营人或者管理人处三万元以上三十万元以下的罚款,对船长和有关责任人员处三千元以上三万元以下的罚款;情节严重的,暂扣船长、责任船员的船员适任证书十八个月至三十个月,直至吊销船员适任证书;对船舶持有的伪造、变造证书、文书,予以没收;对存在严重安全隐患的船舶,可以依法予以没收。

第九十六条 船舶或者海上设施有下列情形之一的,由海事管理机构责令改正,对违法船舶或者海上设施的所有人、经营人或者管理人处二万元以上二十万元以下的罚款,对船长和有关责任人员处二千元以上二万元以下的罚款;情节严重的,吊销违法船舶所有人、经营人或者管理人的有关证书、文书,暂扣船长、责任船员的船员适任证书十二个月至二十四个月,直至吊销船员适任证书:

(一)船舶、海上设施的实际状况与持有的证书、文书不符;

(二)船舶未依法悬挂国旗,或者违法悬挂其他国家、地区或者组织的旗帜;

(三)船舶未按规定标明船名、船舶识别号、船籍港、载重线标志;

(四)船舶、海上设施的配员不符合最低安全配员要求。

第九十七条 在船舶上工作未持有船员适任证书、船员健康证明或者所持船员适任证书、健康证明不符合要求的，由海事管理机构对船舶的所有人、经营人或者管理人处一万元以上十万元以下的罚款，对责任船员处三千元以上三万元以下的罚款；情节严重的，对船舶的所有人、经营人或者管理人处三万元以上三十万元以下的罚款，暂扣责任船员的船员适任证书六个月至十二个月，直至吊销船员适任证书。

第九十八条 以欺骗、贿赂等不正当手段为中国籍船舶取得相关证书、文书的，由海事管理机构撤销有关许可，没收相关证书、文书，对船舶所有人、经营人或者管理人处四万元以上四十万元以下的罚款。

以欺骗、贿赂等不正当手段取得船员适任证书的，由海事管理机构撤销有关许可，没收船员适任证书，对责任人员处五千元以上五万元以下的罚款。

第九十九条 船员未保持安全值班，违反规定摄入可能影响安全值班的食品、药品或者其他物品，或者有其他违反海上船员值班规则的行为的，由海事管理机构对船长、责任船员处一千元以上一万元以下的罚款，或者暂扣船员适任证书三个月至十二个月；情节严重的，吊销船长、责任船员的船员适任证书。

第一百条 有下列情形之一的，由海事管理机构责令改正；情节严重的，处三万元以上十万元以下的罚款：

（一）建设海洋工程、海岸工程未按规定配备相应的防止船舶碰撞的设施、设备并设置专用航标；

（二）损坏海上交通支持服务系统或者妨碍其工作效能；

（三）未经海事管理机构同意设置、撤除专用航标，移动专用航标位置或者改变航标灯光、功率等其他状况，或者设置临时航标不符合海事管理机构确定的航标设置点；

（四）在安全作业区、港外锚地范围内从事养殖、种植、捕捞以及其他影响海上交通安全的作业或者活动。

第一百零一条 有下列情形之一的，由海事管理机构责令改正，对有关责任人员处三万元以下的罚款；情节严重的，处三万元以上十万元以下的罚款，并暂扣责任船员的船员适任证书一个月至三个月：

（一）承担无线电通信任务的船员和岸基无线电台（站）的工作人员未保持海上交通安全通信频道的值守和畅通，或者使用海上交通安全通信频率交流与海上交通安全无关的内容；

（二）违反国家有关规定使用无线电台识别码，影响海上搜救的身份识别；

（三）其他违反海上无线电通信规则的行为。

第一百零二条 船舶未依照本法规定申请引航的，由海事管理机构对违法船舶的所有人、经营人或者管理人处五万元以上五十万元以下的罚款，对船长处一千元以上一万元以下的罚款；情节严重的，暂扣有关船舶证书三个月至十二个月，暂扣船长的船员适任证书一个月至三个月。

引航机构派遣引航员存在过失，造成船舶损失的，由海事管理机构对引航机构处三万元以上三十万元以下的罚款。

未经引航机构指派擅自提供引航服务的，由海事管理机构对引领船舶的人员处三千元以上三万元以下的罚款。

第一百零三条 船舶在海上航行、停泊、作业，有下列情形之一的，由海事管理机构责令改正，对违法船舶的所有人、经营人或者管理人处二万元以上二十万元以下的罚款，对船长、责任船员处二千元以上二万元以下的罚款，暂扣船员适任证书三个月至十二个月；情节严重的，吊销船长、责任船员的船员适任证书：

（一）船舶进出港口、锚地或者通过桥区水域、海峡、狭水道、重要渔业水域、通航船舶密集的区域、船舶定线区、交通管制区时，未加强瞭望、保持安全航速并遵守前述区域的特殊航行规则；

（二）未按照有关规定显示信号、悬挂标志或者保持足够的富余水深；

（三）不符合安全开航条件冒险开航，违章冒险操作、作业，或者未按照船舶检验证书载明的航区航行、停泊、作业；

（四）未按照有关规定开启船舶的自动识别、航行数据记录、远程识别和跟踪、通信等与航行安全、保安、防治污染相关的装置，并持续进行显示和记录；

（五）擅自拆封、拆解、初始化、再设置航行数据记录装置或者读取其记录的信息；

（六）船舶穿越航道妨碍航道内船舶的正常航行，抢越他船船首或者超过桥梁通航尺度进入桥区水域；

（七）船舶违反规定进入或者穿越禁航区；

（八）船舶载运或者拖带超长、超高、超宽、半潜的船舶、海上设施或者其他物体航行，未采取特殊的安全保障措施，未在开航前向海事管理机构报告航行计划，未按规定显示信号、悬挂标志，或者拖带移动式平台、浮船坞等大型海上设施未依法交验船舶检验机构出具的拖航检验证书；

（九）船舶在不符合安全条件的码头、泊位、装卸站、锚地、安全作业区停泊，或者停泊危及其他船舶、海上设施的安全；

（十）船舶违反规定超过检验证书核定的载客定额、载重线、载货种类载运乘客、货物，或者客船载运乘客同时载运危险货物；

（十一）客船未向乘客明示安全须知、设置安全标志和警示；

（十二）未按照有关法律、行政法规、规章以及强制性标准和技术规范的要求安全装卸、积载、隔离、系固和管理货物；

（十三）其他违反海上航行、停泊、作业规则的行为。

第一百零四条 国际航行船舶未经许可进出口岸的，由海事管理机构对违法船舶的所有人、经营人或者管理人处三千元以上三万元以下的罚款，对船长、责任船员或者其他责任人员，处二千元以上二万元以下的罚款；情节严重的，吊销船长、责任船员的船员适任证书。

国内航行船舶进出港口、港外装卸站未依法向海事管理机构报告的，由海事管理机构对违法船舶的所有人、经营人或者管理人处三千元以上三万元以下的罚款，对船长、责任船员或者其他责任人员处五百元以上五千元以下的罚款。

第一百零五条 船舶、海上设施未经许可从事海上施工作业，或者未按照许可要求、超出核定的安全作业区进行作业的，由海事管理机构责令改正，对违法船舶、海上设施的所有人、经营人或者管理人处三万元以上三十万元以下的罚款，对船长、责任船员处三千元以上三万元以下的罚款，或者暂扣船员适任证书六个月至十二个月；情节严重的，吊销船长、责任船员的船员适任证书。

从事可能影响海上交通安全的水上水下活动，未按规定提前报告海事管理机构的，由海事管理机构对违法船舶、海上设施的所有人、经营人或者管理人处一万元以上三万元以下的罚款，对船长、责任船员处二千元以上二万元以下的罚款。

第一百零六条 碍航物的所有人、经营人或者管理人有下列情形之一的，由海事管理机构责令改正，处二万元以上二十万元以下的罚款；逾期未改正的，海事管理机构有权依法实施代履行，代履行的费用由碍航物的所有人、经营人或者管理人承担：

（一）未按照有关强制性标准和技术规范的要求及时设置警示标志；

（二）未向海事管理机构报告碍航物的名称、形状、尺寸、位置和深度；

（三）未在海事管理机构限定的期限内打捞清除碍航物。

第一百零七条 外国籍船舶进出中华人民共和国内水、领海违反本法规定的，由海事管理机构对违法船舶的所有人、经营人或者管理人处五万元以上五十万元以下的罚款，对船长处一万元以上三万元以下的罚款。

第一百零八条 载运危险货物的船舶有下列情形之一的，海事管理机构应当责令改正，对违法船舶的所有人、经营人或者管理人处五万元以上五十万元以下的罚款，对船长、责任船员或者其他责任人员，处五千元以上五万元以下的罚款；情节严重的，责令停止作业或者航行，暂扣船长、责任船员的船员适任证书六个月至十二个月，直至吊销船员适任证书：

（一）未经许可进出港口或者从事散装液体危险货物过驳作业；

（二）未按规定编制相应的应急处置预案，配备相应的消防、应急设备和器材；

（三）违反有关强制性标准和安全作业操作规程的要求从事危险货物装卸、过驳作业。

第一百零九条 托运人托运危险货物，有下列情形之一的，由海事管理机构责令改正，处五万元以上三十万元以下的罚款：

（一）未将托运的危险货物的正式名称、危险性质以及应当采取的防护措施通知承运人；

（二）未按照有关法律、行政法规、规章以及强制性标准和技术规范的要求对危险货物妥善包装，设置明显的危险品标志和标签；

（三）在托运的普通货物中夹带危险货物或者将危险货物谎报为普通货物托运；

（四）未依法提交有关专业机构出具的表明该货物危险特性以及应当采取的防护措施等情况的文件。

第一百一十条 船舶、海上设施遇险或者发生海上交通事故后未履行报告义务，或者存在瞒报、谎报情形的，由海事管理机构对违法船舶、海上设施的所有人、经营人或者管理人处三千元以上三万元以下的罚款，对船长、责任船员处二千元以上二万元以下的罚款，暂扣船员适任证书六个月至二十四个月；情节严重的，对违法船舶、海上设施的所有人、经营人或者管理人处一万元以上十万元以下的罚款，吊销船长、责任船员的船员适任证书。

第一百一十一条 船舶发生海上交通事故后逃逸的，由海事管理机构对违法船舶的所有人、经营人或者管理人处十万元以上五十万元以下的罚款，对船长、责任船员处五千元以上五万元以下的罚款并吊销船员适任证书，受处罚者终身不得重新申请。

第一百一十二条 船舶、海上设施不依法履行海上救助义务，不服从海上搜救中心指挥的，由海事管理机构对船舶、海上设施的所有人、经营人或者管理人处三万元以上三十万元以下的罚款，暂扣船长、责任船员的船员适任证书六个月至十二个月，直至吊销船员适任证书。

第一百一十三条 有关单位、个人拒绝、阻碍海事管理机构监督检查，或者在接受监督检查时弄虚作假的，由海事管理机构处二千元以上二万元以下的罚款，暂扣船长、责任船员的船员适任证书六个月至二十四个月，直至吊销船员适任证书。

第一百一十四条 交通运输主管部门、海事管理机构及其他有关部门的工作人员违反本法规定，滥用职权、玩忽职守、徇私舞弊的，依法给予处分。

第一百一十五条 因海上交通事故引发民事纠纷的，当事人可以依法申请仲裁或者向人民法院提起诉讼。

第一百一十六条 违反本法规定，构成违反治安管理行为的，依法给予治安管理处罚；造成人身、财产损害的，依法承担民事责任；构成犯罪的，依法追究刑事责任。

第十章 附则

第一百一十七条 本法下列用语的含义是：

船舶，是指各类排水或者非排水的船、艇、筏、水上飞行器、潜水器、移动式平台以及其他移动式装置。

海上设施，是指水上水下各种固定或者浮动建筑、装置和固定平台，但是不包括码头、防波堤等港口设施。

内水，是指中华人民共和国领海基线向陆地一侧至海岸线的海域。

施工作业，是指勘探、采掘、爆破，构筑、维修、拆除水上水下构筑物或者设施，航道建设、疏浚（航道养护疏浚除外）作业，打捞沉船沉物。

海上交通事故，是指船舶、海上设施在航行、停泊、作业过程中发生的，由于碰撞、搁浅、触礁、触碰、火灾、风灾、浪损、沉没等原因造成人员伤亡或者财产损失的事故。

海上险情，是指对海上生命安全、水域环境构成威胁，需立即采取措施规避、控制、减轻和消除的各种情形。

危险货物，是指国际海上危险货物运输规则和国家危险货物品名表上列明的，易燃、易爆、有毒、有腐蚀性、有放射性、有污染危害性等，在船舶载运过程中可能造成人身伤害、财产损失或者环境污染而需要采取特别防护措施的货物。

海上渡口，是指海上岛屿之间、海上岛屿与大陆之间，以及隔海相望的大陆与大陆之间，专用于渡船渡运人员、行李、车辆的交通基础设施。

第一百一十八条 公务船舶检验、船员配备的具体办法由国务院交通运输主管部门会同有关主管部门另行制定。

体育运动船舶的登记、检验办法由国务院体育主管部门另行制定。训练、比赛期间的体育运动船舶的海上交通安全监督管理由体育主管部门负责。

渔业船员、渔业无线电、渔业航标的监督管理，渔业船舶的登记管理，渔港水域内的海上交通安全管理，渔业船舶（含外国籍渔业船舶）之间交通事故的调查处理，由县级以上人民政府渔业渔政主管部门负责。法律、行政法规或者国务院对渔业船舶之间交通事故的调查处理另有规定的，从其规定。

除前款规定外，渔业船舶的海上交通安全管理由海事管理机构负责。渔业船舶的检验及其监督管理，由海事管理机构依照有关法律、行政法规的规定执行。

浮式储油装置等海上石油、天然气生产设施的检验适用有关法律、行政法规的规定。

第一百一十九条 海上军事管辖区和军用船舶、海上设施的内部海上交通安全管理，军用航标的设立和管理，以及为军事目的进行作业或者水上水下活动的管理，由中央军事委员会另行制定管理办法。

划定、调整海上交通功能区或者领海内特定水域，划定海上渡口的渡运线路，许可海上施工作业，可能对军用船舶的战备、训练、执勤等行动造成影响的，海事管理机构应当事先征求有关军事机关的意见。

执行军事运输任务有特殊需要的，有关军事机关应当及时向海事管理机构通报相关信息。海事管理机构应当给予必要的便利。

海上交通安全管理涉及国防交通、军事设施保护的，依照有关法律的规定执行。

第一百二十条 外国籍公务船舶在中华人民共和国领海航行、停泊、作业，违反中华人民共和国法律、行政法规的，依照有关法律、行政法规的规定处理。

在中华人民共和国管辖海域内的外国籍军用船舶的管理，适用有关法律的规定。

第一百二十一条 中华人民共和国缔结或者参加的国际条约同本法有不同规定的，适用国际条约的规定，但中华人民共和国声明保留的条款除外。

第一百二十二条 本法自2021年9月1日起施行。

附录三　中华人民共和国船员条例

（2007年4月14日中华人民共和国国务院令第494号公布　根据2013年7月18日《国务院关于废止和修改部分行政法规的决定》第一次修订　根据2013年12月7日《国务院关于修改部分行政法规的决定》第二次修订　根据2014年7月29日《国务院关于修改部分行政法规的决定》第三次修订　根据2017年3月1日《国务院关于修改和废止部分行政法规的决定》第四次修订　根据2019年3月2日《国务院关于修改部分行政法规的决定》第五次修订　根据2020年3月27日《国务院关于修改和废止部分行政法规的决定》第六次修订）

第一章　总则

第一条　为了加强船员管理，提高船员素质，维护船员的合法权益，保障水上交通安全，保护水域环境，制定本条例。

第二条　中华人民共和国境内的船员注册、任职、培训、职业保障以及提供船员服务等活动，适用本条例。

第三条　国务院交通主管部门主管全国船员管理工作。

国家海事管理机构依照本条例负责统一实施船员管理工作。

负责管理中央管辖水域的海事管理机构和负责管理其他水域的地方海事管理机构（以下统称海事管理机构），依照各自职责具体负责船员管理工作。

第二章　船员注册和任职资格

第四条　本条例所称船员，是指依照本条例的规定取得船员适任证书的人员，包括船长、高级船员、普通船员。

本条例所称船长，是指依照本条例的规定取得船长任职资格，负责管理和指挥船舶的人员。

本条例所称高级船员，是指依照本条例的规定取得相应任职资格的大副、二副、三副、轮机长、大管轮、二管轮、三管轮、通信人员以及其他在船舶上任职的高级技术或者管理人员。

本条例所称普通船员，是指除船长、高级船员外的其他船员。

第五条　船员应当依照本条例的规定取得相应的船员适任证书。

申请船员适任证书，应当具备下列条件：

（一）年满18周岁（在船实习、见习人员年满16周岁）且初次申请不超过60周岁；

（二）符合船员任职岗位健康要求；

（三）经过船员基本安全培训。

参加航行和轮机值班的船员还应当经过相应的船员适任培训、特殊培训，具备相应的船员任职资历，并且任职表现和安全记录良好。

国际航行船舶的船员申请适任证书的，还应当通过船员专业外语考试。

第六条 申请船员适任证书，可以向任何有相应船员适任证书签发权限的海事管理机构提出书面申请，并附送申请人符合本条例第五条规定条件的证明材料。对符合规定条件并通过国家海事管理机构组织的船员任职考试的，海事管理机构应当发给相应的船员适任证书及船员服务簿。

第七条 船员适任证书应当注明船员适任的航区（线）、船舶类别和等级、职务以及有效期限等事项。

参加航行和轮机值班的船员适任证书的有效期不超过5年。

船员服务簿应当载明船员的姓名、住所、联系人、联系方式、履职情况以及其他有关事项。

船员服务簿记载的事项发生变更的，船员应当向海事管理机构办理变更手续。

第八条 中国籍船舶的船长应当由中国籍船员担任。

第九条 中国籍船舶在境外遇有不可抗力或者其他特殊情况，无法满足船舶最低安全配员要求，需要由本船下一级船员临时担任上一级职务时，应当向海事管理机构提出申请。海事管理机构根据拟担任上一级船员职务船员的任职资历、任职表现和安全记录，出具相应的证明文件。

第十条 曾经在军用船舶、渔业船舶上工作的人员，或者持有其他国家、地区船员适任证书的船员，依照本条例的规定申请船员适任证书的，海事管理机构可以免除船员培训和考试的相应内容。具体办法由国务院交通主管部门另行规定。

第十一条 以海员身份出入国境和在国外船舶上从事工作的中国籍船员，应当向国家海事管理机构指定的海事管理机构申请中华人民共和国海员证。

申请中华人民共和国海员证，应当符合下列条件：

（一）是中华人民共和国公民；

（二）持有国际航行船舶船员适任证书或者有确定的船员出境任务；

（三）无法律、行政法规规定禁止出境的情形。

第十二条 海事管理机构应当自受理申请之日起7日内做出批准或者不予批准的决定。予以批准的，发给中华人民共和国海员证；不予批准的，应当书面通知申请人并说明理由。

第十三条 中华人民共和国海员证是中国籍船员在境外执行任务时表明其中华人民共和国公民身份的证件。中华人民共和国海员证遗失、被盗或者损毁的，应当向海事管理机构申请补发。船员在境外的，应当向中华人民共和国驻外使馆、领馆申请补发。

中华人民共和国海员证的有效期不超过5年。

第十四条 持有中华人民共和国海员证的船员，在其他国家、地区享有按照当地法律、有关国际条约以及中华人民共和国与有关国家签订的海运或者航运协定规定的权利和通行便利。

第十五条 在中国籍船舶上工作的外国籍船员，应当依照法律、行政法规和国家其他有关规定取得就业许可，并持有国务院交通主管部门规定的相应证书和其所属国政府签发的相关身份证件。

在中华人民共和国管辖水域航行、停泊、作业的外国籍船舶上任职的外国籍船员，应当持有中华人民共和国缔结或者加入的国际条约规定的相应证书和其所属国政府签发的相关身份证件。

第三章 船员职责

第十六条 船员在船工作期间,应当符合下列要求:

(一)携带本条例规定的有效证件;

(二)掌握船舶的适航状况和航线的通航保障情况,以及有关航区气象、海况等必要的信息;

(三)遵守船舶的管理制度和值班规定,按照水上交通安全和防治船舶污染的操作规则操纵、控制和管理船舶,如实填写有关船舶法定文书,不得隐匿、篡改或者销毁有关船舶法定证书、文书;

(四)参加船舶应急训练、演习,按照船舶应急部署的要求,落实各项应急预防措施;

(五)遵守船舶报告制度,发现或者发生险情、事故、保安事件或者影响航行安全的情况,应当及时报告;

(六)在不严重危及自身安全的情况下,尽力救助遇险人员;

(七)不得利用船舶私载旅客、货物,不得携带违禁物品。

第十七条 船长在其职权范围内发布的命令,船舶上所有人员必须执行。

高级船员应当组织下属船员执行船长命令,督促下属船员履行职责。

第十八条 船长管理和指挥船舶时,应当符合下列要求:

(一)保证船舶和船员携带符合法定要求的证书、文书以及有关航行资料;

(二)制订船舶应急计划并保证其有效实施;

(三)保证船舶和船员在开航时处于适航、适任状态,按照规定保障船舶的最低安全配员,保证船舶的正常值班;

(四)执行海事管理机构有关水上交通安全和防治船舶污染的指令,船舶发生水上交通事故或者污染事故的,向海事管理机构提交事故报告;

(五)对本船船员进行日常训练和考核,在本船船员的船员服务簿内如实记载船员的履职情况;

(六)船舶进港、出港、靠泊、离泊,通过交通密集区、危险航区等区域,或者遇有恶劣天气和海况,或者发生水上交通事故、船舶污染事故、船舶保安事件以及其他紧急情况时,应当在驾驶台值班,必要时应当直接指挥船舶;

(七)保障船舶上人员和临时上船人员的安全;

(八)船舶发生事故,危及船舶上人员和财产安全时,应当组织船员和船舶上其他人员尽力施救;

(九)弃船时,应当采取一切措施,首先组织旅客安全离船,然后安排船员离船,船长应当最后离船,在离船前,船长应当指挥船员尽力抢救航海日志、机舱日志、油类记录簿、无线电台日志、本航次使用过的航行图和文件,以及贵重物品、邮件和现金。

第十九条 船长、高级船员在航次中,不得擅自辞职、离职或者中止职务。

第二十条 船长在保障水上人身与财产安全、船舶保安、防治船舶污染水域方面,具有独立决定权,并负有最终责任。

船长为履行职责,可以行使下列权力:

(一)决定船舶的航次计划,对不具备船舶安全航行条件的,可以拒绝开航或者续航;

(二)对船员用人单位或者船舶所有人下达的违法指令,或者可能危及有关人员、财产和船舶安全或者可能造成水域环境污染的指令,可以拒绝执行;

(三)发现引航员的操纵指令可能对船舶航行安全构成威胁或者可能造成水域环境污染时,应当及时纠正、制止,必要时可以要求更换引航员;

(四)当船舶遇险并严重危及船舶上人员的生命安全时,船长可以决定撤离船舶;

(五)在船舶的沉没、毁灭不可避免的情况下,船长可以决定弃船,但是,除紧急情况外,应当报经船舶所有人同意;

(六)对不称职的船员,可以责令其离岗。

船舶在海上航行时,船长为保障船舶上人员和船舶的安全,可以依照法律的规定对在船舶上进行违法、犯罪活动的人采取禁闭或者其他必要措施。

第四章　船员职业保障

第二十一条　船员用人单位和船员应当按照国家有关规定参加工伤保险、医疗保险、养老保险、失业保险以及其他社会保险,并依法按时足额缴纳各项保险费用。

船员用人单位应当为在驶往或者驶经战区、疫区或者运输有毒、有害物质的船舶上工作的船员,办理专门的人身、健康保险,并提供相应的防护措施。

第二十二条　船舶上船员生活和工作的场所,应当符合国家船舶检验规范中有关船员生活环境、作业安全和防护的要求。

船员用人单位应当为船员提供必要的生活用品、防护用品、医疗用品,建立船员健康档案,并为船员定期进行健康检查,防治职业疾病。

船员在船工作期间患病或者受伤的,船员用人单位应当及时给予救治;船员失踪或者死亡的,船员用人单位应当及时做好相应的善后工作。

第二十三条　船员用人单位应当依照有关劳动合同的法律、法规和中华人民共和国缔结或者加入的有关船员劳动与社会保障国际条约的规定,与船员订立劳动合同。

船员用人单位不得招用未取得本条例规定证件的人员上船工作。

第二十四条　船员工会组织应当加强对船员合法权益的保护,指导、帮助船员与船员用人单位订立劳动合同。

第二十五条　船员用人单位应当根据船员职业的风险性、艰苦性、流动性等因素,向船员支付合理的工资,并按时足额发放给船员。任何单位和个人不得克扣船员的工资。

船员用人单位应当向在劳动合同有效期内的待派船员,支付不低于船员用人单位所在地人民政府公布的最低工资。

第二十六条　船员在船工作时间应当符合国务院交通主管部门规定的标准,不得疲劳值班。

船员除享有国家法定节假日的假期外,还享有在船舶上每工作 2 个月不少于 5 日的年休假。

船员用人单位应当在船员年休假期间,向其支付不低于该船员在船工作期间平均工资的报酬。

第二十七条　船员在船工作期间,有下列情形之一的,可以要求遣返:

(一)船员的劳动合同终止或者依法解除的;

（二）船员不具备履行船上岗位职责能力的；

（三）船舶灭失的；

（四）未经船员同意，船舶驶往战区、疫区的；

（五）由于破产、变卖船舶、改变船舶登记或者其他原因，船员用人单位、船舶所有人不能继续履行对船员的法定或者约定义务的。

第二十八条　船员可以从下列地点中选择遣返地点：

（一）船员接受招用的地点或者上船任职的地点；

（二）船员的居住地、户籍所在地或者船籍登记国；

（三）船员与船员用人单位或者船舶所有人约定的地点。

第二十九条　船员的遣返费用由船员用人单位支付。遣返费用包括船员乘坐交通工具的费用、旅途中合理的食宿及医疗费用和30公斤行李的运输费用。

第三十条　船员的遣返权利受到侵害的，船员当时所在地民政部门或者中华人民共和国驻境外领事机构，应当向船员提供援助；必要时，可以直接安排船员遣返。民政部门或者中华人民共和国驻境外领事机构为船员遣返所垫付的费用，船员用人单位应当及时返还。

第五章　船员培训和船员服务

第三十一条　申请在船舶上工作的船员，应当按照国务院交通主管部门的规定，完成相应的船员基本安全培训、船员适任培训。

在危险品船、客船等特殊船舶上工作的船员，还应当完成相应的特殊培训。

第三十二条　依法设立的培训机构从事船员培训，应当符合下列条件：

（一）有符合船员培训要求的场地、设施和设备；

（二）有与船员培训相适应的教学人员、管理人员；

（三）有健全的船员培训管理制度、安全防护制度；

（四）有符合国务院交通主管部门规定的船员培训质量控制体系。

第三十三条　依法设立的培训机构从事船员培训业务，应当向国家海事管理机构提出申请，并附送符合本条例第三十二条规定条件的证明材料。

国家海事管理机构应当自受理申请之日起30日内，做出批准或者不予批准的决定。予以批准的，发给船员培训许可证；不予批准的，书面通知申请人并说明理由。

第三十四条　从事船员培训业务的机构，应当按照国务院交通主管部门规定的船员培训大纲和水上交通安全、防治船舶污染、船舶保安等要求，在核定的范围内开展船员培训，确保船员培训质量。

第三十五条　从事向中国籍船舶派遣船员业务的机构，应当按照《中华人民共和国劳动合同法》的规定取得劳务派遣许可。

第三十六条　从事代理船员办理申请培训、考试、申领证书（包括外国海洋船舶船员证书）等有关手续，代理船员用人单位管理船员事务，提供船舶配员等船员服务业务的机构（以下简称船员服务机构）应当建立船员档案，加强船舶配员管理，掌握船员的培训、任职资历、安全记录、健康状况等情况并将上述情况定期报监管机构备案。关于船员劳务派遣业务的信息报劳动保障行政部门备案，关于其他业务的信息报海事管理机构备案。

船员用人单位直接招用船员的，应当遵守前款的规定。

第三十七条　船员服务机构应当向社会公布服务项目和收费标准。

第三十八条　船员服务机构为船员提供服务，应当诚实守信，不得提供虚假信息，不得损害船员的合法权益。

第三十九条　船员服务机构为船员用人单位提供船舶配员服务，应当按照相关法律、行政法规的规定订立合同。

船员服务机构为船员用人单位提供的船员受伤、失踪或者死亡的，船员服务机构应当配合船员用人单位做好善后工作。

第六章　监督检查

第四十条　海事管理机构应当建立健全船员管理的监督检查制度，重点加强对船员注册、任职资格、履行职责、安全记录，船员培训机构培训质量，船员服务机构诚实守信以及船员用人单位保护船员合法权益等情况的监督检查，督促船员用人单位、船舶所有人以及相关的机构建立健全船员在船舶上的人身安全、卫生、健康和劳动安全保障制度，落实相应的保障措施。

第四十一条　海事管理机构对船员实施监督检查时，应当查验船员必须携带的证件的有效性，检查船员履行职责的情况，必要时可以进行现场考核。

第四十二条　依照本条例的规定，取得船员适任证书、中华人民共和国海员证的船员以及取得从事船员培训业务许可的机构，不再具备规定条件的，由海事管理机构责令限期改正；拒不改正或者无法改正的，海事管理机构应当撤销相应的行政许可决定，并依法办理有关行政许可的注销手续。

第四十三条　海事管理机构对有违反水上交通安全和防治船舶污染水域法律、行政法规行为的船员，除依法给予行政处罚外，实行累计记分制度。海事管理机构对累计记分达到规定分值的船员，应当扣留船员适任证书，责令其参加水上交通安全、防治船舶污染等有关法律、行政法规的培训并进行相应的考试；考试合格的，发还其船员适任证书。

第四十四条　船舶违反本条例和有关法律、行政法规规定的，海事管理机构应当责令限期改正；在规定期限内未能改正的，海事管理机构可以禁止船舶离港或者限制船舶航行、停泊、作业。

第四十五条　海事管理机构实施监督检查时，应当有2名以上执法人员参加，并出示有效的执法证件。

海事管理机构实施监督检查，可以询问当事人，向有关单位或者个人了解情况，查阅、复制有关资料，并保守被调查单位或者个人的商业秘密。

接受海事管理机构监督检查的有关单位或者个人，应当如实提供有关资料或者情况。

第四十六条　海事管理机构应当公开管理事项、办事程序、举报电话号码、通信地址、电子邮件信箱等信息，自觉接受社会的监督。

第四十七条　劳动保障行政部门应当加强对船员用人单位遵守劳动和社会保障的法律、法规和国家其他有关规定情况的监督检查。

海事管理机构在日常监管中发现船员用人单位或者船员服务机构存在违反劳动和社会保障法律、行政法规规定的行为的，应当及时通报劳动保障行政部门。

第七章　法律责任

第四十八条　违反本条例的规定，以欺骗、贿赂等不正当手段取得船员适任证书、船员培训合格证书、中华人民共和国海员证的，由海事管理机构吊销有关证件，并处2000元以上2万元以下罚款。

第四十九条　违反本条例的规定，伪造、变造或者买卖船员服务簿、船员适任证书、船员培训合格证书、中华人民共和国海员证的，由海事管理机构收缴有关证件，处2万元以上10万元以下罚款，有违法所得的，还应当没收违法所得。

第五十条　违反本条例的规定，船员服务簿记载的事项发生变更，船员未办理变更手续的，由海事管理机构责令改正，可以处1000元以下罚款。

第五十一条　违反本条例的规定，船员在船工作期间未携带本条例规定的有效证件的，由海事管理机构责令改正，可以处2000元以下罚款。

第五十二条　违反本条例的规定，船员有下列情形之一的，由海事管理机构处1000元以上1万元以下罚款；情节严重的，并给予暂扣船员适任证书6个月以上2年以下直至吊销船员适任证书的处罚：

（一）未遵守值班规定擅自离开工作岗位的；

（二）未按照水上交通安全和防治船舶污染操作规则操纵、控制和管理船舶的；

（三）发现或者发生险情、事故、保安事件或者影响航行安全的情况未及时报告的；

（四）未如实填写或者记载有关船舶、船员法定文书的；

（五）隐匿、篡改或者销毁有关船舶、船员法定证书、文书的；

（六）不依法履行救助义务或者肇事逃逸的；

（七）利用船舶私载旅客、货物或者携带违禁物品的。

第五十三条　违反本条例的规定，船长有下列情形之一的，由海事管理机构处2000元以上2万元以下罚款；情节严重的，并给予暂扣船员适任证书6个月以上2年以下直至吊销船员适任证书的处罚：

（一）未保证船舶和船员携带符合法定要求的证书、文书以及有关航行资料的；

（二）未保证船舶和船员在开航时处于适航、适任状态，或者未按照规定保障船舶的最低安全配员，或者未保证船舶的正常值班的；

（三）未在船员服务簿内如实记载船员的履职情况的；

（四）船舶进港、出港、靠泊、离泊，通过交通密集区、危险航区等区域，或者遇有恶劣天气和海况，或者发生水上交通事故、船舶污染事故、船舶保安事件以及其他紧急情况时，未在驾驶台值班的；

（五）在弃船或者撤离船舶时未最后离船的。

第五十四条　船员适任证书被吊销的，自被吊销之日起2年内，不得申请船员适任证书。

第五十五条　违反本条例的规定，船员用人单位、船舶所有人有下列行为之一的，由海事管理机构责令改正，处3万元以上15万元以下罚款：

（一）招用未依照本条例规定取得相应有效证件的人员上船工作的；

（二）中国籍船舶擅自招用外国籍船员担任船长的；

（三）船员在船舶上生活和工作的场所不符合国家船舶检验规范中有关船员生活环境、作

业安全和防护要求的;

(四)不履行遣返义务的;

(五)船员在船工作期间患病或者受伤,未及时给予救治的。

第五十六条 违反本条例的规定,未取得船员培训许可证擅自从事船员培训的,由海事管理机构责令改正,处5万元以上25万元以下罚款,有违法所得的,还应当没收违法所得。

第五十七条 违反本条例的规定,船员培训机构不按照国务院交通主管部门规定的培训大纲和水上交通安全、防治船舶污染等要求,进行培训的,由海事管理机构责令改正,可以处2万元以上10万元以下罚款;情节严重的,给予暂扣船员培训许可证6个月以上2年以下直至吊销船员培训许可证的处罚。

第五十八条 违反本条例的规定,船员服务机构和船员用人单位未将其招用或者管理的船员的有关情况定期报海事管理机构或者劳动保障行政部门备案的,由海事管理机构或者劳动保障行政部门责令改正,处5000元以上2万元以下罚款。

第五十九条 违反本条例的规定,船员服务机构在提供船员服务时,提供虚假信息,欺诈船员的,由海事管理机构或者劳动保障行政部门依据职责责令改正,处3万元以上15万元以下罚款;情节严重的,并给予暂停船员服务6个月以上2年以下直至吊销相关业务经营许可的处罚。

第六十条 违反本条例规定,船员服务机构从事船员劳务派遣业务时未依法与相关劳动者或者船员用人单位订立合同的,由劳动保障行政部门按照相关劳动法律、行政法规的规定处罚。

第六十一条 海事管理机构工作人员有下列情形之一的,依法给予处分:

(一)违反规定签发船员适任证书、中华人民共和国海员证,或者违反规定批准船员培训机构从事相关活动的;

(二)不依法履行监督检查职责的;

(三)不依法实施行政强制或者行政处罚的;

(四)滥用职权、玩忽职守的其他行为。

第六十二条 违反本条例的规定,情节严重,构成犯罪的,依法追究刑事责任。

第八章 附则

第六十三条 申请参加取得船员适任证书考试,应当按照国家有关规定交纳考试费用。

第六十四条 引航员的培训依照本条例有关船员培训的规定执行。引航员管理的具体办法由国务院交通主管部门制订。

第六十五条 军用船舶船员的管理,按照国家和军队有关规定执行。

渔业船员的管理由国务院渔业行政主管部门负责,具体管理办法由国务院渔业行政主管部门参照本条例另行规定。

第六十六条 除本条例对船员用人单位及船员的劳动和社会保障有特别规定外,船员用人单位及船员应当执行有关劳动和社会保障的法律、行政法规以及国家有关规定。

船员专业技术职称的取得和专业技术职务的聘任工作,按照国家有关规定实施。

第六十七条 本条例自2007年9月1日起施行。

附录四 中华人民共和国海船船员适任考试和发证规则

（2020年7月6日交通运输部令2020年第11号发布 根据2022年4月14日《交通运输部关于修改〈中华人民共和国海船船员适任考试和发证规则〉的决定》修正）

第一章 总则

第一条 为了提高海船船员素质，保障海上人命和财产安全，保护海洋环境，根据《中华人民共和国海上交通安全法》《中华人民共和国船员条例》以及我国缔结或者加入的有关国际公约，制定本规则。

第二条 本规则适用于为取得中华人民共和国海船船员适任证书（以下简称适任证书）而进行的考试以及适任证书、适任证书特免证明和外国适任证书承认签证的签发与管理。

第三条 交通运输部主管全国海船船员适任考试和发证工作。

交通运输部海事局在交通运输部的领导下，对海船船员适任考试和发证工作进行统一管理。

交通运输部海事局所属的各级海事管理机构按照交通运输部海事局确定的职责范围具体负责海船船员适任考试和发证工作。

第四条 海船船员适任考试和发证应当遵循公平、公正、公开、便民的原则。

第二章 适任证书

第一节 适任证书基本信息

第五条 适任证书包含以下基本内容：

（一）持证人姓名、性别、出生日期、国籍、持证人签名及照片；

（二）证书编号；

（三）持证人适任的航区、职务；

（四）发证日期和有效期；

（五）签发机关名称和签发官员署名；

（六）规定需要载明的其他内容。

参加航行和轮机值班的适任证书还应当包含证书等级、职能，有关国际公约的适用条款，持证人适任的船舶种类、主推进动力装置类型、特殊设备操作等内容。

第六条 持证人适任的航区分为无限航区和沿海航区，但无线电操作人员适任的航区分为A1、A2、A3和A4海区。

第七条 船员职务分为：

（一）参加航行和轮机值班的船员：

1. 船长；

2. 甲板部船员：大副、二副、三副、高级值班水手、值班水手，其中大副、二副、三副统称为驾驶员；

3. 轮机部船员：轮机长、大管轮、二管轮、三管轮、电子电气员、高级值班机工、值班机工、电子技工，其中大管轮、二管轮、三管轮统称为轮机员；

4. 无线电操作人员：一级无线电电子员、二级无线电电子员、通用操作员、限用操作员。

（二）不参加航行和轮机值班的船员。

第八条 船长、驾驶员、轮机长、轮机员适任证书分为：

（一）船长、大副、轮机长、大管轮无限航区适任证书分为二个等级：

1. 一等适任证书：适用于3000总吨及以上或者主推进动力装置3000千瓦及以上的船舶；

2. 二等适任证书：适用于500总吨及以上至3000总吨或者主推进动力装置750千瓦及以上至3000千瓦的船舶。

（二）二副、三副、二管轮、三管轮无限航区适任证书适用于500总吨及以上或者主推进动力装置750千瓦及以上的船舶。

（三）船长、大副、轮机长、大管轮沿海航区适任证书分为三个等级：

1. 一等适任证书：适用于3000总吨及以上或者主推进动力装置3000千瓦及以上的船舶；

2. 二等适任证书：适用于500总吨及以上至3000总吨或者主推进动力装置750千瓦及以上至3000千瓦的船舶；

3. 三等适任证书：适用于未满500总吨或者主推进动力装置未满750千瓦的船舶。

（四）二副、三副、二管轮、三管轮沿海航区适任证书分为二个等级：

1. 一等适任证书：适用于500总吨及以上或者主推进动力装置750千瓦及以上的船舶；

2. 二等适任证书：适用于未满500总吨或者主推进动力装置未满750千瓦的船舶。

高级值班水手、高级值班机工适任证书适用于500总吨及以上或者主推进动力装置750千瓦及以上的船舶。

值班水手、值班机工适任证书等级分为：

（一）无限航区适任证书适用于500总吨及以上或者主推进动力装置750千瓦及以上的船舶；

（二）沿海航区适任证书分为二个等级：

1. 一等适任证书：适用于500总吨及以上或者主推进动力装置750千瓦及以上的船舶；

2. 二等适任证书：适用于未满500总吨或者主推进动力装置未满750千瓦的船舶。

电子电气员和电子技工适任证书适用于主推进动力装置750千瓦及以上的船舶。

在拖轮上任职的船长和甲板部船员所持适任证书等级与该拖轮的主推进动力装置功率的等级相对应。

不参加航行和轮机值班的船员适任证书不分等级。

第九条 船员职能根据分工分为：

（一）航行；

（二）货物操作和积载；

（三）船舶作业和人员管理；

（四）轮机工程；

(五)电气、电子和控制工程;

(六)维护和修理;

(七)无线电通信。

船员职能根据技术要求分为:

(一)管理级;

(二)操作级;

(三)支持级。

第十条 适任证书持有人应当在适任证书适用范围内担任职务或者担任低于适任证书适用范围的职务。但担任值班水手职务的船员必须持有值班水手或者高级值班水手适任证书,担任值班机工职务的船员必须持有值班机工或者高级值班机工适任证书。

第二节 适任证书的签发

第十一条 取得适任证书,应当具备下列条件:

(一)年满 18 周岁(在船实习、见习人员年满 16 周岁)且初次申请不超过 60 周岁;

(二)符合船员任职岗位健康要求;

(三)经过船员基本安全培训;

(四)通过相应的适任考试。

参加航行和轮机值班的船员还应当经过相应的船员适任培训、特殊培训,具备相应的船员任职资历,并且任职表现和安全记录良好。

国际航行船舶的船员申请适任证书的,还应当通过船员专业外语考试。

第十二条 不参加航行和轮机值班的海船船员申请适任证书的,应当提交下列材料:

(一)海船船员适任证书申请表;

(二)海船船员健康证明;

(三)身份证件;

(四)符合海事管理机构要求的照片;

(五)基本安全培训合格证。

第十三条 参加航行和轮机值班的海船船员初次申请适任证书的,应当取得本规则第十二条规定的不参加航行和轮机值班的海船船员适任证书,并提交下列材料:

(一)海船船员适任证书申请表;

(二)海船船员健康证明;

(三)身份证件;

(四)符合海事管理机构要求的照片;

(五)基本安全培训合格证;

(六)专业技能适任培训合格证;

(七)岗位适任培训证明或者航海教育毕业证书;

(八)船员服务簿;

(九)船上见习记录簿;

(十)适任考试合格证明;

(十一)现持有的适任证书。

第十四条 参加航行和轮机值班的海船船员申请适任证书所载职务晋升、航区扩大、吨位或者功率提高的,应当提交第十三条规定的材料。

持有三副、三管轮适任证书申请二副、二管轮适任证书者,免于提交本规则第十三条第(七)(九)(十)项规定的材料。

按照本规则规定免于船上见习者,免于提交第十三条第(九)项规定的材料。

第十五条 参加航行和轮机值班的海船船员按照第十九条申请适任证书再有效的,应提交第十三条规定的除第(七)(九)(十)项外的材料;按照第二十条申请适任证书再有效的,应提交第十三条规定的除第(七)项外的材料,及经过模拟器培训和知识更新培训证明材料,按照本规则规定免于船上见习者,免于提交第十三条第(九)项规定的材料。

第十六条 按照第二十四条规定拟在特殊类型船舶上任职的,除提交本规则第十二条、第十三条、第十四条、第十五条规定的相应材料外,还应当提交相应的特殊培训合格证。

第十七条 海事管理机构对于发证申请,经审核符合本规则规定条件的,应当按照《中华人民共和国行政许可法》《交通行政许可实施程序规定》的要求签发相应的适任证书。

对初次申请适任证书的船员,海事管理机构应当同时配发船员服务簿。

第十八条 参加航行和轮机值班的船员适任证书有效期不超过5年,不参加航行和轮机值班的船员适任证书长期有效。适任证书有效期截止日期不超过持证人65周岁生日。

第十九条 持有船长和高级船员适任证书者,满足下列条件之一,可以在适任证书有效期届满前12个月内或者届满后3个月内向有相应管理权限的海事管理机构申请适任证书再有效:

(一)从申请之日起向前计算5年内具有与其适任证书所记载范围相应的不少于12个月的海上服务资历,且任职表现和安全记录良好。其中,无限航区的船员不少于6个月是在无限航区的船舶上任职;船长、轮机长担任大副、大管轮或者二副、二管轮担任三副、三管轮的,可以作为原职务适任证书再有效的海上任职资历。

(二)从申请之日起向前计算6个月内具有与其适任证书所记载范围相应的不少于3个月的海上服务资历,且任职表现和安全记录良好。

第二十条 未满足本规则第十九条规定的船长和高级船员,申请适任证书再有效的,应当符合下列规定:

(一)未满足第十九条规定,或者适任证书过期3个月及以上5年以下的,应当参加模拟器培训和知识更新培训,并通过相应的抽查项目的评估;

(二)适任证书过期5年及以上10年以下的,应当参加模拟器培训和知识更新培训,并通过相应的抽查科目的理论考试和项目的评估;

(三)适任证书过期10年及以上的,应当参加模拟器培训和知识更新培训,通过相应的抽查科目的理论考试和项目的评估,并在适任证书记载的相应航区、等级范围内按照《船上见习记录簿》规定完成不少于3个月的船上见习。

第二十一条 适任证书损坏或者遗失时,持证人除应当向原证书签发的海事管理机构提交补发申请及本规则第十二条第(一)(三)(四)项或者第十三条第(一)(三)(四)项要求的材料外,还应当满足下列要求:

(一)适任证书损坏的,应当缴回被损坏的证书原件;

(二)适任证书遗失的,应当提交证书遗失说明。

补发的适任证书的有效期截止日期与原适任证书的有效期截止日期相同。

第二十二条 因违反海事行政管理规定被吊销适任证书者，自证书被吊销之日起2年后，通过低一级职务的适任考试，可以按照本规则第十三条的规定提交相应材料，向原签发适任证书的海事管理机构申请低一级职务的适任证书。

海事管理机构对通过适任考试的，应当签发其相应的适任证书。

第二十三条 曾在内河船舶、海洋渔业船舶或者军事船舶上任职的人员，具备下列条件的，可以按照交通运输部海事局的规定申请相应的适任证书：

（一）拟申请证书的等级和职务不高于其在内河船舶、海洋渔业船舶或者军事船舶上相应的证书等级和职务，其中可以申请的职务最高为大副或者大管轮；

（二）在内河船舶、海洋渔业船舶或者军事船舶上的水上任职资历能够与本规则规定的海上任职资历相适应，且任职表现和安全记录良好；

（三）参加相应的岗位适任培训，并通过与申请职务相应的理论考试和评估。

第三节　特殊类型船舶船员的特殊要求

第二十四条 拟在油船、化学品船、液化气船、客船、高速船、使用气体或者其他低闪点燃料船舶等特殊类型船舶或者极地水域船舶上任职的，还应当按照相关规定完成相应的特殊培训，并取得培训合格证。

第二十五条 在两港间航程50海里及以上的客船上服务的船长、大副、二副、三副、轮机长、大管轮、二管轮、三管轮，都应当持有适用于相应航区的一等适任证书。

第二十六条 申请适用于两港间航程50海里及以上客船驾驶员、船长适任证书的，应当具备下列条件：

（一）申请适用于客船三副适任证书者，应当在其他种类的500总吨及以上海船上担任三副满12个月，任职表现和安全记录良好，并至少在客船上任见习三副3个月；或者通过三副适任考试，在客船上完成18个月的船上见习，任职表现和安全记录良好；

（二）申请适用于客船二副适任证书者，应当在其他种类的500总吨及以上海船上担任二副满12个月，任职表现和安全记录良好，并至少在客船上任见习二副3个月；或者持有客船三副适任证书并在相应航区、船舶等级的海船上担任三副不少于12个月，任职表现和安全记录良好，其中曾经担任客船三副至少6个月；

（三）申请适用于客船大副适任证书者，应当在其他种类的3000总吨及以上海船上担任大副满24个月，任职表现和安全记录良好，并至少在客船上任见习大副3个月；或者持有客船二副适任证书并在相应航区、船舶等级的海船上担任二副不少于12个月，其中曾经担任客船二副至少6个月，通过大副考试，至少在客船上任见习大副3个月，任职表现和安全记录良好；

（四）申请适用于客船船长适任证书者，应当在其他种类的3000总吨及以上海船上担任船长满24个月，任职表现和安全记录良好，并至少在客船上任见习船长3个月；或者持有客船大副适任证书并在相应航区、船舶等级的海船上担任大副不少于18个月，任职表现和安全记录良好，其中曾经担任客船大副至少6个月，通过船长考试，且至少在客船上任见习船长3个月。

第二十七条 初次申请适用于两港间航程50海里及以上客船轮机长、大管轮适任证书者，应当在其他种类的3000千瓦及以上海船上担任相应职务满12个月，任职表现和安全记录良好，并在客船上任相应见习职务3个月；初次申请适用于两港间航程50海里及以上客船二管轮、三管轮、电子电气员适任证书者，应当在其他种类的750千瓦及以上海船上担任相应职务满12个月，任职表现和安全记录良好，并在客船上任相应见习职务3个月。

通过三管轮、电子电气员适任考试者，在客船上完成规定的18个月船上见习，任职表现和安全记录良好，可以申请适用于客船的三管轮、电子电气员适任证书。

第三章　适任考试

第二十八条　适任考试包括理论考试和评估。

理论考试以理论知识为主要考试内容，重点对海船船员专业知识的掌握和理解程度进行测试。

评估通过对相应船舶、模拟器或者其他设备的操作，国际通用语言听力测验与口试等方式，重点对海船船员专业知识综合运用、操作及应急等能力进行技能测评。

第二十九条　适任考试科目、大纲由交通运输部海事局统一制定并公布。相关海事管理机构应当在职责范围内制定并公布适任考试具体计划，明确适任考试的时间、地点、申请程序等相关信息。

第三十条　符合本规则附件中申请海船船员适任证书要求，申请参加相应适任考试的，应当按照公布的申请程序向有相应权限的海事管理机构提供下列信息：

（一）身份证件；

（二）所申请考试的适任证书类别；

（三）符合海事管理机构要求的照片；

（四）相应培训证明和海上任职资历。

第三十一条　海事管理机构应当于适任考试开始5日前向申请人发放准考证，并告知申请人查询适任考试成绩的途径等事项。

第三十二条　适任考试有科目或者项目不及格的，可以在初次适任考试准考证签发之日起3年内申请5次补考。逾期不能通过全部适任考试的，所有适任考试成绩失效。

第三十三条　海事管理机构应当在考试结束后10日内公布成绩。适任考试成绩自全部理论考试和评估成绩均合格之日起5年内有效。

第四章　特免证明

第三十四条　中国籍船舶在境外遇有不可抗力或者其他导致持证船员不能履行职务的特殊情况，无法满足船舶最低安全配员要求，需要由本船下一级船员临时担任上一级职务时，应当到签发该船员适任证书的海事管理机构办理特免证明事宜。

第三十五条　办理船长、驾驶员、轮机长、轮机员特免证明的，应当符合下列条件：

（一）办理船长、轮机长特免证明的，应当持有大副或者大管轮适任证书，并在自办理之日起前5年内，具有不少于12个月的不低于其适任证书所记载船舶、航区、职务的任职资历，任职表现和安全记录良好，且船长、轮机长不能履行职务的情况是因不可抗力原因造成；

（二）办理大副、大管轮特免证明的，应当持有二副、二管轮适任证书，并在自办理之日起前5年内，具有不少于12个月的不低于其适任证书所记载船舶、航区、职务的任职资历，且任职表现和安全记录良好；

（三）办理二副、二管轮特免证明的，应当持有三副、三管轮适任证书，并在自办理之日起前5年内，具有不少于6个月的不低于其适任证书所记载船舶、航区、职务的任职资历，且任职表现和安全记录良好；

（四）办理三副、三管轮特免证明的，应当持有高级值班水手、值班水手或者高级值班机工、值班机工适任证书，并在自办理之日起前5年内，具有不少于12个月的不低于其适任证书所记载船舶、航区、职务的任职资历，任职表现和安全记录良好。

本条第一款规定的船员以外的其他船员，不予办理特免证明。

第三十六条　办理特免证明的，应当向海事管理机构提交包含下列内容的材料：

（一）办理理由；

（二）船舶名称、航行区域、停泊港口；

（三）拟办理签发对象的资历情况；

（四）相关证明材料。

第三十七条　海事管理机构应当核实有关情况，对符合第三十五条规定条件的，应当在3日内办理有效期不超过6个月的特免证明，但船长或者轮机长特免证明的有效期不超过3个月。不符合条件的，应当在3日内告知申请人不予办理特免证明的理由。

第三十八条　一艘船舶上同时持特免证明的船长和高级船员总共不得超过3名。

第三十九条　当事船舶抵达中国第一个港口后，特免证明自动失效。失效的特免证明应当及时缴回原办理的海事管理机构。航运公司应当及时为当事船舶安排持相应适任证书的人员补充空缺职位。

第五章　承认签证

第四十条　持有经修正的《1978年海员培训、发证和值班标准国际公约》（以下称STCW公约）缔约国签发的外国船长和高级船员适任证书的船员在中国籍船舶上任职的，应当取得由海事管理机构签发的外国船员适任证书的承认签证。

第四十一条　申请承认签证的，应当向海事管理机构提交下列材料：

（一）所属缔约国签发的适任证书原件；

（二）表明申请人符合STCW公约和所属缔约国有关船员管理规定的证明文件；

（三）申请人的海船船员身份证件。

第四十二条　交通运输部海事局应当按照STCW公约和本规则规定的标准、条件等内容，对申请承认签证船员所属缔约国的有关船员管理制度从下列方面进行评价：

（一）有关船员适任培训、考试及发证制度是否符合STCW公约要求；

（二）是否按照STCW公约要求建立了有效的船员质量标准控制体系；

（三）船员适任条件等相关要求是否低于本规则规定的相关标准。

对于按照本条第一款进行评价的结果表明该缔约国的有关船员管理制度不低于STCW公约及本规则相关要求，我国可以与之签署船员证书互认协议。船员持有与我国签署船员证书互认协议的缔约国所签发的船员证书，方可向我国申请承认签证。其中，签发船长、大副、轮机长、大管轮适任证书承认签证前，申请人还应当参加与申请职务相应的海上交通安全、环境保护等方面的培训，并经海事管理机构考核合格。

第四十三条　承认签证的有效期不得超过被承认适任证书的有效期，且最长不得超过5

年。当被承认适任证书失效时，相应的承认签证自动失效。

第六章　航运公司及相关机构的责任

第四十四条　航运公司及相关机构应当保证被指派任职的船员满足下列要求：

（一）持有适当、有效的适任证书，熟悉自身岗位职责；

（二）熟悉船舶的布置、装置、设备、工作程序、特性和局限性等相关情况；

（三）具有良好工作语言运用及沟通能力，确保在紧急情况下和执行安全、防污染和保安职能时，能够有效履行职责。

第四十五条　航运公司及相关机构应当建立并完善船员培训制度，按照以下要求加强对本公司、机构船员的培训：

（一）按照交通运输部海事局的规定制定并执行有关培训、见习等方面的培训计划，并在培训、见习记录簿内如实填写或者记载；

（二）采取有效措施，确保应当由本公司、机构负责的其他各类船员培训有效实施。

第四十六条　航运公司及相关机构应当备有完整、最新的船员管理法规和相关国际公约。

航运公司及相关机构应当建立船员档案，对船员录用、培训、资历、健康状况以及有关船员考试、证书持有情况等信息进行连续有效的记录和管理，并确保可以供随时查询。

第七章　监督管理

第四十七条　海事管理机构应当对船员履行职责、安全记录等情况进行监督检查，加强对船员适任能力的监管。

第四十八条　有下列情形之一的，海事管理机构可以组织对负有责任的船员适任能力进行考核：

（一）船舶发生碰撞、搁浅或者触礁的；

（二）在航行、锚泊或者靠泊时，从船上非法排放物质的；

（三）违反航行规则的；

（四）以其他危及海上人命、财产安全和海洋环境的方式操作船舶的。

按照本条第一款对船员进行适任能力考核的，应当根据本规则规定的船员适任要求通过抽考、现场考核等方式进行。对于考核结果表明船员不再符合适任条件的，海事管理机构应当注销其适任证书或者承认签证。

第四十九条　按照第四十八条被注销适任证书的船员，可以按照海事管理机构的要求参加低一级职务的评估，海事管理机构签发与其考核结果相适应的适任证书。

第五十条　负责船员适任考试和发证的海事管理机构应当配备满足适任考试、发证要求的人员、设备、场地和资料，建立相关的质量管理体系并通过交通运输部海事局的审核。

第五十一条　海事管理机构应当加强对从事船员适任考试、发证工作人员岗位培训和考核。不符合上岗条件的，不得从事船员适任考试、发证工作。

第五十二条　海事管理机构应当建立船员信息数据库、船员证书电子登记系统等船员档案，并按照交通运输部海事局的规定具备相应信息的查询功能。

第五十三条　海事管理机构应当公开海船船员适任考试和发证管理的事项、办事程序、举报电话等信息，自觉接受社会的监督。

第五十四条 除海事管理机构依法实施外,任何机构和个人不得以任何理由扣留或者吊销船员适任证书。

第八章 法律责任

第五十五条 隐瞒有关情况或者提供虚假材料申请适任证书的,海事管理机构不予受理或者不予签发适任证书,并给予警告;申请人在1年内不得再次申请与前次申请等级、职务资格、航区相同的适任证书。

第五十六条 以欺骗、贿赂等不正当手段取得适任证书的,由签发证书的海事管理机构或者其上级海事管理机构吊销有关证书,并处2000元以上2万元以下罚款。

以欺骗、贿赂等不正当手段取得特免证明、承认签证的,或者伪造、变造、买卖特免证明、承认签证的,由海事管理机构收缴有关证书,处2000元以上2万元以下罚款。

第五十七条 伪造、变造或者买卖适任证书的,由海事管理机构收缴有关证书,处2万元以上10万元以下罚款,有违法所得的,还应当没收违法所得。

第五十八条 船员未在培训、见习记录簿内作出如实填写或者记载的,由海事管理机构处1000元以上1万元以下罚款;情节严重的,并给予暂扣船员适任证书6个月以上2年以下直至吊销船员适任证书的处罚。

第五十九条 船长未在船员服务簿内如实记载船员履职情况的,由海事管理机构处2000元以上2万元以下罚款;情节严重的,并给予暂扣适任证书6个月以上2年以下直至吊销适任证书的处罚。

第六十条 因违反本规则或者其他水上交通安全法规的规定,被海事管理机构吊销适任证书的,自被吊销之日起2年内,不得申请适任证书。

第六十一条 海事管理机构有下列情形之一的,由交通运输部海事局责令改正;情节严重的,限制或者取消其开展适任考试和发证的权限:

(一)违反行政许可法规规定的程序开展适任考试和发证工作的;

(二)超越权限开展适任考试或者签发适任证书的;

(三)对不具备条件的申请人签发适任证书的。

第九章 附则

第六十二条 适任证书、特免证明、承认签证由交通运输部海事局统一印制。

船上培训、见习记录簿的具体格式和内容由交通运输部海事局统一规定。

第六十三条 本规则下列用语的含义:

(一)海船,是指航行于海上以及江海直达的各类船舶,但不包括军事船舶、渔业船舶、体育运动船舶和非营业性游艇;

(二)无限航区,是指海上任何通航水域,包括世界各国的开放港口和国际通航运河及河流;

(三)沿海航区,是指我国沿海的港口、内水和领海以及国家管辖的一切其他通航海域;

(四)A1海区,是指至少由一个具有连续数字选择呼叫(即DSC)报警能力的甚高频(VHF)岸台的无线电话所覆盖的区域;

(五)A2海区,是指除A1海区以外,至少由一个具有连续DSC报警能力的中频(MF)岸台的无线电话所覆盖的区域；

（六）A3 海区，是指除 A1 和 A2 海区以外，由具有连续报警能力的国际海事卫星组织（INMARSAT）静止卫星所覆盖的区域；

（七）A4 海区，是指除 A1、A2 和 A3 海区以外的海区；

（八）非运输船，是指工程船舶、拖轮等不从事货物（或者旅客）运输的机动船舶；

（九）安全记录良好，是指自申请之日起向前计算 5 年内未发生负有主要责任的一般事故及以上等级事故；

（十）实践教学，是指航海类院校或者培训机构组织实施的实验教学、工厂实习教学和船上实习；

（十一）航运公司，是指船舶所有人、经营人、管理人或者光船承租人；

（十二）相关机构，是指海船船员服务机构和海员外派机构。

第六十四条 下列船舶船员的适任考试和发证不适用本规则，按照交通运输部海事局的相关规定执行：

（一）在两港间航程不足 50 海里的客船或者滚装客船上任职的船长和高级船员；

（二）在未满 100 总吨船舶上任职的船长和甲板部船员；

（三）在主推进动力装置未满 220 千瓦船舶上任职的轮机部船员；

（四）仅在船籍港和船籍港附近水域航行和作业的船舶上任职的船员；

（五）在公务船、水上飞机、地效翼船、非营业性游艇、摩托艇、非自航船上任职的船员。

依照本条第一款规定取得适任证书的第（二）（三）项船员和在公务船上任职的船员，可以按照交通运输部海事局的规定，免除船员培训和考试的相应内容，申请本规则的相应适任证书。

第六十五条 海船在内河行驶，其船长、驾驶员应当按照交通运输部海事局规定通过相应的考试，并经航线签注，但申请引航的除外。

持有有效适任证书的内河船舶船员，通过相应的培训、考试，并经航线签注，可以在特定航线江海直达船舶上担任相应职务，具体办法由交通运输部海事局制定。

第六十六条 我国缔结或者加入的国际公约对普通船员适任证书有效期有特别规定的，按照其规定执行。

第六十七条 本规则施行前已经取得海船船员适任证书和正在接受海船船员教育、培训的人员的考试和发证工作，由交通运输部海事局在相关国际公约规定的时间内，采取相应的过渡措施，逐步进行规范。

第六十八条 本规则自 2020 年 11 月 1 日起施行。2011 年 12 月 27 日交通运输部发布的《中华人民共和国海船船员适任考试和发证规则》（交通运输部令 2011 年第 12 号），2013 年 12 月 24 日以交通运输部令 2013 年第 18 号发布的《关于修改〈中华人民共和国海船船员适任考试和发证规则〉的决定》，2017 年 3 月 28 日以交通运输部令 2017 年第 8 号发布的《关于修改〈中华人民共和国海船船员适任考试和发证规则〉的决定》，同时废止。

附录五　中华人民共和国海员外派管理规定

（2011 年 3 月 7 日交通运输部发布　根据 2016 年 4 月 11 日交通运输部《关于修改〈中华人民共和国海员外派管理规定〉的决定》第一次修正　根据 2019 年 11 月 28 日交通运输部《关于修改〈中华人民共和国海员外派管理规定〉的决定》第二次修正　根据 2021 年 8 月 11 日交通运输部《关于修改〈中华人民共和国海员外派管理规定〉的决定》第三次修正）

第一章　总则

第一条　为规范海员外派管理，提高我国外派海员的整体素质和国际形象，维护外派海员的合法权益，促进海员外派事业的健康发展，根据《中华人民共和国船员条例》和对外劳务合作等法律法规，制定本规定。

第二条　在中华人民共和国境内依法设立的机构从事海员外派活动，适用本规定。

第三条　交通运输部主管全国海员外派工作。

国家海事管理机构负责统一实施全国海员外派的监督管理工作。

交通运输部直属海事管理机构依照各自职责负责具体实施海员外派的监督管理工作。

第四条　海员外派遵循“谁派出，谁负责”的原则。从事海员外派的机构应当对其派出的外派海员负责，做好外派海员在船工作期间及登、离船过程中的各项保障工作。

第二章　海员外派机构资质

第五条　从事海员外派的机构，应当符合下列条件：

（一）符合企业法人条件；

（二）实缴注册资本不低于 600 万元人民币；

（三）有 3 名以上熟悉海员外派业务的管理人员；

（四）有健全的内部管理制度和突发事件应急处置制度；

（五）法定代表人没有故意犯罪记录。

第六条　申请从事海员外派的机构，应当提交符合本规定第五条规定的相关证明材料。

第七条　机构申请从事海员外派，应当向其工商注册地的交通运输部直属海事管理机构提出，工商注册地没有交通运输部直属海事管理机构的，应当向国家海事管理机构指定的交通运输部直属海事管理机构提出。

第八条　直属海事管理机构自受理申请之日起 10 个工作日内完成申请材料的书面审核和现场核验，并将审核意见和核验情况连同申请材料一并报国家海事管理机构审批。

第九条　国家海事管理机构收到报送材料后，根据直属海事管理机构的审核意见、核验情况以及机构申请材料，于 10 个工作日内作出批准或者不予批准的决定。

第十条　国家海事管理机构作出准予从事海员外派决定的，向申请机构颁发海员外派机构资质证书；海员外派机构资质证书的有效期最长不超过5年。

第十一条　海员外派机构资质证书上记载的机构名称、地址、法定代表人等发生变更的，海员外派机构应当自变更发生之日起30个工作日内到海事管理机构办理变更手续。

第十二条　境外企业、机构在中国境内招收外派海员，应当委托海员外派机构进行。

外国驻华代表机构不得在境内开展海员外派业务。

第十三条　海员外派机构资质实施年审制度。

年审主要审查海员外派机构的资质条件符合情况及合法经营、规范运作情况。

交通运输部直属海事管理机构应当于每年度的2月份至4月份负责组织实施所属辖区的海员外派机构资质年审工作。

第十四条　海员外派机构应当于每年的2月1日前向所在辖区的海事管理机构申请进行年审，并提交下列材料：

（一）年审申请文书；

（二）年审报告书，包含海员外派机构资质条件符合情况、各项制度有效运行以及本规定执行情况。

第十五条　海员外派机构通过年审的，海事管理机构应当在其海员外派机构资质证书的年审情况栏中予以签注。

第十六条　海员外派机构年审不合格的，海事管理机构责令限期改正；如期改正的，海事管理机构应当在海员外派机构资质证书的年审情况栏中注明情况，予以通过年审；逾期未改正的，应当及时报请国家海事管理机构撤销其海员外派机构资质并依法办理注销手续。

第十七条　年审中被海事管理机构责令限期改正的，海员外派机构在改正期内不得继续选派船员及对外签订新的船舶配员协议，但仍应当承担对已派出外派海员的管理责任。

第十八条　海员外派机构应当在海员外派机构资质证书有效期届满之日60日以前向所在辖区的海事管理机构申请办理海员外派机构资质证书延续手续。申请办理海员外派机构资质证书延续手续，应当提交下列材料：

（一）海员外派机构资质证书延续申请；

（二）本规定第六条规定的材料。

第十九条　有下列情形之一的，海员外派机构应当到核发证书的海事管理机构办理资质证书注销手续：

（一）海员外派机构自行申请注销的；

（二）法人依法终止的；

（三）海员外派机构资质证书被依法撤销或者吊销的。

第二十条　海员外派备用金实行专户存储，专款专用。

备用金的使用管理应当遵守国家关于对外劳务合作备用金管理制度。

第三章　海员外派机构的责任与义务

第二十一条　海员外派机构应当遵守国家船员管理、船员服务管理、船员证件管理、劳动和社会保障及对外劳务合作等有关规定，遵守中华人民共和国缔结或加入的国际公约，履行诚实守信义务。

第二十二条 海员外派机构应当保证本规定第五条第(四)项所规定的各项海员外派管理制度的有效运行。

第二十三条 海员外派机构为海员提供海员外派服务,应当保证外派海员与下列单位之一签订有劳动合同:

(一)本机构;

(二)境外船东;

(三)我国的航运公司或者其他相关行业单位。

外派海员与我国的航运公司或者其他相关行业单位签订劳动合同的,海员外派机构在外派该海员时,应当事先经过外派海员用人单位同意。

外派海员与境外船东签订劳动合同的,海员外派机构应当负责审查劳动合同的内容,发现劳动合同内容不符合法律法规、相关国际公约规定或者存在侵害外派海员利益条款的,应当要求境外船东及时予以纠正。

第二十四条 海员外派机构应当为外派海员购买境外人身意外伤害保险。

第二十五条 海员外派机构应当在充分了解并确保境外船东资信和运营情况良好的前提下,方可与境外船东签订船舶配员服务协议。

第二十六条 海员外派机构与境外船东签订的船舶配员服务协议,应当符合国内法律、法规和相关国际公约要求,并至少包括以下内容:

(一)海员外派机构及境外船东的责任、权利和义务。包括外派船员的数量、素质要求,派出频率,培训责任,外派机构对船员违规行为的责任分担等;

(二)外派海员的工作、生活条件;

(三)协议期限和外派海员上下船安排;

(四)工资福利待遇及其支付方式;

(五)正常工作时间、加班、额外劳动和休息休假;

(六)船舶适航状况及船舶航行区域;

(七)境外船东为外派海员购买的人身意外、疾病保险和处理标准;

(八)社会保险的缴纳;

(九)外派海员跟踪管理;

(十)突发事件处理;

(十一)外派海员遣返;

(十二)外派海员伤病亡处理;

(十三)外派海员免责条款;

(十四)特殊情况及争议的处理;

(十五)违约责任。

海员外派机构应当将船舶配员服务协议中与外派海员利益有关的内容如实告知外派海员。

第二十七条 海员外派机构应当根据派往船舶的船旗国和公司情况对外派海员进行相关法律法规、管理制度、风俗习惯和注意事项等任职前培训,并根据海员外派实际需要对外派海员进行必要的岗位技能训练。

第二十八条 海员外派机构应当在外派海员上船工作前,与其签订上船协议,协议内容应当至少包括下列内容：

（一）船舶配员服务协议中涉及外派海员利益的所有条款；

（二）海员外派机构对外派海员工作期间的管理和服务责任；

（三）外派海员在境外发生紧急情况时海员外派机构对其的安置责任；

（四）违约责任。

第二十九条 海员外派机构应当建立与境外船东、外派海员的沟通机制，及时核查并妥善处理各种投诉。

海员外派机构应当对外派海员工作期间有关人身安全、身体健康、工作技能及职业发展等方面进行跟踪管理，为外派海员履行船舶配员服务合同提供必要支持。

第三十条 海员外派机构不得因提供就业机会而向外派海员收取费用。

海员外派机构不得克扣外派海员的劳动报酬。

海员外派机构不得要求外派海员提供抵押金或担保金等。

第三十一条 海员外派机构应当为所服务的每名外派海员建立信息档案，主要包括：

（一）外派海员船上任职资历（包括所服务的船公司和船舶的名称、船籍港、所属国家、上船工作起始时间等情况）；

（二）外派海员基本安全培训、适任培训和特殊培训情况；

（三）外派海员适任状况、安全记录和健康情况；

（四）外派海员劳动合同、船舶配员服务协议、上船协议等。

海员外派机构应当按有关规定报送统计数据，并将自有外派海员名册、非自有外派海员名册及上述档案信息按要求定期报海事管理机构备案。

第三十二条 海员外派机构不得把海员外派到下列公司或者船舶：

（一）被港口国监督检查中列入黑名单的船舶；

（二）非经中国境内保险机构或者国际保赔协会成员保险的船舶；

（三）未建立安全营运和防治船舶污染管理体系的公司或者船舶。

第三十三条 海员外派机构资质被暂停、吊销、撤销的，应当继续履行已签订的合同及协议。

第四章 突发事件处理

第三十四条 突发事件发生时，海员外派机构应当按照应急处理制度的规定，立即启动应急预案，并及时向海事管理机构报告。

第三十五条 海员外派机构应当与境外船东共同做好突发事件的处置工作。当境外船东未能及时全面履行突发事件责任时，海员外派机构应妥善处理突发事件，避免外派海员利益受损。

第三十六条 当海员外派机构拒绝承担或者无力承担发生突发事件责任时，可以动用海员外派备用金，用于支付外派海员回国或者接受其他紧急救助所需费用。

第三十七条 海员外派备用金动用后，海员外派机构应当于30日内补齐备用金。

第三十八条 境外突发事件的处理按对外劳务合作有关规定执行。

第五章　监督检查

第三十九条　海事管理机构应当建立健全辖区内海员外派机构的管理档案,加强对海员外派机构的监督检查。

第四十条　海事管理机构实施监督检查,可以询问当事人,向有关海员外派机构或者个人了解情况,查阅、复制有关资料,并保守被调查海员外派机构的商业秘密或者个人隐私。

接受海事管理机构监督检查的海员外派机构或者个人,应当如实反映情况和提供资料,不得以任何理由拒绝或阻挠检查。

第四十一条　海事管理机构实施监督检查时发现海员外派机构不再具备规定条件的,由海事管理机构责令限期改正。

海员外派机构在规定期限内未能改正的,应当依法撤销海员外派机构资质,并依法办理海员外派机构资质证书的注销手续。

第四十二条　海事管理机构应当定期向社会公布海员外派机构名单及机构概况,以及依法履行相应职责和承担法律义务、维护外派海员合法权益、诚实守信等情况。

第六章　法律责任

第四十三条　违反本规定,未经批准擅自从事海员外派活动,有下列情形之一的,由海事管理机构提请市场监督管理部门依照《无证无照经营查处办法》的规定查处:

(一)未取得海员外派机构资质擅自开展海员外派的;

(二)以欺骗、贿赂、提供虚假材料等非法手段取得海员外派机构资质的;

(三)超出海员外派机构资质证书有效期擅自开展海员外派的;

(四)海员外派机构资质被依法暂停期间擅自开展海员外派的;

(五)伪造或者变造海员外派机构资质证书擅自开展海员外派的。

第四十四条　违反本规定,海员外派机构有下列情形之一的,由海事管理机构依照《对外劳务合作管理条例》第四十三条的规定进行处罚:

(一)未与境外船东签订船舶配员服务协议,开展海员外派服务的;

(二)未与外派海员签订上船协议或者劳动合同,开展海员外派服务的;

(三)与外派海员签订上船协议或者劳动合同,隐瞒有关信息或者提供虚假信息的;

(四)在国外发生突发事件时不及时处理的。

第四十五条　海事管理机构工作人员有下列情形之一的,依法给予行政处分:

(一)违反规定批准海员外派机构资质;

(二)不依法履行监督检查职责;

(三)不依法实施行政强制或者行政处罚;

(四)滥用职权、玩忽职守的其他行为。

第七章　附则

第四十六条　本规定中下列用语的含义是:

(一)海员外派,指为外国籍或者港澳台地区籍船舶提供配员的船员服务活动。

(二)境外船东,指外国籍或港澳台地区籍船舶的所有人、经营人或管理人。

（三）自有外派海员，指仅与本海员外派机构签订劳动合同的船员。

（四）突发事件，指外派海员所在船舶或其本人突然发生意外情况，造成或者可能对外派海员造成危害，需要采取应急处置措施予以应对的事件。

第四十七条 我国与有关国家或地区签订有对外劳务合作相关协议的，按照协议规定执行。

本规定自 2011 年 7 月 1 日起施行。

附录六　中华人民共和国船员违法记分办法（2016 年）

第一章　总则

第一条　为增强船员遵守法律意识，减少人为因素对水上交通安全的影响，防治船舶污染水域，根据《中华人民共和国船员条例》等有关法律和法规，制定本办法。

第二条　本办法适用于对船员违反水上交通安全和防治船舶污染水域法律、行政法规行为实施累计记分（以下简称“船员违法记分”）。

本办法所称船员，是指经注册取得服务簿的船员和引航员，以及游艇操作人员。

第三条　中华人民共和国海事局负责统一实施全国船员违法记分管理工作。

各级海事管理机构，依照各自职责负责具体实施船员违法记分工作。

第二章　周期和分值

第四条　船员累计记分周期（即记分周期）为 1 个公历年，满分 15 分，自每年 1 月 1 日始至 12 月 31 日止。

第五条　根据船员违法行为的严重程度，一次船员违法记分的分值为：15 分、8 分、4 分、2 分、1 分五种。

船员违法记分分值标准见本办法附件。

第三章　实施

第六条　船员违法记分由船员违法行为发生地的海事管理机构管辖。船员违法行为发生地，包括船员违法行为的结果发现地、初始发生地和过程经过地。

海事管理机构对船员违法记分管辖发生争议的，报请共同的上一级海事管理机构指定管辖。

海事管理机构对不属其管辖的船员违法记分案件，应当移送有管辖权的海事管理机构；受移送的海事管理机构如果认为移送不当，应当报请共同的上一级海事管理机构指定管辖。

第七条　海事管理机构发现船员存在依法应当实施船员违法记分行为的，应当进行调查，并听取当事人的陈述申辩。

船员违法行为事实清楚、证据确凿的，具有管辖权的海事管理机构应按照本办法对其实施船员违法记分，并予以相应记载。

第八条　船员一次存在两种以上违法行为的，应当分别计算，累计记分分值。

对存在共同违法行为的船员，应当分别实施船员违法记分。

对船员的同一违法行为，不得给予两次及以上船员违法记分。

第九条　船员在一个记分周期内累计记分达到 15 分的，最后实施船员违法记分的海事管理机构应当扣留其船员适任证书，责令其参加为期 5 日的水上交通安全、防治船舶污染等有关法律、行政法规的培训（以下简称“法规培训”）并进行相应的考试。

船员在一个记分周期内累计记分未达到 15 分的，记分分值重新起算。

第十条 船员在一个记分周期内两次及以上达到 15 分，或在连续 2 个记分周期内分别达到 15 分，或连续 2 个记分周期内累计记分达到 40 分的，最后实施船员违法记分的海事管理机构应当扣留其船员适任证书，责令其参加法规培训和考试，考试内容除理论部分外，还包括船员适任能力考核。

第四章 培训和考试

第十一条 船员需参加法规培训的，可向最后被实施船员违法记分地、船员注册地或船员适任证书签发地的海事管理机构报名。

海事管理机构收到船员的报名后，对符合上款规定的应在 15 个工作日内组织培训。

第十二条 法规培训应包括水上交通安全和防治船舶污染等管理法规、安全知识的教育和海事案例等内容。

第十三条 被扣留船员适任证书的船员经相应考试合格后，海事管理机构应发还其船员适任证书，记分分值重新起算。

第十四条 被扣留船员适任证书的船员未经考试合格的，不得在船舶上继续服务。

第五章 附则

第十五条 本办法规定的法规培训及考试，不收取费用。

第十六条 本办法自 2016 年 1 月 1 日起施行。2002 年 7 月 11 日印发的《中华人民共和国船员违法记分管理办法（试行）》（海船员〔2002〕333 号）同时废止。

附件　船员违法记分分值标准

表1　海船船员水上交通安全类违法记分分值标准

代码	行为名称	对象	分值	法律依据
11001	船舶、设施上的人员在船上值班期间，体内酒精含量超过规定标准的；在船上履行船员职务，服食影响安全值班的违禁药物的	当事船员	15	《海上交通安全法》第九条
11002	船长在弃船或者撤离船舶时未最后离船的	船长	15	《船员条例》第二十二条第(九)项
11003	由他人代替参加考试或者代替他人参加考试的	当事船员	15	《海上交通安全法》第九条
11004	发生海上交通事故的船舶、设施在不严重危及自身安全的情况下，擅自离开事故现场或逃逸的	船长	15	《海上交通安全法》第三十七条
11005	转让、买卖或租借船员职务证书的	当事船员	15	《海上交通安全法》第七条
11006	船舶、设施遇难时，不及时向海事管理机构报告出事时间、地点、受损情况、救助要求以及发生事故的原因的	船长	8	《海上交通安全法》第三十四条
11007	在事故现场附近的船舶、设施，不听从海事管理机构统一指挥实施救助的	船长及值班驾驶员	8	《海上交通安全法》第三十八条
11008	船舶、设施不符合安全航行条件而开航的	船长	8	《海上交通安全法》第十条
11009	船舶、设施不符合安全作业条件而作业的	船长	8	《海上交通安全法》第十条
11010	船舶、设施未按照规定进行夜航的	船长	8	《海上交通安全法》第十条
11011	船舶、设施未按规定拖带，或非拖带船从事拖带作业的	船长	8	《海上交通安全法》第十条
11012	船舶、设施储存、装卸、运输危险货物，装运危险货物的船舶擅自在非停泊危险货物船舶的锚地、码头或其他水域停泊的	船长	8	《海上交通安全法》第三十二条《危险化学品安全管理条例》第四十五条
11013	引航员在引领船舶时，未持有相应的引航员适任证书的	当值引航员	8	《船员条例》第九条第一款

（续表）

代码	行为名称	对象	分值	法律依据
11014	船员在船工作期间，未持有相应的船员适任证书的	未持证船员	8	《船员条例》第九条第一款
11015	船舶、设施不按照规定载运旅客、车辆的	船长	8	《海上交通安全法》第十条
11016	船舶、设施超过核定载重线载运货物的	大副	8	《海上交通安全法》第十条
11017	未按照规定保障船舶的最低安全配员的	船长	8	《船员条例》第二十二条第三项
11018	伪造船舶服务资历，或者提供虚假材料申请船员证书的	责任船员	8	《船员条例》第五十三条
11019	船舶无正当理由进入或者穿越禁航区的	值班驾驶员	8	《海上交通安全法》第十五条
11020	船员考试作弊的	当事船员	8	《海上交通安全法》第九条
11021	船舶、设施上的人员在船上履行船员职务，未按照船员值班规则实施值班的	当事船员	8	《海上交通安全法》第九条
11022	船舶、设施储存、装卸、运输危险货物，不遵守国家关于危险货物管理和运输规定的	当事船员	4	《海上交通安全法》第三十二条《危险化学品安全管理条例》第四十五条
11023	船舶、设施上的人员不按规定使用明火的	大副或轮机长	4	《海上交通安全法》第九条
11024	船舶进出港口或通过交通管制区、通航密集区和航行条件受到限制的区域时，不遵守中国政府或海事管理机构公布的特别规定的	船长	4	《海上交通安全法》第十四条
11025	引航员未按照水上交通安全和防治船舶污染操作规则引领船舶的	当值引航员	4	《船员条例》第二十条第(三)项
11026	船舶、设施上的人员不采用安全速度航行的	值班驾驶员	4	《海上交通安全法》第九条
11027	船舶、设施上的人员不按规定的航路航行的	值班驾驶员	4	《海上交通安全法》第九条
11028	船舶、设施上的人员不遵守避碰规则的	值班驾驶员	4	《海上交通安全法》第九条
11029	船舶、设施上的人员不按照规定停泊、倒车、调头、追越的	值班驾驶员	4	《海上交通安全法》第九条
11030	船舶、设施上的人员不按规定进行试车、试航、测速、辨校方向的	船长	4	《海上交通安全法》第九条

（续表）

代码	行为名称	对象	分值	法律依据
11031	船舶、设施不遵守强制引航规定的	船长	4	《海上交通安全法》第十条
11032	船舶触碰航标不报告的	值班驾驶员	4	《航标条例》第十四条第二款
11033	未按照规定抄收海岸电台播发的海上航行警告的	船长、二副或值班驾驶员	4	《海上交通安全法》第九条
11034	船舶、设施超过核定航区航行的	值班驾驶员	4	《海上交通安全法》第十条
11035	游艇的航行水域超出检验证书所载明的适航范围的	游艇操作员	4	《游艇安全管理规定》第十七条第一款
11036	船长、高级船员在航次中，擅自辞职、离职或者中止职务的	当事船员	4	《船员条例》第二十三条
11037	船员未如实填写或者记载有关船舶法定文书的	当事船员	4	《船员条例》第二十条
11038	引航员在引领船舶时，未携带规定的有效证件的	未带证引航员	2	《船员条例》第二十条第(一)项
11039	船员在船工作期间未携带规定的有效证件的	未带证船员	2	《船员条例》第二十条第(一)项
11040	游艇操作人员操作游艇时未携带合格的适任证书的	操艇员	2	《游艇安全管理规定》第十五条第三款
11041	船舶、设施上的人员不按规定显示信号的	值班驾驶员	2	《海上交通安全法》第九条
11042	船舶、设施不遵守航行通信和无线电通信管理规定的	值班驾驶员	2	《海上交通安全法》第十条
11043	船舶、设施上的人员不按照规定保持船舶自动识别系统处于正常工作状态，或者不按照规定在船舶自动识别设备中输入准确信息，或者船舶自动识别系统发生故障未及时向海事管理机构报告的	值班驾驶员	2	《海上交通安全法》第九条
11044	船舶、设施违反船舶并靠或者过驳有关规定的	船长	2	《海上交通安全法》第十条
11045	游艇未在海事管理机构公布的专用停泊水域或者停泊点停泊，或者临时停泊的水域不符合《游艇安全管理规定》的要求的	操艇员	1	《游艇安全管理规定》第二十条

表2　海船船员防治船舶污染类违法记分分值标准

代码	行为名称	对象	分值	法律依据
12001	因发生事故或其他突发性事件，造成海洋环境污染事故，不立即采取处理措施的	船长	15	《海洋环境保护法》第六十五条
12002	船舶向沿海水域排放《海洋环境保护法》等有关规定禁止排放的污染物或其他物质的	大副或轮机长，以及责任船员	15	《海洋环境保护法》第六十二条第一款
12003	发生船舶污染事故，船舶、有关作业单位迟报、漏报、瞒报和谎报事故的	船长	8	《防治船舶污染海洋环境管理条例》第三十七条
12004	船舶超过标准排放污染物的	大副或轮机长，以及责任船员	8	《海洋环境保护法》第六十二条第一款
12005	未经海事管理机构批准，使用消油剂的	船长	8	《海洋环境保护法》第七十条第（三）项、《防治船舶污染海洋环境管理条例》第四十三条
12006	未经海事管理机构批准，船舶载运污染危害性货物进出港口、过境停留、进行装卸的	大副	4	《海洋环境保护法》第六十七条、《防治船舶污染海洋环境管理条例》第二十二条
12007	载运污染危害性货物的船舶不符合污染危害性货物适载要求的	大副	4	《防治船舶污染海洋环境管理条例》第二十一条第一款
12008	未经海事管理机构批准，船舶进行散装液体污染危害性货物过驳作业的	船长	4	《防治船舶污染海洋环境管理条例》第二十六条
12009	船舶未按照规定在船舶上留存船舶污染物处置记录的；船舶污染物处置记录与船舶运行过程中产生的污染物数量不符合的	船长、大副或轮机长，以及责任船员	4	《防治船舶污染海洋环境管理条例》第十六条第一款

注：船舶未配备某一职务船员或该职务船员的职责与通常职责不符的，对实际履行该职务职责的船员实施记分。船员在船职务职责未明确的，对船长实施记分。

参考文献

[1]贾在明,李春生. 船舶管理(理论篇). 大连:大连海事大学出版社,2020.

[2]贾在明,成海涛. 船舶管理(实务篇). 大连:大连海事大学出版社,2018.

[3]中华人民共和国海事局. STCW 公约马尼拉修正案履约指南. 大连:大连海事大学出版社,2010.

[4]国际劳工组织. 2006 年海事劳工公约. 张铎,校译. 大连:大连海事大学出版社,2013.

[5]中国船级社青岛分社. 实施《国际安全管理规则》资料汇编. 1997.

[6]中华人民共和国交通部水运司. 中华人民共和国船员条例. 北京:人民交通出版社,2007.

[7]中华人民共和国海事局. 船舶与海上设施法定检验规则:国内航行海船法定检验技术规则. 北京:人民交通出版社,2004.